초등교사를 위한
체육과교육론

TEACHING PHYSICAL EDUCATION FOR ELEMENTARY SCHOOL TEACHERS

고문수 지음

「초등교사를 위한 체육과교육론」은 초등 체육교육에 관한 이해와 구체적인 체육수업 실천 방안을 포함하고 있다. 초등 예비교사는 체육과 교육과정, 교수·학습 그리고 교사교육에 관한 이해를 확장할 수 있다. 초등교사는 체육을 잘 가르칠 수 있는 수업 환경 조성과 체육수업을 운영하는 지침서로 활용할 수 있다. 본 교재는 초등 임용시험 준비와 학교체육에 관한 포괄적 이해와 체육수업 실천의 자료로 활용될 것이다.

휴먼북스

서 문

본 교재는 그동안 학교 체육수업이 지향하지 못한 부분과 현장 중심의 체육수업 개선 그리고 초등 예비교사들에게 체육교육과 체육수업에 대한 이해를 높이기 위해 개발되었다. 본 저자는 오래 전부터 학교체육이 운영되고는 있지만 많은 부분에서 아쉬움을 갖고 있었다. 체육의 중요성 이해, 수업내용에 따른 적절한 운영 전략, 수업 평가 등이 바르게 설계되어 진행되지 못하였다. 이에 「초등교사를 위한 체육과교육론」은 현장 적합성을 높이고, 초등교사들과 초등 예비교사들이 체육수업 운영에 보다 쉽게 다가갈 수 있도록 구성하였고, 체육수업을 운영하는 데 필요한 수업지식을 습득하도록 하였다. 「초등교사를 위한 체육과교육론」은 크게 5부로 구성하여 초등체육수업에 대한 이해를 토대로 현장에서 초등체육수업을 개선하고, 평가에 대한 안목을 증진할 수 있도록 구성하였다.

제1부는 초등체육수업에 관한 이해 측면을 탐색하였다. 1장은 초등체육의 특성과 방향으로 초등체육이 무엇인지, 앞으로 초등체육이 어떻게 진행되어야 하는가를 탐색하였다. 2장은 체육의 목적과 가치의 내용을 담았다. 3장은 초등체육수업의 대상인 학습자를 이해하는 부분이다. 4장은 교사의 역할과 수업 운영에 관한 리더십 관련 내용이다. 5장은 효율적인 체육수업 운영으로 교사가 체육수업을 운영하는 과정에서 꼭 알고 실천해야 할 교수·학습에 관한 내용이다.

제2부는 체육수업의 근간이 되는 교육과정을 이해하고 적합성이 드러나는 체육수업의 운영 방안을 검토하였다. 6장은 교육과정의 의미와 체육과 교육과정의 사조와 모형을 탐색하였다. 7장은 체육과 교육 내용의 근간이 되는 2022 개정 체육과 교육과정을 제시하였다. 체육과 교수·학습의 방향과 평가의 방향을 자세히 안내하였다. 8장은 체육

수업의 운영과 관련된 교수 스타일과 수업 모형을 살펴보았다.

제3부는 체육수업의 실제를 네 개의 장으로 구성하였다. 9장은 체육수업이 진행되는 흐름을 명확히 이해할 수 있도록 체육과 수업의 전개 구조를 제시하였다. 10장은 본 활동을 원활하게 수행하기 위한 사전·사후 운동의 특성을 지니면서 체육수업에서의 교육적 효과를 높이는 데 기여하는 준비운동과 정리운동을 제시하였다. 11장은 체육과 교육과정의 영역 중에서 개인의 신체적 수월성과 타인의 기량에 도전하는 내용인 도전 활동 체육수업 프로그램을 제시하였다. 그리고 12장은 9장, 10장, 11장에서 학습한 내용을 토대로 학생들이 직접 자신의 신체활동 프로그램을 구안하고 적용할 수 있도록 수업 주제, 수업 배경, 수업 실천 그리고 수업 후기를 작성하도록 하였다.

제4부는 체육수업 평가와 관련된 내용으로 세 개의 장으로 구성하였다. 13장에서는 평가의 변화와 과정중심의 수행평가를 탐색하였다. 14장에서는 체육과 성취기준 평가와 관련된 내용으로 성취기준, 평가기준 그리고 성취수준의 의미와 활용 방안을 제시하였다. 15장에서는 체육과 수행평가의 개발과 실제 사례를 제시하여 평가를 바르게 알고, 활용할 수 있도록 하였다.

제5부는 체육교육의 새로운 이해로 초등체육의 방향과 초등체육을 지도하는 교수자의 역할, 체육교육과정 평가에서 주목한 내용, 뇌 과학적 측면에서의 운동 그리고 미래의 체육교육을 탐색하였다. 16장은 초등체육의 방향과 예비교사교육의 방향을 제시하였다. 17장은 초등체육에서 교수자의 역할로 '아비투스와 내적 힘' 발현하기를 소개하였다. 18장은 체육교육과정에서 주목한 평가 내용으로 평가 문항의 구성과 문항별로 어떤 의미와 특징이 있는지를 분석하였다. 19장은 체육수업을 통한 신체활동의 가치를 뇌 과학적 측면에서 이해할 수 있도록 하였다. 20장은 미래의 체육교육을 탐색하였다. 미래의 체육교육이 잘 운영되기 위해서는 교사의 충실한 역할수행, 미래 체육교육에서 주목해야 할 내용 측면의 이해 그리고 미래 체육교육의 교사상을 바르게 구현해야 한다.

본 저자는 최근 학교 현장에서 이루어지는 체육수업을 보면서 체육을 지도하는 교사가 본연의 역할에 충실하지 못하고, 학생들은 제대로 된 체육수업을 경험하지 못하는 것에 아쉬움을 갖고 있었다. 초등학교는 대부분 학급 담임이 체육을 지도하기 때문에 체육수업의 준비와 체육수업 프로그램의 운영에 한계를 지닐 수밖에 없다. 그렇다 하더라도 교육자인 이상 교육적이고 의미 있는 체육수업의 구안과 적용에 끊임없는 노력을 해야 한다. 이러한 시작점에 본 교재가 많은 도움이 되기를 바란다.

「초등교사를 위한 체육과교육론」교재는 현장의 초등교사와 초등 예비교사들이 체육수업에 관한 이해와 운영 방안을 종합적으로 탐색할 수 있는 단초를 제공할 것이다. 교육적 의미와 즐거움이 가득한 체육수업은 체육에 관한 이론적 측면과 수업의 실제가 통합되어 운영될 때 만들어질 수 있다. 본 교재가 체육수업의 질을 높이고, 학습자의 참여를 강화할 수 있는 실마리가 되었으면 한다.

본 교재가 출간되기까지 많은 분들의 도움이 있었다. 초등체육교육의 발전과 수업의 변화를 지향하는 초등교사인 전세명 박사는 6장 체육과 교육과정의 사조와 체육과 교육과정 모형의 내용 정리에 도움을 주었다. 경기도교육청 장학사인 엄혁주 박사는 제4부 체육수업 평가의 내용을 잘 정리해주었다. 경인교육대학교에서 '체육과교육론' 강좌를 수강한 초등 예비교사들은 본 교재를 수정·보완할 수 있도록 하였다. 초등 예비교사들과의 질의응답 및 토론 과정에서 도출된 아이디어도 교재에 포함하였다. 끝으로 본 교재를 발행한 휴먼북스 김재호 사장님과 교재의 구성과 디자인에 아낌없는 노력을 기울여 준 편집진 선생님에게 감사드린다.

2024년 2월 20일

계산동 연구실에서 저자 고문수

목 차

표차례

그림차례

제1부

초등체육수업의 이해

체육교육은 학생의 행동이 다른 사람들에게 관찰되기 때문에 책임감 있게 행동하는 법을 배우는 효과적인 실험실이다. 이 실험실에서 학생은 체육수업에 관한 이론과 실제적인 측면을 학습하게 된다. 학생은 체육활동에 참여하면서 운동수행능력, 이해력, 규범실천 능력을 신장하는 방법을 배운다. 하지만 체육교육은 운동수행능력과 관련된 심동적 측면을 다른 영역보다 더 강조해온 경향이 있었다. 그 결과, 학생은 인지적 측면과 정의적 측면을 고양할 수 있는 기회를 제한적으로 부여받았다. 미래 체육수업에서는 전인 양성을 위한 통합 체육수업으로 학습자의 전인적 발달에 기여할 수 있는 효율적인 수업 방안을 탐색해야 한다. 학습자의 전인적 발달은 체육교육에서 이론적 측면과 실천적 측면이 통합될 때, 그 효과를 높일 수 있다.

제1부는 초등체육수업에 관한 이론을 확장할 수 있도록 다섯 개의 장으로 구성하였다. 1장은 초등체육이 무엇인지를 이해할 수 있도록 체육의 특성과 미래 체육교육의 방향을 제시하였다. 2장은 체육의 목적과 교육적 가치를 탐색하였다. 체육이 무엇을 하는 교과목인지, 이 교과를 배우면 어떤 교육적 의미를 갖게 되는지를 기술하였다. 3장은 학습자 이해와 관련된 내용으로 초등학생의 발달 특성, 초등학생의 기본 욕구, 초등학생과 체육활동의 특성 그리고 초등학생의 특성에 따른 체육수업 운영 방안을 제시하였다. 4장은 교사의 역할과 리더십 관련 내용으로 교사의 역할과 책임, 교사의 자질 그리고 교사의 체육수업 운영 과정에서 어떠한 리더십을 발휘해야 하는지를 탐색하였다. 5장은 초등체육수업의 이해와 실천의 연결고리로써 체육수업을 운영하는 교사가 알고 있어야 할 효율적인 체육수업 운영 방안을 제시하였다.

초등체육을 지도하는 교사나 초등 예비교사들이 제1부의 내용을 잘 이해한다면 초등체육수업에 관한 기초적인 지식과 안목을 형성하는 데 도움이 될 것이다. 제1부의 내용을 토대로 초등체육을 이해하는 바탕이 되고, 체육수업 운영에 관한 안목 증진과 전문성 함양의 기초를 다지길 바란다.

01

초등체육의 특성과 방향

생각해보기

- 초등체육의 특성은 무엇인가?
- 미래 체육교육의 방향은 무엇인가?

1. 초등체육의 특성

가. 놀이 체육

학생은 움직임의 욕구를 갖고 있기 때문에 움직이는 활동을 좋아한다. 특히 놀이에 흥미를 갖고 참여한다. 놀이 활동은 엄격한 규율이 존재하지 않고, 언제 어디서든지 자율적으로 놀이와 놀이 방법을 선택하고, 신체활동을 좋아하는 친구만 있으면 움직임을 실현할 수 있다. 따라서 학생이 신체활동에 참여하면서 즐거움을 만끽할 수 있는 놀이 형태의 수업을 한다면 경쟁 위주의 체육수업에서 경험하는 신체활동 소외와 타인과의 경쟁을 통한 패배감보다는 체육이 지니는 움직임 욕구의 실현하고, 신체활동을 통한 신체적·인지적·정의적 측면의 교육적 가치를 얻을 수 있다. 로제 카이와(Roger Cailois, 1913~1978)는 '놀이와 인간'에서 놀이의 종류를 경쟁을 통해 승패를 가르는 게임(아곤), 운에 의지하는 놀이(알레아), 흉내 내는 놀이(미미크리), 현기증 놀이(일링크스) 등으로 구분하였다(이상률 역, 2018). 학생은 다양한 종류의 놀이에 참여하면서 신체활동에서 제공하는 다양한 의미와 가치를 체득하게 될 것이다.

나. 기초 체육

초등체육은 학생이 신체활동을 통해 움직임을 실현할 수 있는 기초를 배우면서 체육에 입문하도록 한다. 이 과정에서 학생이 재미와 흥미를 느끼면 신체활동을 좋아하고, 그 반대의 경우라면 신체활동을 싫어할 수 있다. 교사는 학생이 체육에 입문하는 과정에서 학습자의 특성을 고려한 수준별 수업과 흥미와 재미를 포함한 움직임 활동을 통해 신체활동에 재미와 흥미를 느끼도록 해야 한다. 특히, 초등체육은 학생의 건강과 체력의 발달을 가져오는 데 도움이 되는 기초교육의 성격을 갖고 있다(교육부, 2015; 주명덕 외 9인, 2018).

초등학생들은 기본 움직임 기술(fundamental motor skills: FMS)인 이동 움직임, 비이동 움직임 그리고 조작 움직임을 통해 신체활동에 적극적으로 참여하도록 해야 한다. 이 과정에서 교사는 라반(R. Laban)의 움직임 개념 틀에서 제시한 신체 인식(body awareness), 공간 인식(space awareness), 노력(effort), 관계(relationships) 등의 움직임의 요소를 바탕으로 이동, 비이동, 조작 운동 등의 기본 움직임 기술을 신체활동에 접목하여 학습하고, 이를 개인 동작, 환경과의 대응, 대인과의 대결 과정에서 이동 및 비이동 기술을 체계적인 경기 기술(athletic movement)로 발달시켜 다양한 조작 기술이 융합된 스포츠 기술로 전이될 수 있도록 내용을 계열화하여 운영해야 한다(Graham, 외 3인, 2010).

교사는 기본 움직임 기술을 신체 움직임의 요소와 통합하여 운영할 때, 학생의 신체활동을 활성화할 수 있다. 이때, 교사는 학생이 즐겁고 재미있는 다양한 놀이와 게임에 참여하면서 신체활동을 좋아하도록 해야 한다. 학생이 기초 체육에 흥미를 느끼면 다양한 신체활동 참여와 방과 후 및 생활 속 신체활동에도 흥미를 갖고 참여할 수 있다. 기초 체육에서는 학생이 '하는 것' 위주의 직접 체험 활동 이외에도 '아는 것'이 포함된 간접 체험 활동을 활용하여 운동 소양의 함양과 신체활동 문화를 향유할 수 있도록 해야 한다(최의창, 2022).

다. 실생활과 연계된 체육활동

초등체육은 학생이 정규교과를 통해 처음 배우는 신체활동이기 때문에 낯설고 서툴 수밖에 없다. 따라서 초등체육이 학생에게 의미 있게 다가가기 위해서는 실생활과 연계된 움직임 교육이 되어야 한다(교육부, 2015, 2022). 학생은 체육이 학교에서만 머무르는 것이 아니라 가정과 연계될 때, 신체활동에 흥미를 갖게 되고 움직임의 참 맛을 느낄 수 있을 것이다. 학생은 신체활동의 체험 공간이 학교에서 가정으로 확장되어야 건강과 체력이 증진되고, 움직임의 중요성과 가치를 경험할 수 있다.

학교체육이 실생활 움직임과 연계되기 위해서는 교육부에서 제안한 7560$^+$ 신체활동 가이드라인을 실천하는 것도 좋은 방법이다. 여기서 7560$^+$는 일주일(7)에 다섯 번(5), 한 번 운동할 때마다 누적하여 60분 운동하는 것을 의미한다. 이때, 학생의 운동 강도는 최대심박수의 50% 수준이 적절하다(이호철 외 11인, 2021). 최대심박수는 (220-나이)×운동 강도로 결정된다. 예를 들어, 10세의 초등학생이라면 105번[(220-10)×50/100]의 맥박수를 유지하면서 운동하도록 한다. 7560$^+$ 신체활동 가이드라인은 학교체육과 정과 외 신체활동(생활체육)을 연결하는 의미 있는 통로로 활용될 수 있다.

라. 전인 체육

초등체육은 교육적 측면에서 신체활동을 통해 '참 좋은 사람'을 만드는 발판이 되어야 한다. '참 좋은 사람'은 학생이 신체활동을 통해 심동적·인지적·정의적 측면을 고루 갖춘 전인이 되는 것이다. 전인 체육은 신체활동의 움직임을 통해 신체적으로 건강하고, 주어진 문제를 바르게 해결하며, 타인과 긍정적 유대 관계를 지속하면서 체육의 교육적 가치를 내면화하는 데 있다. 2022 개정 체육과 교육과정에서는 체육교과의 총괄 목표를 활동적이고 창의적인 삶, 건강하고 주도적인 삶, 신체활동 문화를 향유하며 사회 속에서 바람직하고 더불어 살아가는 삶을 영위할 수 있는 신체활동 역량을 기르는 것으로 설정하였다(교육부, 2022). 세부목표는 '첫째, 움직임 관련 지식을 이해하고, 움직임의 목적과 환경에 적합하게 움직임 기술을 수행하며, 움직임 수행에 필요한 가치와 태도를 실천한다. 둘째, 건강 관련 지식을 이해하고, 생애 전반에 걸쳐 건강을 증진 및 관리하며, 건강의 증진과 관리에 필요한 가치와 태도를 실천한다. 셋째, 신체활동의 고유한 문화 특성을 이해하고, 신체활동 문화를 일상생활에서 누리며, 다양한 문화 양식에 내재한 가치와 태도를 실천한다.'로 제시하였다. 위의 세부목표가 신체활동을 통해 구현된다면 학생은 심동적· 인지적·정의적 측면의 내용 요소에 대한 이해와 안목이 증진되어 전인 체육의 모습을 갖추게 될 것이다.

2. 체육교육의 방향

가. 건강과 체력 증진

요즘 학생을 보면 체격은 좋아졌는데 체력이 약화되었다는 말을 실감할 수 있다. 신장이 크고 건강한 모습을 하고 있지만 체육수업에서 체력을 증진하는 활동에 흥미를 갖고 있지 못하고, 기본 운동 기능의 발휘에도 끈기 있게 참여하지 못하는 특징을 보인다. 체력은 건강 체력과 운동 체력으로 구분된다(이호철 외 11인, 2021). 건강 체력의 요소에는 심폐지구력, 근력 및 근지구력, 유연성, 신체조성 등이 있다. 운동 체력의 요소에는 순발력, 민첩성, 평형성, 협응성 등이 포함된다. 세계보건기구(WHO)에서 말하는 건강은 "허약하지 않을 뿐만 아니라 육체적, 정신적 및 사회적으로 안녕한 상태를 의미한다." 학생이 건강을 증진하기 위해서는 학교체육의 내용 중 운동 영역에서 건강 체력과 운동 체력을 향상하는 활동에 관심을 집중해야 한다. 체육교육은 학생의 심신이 조화로운 발달과 건강을 위해 체력을 증진하는 활동에 소홀해서는 안 된다.

나. 체육을 통한 인성교육

초등체육은 학생의 통합적 안목을 증진하는 전인교육에 관심을 기울인다. 최근 학교 현장에서 대두되는 학생 간의 갈등과 학교 폭력의 문제는 교육의 불균형을 드러낸다. 이러한 문제를 해결하기 위해 많은 관심을 기울여왔지만 크게 개선되지 못하였다. 무엇보다 학교체육은 다양한 신체활동의 과정에서 학생 간의 상호협력, 긍정적 상호작용, 끈기, 규칙 준수, 타인 배려, 스포츠맨십 등의 교육적 효과가 있다. 체육과 교수·학습에서는 학생의 인성을 강화할 수 있는 협동학습의 구조를 활동한 학생 팀 성취 배분(STAD), 팀 게임 토너먼트(TGT), 직소(Jigsaw Ⅰ·Ⅱ)수업과 책임감 수업 모형 등 인성교육 관련 수업활동이 관심을 받고 있다(고문수·송지환·백준형, 2021; 유정애 외 8인, 2019).

다. 모두를 위한 체육

초등체육은 한 개인만의 체육활동을 지향하지 않는다. 체육을 좋아하는 학생뿐만 아니라 체육을 좋아하지 않는 학생 모두에게 관심의 초점을 둔다(Graham, 2001). 특히, 소극적 참여자를 위한 체육수업에서는 공간의 크기와 모둠의 인원수를 작게 하여 운영하는 축소형 신체활동(small sided physical activity)과 수준별 수업(포괄형 수업)이 적합하다. 초등체육에서 수준별 수업은 학생이 자신이 원하는 목표지점을 정해 도전하고, 자신의 성취 결과를 확인하면서 신체활동에 참여하기 때문에 배제되지 않는 특징이 있다. 체육수업에서 배제되지 않는 수업은 학생의 참여 기회를 제공하고, 도전을 통해 성공을 경험하는 기회의 장이 된다.

라. 시간적·공간적 확장 체육

최근 학교체육이 평생 체육의 일환으로 활용되어야 한다는 관점이 주목을 받고 있다(교육부, 2022). 이를 위해 체육활동은 학생 시기만을 대상으로 하는 시간적 한계를 넘어 전 생애에 걸쳐 실천될 수 있도록 해야 하고, 학교라는 울타리의 공간성을 벗어나야 한다. 즉 초등체육은 생활 체육의 기반이 되어야 한다. 체육활동은 시간적·공간적 한계를 지나 일상생활 속으로 전이되어야 한다. 학교에서 배운 내용이 가정, 학교, 지역 사회로 확장되어야 하고, 전 생애에 걸쳐 활용되어야 한다(교육부, 2022). 초등체육은 시간적·공간적 영역으로 폭넓게 확장될 때, 배움의 영역을 넘어 생활 속 실천력과 일상생활의 습관화로 자리 잡을 수 있다.

마. 학습과 연계된 체육 평가

초등체육의 평가는 교육과정과의 연계성, 평가 내용의 균형성, 평가 방법의 타당성과 신뢰성 등이 확보되도록 노력해야 한다(교육부, 2015). 또한, 체육교과에서 제안된 역량과 학습자의 특성을 고려한 성취기준을 마련해야 한다. 그동안 체육과의 평가에서는 수업이 모든 끝난 후 이루어졌으나 최근에는 수업의 전 과정에서 학생의 성장을 지원하기 위한 방안의 성격에 주목하고 있다. 즉 학습의 결과 평가에서 학습을 촉진하는 평가로 관점이 전환되었다. 그리고 체육과의 평가는 학습의 결과뿐만 아니라 학습의 과정을 동시에 포함하고 있다. 운동 기능뿐만 아니라 역량, 기술, 태도 등을 평가하기 때문에 다양한 평가 방법을 활용해야 한다. 평가 방법도 체육과 교수·학습의 효율성을 높이고, 학생의 성장과 진보의 정도를 확인하기 때문에 교사평가이외에도 학생평가와 동료 평가를 병행해야 한다.

Q&A **묻고 답하기**

초등체육의 특성과 방향을 말하다

1. 초등체육의 특성 중 놀이체육의 중요성을 설명하시오.

2. 초등체육이 실생활과 연계되기 위한 구체적인 방안을 설명하시오.

3. 체육교육의 방향에서 건강과 체력을 증진하기 위한 요소를 제시하고, 구체적인 사례를 들어 설명하시오.

4. 체육을 통한 인성교육의 구체적인 방안을 설명하시오.

5. 2022 개정 체육과 교육과정에서 제안된 시간적·공간적 확장을 위한 체육교육의 방향을 설명하시오.

참고문헌

고문수·송지환·백준형(2021). **초등체육교수학습론.** 파주: 교육과학사.

교육부(2015). **체육과 교육과정.** 교육부 고시 제 2018-74호[별책 11호].

교육부(2022). **체육과 교육과정.** 교육부 고시 제 2022-33호[별책 11호].

유정애 외 8인(2019). **체육수업 모형.** 서울: 대한미디어.

이상률 역(2018). **놀이와 인간.** 서울: 문예출판사.

이호철 외 11인(2021). **초등체육의 이론과 실제.** 파주: 교육과학사.

주명덕 외 9인(2018). **초등체육 3 지도서.** 서울: 동아출판.

최의창(2002). **인문적 체육교육.** 서울: 무지개사.

Graham, G. (2001). *Teaching children physical education: Becoming a master teacher (2nd ed).* Champaign, IL: Human Kinetics.

Graham, G., Holt/Hale, S. A., & Parker, M. (2010). *Children Moving: A Reflective Approach to Teaching Physical Education. 8th ed.* New York: McGraw-Hill.

Kounin, J. H. (1970). *Discipline and group management in classrooms.* New York: Holt, Rinehart & Winston.

02

체육의 목적과 가치

- 체육의 목적을 '신체의 교육'과 '신체를 통한 교육'의 관점에서 설명할 수 있는가?
- 체육의 교육적 가치를 네 가지 측면으로 나누어 설명할 수 있는가?

체육은 학생이 가장 선호하는 교과 중의 하나이다. 체육교과는 학생의 전인적 성장과 발달에 중요한 영향을 미친다. 초등체육은 학생에게 가장 효과적인 교육활동이고, 학생의 삶 전체에 걸쳐 지속적인 영향을 미치기 때문에 의도적이고 계획적인 교육활동으로서 중요한 의미가 있다(고문수·전세명·천지애·엄혁주, 2018; 안양옥, 2010). 그동안 체육은 건강 증진, 체력 향상과 안전, 두뇌 혈류량의 증가, 주의력과 집중력 및 학업 성적의 향상, 여가 선용, 재미와 즐거움을 통한 심리적 안정감의 생성 등 심동적·인지적·정의적 측면의 행동요인을 포함하는 전인적 교과로 인정을 받았다(장용규, 2009). 따라서 학교에서 가르쳐지는 체육교과는 교과로서 정당화될 수 있어야 한다. 그동안 체육교과는 체육이 갖는 수단적 가치를 강조함으로서 교과로 인정을 받아왔다. 체육교육을 해야 하는 이유는 신체의 교육과 신체를 통한 교육으로 구분되어진다. 각각의 교육 내용은 내 · 외재적 정당화에 의하여 체육교육의 목적을 더욱 공고히 하고 있다.

또한, 체육은 움직임의 이해와 실천을 통해 학생에게 신체적·인지적 가치뿐만 아니라 과학적·예술적 가치 등 다양한 가치를 제공한다. 오래전부터 많은 학자들이 체육에 과학성과 예술성이 담겨있다는 것을 설명해 왔지만, 체육의 예술성 측면은 체육의 하위 영역인 무용 활동에만 존재하는 것처럼 인식하여 스포츠에 존재하는 예술성에 대한 교육적 의도와 의미가 크게 고려되지 못한 결과 체육에 담겨 있는 인문적 가치의 중요성이 드러나지 못하였다(유정애, 2008). 최의창(2002)은 체육의 기법적 강조로 비롯된 체육의 과학화의 문제점을 지적하면서 운동 기능뿐만 아니라 안목을 높이는 심법적 측면의 인문적 가치를 강조하였다. 인문적 가치는 개인적 또는 사회적인 의미와 덕목을 생성하고 표현하며 개발할 수 있는 움직임의 경험을 제공하는 특징이 있다(유정애, 2008). 다만, 체육의 다양한 가치를 구현하기 위해서는 체육이 운동 기능과 같은 특정 부분을 지나치게 강조하는 교과교육의 상태를 벗어나 체육활동의 다른 측면들을 균형 있게 가르쳐야 한다(장용규·김홍식, 1998; 유정애 2008). 체육의 가치로는 신체적 가치, 인지적 가치, 정서적 가치, 사회적 가치 그리고 문화적 가치가 있다.

1. 체육의 목적

19세기 초부터 '신체문화(Physical Culture)' 또는 '신체훈련(Physical Training)'으로 불리던 것이 신체와 교육의 의미를 갖게 되었다. 학교교육에서는 신체활동을 비롯한 스포츠에 교육적인 의미를 부여하여 인간형성의 중요한 과정으로 인식되면서 체육으로 불리었다. 그 이후 체육교육에서 패러다임의 변화가 있었고, 신체 그 자체를 교육하는 것이냐 아니면 체육을 매개로 하여 교육하는 것이냐의 문제로 신체의 교육(Education of the physical)과 신체를 통한 교육(Education through the physical)의 개념이 등장하였다.

가. 신체의 교육

20세기 이전까지는 체육은 '신체의 교육'의 개념에 바탕을 두고, 신체의 발달과 건강을 위한 '신체의 기능'을 교육시키는 것으로 인식되었다. '신체의 교육'은 체육의 범위를 신체에 국한시켜 강하고 튼튼한 신체, 아름다운 신체 등 주로 신체의 외적인 건강의 개념으로 한정지었다. 체육이 학교교과로서 가르쳐져야 하는 이유는 그것이 몸에 좋기 때문이다. 다른 교과목들은 모두 지식이나 정서 등 정신적인 측면을 함양시키는 데 목적을 두지만, 그 어떤 과목도 체육교과처럼 신체활동을 교육내용으로 하여 신체를 성장시키는 과목은 없다. 체육은 사람의 교육과 마음의 교육은 물론 신체의 교육도 반드시 포함되어야 하는 것으로서 신체를 다루는 유일한 교과영역이다. 따라서 학교교육은 학생을 정신과 육체가 통합된 전인으로 만들기 위해서는 체육교과를 필수적으로 가르쳐야 한다. 이 관점에서 말하는 체육의 신체적 효과는 다양하다. 생리적 기능이 향상되거나 근력이 증진된다. 몸이 민첩해지고 유연해진다. 체육교과를 통해 얻는 신체적 효과는 체력을 증진시키는 것이라고 볼 수 있다. 체육은 몸에 좋기 때문에 학생들이 배울 필요가 있는 것이다.

나. 신체를 통한 교육

'신체의 교육'은 교육이라기보다는 '훈련'이라는 비판적 사고에서 체육의 개념을 '신체의 교육'에서 '신체를 통한 교육'으로 패러다임이 전환되었다. '신체를 통한 교육'은 신체의 건강이나 체력의 증진과 같은 신체의 한쪽 측면만이 아닌 신체활동을 통하여 인간을 전체적이고 조화롭게 성장 · 발달시킨다는 개념이다. 교육의 목표가 인간의 긍정적이고 바람직한 성장과 발달의 전인교육에 둔다면 신체활동을 통하여 교육의 목표를 달성시킨다는 것이다. '신체를 통한 교육'에서는 체육교과가 학생의 전 측면, 심동적 · 인지적 · 정의적 · 사회적 측면의 성장에서 긍정적으로 작용하는 과목임을 보여줌으로써 학교에서 체육교과의 위치를 확고부동한 것으로 만들었다. 이 관점은 '신체의 교육'으로서의 체육이 신체의 측면을 강조한 것에 비해 '신체를 통한 교육'의 관점은 '교육'의 측면을 강조하고 있음을 알 수 있다.

체육이 학교교과로서 인정받기 위해서는 그것이 학생의 교육에 관계되는 것으로 인정받아야 한다. 이것은 교육이라는 것은 본래 정신적인 것과 관계되는 것이므로 체육도 다른 교과와 마찬가지로 정신적 측면의 계발에 도움이 됨을 보여주면 된다. 체육이 다른 교과보다 유리한 위치에 있는 것은 정신적 효과이외에도 신체적 효과가 있기 때문이다. 다른 교과는 정신적인 측면에만 관여한다. 하지만 체육은 '일석이조'의 효과가 있기 때문에 반드시 교과목으로 주목을 받아야 한다. 학생은 '신체를 통한 교육'을 받음으로써 다양한 정신적 효과를 얻을 수 있다. 지적 능력의 개발과 협동심 등의 사회성이 길러지고, 스포츠퍼슨십을 통해 성격형성에도 도움을 받을 수 있다.

다만, 현재 체육교육분야는 이론적인 변동기의 상태에 있다고 말할 수 있다. 향후 어떤 방향으로 나아갈 것인가에 대하여 정확히 예측할 수 없는 상황이다. '신체를 통한 교육'의 철학은 기존의 형태로는 체육프로그램을 떠받쳐주는 핵심적 이론 배경으로서 이

제 그 수명을 다한 것처럼 보인다. 실제로 여러 방향으로부터 공격을 받고 있다. 이 철학은 체육교육의 주된 이론으로서 장점을 지니고 있으며 널리 인정받을 만한 가치도 있다. 그러나 현재와 같은 위치를 고수하기 위해서는 새로운 모습으로 스스로를 변화시켜야 한다. 변화에는 언제나 위험이 수반된다. 우리는 특정의 문제들을 해결하기 위해 교육이론을 만든다. 하지만 상황이 바뀌고 새로운 해결책이 요청되는 데도 기존의 이론들을 종교적 교리처럼 떠받드는 경향이 있다. 다만, '신체를 통한 교육'의 아이디어가 핵심적 이론으로서 그 유용성을 다했다고 해서 그것이 더 이상 유용한 개념이 아니라는 것을 의미하지는 않는다.

1) 심동적 영역의 목표

1차적으로 운동기능의 목표는 체육프로그램에 참가하여 운동기능을 습득하는 것을 말한다. 그러나 이 목표가 어느 정도로 달성되었는가를 명확하게 측정하는 것은 거의 불가능하다. 이것에는 몇 가지 이유가 있다. 첫째, 학교체육 말고도 다른 체육관련 기관들(체육관, 스포츠센터 등)이 학교에서 배우는 종목의 기능을 향상시키는 것에 영향을 미치고 있다. 이 같은 사실이 체육교육을 통해서 정확히 어느 정도의 기능이 향상되는가를 측정하는 것을 어렵게 만든다.

둘째, 아직 진실성(타당도와 신뢰도)이 높은 운동기능 테스트 방법이 믿을 만한 정도가 못된다. 육상 트랙종목, 골프, 양궁 종목은 운동기능을 측정하기가 비교적 용이하다. 반면 배구, 농구, 무용 등과 같은 종목은 기능을 측정하는 것이 쉬운 일이 아니다. 그러함에도 불구하고 우리는 일반적으로 '신체를 통한 교육'에 기초한 체육프로그램이 실천되는 상황을 근거로 운동기능 습득의 목표가 얼마나 성취되었는가에 대한 판단을 내려야만 한다.

2) 정신적 영역의 목표

정신적 영역의 목표는 두 가지 해석이 가능하다. '정신적 영역'이라는 말은 첫째, 체육활동에 참여하는 것이 인지적 영역에 도움이 된다는 것을 의미한다. 둘째, 그 종목의 역사, 규칙, 전술, 용구 등에 대한 지식과 체육 전반에 대한 지식을 얻는다는 것을 말한다. 이 두 가지 의미는 비슷해 보이지만 실제로는 서로 다르다. 체육교육 전문가들은 체육활동을 하면 인지적 측면에 도움이 된다고 주장한다. 다음의 인용문은 체육교육 전문가들이 취하는 태도이다.

> 학생의 정신적 발달을 돕는 것은 체육교육이 도모하는 가장 명확하고 현실적인 목표이다. 신체적 발달과 정신적 발달이 서로 상호관련을 맺고 있다는 사실은 아주 빠르게 증명되고 있다. 기능이 월등한 운동선수는 많은 경우 주지과목 성적을 올릴 수 있는 가능성도 가지고 있다. 학생의 신체적 능력이 향상되면 될수록 주지과목에서 높은 성적을 받게 된다는 것이다.

체육교육이 인지적 측면에 미치는 공헌에 관해 아주 단정적이고 결론적인 태도로 말할 수는 없다. 물론 이것은 운동능력 발달이 직 · 간접적으로 정신적 측면에 아무런 도움이 되지 못한다는 것을 의미하지는 않는다. '정신적 측면'의 두 번째 의미는 첫 번째 것보다는 훨씬 일반적으로 알려져 있다. 해당 종목의 역사, 사용되는 용구, 시설의 규격, 사용되는 전략, 건강, 체력, 응급조치 등 기타 관련되는 내용에 관한 지식은 정신적 개념들이라고 간주한다. 지식테스트는 체육교육에서 중요한 요소가 되고 있다. 이 같은 평가가 정확한지는 모르겠으나 우리는 정확하고 신뢰성 있는 운동기능 테스트 방법을 마련하는 것보다 완전한 지식테스트 방법을 개발하는 것에 많은 노력을 쏟아왔고, 보다 많은 성공을 거두고 있다. 학교에서는 체육교과도 평가를 실시하여 점수와 등급을 매긴다.

대부분 교사들은 학생에게 지적으로 자극을 제공하여 공부하도록 힘쓰고 있다. 시중의 서점에 나가보면 '스포츠 시리즈'와 같은 운동종목을 배우는 것에 관한 수많은 책들이 출간되었다. 학생은 대학수준 정도 되면 교양 수업시간을 위해서 스포츠종목에 관한 책 한 권 정도는 사서 본다. 이 같은 지식 강화 현상은 기존의 '신체를 통한 교육' 철학에서 인지적 발달을 추구한 것과 함께 현재 강조되고 있는 체육 분야에서의 학문적 · 지식적 내용 강화에서 크게 자극을 받은 것이라고 볼 수 있다. 우리는 스포츠, 게임, 건강 및 체력에 관한 지식을 습득하는 것을 비판하기는 어렵다. 어떤 종목에 대해 만족감을 완벽하게 느끼기 위해서는 규칙과 전술 등에 관한 지식을 습득해야 한다. 그러나 이 정도를 벗어나 자신이 좋아하는 종목에 대한 역사, 관습 그리고 선수들의 기록에 대해 지식을 습득하여 만족감을 느끼는 사람들도 있기 때문이다.

3) 사회적 영역의 목표

사회적 영역의 의미도 두 가지로 이해된다(최의창, 2003). 첫 번째 해석은 학생은 체육활동에 참여함으로써 대인 관계적 기술을 습득하고, 바람직한 태도를 개발하며, 훌륭한 덕목들을 함양한다는 것이다. 체육활동에서 배운 기술, 태도, 덕목들은 학생의 일상생활 속으로 전이되어 사회생활을 하는 데 효과적이고 가치 있는 사람이 되도록 한다. 두 번째 해석은 학생은 체육활동에 참여함으로써 좋은 스포츠퍼슨십을 형성하게 된다는 측면이다. 이것은 전자보다 다소 구체적인 해석이다.

2. 체육의 가치

체육은 움직임을 통해 기본 운동기능 향상, 전략의 습득, 협동과 책임감 등 다양한 교육적 가치를 제공한다. 구체적으로 학생이 체육활동을 하고 나서 얻게 되는 교육적 가치로는 신체적 가치, 인지적 가치, 정서적 가치, 사회적 가치 그리고 문화적 가치가 있다. 체육의 가치는 학생에게 신체활동에 참여하고, 체육하는 삶을 살도록 하는 자극제가 된다.

가. 신체적 가치

초등 시기의 비만은 성인비만의 결정적인 요인이 되듯이 초등학교 시기의 건강은 성인기의 건강에 이르기까지 중요한 요소로 작용한다. 따라서 초등 시기의 활발한 신체활동은 건강한 신체의 성장을 위해 필수적이다. 무엇보다 규칙적이고 활동적인 신체활동은 신체 골격에 중력이 작용하는 힘을 통해 성장판을 자극한다. 그리고 신체활동은 근육과 인체의 각 기관을 형성하는 단백질의 합성을 촉진한다. 뼈 성장과 근육 발달은 성장을 자극하는 호르몬(성장호르몬, 갑상선 호르몬, 인슐린 등)을 분비하는 내분비계와 근골격계와의 상호작용에 의해 일어난다(스포츠동지, 2010.09.15.). 학생에게 적절한 운동은 뇌의 작동을 활성화함으로써 대뇌 신경세포의 기능을 강화하고, 학생의 학업 증진에도 도움을 준다(이상헌, 2009). 또한, 운동을 하면 혈액이 뇌에 공급되어 최적의 상태가 된다. 운동은 우울증, 공포증 등의 기분장애뿐만 아니라 주의력 결핍 과잉행동 장애(ADHD), 약물 중독, 치매 등에 이르는 각종 질병을 예방하는 데 최고의 효과가 있도록 한다.

초등학교에서 체계적인 체육활동은 일생 동안의 건강과 체력의 기초가 된다. 초등학교 시기의 체력과 운동기능, 건강에 대한 지식 및 태도, 즐거운 신체활동의 경험 등은 성인기까지 이어져 평생 체육의 기틀을 마련하기 때문에 학교체육에서 초등체육의 중요성은 무엇보다 중요하다. 초등체육은 모든 학생에게 다양한 신체활동 기회를 부여하고 여러 신체활동을 경험하도록 함으로써 평생에 걸쳐 각종 스포츠를 즐길 수 있도록 도와준다(장용규, 2010). 특히, 초등학교 저학년 시기는 일반적인 운동 능력이 발달하고 초등학교 고학년 시기에 이르러서는 보다 세분화된 운동 능력이 발달하여 복합된 동작 기술을 수행할 수 있게 된다(고문수·엄혁주·송지환, 2015).

나. 인지적 가치

최근 신체활동과 뇌 과학 기반 연구를 보면 체육수업에서 활용하는 신체활동이 뇌의 인지 영역에 긍정적인 영향을 미친다고 하였다(이상헌, 2009). 미국 일리노이대 연구원인 찰스 힐먼 박사는 동료들과 일리노이 주의 초등학교 3~5학년생 259명을 대상으로 체질량을 측정하고 그들에게 체육시간에 하는 앉은 채 팔 뻗기, 힘차게 달리기, 팔굽혀 펴기와 윗몸일으키기 등의 기초 운동을 제공한 결과, 일리노이 주 표준시험의 수학·읽기 능력에서 운동 능력이 뛰어난 아이들의 수준이 높게 나타났다(스포츠둥지, 2010.02.02). 운동과 두뇌활동의 상관관계는 쥐 실험을 통해서도 밝혀졌다. 미국 소프 생물학연구소의 프레즈 게이지 박사는 신경과학 저널에서 운동을 한 늙은 쥐들은 운동을 하지 않은 젊은 쥐들에 비해 새로운 뉴런 생성이 최대 50%까지 많아졌고, 사람들도 꾸준한 운동을 하면 기억력 감퇴나 노화현상을 늦출 수 있다고 보고하였다(스포츠둥지, 2010.02.02.). 30년 가까이 운동이 뇌에 미치는 영향을 연구한 존 레이티 교수도 운동의 핵심적인 효과는 운동이 뇌를 조절하고 새롭게 형성한다고 하였다. 운동하는 동안 기분이 나아진다고 느끼는 이유는 운동이 뇌 기능을 개선하기 때문이라고 하였다. '운동이 어떻게 뇌 기능을 향상시키는 것일까?'와 관련하여 존 레이티는 운동이 사고와 감정을 조절하는 신경전달물질의 분비를 촉진하고, 그들의 화학적 균형을 맞춘다고 하였다(박수현, 2010).

최근 뇌 과학계는 운동이 뇌에 미치는 더욱 강력하고 결정적인 메커니즘, 즉 운동이 직접 새로운 뇌세포를 만들어내어 뇌 기능을 높인다는 사실을 입증하였다. 얼마 전까지도 우리 뇌의 신경세포는 한 번 손상되면 재생이나 회복이 불가능한 것으로 알고 있었다. 인간은 평생 사용할 신경세포를 가지고 태어나는데 나이를 먹으면서 신경세포는 줄어들 뿐 늘어나지 않는다는 것이었다. 하지만 10년 전 쥐의 뇌에서 새로 생성된 신경세포가 확인되었다. 그로부터 지난 10년 동안 인간의 신경세포 생성 가능성에 관한 다양한 가설과 실험이 진행되었고, 그 결과 인간의 뇌에서도 새로운 신경세포가 생성된다는 사실이 입증되었다. 특히, 해마 영역에서 뇌세포로 성장할 수 있는 줄기세포가 매일 4백 개에서 1천 개까지 생성된다는 실험 결과도 발표되었다(박수현, 2010).

미래형 교육과정에서는 창의·인성을 갖춘 인간 육성을 강조한다. 그 가운데 체육과에서 일반적으로 인식되는 창의성은 주로 새로운 움직임 기술을 주어진 문제 상황에 따라 조율하거나 변형하여 적절히 적용할 수 있는 능력까지도 포함한다(Alter, 2003; Anderson, 2002). 교육부(2022)는 2022 개정 체육과 교육과정에서 '창의성과 인성을 함양하는 통합적 교수·학습'을 체육과 교수·학습의 6가지 방향 중 하나로 설정하였다. 이는 학습자가 영역별 내용을 깊이 있게 학습할 수 있도록 직접 체험 활동과 함께 간접 체험 활동을 제공하는 것과 타 교과 및 범교과 학습(예를 들어, 문학 및 예술적 감수성, 과학 및 수학적 분석력, 인성 및 민주시민 의식, 생태전환과 지속 가능한 발전 등)의 주제를 체육과 학습 내용과 융합하여 학습함으로써 학습자가 체육과의 학습 내용을 다양한 분야와 연계하여 비판적으로 사고하고, 바람직한 가치 판단과 공동체의 삶의 방식을 폭넓게 수용하고 실천할 수 있도록 하였다.

다. 정서적 가치

세계보건기구(WHO)는 우울증을 일생동안에 장애를 초래할 가능성이 높은 질환이라고 하였다. 우리나라에서도 우울증 환자가 급격히 증가하면서 나타나는 장애 문제가 사회적 문제로 발전해 감에 따라 2000년부터 우울증을 정신장애의 한 영역으로 분류하였다. 우울증의 대표적인 현상은 뇌의 세로토닌(serotonin; 5-HT) 수준의 감소이다. 중추신경 전달물질 중 하나인 세로토닌은 척추동물의 뇌에서 행동을 조절하는 강력한 물질 중의 하나이다. 우울증을 예방하고 치료하는 것은 정신건강 측면에서 매우 중요하다.

한편, 운동은 우울증과 관련하여 매우 유용한 가치가 있음이 밝혀졌다(이상헌,

2009). 즉 운동은 아주 좋은 항우울 기능이 있다. 운동의 항우울 효과는 항우울제를 능가하는 것으로 보고되었고, 운동이 최고의 항우울 역할을 담당할 수 있을 것으로 기대하는 연구가 지속적으로 진행되고 있다(스포츠동지, 2010.07.27.). 따라서 초등 시기의 활발한 신체활동은 학생의 정서적 발달에 긍정적 가치를 갖게 된다. 2008 베이징올림픽에서 수영 8관왕을 차지한 미국의 수영 선수 마이클 펠프스를 예로 들 수 있다. 그는 7세 때 주의력결핍 과잉행동장애(ADHD) 판정을 받았다. 이후 약물 치료와 함께 수영을 시작한 것이 ADHD 치료는 물론 세계적인 수영 영웅으로 자라날 수 있었던 원동력이었다. 이러한 효과로 볼 때, 움직임의 욕구가 강한 초등 시기에 학습자에게 적합한 체육활동을 하는 것은 학생의 정서적 측면의 건강을 증진하는 데 크게 기여할 것이다. 체육의 가치는 이미 증명이 되었다. 신체활동에 대해 의구심을 품기보다는 움직임을 통해 학생들의 정서적 건강을 챙기는 일에 매진할 때이다.

라. 사회적 가치

체육은 학생에게 사회적 태도, 가치, 행동 등을 습득하게 하는 환경을 제공한다. 학생들은 체육을 통해 다양한 발달단계를 거침으로써 사회적 인격체로 성장한다. 학생은 체육을 통해 타인과의 의사소통 과정을 거치면서 자기중심적인 경향을 넘어 타인과 조화롭게 생활하는 법을 배운다(안양옥, 2010). 체육활동은 건전한 경쟁과 협동심을 함양하는 데 좋은 도구로 활용된다. 활발한 팀 중심의 신체활동은 선의의 경쟁의식을 형성하고 협동심을 향상시키는 측면에도 도움이 된다. 단체 스포츠 형태의 게임에서는 한 개인의 역량이 아무리 뛰어나더라도 팀의 승리를 이끌기 어렵다. 승리하기 위해서는 팀 동료들과 원만한 상호작용이 필요하다(안양옥, 2010).

학생은 놀이, 게임, 스포츠, 표현 등의 신체활동에 참여하면서 페어플레이, 자기 통제, 절제 등의 가치를 배운다. 페어플레이는 게임 참가자의 책임과 의무를 전제한 평등하고 공정한 처사로 신체활동 참여를 통하여 형성되며 정정당당하게 경기하는 태도를 습득하도록 한다. 학생이 신체활동에 참여하면서 사회적 가치를 높이기 위해서는 팀 활동을 하면서 구성원으로서의 역할과 자신의 책임을 다하는 경험을 갖도록 해야 한다. 체육은 학생이 수업에서 생각하고 있는 부분을 움직임으로 옮겨야 실천되는 교과이기 때문에 학생이 '아는 것'과 '하는 것'의 통합적 교수·학습을 통해 움직임을 활성화해야 한다.

마. 문화적 가치

체육은 움직임 욕구의 실현과 체육 문화의 계승과 발전이라는 내재적 가치를 동시에 구현하는 교과이다(교육부, 2015). 또한, 학생은 체육활동을 통해 개인적 의미와 문화적 의미를 동시에 구현한다. 학교에서 체육을 가르치는 이유는 학생이 문화유산으로서의 체육활동에 입문하도록 하고, 학생이 성장하면서 겪게 될 수많은 삶의 문제들을 해결하며 삶의 가치를 깨닫는 데 도움을 줄 수 있기 때문이다. 초등체육은 문화유산으로서의 체육활동에 학생을 입문시킴으로써 성인이 되어 자신의 삶을 주체적으로 이끌면서 삶의 의미를 고양하고 행복한 삶을 누리기 위해 필요한 '활동적인 생활 기술'을 체득하도록 한다. 학생이 자신의 몸을 효율적으로 움직일 수 있는 기술뿐만 아니라, 자기 조절, 도전 정신, 팀워크, 타인 존중, 페어플레이 그리고 리더십과 같은 역동적인 삶의 기술은 우리 사회 어느 분야에서나 공통적으로 요구되는 능력이다. 초등체육은 학생이 자신의 개인 역량을 강화하는 결정적인 기제로 활용될 수 있다(장용규, 2010).

Q&A **묻고 답하기**

체육의 목적과 가치를 말하다

1. 체육의 목적을 말하다.

1) 체육의 목적을 '신체의 교육' 측면에서 설명하시오.

2) 체육의 목적을 '신체를 통한 교육' 측면에서 설명하시오.

2. 체육의 가치를 말하다

1) 체육의 신체적 가치가 지니는 의미는 무엇인가?

2) 체육의 인지적 가치는 수업을 통해 달성될 수 있는가?

3) 체육의 정서적 가치의 요소에는 어떤 것들이 있는가?

4) 체육의 사회적 가치를 어떻게 설명할 수 있는가?

5) 체육의 문화적 가치를 어떻게 형성할 수 있는가?

참고문헌

고문수·엄혁주·송지환(2015). **초등체육수업론.** 파주: 교육과학사.

고문수·전세명·천지애·엄혁주(2018). **초등체육교육론.** 서울: 휴먼북스.

교육부(2015). **체육과 교육과정.** 교육부 고시 제 2018-74호[별책 11호].

교육부(2022). **체육과 교육과정.** 교육부 고시 제 2022-33호[별책 11호].

박수현(2010). **웰니스: 뇌를 바꾸는 운동 혁명.** 서울: 랜덤하우스.

안양옥(2010). **초등체육 교과교육론(개정판)**. 서울: 레인보우북스.

유정애(2008). **체육과 교육과정 총론**. 서울: 도서출판 대한미디어.

이상헌 역(2009). **운동화 신은 뇌.** 북섬.

장용규(2009). 왜 체육을 가르칠까? **우리체육, 4**, 20-29.

장용규(2010). 초등체육의 정당화 논의와 개정 교육과정의 의미. **한국초등교육, 21**(2), 325-337.

장용규·김홍식(1998). 기능중심 스포츠교육의 한계와 대안 모색. **스포츠과학리뷰, 19**(1), 75-90.

최의창(2002). **인문적 체육교육.** 서울: 무지개사.

최의창(2003). **체육교육탐구.** 서울: 태근문화사.

Alter, J. (2003). Aesthetic experience. In B. S. Mohnsen(Ed.), *Concepts of physical education: what every student needs to know*(199-219). NASPE Publications.

Anderson, D. R. (2002). The humanity of movement or its' not just a gym class. *Quest,* 54, 87-6.

스포츠둥지(2010.02.02). **운동과 두뇌(1) 머리 좋아지려면 운동하라**. 2013년 2월 7일 발췌. http://www.sportnest.kr/search/운동과%20두뇌

스포츠둥지(2010.07.27). **운동과 뇌기능 운동하면 우울증을 예방할 수 있을까?** 2013년 2월 7일 발췌. http://www.sportnest.kr/646

스포츠둥지(2010.09.15). **성장기 아동에게 더욱 필요한 신체활동.** 2013년 2월 7일 발췌. http://www.sportnest.kr/720

03

학습자 이해

- 초등학생의 발달 특성은 어떻게 구분되는가?
- 초등학생의 발달 특성에 따른 체육수업 운영 방안은 무엇인가?

1. 초등학생의 발달 특성

가. 신체적 발달

어린이들은 5세까지 매우 빠르게 성장한다. 그 이후 사춘기에 도달할 때까지는 느리지만 꾸준히 성장을 지속한다. 초등학교 때는 남녀 학생의 신장이 거의 비슷하다. 사춘기는 남학생보다 여학생이 먼저 경험을 한다. 사춘기가 시작되면 성장이 빨라지고, 사춘기에 도달한 많은 여학생은 같은 연령대의 남학생보다 몸집이 크다. 이 시기는 여학생이 남학생보다 신체적으로 우세한 모습을 보인다. 여기서 중요한 점은 학생들 간의 성장속도가 크게 다르다는 점이다. 전문가들은 같은 학급에 있는 학생의 신체적 성숙도가 5년까지 차이날 수 있다고 주장한다. 가장 느리게 성숙한 학생과 빠르게 성숙한 학생 간에는 5년 정도의 차이가 날 수 있다.

특히, 신체적 성숙도는 학습 준비 정도를 결정한다. 우리가 주의해야 할 것은 모든 학생들이 똑같은 신체적 능력을 갖고 있지 않다는 점이다. 학생은 성인보다 쉽게 피로를 느끼지만 빠르게 회복한다. 하지만 학생은 몸의 열을 효과적으로 발산하지 못하므로 더운 날씨에는 학생이 감당할 수 없을 정도의 힘든 신체활동을 강요해서는 안 된다. 학생들에게는 장기간의 고강도 운동보다는 저강도 내지는 중강도 수준의 유산소 운동을 제공하는 것이 좋다. 중강도 수준의 유산소 운동은 빠르게 걷는 정도의 수준을 의미한다. 초등학생의 신체적 발달의 특징을 살펴보면 다음과 같다.

첫째, 신체발달이 학생 초기에 비해서 느려지는 반면 신체가 건강해지고 자기 통제력이 높아진다.

둘째, 초등학생은 새로운 세계에 대해 탐험하고 싶은 충동과 호기심을 규칙과 질서 내에서 승화시켜 나가는 방법을 배운다.

셋째, 초등학생은 10~11세경에 사춘기에 진입하고 신체적으로 급성장(growth spurt)을 경험한다. 자기의식도 높아지는 시기로 타인의 시선을 의식하고, 창피함도 많이 느낀다.

넷째, 초등학생은 성숙 정도에 따라 다양한 심리적 특징을 갖는다.

나. 인지적 발달

초등학생의 대부분은 피아제(piaget)가 이야기하는 전조작기의 발달단계에 있다. 이는 기호 사용을 숙달하기 시작하는 단계이지만, 아직은 성인들과 동일한 방식으로 추론할 수 없는 인지발달 단계이다. 이 시기의 학생은 자기 본위적이고, 다른 사람의 관점보다는 자신만의 좁은 관점에서 세상을 바라본다. 학생은 유치원과 초등학교 2학년 사이에 구체적 조작기에 들어가는 전환기를 맞이한다. 이 시기도 여전히 성인과 같은 추론을 하지는 못한다. 이 시기의 학생은 눈앞에 보이는 구체적인 내용은 다룰 수 있지만 가설적 상황과 추상적 아이디어를 잘 다루지 못한다.

초등학교 고학년이 되면 많은 학생이 성인들의 특징을 나타내는 형식적 조작기에 들어간다. 하지만 학생은 공간, 시간, 방향을 의식하는 것과 같은 지각 운동기능을 제대로 수행하지 못한다. 학생 초기에는 외부 공간을 이해하는 데 어려움이 있고, 공간 내의 모든 위치를 자신과 관련시켜 이해한다. 소문자 b와 d의 글자를 공간에서 위치로만 구별한다. 초등학교에 입학하는 학생은 이 두 글자의 차이를 구별하지 못한다. 또한, 이 시기의 학생은 물체의 속도를 결정하는 데 어려움이 있다. 따라서 '잡기'와 '때리기' 등의 기본 운동기능을 수행할 때 타이밍을 잘 포착하지 못한다. 학생은 자기 신체를 인체의 각 부위와 관련하여 의식하지 못하고, 인체의 각 부위가 직접 목격할 수 없는 공중에 위치하면 더욱 의식하지 못한다.

체육수업은 학생의 지적 발달을 가져오는 데 도움이 된다. 우선, 학생은 인지 발달의 초기 단계에 있으므로 움직임 경험은 인지 발달에 매우 중요하다. 자기 신체를 적극적으로 조작하거나 신체를 다른 물체와 관련하여 적극적으로 조작하면 인지발달이 촉진된다. 학생의 인지발달 수준을 알면 그들과 대화하는 부분에도 도움이 되고, 학생의 발달단계에 적합한 학습경험을 설계하는 데 도움이 된다. 초등학생의 인지적 발달의 특징을 살펴보면 다음과 같다.

첫째, Piaget의 인지발달에 따르면 저 학령기는 구체적인 문제를 논리적으로 해결할 수 있고, 보존성의 개념을 이해하며 유목화하며, 서열화할 수 있다. 가역적 사고를 습득하는 시기이다.

둘째, 고 학령기는 논리적으로 추상적인 문제를 해결할 수 있고, 사고가 점차 과학적이 되며(가설 연역적 사고), 복잡한 언어과제나 가설적인 문제를 해결할 수 있다. 전체 자극을 고려해 파악하는 능력이 증가한다.

셋째, 언어능력이 발달하고, 추상적 개념의 이해와 어휘력이 크게 증가한다.

넷째, 이 시기는 지적탐색이 활발하게 이루어지는 시기로 학습을 하면서 새로운 것을 익히고, 쾌락과 보람을 느끼며, 노는 것만을 즐기는 학생이 아니라, 무엇을 만듦으로써 인정받고 스스로가 생산적이라는 느낌을 갖기를 희망한다.

다. 정의적·사회적 발달

아동기는 죄책감, 수치감, 자랑스러움 등의 보다 복잡한 정서를 경험한다. 타인과의 감정에 얽힌 관계를 조절하는 능력도 갖게 된다. 학교에서 수행에 대한 불안과 또래들에게 수용되는지에 대한 불안을 경험한다. 학생은 친사회적 행동의 선택과 타인의 관점을 이해하고 사회적 맥락(social context)을 해석할 수 있다. 초등학생은 또래 집단 안에서 다양하게 상호작용하며 다양한 관점인 사회적 발달을 촉진하는 가치관, 행동, 신념 등의 형성을 배우고 이해한다. 특히, 고학년은 또래집단 속에서 매우 강한 응집성을 발휘한다. 학생은 학교에 입학하여 다른 사람과 상호작용하는 법을 배운다. 이 시기는 학교 행동을 배워나가는 사회화 과정을 거친다. 교사는 학생이 학교생활에 잘 적응하고, 다른 사람과의 관계를 유지하는 데 필요한 기술을 습득하도록 도와주어야 한다.

2. 초등학생의 기본 욕구[1)]

가. 움직임의 욕구

초등학생의 기본 욕구는 무엇인가를 성취하고 싶은 욕망을 의미한다. 초등학생은 유전적·환경적으로 영향을 받는 욕구를 갖고 있다. 학생의 기본적인 욕구는 사회적 영향과 밀접하게 관련되어 있다. 교사, 부모 및 동료의 영향을 받는다. 일반적으로 기본적인 욕구는 모든 연령층의 학생사이에서 유사하고 발달적 성숙에는 영향을 받지 않는다. 초등학생은 기본 욕구 중 움직임 욕구가 매우 강하다. 학생은 움직이고, 공연하며, 활발하게 활동할 수 있는 욕구가 있다. 이것은 학생이 한 곳에서 다른 곳으로 이동하는 모습을 관찰하면 쉽게 이해할 수 있다. 교사들이 "걸어가" 또는 "천천히"라고 제약하지 않는 한 학생은 달리거나 걷기를 한다. 또한, 달리기의 즐거움을 만끽하기 위해 뛰기도 한다. 학생에게 움직임은 삶의 본질이다. 따라서 학교에서는 학생에게 움직임을 제공할 수 있는 다양한 체육교육 프로그램을 설계해야 한다.

나. 성취지향의 욕구

학생은 무엇인가를 성취하고 싶어 하고 그것을 인정받기를 원한다. 어떤 초등 저학년 학생에게 콩주머니를 위로 던져서 잡으라고 하면 "나 잘 봐요, 내가 무엇을 할 수 있는지 잘 보세요."라고 이야기한다. 이처럼 학생은 교사가 그들의 수행과정을 지켜보는 것을 좋아한다. 하지만 그들의 수행에 대해 교사가 비판적이거나 못마땅하게 여기면 그들은 곧 주눅이 든다. 따라서 교사가 성장과 발달을 촉진하기 위해 격려와 긍정적인 피드백을 제공하는 것이 중요하다. 실패는 좌절, 관심 부족 및 비효율적인 학습으로 이어질

1) 이 내용은 Pangrazi와 Beighle(2013)가 집필한 Dynamic physical education for elementary school children(17th)의 내용 중 일부를 발췌하여 수정하였다.

수 있다. 따라서 실패보다는 성공의 기회가 주어져야 한다. 학생들은 매 수업시간마다 어느 정도의 성취감을 맛보아야 한다. 그렇기 때문에 학생이 성취지향적인 기분을 느낄 수 있도록 교육과정의 내용을 조직하여 운영해야 한다.

다. 동료와의 원만한 의사소통의 욕구

동료 간의 원만한 의사소통은 인간의 기본적인 욕구이다. 학생은 다른 사람들이 자신을 받아들이고, 존중하며, 좋아할 것을 원한다. 따라서 체육은 물론 전반적인 학교 환경에서 또래 간의 수용능력을 가르치고 격려해야 한다. 운동수행능력의 수준에 상관없이 다른 사람들을 받아들이는 것과 같은 사회적 기술을 배우는 것은 학생을 위한 체육 프로그램의 중요한 결과이다. 또래집단의 수용과 관련하여 남학생과 여학생 간에는 보다 적극적이고 매력적인 측면들이 있다.

라. 협력과 경쟁의 욕구

학생은 다른 친구들과 함께 일하고 노는 것을 좋아한다. 따라서 신체활동 프로그램에서 팀을 구성하여 서로 협력하고 공헌하는 능력을 배우는 것은 필연적인 과정이다. 교사는 학생이 협조하지 않거나 규칙을 따르지 않기로 결정하면 경쟁이 불가능하므로 경쟁의 경험 이전에 협력을 가르칠 필요가 있다. 학생들 팀원 중의 하나가 되는 것은 동료 간의 경쟁에서 얻을 수 있는 최고의 행복이다.

3. 초등학생과 체육활동

가. 초등학생의 체력과 체격

체력은 신체적 발달의 기반을 이루는 것으로 인간 활동의 기초가 되는 신체적인 능력을 의미한다. 초등학생이 체력을 기르기 위해 부담 없이 가볍게 할 수 있는 운동으로는 운동장 달리기와 줄넘기 운동이 있다.(이대형, 2010). 현재 초등학생의 체력이 현저히 떨어져 있으므로 교사는 체력 요소를 고려하여 학생의 발달단계에 알맞은 체력운동을 통해 근력과 지구력을 길러주어야 한다.

초등학생의 신체적 발달은 경제적인 풍요, 국민소득 수준의 향상, 식생활 개선에 따른 영양상태의 호전 등으로 발육상태가 좋아졌다. 하지만 신체적인 능력인 체력은 오히려 약화되는 추세이다. 따라서 학생의 균형 잡힌 신체적 발달과 향상을 실천하기 위해 다양한 신체활동을 마련해야 한다. 교사는 초등학교가 정규교육과정을 통해 체육활동을 시작하는 시기이기 때문에 이 과정에서부터 학생이 가치 있는 신체활동에 참여할 수 있도록 관심을 기울여야 한다(유생열, 2008, 2011).

나. 초등학생의 움직임 활동

대부분의 학생은 체육교과를 주변교과로 인식한다. 또한, '재미' 또는 '신체활동'을 통하여 이루어지는 교과, '어울려 노는 시간'으로 생각하면서도 학교에서 체육이 필요하다는 긍정적인 인식을 갖고 있다(유생열 · 김계수, 2008). 일반적으로 체육활동은 남학생이 여학생보다 더 높은 관심과 흥미를 보인다.

고문수(2010)는 체육을 지도하는 교사의 역할과 관련하여 학생이 신체활동을 좋아하도록 이끌어 주는 것이 중요하다고 하였다. 학생 스스로가 체육을 좋아하도록 하고, 신체활동 자체가 흥미롭고 유익하다는 인식과 태도를 심어줌으로써 적극적으로 참여하도록 해야 한다. Jackson(1992)은 체육교육에 대한 학생의 태도와 신념에 대한 이해는 학생의 욕구를 반영한 프로그램의 계획과 교수의 효율성에 영향을 미친다고 언급하면서 학생의 태도를 검사할 필요성을 제안하였다. 무엇보다 초등학생이 체육수업에서 가장 흥미 있어 하는 내용은 '게임영역'이다. 한편, 여학생은 남학생에 비하여 상대적으로 '리듬 및 표현운동'에 관심을 보인다. 일반적으로 초등학생은 달리기와 철봉 등의 체력 관련 수업보다는 축구, 피구, 발야구 등의 신체 움직임을 선호한다(이준상, 2000).

4. 초등학생의 특성에 따른 체육수업

가. 소극적 참여자를 위한 수업 운영

초등학생이 체육수업에 소극적으로 참여하는 이유는 여러 가지가 있다. 그 중 크게 문제가 되는 것은 학습자들이 수업에 참여할 수 있는 경험의 기회를 얻지 못한다는 것이다. 학생 자신이 할 수 있는 것과 할 수 없는 것 사이에는 능력이외에도 경험의 폭이 크게 좌우한다. 학생이 할 수 있다면 자신감을 높일 수 있지만, 할 수 없다면 자신감보다는 소극적인 태도로 활동을 멀리할 수도 있다. 이러한 측면을 고려할 때, 학생의 소극적인 참여는 처음부터 만들어진 것이 아니라 신체활동에 참여하지 못한 경험의 누적으로 형성된 자신감의 부재인 것으로 보인다. 예컨대, 축구형 경쟁 활동에서 한 팀을 10명 내외로 구성하여 운영하는 것은 학습자들에게 수업에 참여하지 말라는 신호를 주는 것과 같다. 이유인즉, 소수자만이 기회를 얻게 되고, 다수가 기회를 갖지 못하면서 경험의 부재로 자신감을 가져오는 데 제약이 될 수 있기 때문이다. 다수가 참여하는 신체활동에서 학습자의 참여를 진작시킬 수 있는 좋은 방법은 축소형 신체활동(small sided physical activity)을 활용하는 것이다. 소수의 인원이 한 팀으로 구성되어 활동한다면 학생의 신체활동에 대한 참여의 폭이 증가될 수 있다. 여기서 참여의 폭이 증가되면 소극적인 참여자가 아니라 적극적인 참여자로 전환되는 경험을 할 수 있다.

소극적인 참여자는 태어나는 것이 아니라 만들어짐을 이해해야 한다. 무엇보다 소극적인 참여자는 학생의 개인적 측면도 있을 수 있지만 교수자가 수업 환경 조성과 운영을 어떻게 하느냐에 달려있다는 점도 인지할 필요가 있다. 그동안 우리는 초등체육의 운영과정에서 다수의 학생이 소극적인 참여자로 전락하는 모습을 많이 보아 왔다. 우리는 더 이상 소극적인 참여자를 만들어서는 안 된다. 우리의 삶이 중요하다면 학생의 삶 또한, 중요하다는 인식을 갖고 수업에 소극적으로 참여하는 학생이 적극적인 참여자로 전환될 수 있는 수업의 전개구조와 다양한 교수·학습 방법을 마련해야 한다. 학습자의 적극적인 참여를 조장할 수 있는 방안으로는 협동학습의 구조인 팀게임토너먼트와 직소(JigsawI·II) 구조를 활용하는 방안 그리고 개인차를 고려한 수준별 수업 및 개별화 수업 모형을 활용하면 좋을 것이다. 학생이 참여할 수 없는 수업의 구조를 만들어 놓고 방관하는 것이 아니라, 학생의 참여를 조장할 수 있는 다양한 활용 방안에 관심의 초점을 모아야 한다.

나. 여학생의 활동적인 신체 문화 조성

모든 학생이 체육수업에서 적극성을 보이지는 않는다. 특히, 여학생은 더욱 그러하다. 이유인즉, 여학생은 남학생에게 비해 땀을 흘리거나 자신의 신체 움직임을 타인에게 보이는 것에 민감하게 반응한다. 체육수업 전에 남학생이 축구공이나 배구공을 갖고 운동장에 나가서 활발한 움직임을 보이는 것과 달리 여학생은 거울과 빗 그리고 선크림을 준비한 후 운동장이나 체육관으로 이동한다. 여학생은 남학생이 자신의 신체 기량을 뽐내려는 모습을 보이는 것과 달리 자신의 신체활동 모습을 가능하면 감추려고 한다.

또한, 여학생은 수업참여보다는 친구 관계를 더 중시하는 경향이 있다. 게임수업에서 여학생들이 친사회적인 상호작용에 관심을 기울이는 것만 보아도 그 이유를 알 수 있다(고문수, 2006). 여학생의 특성 중 하나는 경기의 승패보다는 친구관계를 중요시한다는 점이다. 남학생은 운동 기능을 익히고 게임에 참여할 수 있는 체육수업이 즐겁다고 대답하고, 여학생은 친구들과 놀거나 어울릴 수 있어 체육수업 시간이 즐겁다고 대답한 사례는 시사 하는 바가 크다(노수신, 2014).

여학생은 경쟁중심의 스포츠 활동보다는 감성중심의 신체활동을 좋아한다. 그렇기 때문에 여학생의 체육활동을 활성화하기 위해서는 재미있는 체육수업, 여학생을 배려하는 감성적 수업환경 조성, 여학생이 할 수 있다는 성취감이 제공된 수업 그리고 교사와의 긍정적 상호작용으로 수업 참여를 유인해야 한다. 또래 친구들과의 협력을 통해 목표를 달성하는 체육수업을 고안해야 한다(노수신, 2014). 여학생의 체육수업을 활성화할 수 있는 구체적인 방안은 다음과 같다.

첫째, 재미있는 체육수업을 위해서는 상대방과의 몸싸움이 적은 츄크볼, 점프밴드를 활용한 티니클링 등을 고안한다. 둘째, 여학생을 배려하는 감성적 수업환경 조성 방안으로는 학생 친화적 교내 체육환경 마련, 실내 체육관 및 실내 공간을 마련하거나 교실체육을 활용하는 방안을 검토할 수 있다. 셋째, 여학생이 할 수 있다는 성취감이 제공된 수업을 위해서는 운동 기능 이외에 전술 이해를 강조하거나 창의적인 측면과 심미적인 측면 등을 지도하고 평가하는 방안을 활용해야 한다. 운동 기능을 지도할 때에는 경쟁보다는 목표를 정하고 목표를 성취할 수 있도록 유도해야 한다. 또한, 토의토론과 발표수업 및 전략과 전술을 짜보는 다양한 간접적인 체험활동을 활용해야 한다. 넷째, 교사와의 긍정적인 상호작용으로 수업 참여를 유도하기 위해서는 교사와 함께 전략을 구안하기, 교사와 학생이 함께 만들어 가는 수업운영 방안을 조성해야 한다. 다섯째, 또래 친구들과 협력하여 목표를 달성하는 체육수업에 참여하도록 한다. 티볼, 모둠별 창작 표현활동 등 또래와 이야기를 나누고 함께 연습하는 신체활동에 참여하도록 한다. 학생은 모둠원들과 함께 하는 체육수업에 참여하면서 소속감을 느끼고 자신의 모둠에 긍정적인 태도를 갖게 되며, 모둠원들 간의 긍정적인 상호작용을 증진할 수 있다.

다. 모두를 위한 체육수업

학생은 흥미, 친구사귀기, 놀이에 관심이 많다(Cothran & Ennis, 1998). 이중 흥미는 교사와 학생이 모두 중요하게 인식하는 부분이지만, 교사들은 흥미를 체육수업 목표를 위한 도구적인 수단으로, 학생은 수업 속에서 최종 목표로써의 가치를 부여하는 모습을 보인다. 따라서 체육교육을 담당하는 초등교사들은 학생에게 해당되는 체육수업의 목표를 분명하고 명확하게 인식시킬 필요가 있다. 그렇게 해야 학생이 체육수업에서 이루어지는 신체활동의 과정이 무엇을 위한 혹은 무엇에 도달하기 위한 수단임을 알게 됨으로써 수업목표를 명확하게 인식하는 자세를 간직할 수 있다. 체육수업에서 흥미 요인은 그 자체가 목표가 아니고, 수업목표에 도달하기 위한 수단적인 요소임을 알도록 해야 한다.

체육수업은 소수자만을 위한 수업이 아니라 수업에 참여하는 모든 학생의 것임을 알고, 학생 각 개인의 특성을 고려한 수준별 수업이 되어야 한다. 교사는 수업에 적극적으로 참여하는 학생은 물론 수업에서 소외되거나 소극적인 참여자들도 신체활동에 함께 참여할 수 있는 방안을 강구하는 데 힘을 모아야 한다. 조미혜 외 4인(2003)이 제시한 교수 스타일 중 포괄형 교수스타일(수준별 수업)의 중요성을 알고, 수업 실천으로 드러날 수 있는 구체화 방안을 설계해야 한다. 포괄형 교수의 목적은 학생이 과제에 참여하면서 학습자 자신이 수행할 수 있는 과제의 난이도를 선택하고, 자신의 활동을 스스로 점검하는 것을 배우는 데 있다.

Q&A **묻고 답하기**

초등학생의 특성과 체육수업 지원 방안

1. 초등학생의 특성을 말하다.

1) 초등학생의 심동적·인지적·정의적·사회적 발달의 특성에 따라 체육수업을 어떻게 할까?

2) 학생의 긍정적 태도와 흥미를 고려한 체육수업 지원 방안은 무엇인가?

2. 초등학생이 지니고 있는 기본 욕구를 두 가지 선정하고, 그 구체적인 내용을 설명하시오.

3. 체육수업의 지원 방안을 말하다.

1) 신체활동에 소극적으로 참여하는 학생의 수업지원 방안을 서술하시오.

2) 여학생의 활동적인 신체 문화 조성 방안을 기술하시오.

참고문헌

고문수(2006). **초등학교 게임수업에서 갈등의 원천과 해소.** 미간행 박사학위논문, 인천대학교 대학원.

고문수(2010). **초등체육수업의 이해와 실제.** 한국학술정보(주).

노수신(2014). 여학생의 활동적 신체문화가 현장에 뿌리내리길 바라며. **우리체육, 6**, 42-48.

유생열(2008). 체육수업에 대한 교사의 효능감에 따른 아동의 수업 만족도. **코칭능력개발지**, **10**(1), 29-37.

유생열(2011). 초등학교 여학생의 비만, 신체상, 우울감 간의 관계에 있어서 자아 탄력성의 역할. **한국초등체육학회지**, **17**(3), 57-71.

유생열 · 김계수(2008). 초등학생의 체육교과에 대한 인식. **코칭능력개발지, 10**(3), 23-42.

이대형(2010). 음악줄넘기운동을 통한 초등학교 아동의 사회성발달 효과. **학습자중심교과교육학회지**, **10**(2), 267-285.

이준상(2000). **초등학교 체육수업에서의 학생소외의 원인과 행동전략 분석**. 미간행 석사학위논문, 서울교육대학교 교육대학원.

조미혜·황현자·유정애·김윤희·최희진 공역(2003). **모스턴의 체육 교수 스타일**. 서울: 대한미디어.

Cothran, D, J., & Ennis, C. D. (1998). Curricula of Mutual Worth: Comparisons of Students' and Teachers' Curricular Golas. *Journal of Teaching in Physical Education, 17,* 307-326.

Jackson, S. A. (1992). Athletes in flow: A qualitative investigation of flow states in elite figure skaters. *Journal of Applied Sport Psychology , 4,* 161-180.

Pangrazi, R. P., Beighle, A. (2013). *Dynamic physical education for elementary school children.* (17th ed.). Pearson Education.

04

교사의 역할과 리더십[2)]

- 교사의 역할과 책임은 무엇인가?
- 교사는 자질을 함양하기 위해 어떤 노력을 해야 하는가?
- 수업에서 요구되는 교사 리더십의 내용과 구체적인 방법은 무엇인가?

교사는 학생에게 안내자의 역할을 해야 한다. 초등학생은 강도 있는 신체활동보다는 놀이와 게임 위주의 흥미 있는 신체활동에 즐겨 참여하는 특징이 있다. 대부분의 학생이 경쟁을 즐기지만 너무 지나치거나 공격성을 가져오는 활동이 되어서는 안 된다. 교사가 체육수업 운영에 관한 역할과 자질 및 적절한 리더십을 발휘할 때, 학생의 수업 참여와 건강과 체력을 증진하는 신체활동을 자극할 수 있다.

1. 교사의 역할

올림픽, 세계선수권대회, 아시안게임 등과 같은 국제 경기는 학생에게 스포츠에 대한 관심을 불러일으킨다. 학생은 그러한 관심을 통해 지속적으로 스포츠에 흥미를 갖게 되고, 나아가 스포츠 활동에 참여하는 동기가 될 수 있다. 만약 이러한 관심과 참여가 이루어지지 않는다면 학생은 스포츠에 대한 흥미를 잃게 되고 급기야는 풍요롭고 건강한

2) 교사의 역할과 리더십의 내용은 고문수·손천택(2009)의 '재미있는 도전활동 수업' 1장과 고문수·전세명·천지애·엄혁주(2018)의 '초등체육교육론' 2장의 내용을 수정·보완하였다.

삶을 영위하는 데 어려움을 겪을 수 있다. 물론 스포츠 활동 내용이 학생의 수준에 적합하지 않아도 흥미를 잃을 수 있다. 학생이 경험하는 스포츠 활동은 학생의 관심을 고취시킬 수 있어야 하고 흥미와 재미가 넘쳐나야 한다. 무엇보다 교사는 학생의 신체활동 참여를 장려할 수 있는 다양한 역할을 해야 한다. 또한, 흥미로운 환경에서 다양한 스포츠 활동을 통해 학생의 사회적·신체적 발달을 가져오도록 해야 한다.

가. 철학과 윤리

교사는 초등학생이 운동에 매력을 느끼도록 안내해야 한다. 이를 위해서는 교사 자신도 생활 속 신체활동 가이드라인을 실천하면서 학생의 신체활동을 장려해야 한다. 국민생활체육협의회에서 제안하는 7330(일주일에 3번, 한 번 운동할 때마다 30분 이상)과 교육부의 7560+(일주일에 5번 한 번 운동할 때마다 누적하여 60분 운동)는 매우 가치 있는 신체활동 가이드라인이 될 수 있다.

교사는 학생이 강도 높은 훈련보다는 놀이와 게임 등 재미있는 신체활동에 참여할 수 있도록 하는 것이 중요하다. 대부분의 학생이 경쟁활동을 즐기지만 지나치게 경쟁활동을 강조하거나 공격성을 포함해서는 안 된다. 무엇보다 기량이 우수한 학생을 선발하고 육성하는 것보다도 성인이 될 때까지 스포츠에 대한 관심을 지속해서 유지할 수 있도록 보호하고 이끌어주는 과정이 필요하다. 13세 이하의 시기는 기술 습득을 갈망하는 시기로 바람직한 운동 습관과 기술의 습득을 통해 모든 운동영역의 발달을 도모할 수 있다. 따라서 초등학생의 지도를 위해서는 초임교사는 물론 숙련된 교사의 역할이 중요하다.

만약 13세 이하의 재능 있는 학생이 특정 종목을 연습한다면 짧은 시간에 기능 향상을 기대할 수 있지만, 이 시기 학생의 능력과 기술은 신장이나 체력 등 신체적인 발달과 변화에 많은 영향을 받는다. 따라서 학생을 지도할 때에는 적절한 지도시기에 대한 올바른 인식과 학생의 마음이나 감정을 이해하는 노력이 선행되어야 한다. 그렇지 않으면 재능 있는 11~12세의 학생이라 할지라도 훗날 챔피언이 되기 힘들 수도 있다. 따라서 정식 선수 훈련과정은 청소년 시기 이전에는 시작하지 말아야 한다. 오히려 초등학생에게는 달리기나 뛰기, 던지기와 같은 기본 운동 기술을 습득하는 것이 효과적이다. 이는 그들의 연령에 따라 적절하게 변형할 수 있는 활동이기 때문이다. 어린 학생들에게는 특정 종목의 훈련보다는 총체적인 발달을 도모할 수 있도록 전체 영역의 기술 습득을 기본과정으로 교육시키는 것이 바람직하다.

나. 역할과 책임

교사가 학생에게 스포츠 활동을 지도하는 부분에서는 많은 책임이 따른다. 모둠을 지도할 때에는 모든 학생을 위한 개별적인 관심과 관리가 필요하다. 특히, 다음의 사항들에 주의를 기울여야 한다.

첫째, 학생의 안전과 복지에 최우선 순위를 둔다. 이를 위해 교사는 시설에 대한 안전 점검과 적합한 장비를 사용해야 한다. 적합한 의상과 준비물을 권장하고 안전사고를 예방해야 한다. 또한, 활동내용이 계획대로 전개되었는지를 검토하고, 모든 형태의 학대(체벌)로부터 보호한다. 그리고 사고에 따른 적절한 응급 대처법을 준비하는 등 효율적인 응급절차 계획을 수립해야 한다.

둘째, 학생의 운동 참여를 장려하고 유지한다. 교사는 신체활동에서 학생을 개별적으로 지도하면서 교육 참여 기회를 확대해야 한다. 특히, 학생의 현실적 목표 성취를 지원해 주어야 한다.

셋째, 역할 모델 수행을 한다. 교사는 단정한 옷차림과 수업 시간을 잘 준수해야 한다. 수업을 할 때에는 간단하고 명료한 언어를 사용하면서 열정적인 자세를 취한다. 또한, 학생에게 최선의 노력을 기울이도록 적절한 단서를 제공한다.

넷째, 높은 기준과 페어플레이를 보장한다. 교사는 최신 지식을 수용할 수 있는 방법을 모색하면서 지속적인 지식 및 기술을 개발한다. 학생이 수행하는 모든 종류의 참여를 존중하고, 성취 과정에서 규칙을 인지할 수 있도록 한다. 모둠이나 또래를 통한 배움이 일어나도록 한다. 그리고 이 과정에서 팀워크, 정직, 공정성을 장려한다. 도움이 필요한 경우 부모의 참여를 권장하도록 한다.

다섯째, 교사는 학생 개인의 단점을 파악하고 적절한 피드백을 제공한다. 교사의 피드백은 학생의 신체활동을 장려할 수도 있고, 활동을 멈추게 할 수도 있다. 교사는 긍정적 피드백과 교정적 피드백을 제공하면서 학생의 신체활동 참여를 지원해야 한다.

다. 수업 지침

교사는 다른 사람의 자녀를 지도할 수 있는 특권이 주어진다. 교사는 학교 체육수업, 스포츠클럽, 방과 후 신체활동 등 각각의 부문에서 고안된 스포츠 지도에 필요한 수업 지침을 채택하고 준수해야 하는 책임을 갖고 있다. 학생을 지도하는 교사는 다음과 같은 책임을 갖고 수업을 운영해야 한다.

첫째, 건강 및 안전과 관련된 내용을 바르게 알고 지도해야 한다.

둘째, 항상 1명 이상의 모둠을 형성하되 가급적이면 남녀 각각 1명 이상을 포함한다.

셋째, 모든 활동에서 학생의 관리에 소홀함이 없도록 한다.

넷째, 다른 성인이 동행하지 않는 한 차를 이용하여 집까지 데려다 주지 않는다.

다섯째, 응급처치 자격을 갖추고 있지 않다면 함부로 진단해서는 안 되고, 응급시설을 이용하도록 지원한다. 만약, 한 학생에게 의학적 처치를 제공해야 한다면, 그 시간동안 다른 학생은 또 다른 성인의 지시를 받도록 한다.

여섯째, 학생이 부상의 이유나 참여하고 싶지 않다는 의사를 밝히더라도 곧바로 허락하지 말고, 정확한 원인을 파악하도록 한다.

일곱째, 안전성과 효율성이 검증된 운동 절차를 따르도록 한다.

여덟째, 학생이나 부모 그리고 교사들은 모든 규칙을 준수하도록 권장한다.

아홉째, 학생 본인의 수행과 다른 학생의 수행을 비교 평가하면서 이해력을 증가시키도록 한다.

열째, 학생의 능력에 따른 훌륭한 성과에 대해서는 칭찬하도록 한다.

열한째, 달리기나 뛰기, 던지기 활동에서 학생의 창의적인 수행이 나타나도록 권장한다.

열두째, 학생의 자존심을 상하게 할 수 있는 비판적인 언어나 행동을 하지 않도록 한다.

열셋째, 운동은 흥미 있는 활동이 주가 되어야 한다는 사실을 기억한다.

라. 놀이와 교육

놀이를 통한 교육은 모든 학생을 위한 최고의 선물이다. 놀이와 학습은 초등학생을 위한 수업지도의 첫 과정으로 적합하다. 이 시기의 학생은 기술 습득에 대한 갈망이 높기 때문에 놀이 활동을 하면서 경험을 얻고, 또래 학생의 활동 모습을 보고 빠른 속도로 기술을 배울 수 있다. 이러한 활동은 학교나 가정으로부터 벗어난 첫 신체활동이므로 학생이 활동을 즐기고 흥미를 느끼게 된다면 향후 몇 년 동안 이 활동에 대하여 지속적인 관심과 참여를 유지할 수 있게 된다. 이 시기의 활동에 대한 흥미, 친구에 대한 가치 인식, 모둠에 대한 자긍심과 조직화된 활동 등이 이를 반영한다고 할 수 있다.

또한, 다양한 활동에 참여하는 것이 중요하다. 학생이 비슷한 종류의 운동만 반복하면 잠재적으로 성장에 좋지 않은 영향을 미칠 수 있다. 학생을 가르치는 교사는 놀이나 게임을 통해 기본 움직임 기술을 지도하고 소개할 수 있는 다양한 방법을 지니고 있어야 한다. 교사는 자신들이 경험한 특별한 활동에 포함된 창의적이고 새로운 방법의 놀이나 게임을 활용하고 시행할 준비를 해야 한다. 다만, 놀이는 학생에게 학습방법 면에서 효과적이고 흥미를 끌 수 있는 동기로 작용한다는 점을 기억해야 한다.

2. 교사의 자질

학교체육은 구한말 정식교과목이 되면서부터 인성함양과 전인양성을 목적으로 교육을 수행하였다. 학교에서 체육을 가르치는 이유는 단지 운동 기능만을 위한 것이 아니라, 올바른 자아를 완성시키는 통로임을 인지해야 한다. 체육은 인간의 움직임 현상을 연구하고 활용하는 학문으로 학생의 심동적·인지적·정의적·사회적 건강을 위해 필수불가결한 학문이다. 이러한 학문적 중요성을 인식할 수 있도록 학생과의 관계에서도 권위주의적인 자세보다는 사랑이 넘치는 학습 활동이 되도록 노력해야 한다. 인간관계도 스포츠맨십을 바탕으로 예의바르고 신뢰와 존경을 받을 수 있는 정신적 수양도 요구된다.

체육을 지도하는 교사는 이론과 지식을 실제 활동에 적용하는 소비자의 역할에만 머물러서는 안 된다. 연구자로의 교사, 비판적 지식인으로서의 교사, 반성적 전문인, 구성주의적 학습관 등에 관한 안목도 갖추어야 한다. 교사는 체육교육의 실제를 향상시킬 수 있는 지식을 만들어내는 과정을 주체적이고 능동적으로 실천하는 교육 개혁의 주관자이다. 교사는 바로 자신의 교육활동을 탐구하는 연구자이다. 그리고 체육교육 철학의 전반적인 변화를 이끌고 새로운 학교체육을 만들어 가기 위해서는 교사의 총체적이고 전인적인 자질이 필요하다. 지금까지는 운동기능을 잘 전수하는 소극적 수준의 교사의 전문성이 필요했다면 앞으로는 개인의 활동적인 생활기술과 건전하고 바람직한 스포츠 문화를 향유하도록 지도할 수 있는 자질이 요구된다. 이는 단시일 내에 만들어지는 것이 아니고, 평생에 걸쳐 지속적으로 연마하고 함양시켜나가야 한다.

가. 심신의 건강

교사는 몸과 마음이 올바르고 건강해야 학생에게 체육을 가르치는 교육자로서의 기본적인 바탕이 된다. 특히, 건강과 체력의 증진을 가르치는 교사로서 건강과 체력 관리는 학생에게 보여줄 수 있는 교재 그 자체이고, 다양한 신체활동을 가르칠 수 있는 기초자원이 되는 것이다. 다른 교과와 달리 체육을 가르치는 교사는 건강한 신체와 정신을 유지해야 한다. 또한, 학생에게 늘 친절하고 자상한 마음을 베풀어야 한다. 교사는 넓은 마음으로 포용하고 이해할 수 있는 안정된 정서를 갖고 있어야만 학생에게 신체활동이 갖는 긍정적인 가치를 심어줄 수 있다.

나. 전문적 재능

최근 높아진 교육적 요구와 체육교육에 거는 기대를 충족시키기 위해서는 교사 스스로 반성적 자세와 성찰적 태도를 지녀야 한다. 또한, 체육에 관한 전문적 지식과 기능을 충분히 갖출 수 있도록 노력해야 한다. 현재 여러 나라들이 교사의 자격기준을 엄격하게 규정하고 있고, 구체적이며 실천적인 교사의 자질을 기술하고 있다. 전미신규교사평가지원협의회(Interstate New Teacher Assessment and Support Consortium: INTSC)의 일반기준, 교사자격기준국가위원회(National Board for Professional Teaching Standards: NBPTS)의 일반기준과 체육교사 자격기준, 미국스포츠체육교육협회(National Association for Sport and Physical Education: NASPE)의 신규 교사 자격기준 등을 살펴보면, 교사의 전문적 자질의 범주를 교직의 사명감, 교과지식, 학습자 이해, 교육과정 개발 및 수업운영, 학습 모니터 및 평가, 학습 환경의 조성, 협력 관계의 구축 등 광범위하게 규정하고 있다. 2009년에 마련된 우리나라의 '교사 자격기준' 및 '체육교사 자격기준'에도 이와 같은 내용을 명시하고 있다. 따라서 이러한 다양한 기준에 부합하며 창의적이고 유능한 교사가 되기 위해서는 체육교육 철학의 변화와 그에 따른 교사의 다양한 전문적 기능을 함양해야 한다.

다. 교사의 인간적 품성

교사의 인성은 다른 어떤 전문성보다 우선되어야 할 교사전문성의 핵심 덕목이다. 체육교과에서는 신체활동의 통합적 지도를 통해 학생의 인성을 함양하기 위해서는 교사 자신이 체육교과의 인성교육적 역할을 인식하고, 체육활동을 통해 감성적, 덕성적 자질을 갖추는 것이 필요하다. 인성 함양을 위해서는 가르치는 사람의 '본보기'가 효과적이고, 가장 근원적인 수준에서 영향을 미칠 수 있다. 학생은 교사가 가르치는 인성을 아는 것보다 인성의 실제 모범으로서 교사의 성품과 행동을 통해 본받고 따라하고 싶은 마음이 생기기 때문이다(고문수·엄혁주·송지환, 2015; 최의창, 2007; Campbell, 2003).

체육을 지도하는 교사는 신뢰받고 존경받을 수 있는 요인들이 많지만, 그 중에서도 가장 중요한 것은 자신의 전문성을 넓혀가는 것이다. 이를 위해서는 자신이 담당하는 체육교과의 수업계획을 충실히 작성하여 완전한 수업이 되도록 모든 열정을 기울이는 교사가 되어야 한다. 꾸중보다는 칭찬을 많이 하고, 학습자들에게 긍정적·구체적 피드백을 제공해야 한다. 학습자를 때와 장소에 맞게 위엄과 사랑으로 다스리고, 현재의 상태에 만족하지 않으며, 진취적인 생각을 갖고 꾸준히 연구하는 교사로서의 품성이 요구된다.

3. 교사의 리더십

학생을 지도하는 것은 매우 힘든 일이다. 따라서 아무나 교사가 될 수 있는 것이 아니다. 체육을 지도하는 교사는 학생을 지도하는 과정에서 세심한 관심과 관리가 필요하다. 교사는 다음의 사항에 대해 주의해야 한다. 첫째, 학생의 안전과 복지에 힘써야 한다. 둘째, 학생의 운동 참여를 장려한다. 셋째, 학생의 역할 모델이 되어야 한다. 넷째, 학생의 인성을 장려한다. 특히, 교사는 수업 운영과 관련하여 다음의 내용을 고려해야 한다.

가. 수업 조직하기

여러 학생으로 구성된 대 모둠의 수업은 소 모둠의 수업과 다른 지도방법이 필요하다. 대 모둠의 수업에서는 균형감, 민첩성, 협응성 그리고 신체 기술과 관련 있는 기초적인 움직임을 개발하는 것이 중요하다. 교사는 수업 전에 철저한 준비를 통해 수업을 진행해야 한다.

1) 수업 계획을 위해 고려할 사항

좋은 수업은 수업 계획을 어떻게 세웠는가에 달려있다. 좋은 수업이 되기 위한 구체적인 사항은 다음과 같다. 첫째, 수업목표를 명확히 제시한다. 둘째, 수업목표 성취를 위한 최선의 방법을 탐색한다. 셋째, 수업활동에 적합한 장비의 수량과 상태를 점검한다. 넷째, 모둠별로 학생의 인원수를 파악한다. 다섯째, 기본적인 안전 요소를 점검한다. 여섯째, 학생의 상해 예방과 학습 효과의 극대화를 위해 준비운동과 정리운동을 한다. 일곱째, 체육시설의 규모와 상태를 점검한다.

2) 모둠 구성을 위해 고려할 사항

모둠은 수업을 운영하는 과정에서 학생을 팀 활동의 구성원이 되도록 하는 것으로 모둠 내 협동을 강화할 수 있는 좋은 방안이다. 모둠의 구성과정에서는 다음을 고려해야 한다.

첫째, 학생이 수업시간을 지키도록 하고, 지각하는 학생의 경우에도 모둠활동에 쉽게 참여할 수 있도록 융통성 있게 수업을 운영해야 한다.

둘째, 수업 활동 중 모둠으로의 전환이 필요할 경우에 원래의 모둠 규모보다 더 많은 학생의 모둠 구성이 요구된다. 이때, 색상이 있는 등번호는 학생이 신속하게 모둠을 전환하는 데 도움을 준다.

셋째, 모둠의 수와 이름을 파악했다면 수업 전 수행이 가능한 모둠으로 나누는 것이 효과적이다.

넷째, 대 모둠에서 소 모둠으로의 신속한 변경 시 숫자보다는 학생의 특색이나 활동의 영역을 구분하는 것이 좋다.

다섯째, 수업 활동이 정규 프로그램의 일환으로 진행된다면 매 수업마다 동일한 인원수로 모둠을 구성하여 진행하는 것이 좋다.

여섯째, 모둠의 규모는 운동 강도와 휴식시간 등의 요구사항에 의해 좌우된다. 모둠의 규모가 너무 작으면 운동성과가 기대에 미치지 못할 수 있고, 규모가 너무 크면 정리운동 시 학생이 지루함을 느낄 수 있다.

3) 다양한 활동의 제공

학생이 신체활동에 흥미 있게 참여하도록 활동을 다양하게 구성한다. 다양한 활동의 구성은 학생의 수업 참여 과정에서 지루함을 줄이고 적극적인 움직임을 제공할 수 있다.

첫째, 다양한 활동으로 흥미를 유도한다.

둘째, 본래의 계획대로 수업을 진행하되 매 수업마다 1~2개의 새로운 활동을 소개한다.

셋째, 학생이 지루하지 않도록 지도시간을 짧게 유지한다.

4) 학생 이해하기

교사가 체육수업에서 학생을 잘 이해하면 수업의 효율성을 높일 수 있다. 즉 학습자의 특성을 고려한 수준별 수업을 운영할 수 있다. 이를 위해 첫째, 과도한 능력을 요구하는 기능을 가르치지 않도록 한다. 둘째, 학생마다 개인차(학습의 속도와 방법의 차이)가 존재한다는 것을 인정한다. 셋째, 학습의 진보와 향상이 언제 어떻게 나타나는지를 파악해야 한다.

나. 수업 시 의사소통

학생과의 효율적인 의사소통은 수업내용의 전달력을 높이고, 학생의 학습속도를 높이는 데 도움이 된다. 교사는 체육수업의 시작부터 마무리가 될 때까지 의사소통의 요소를 계획하여 운영해야 한다.

1) 수업 시작

수업 시작이 어떻게 진행되느냐에 따라 수업의 흐름을 달리할 수 있다. "시작이 반이다."라는 속담처럼 무슨 일이든지 시작하기가 어렵지 일단 시작만 하면 반 이상은 한 것이나 다름없다. 수업 시작 관련 의사소통 과정에서는 다음을 고려해야 한다.

첫째, 운동장에서 수업을 할 때에는 학생의 시선이 태양을 향하지 않도록 해야 한다.
둘째, 수업내용은 명확하고 간결하게 이루어져야 한다.
셋째, 너무 많은 설명을 하지 말고 활동을 시작해야 한다.
넷째, 불필요하게 큰 소리로 말하기보다는 멀리 있는 학생이 들을 수 있을 정도의 소리로 이야기한다.
다섯째, 언어적 및 비언어적(바디랭귀지) 의사소통으로 모둠의 학생을 향해 열정적으로 표현한다.
여섯째, 만일 필요하다면 보조카드를 준비하되 교사는 어떤 활동이 소개되었는지를 학생이 다시 떠올릴 수 있도록 조언자의 역할을 수행해야 한다.

2) 수업종료

수업종료는 한 차시의 수업을 마무리하는 단계이다. 수업을 종료할 때에는 수업내용이 정리될 수 있도록 학생을 한 공간에 있도록 해야 한다. 수업종료와 관련된 의사소통의 과정에서는 다음을 주목해 한다.

첫째, 활동을 중지시키기 전에 학생에게 무엇을 전달할 것인지를 정확히 알고 있어야 한다.
둘째, 흥미 있는 활동을 중지하기 전에는 한 번 더 생각해야 한다.
셋째, 모든 모둠이 보일 수 있는 장소로 이동한다.
넷째, '그만'을 외치거나 호루라기를 분다.
다섯째, 모두가 정숙해질 때까지 기다린 다음 안내하도록 한다.

3) 수업 운영 및 질서

교사는 체육수업이 진행되는 과정에서 교수·학습의 효율성을 높이고, 학생이 신체활동에 질서 있게 참여할 수 있도록 수업을 운영해야 한다. 수업 운영 및 질서와 관련된 의사소통을 위해서는 다음을 고려해야 한다.

첫째, 일관성을 유지하되 공평하고 성취 가능한 기준을 제시한다.
둘째, 발생 가능한 문제나 방해요소를 예측하여 대비한다.
셋째, 문제행동을 보이는 학생은 평정심을 되찾도록 진정시킨 후 대화를 시도한다. 친구들이 보는 앞에서 질책하는 일이 없도록 한다.
넷째, 어떤 상황에서든 학생과의 대립을 피하고 통제에 신경을 쓰도록 한다.

4) 동기부여

교사는 체육수업을 운영하는 과정에서 긍정적이고, 적극적인 의사소통으로 학생의 동기를 부여해야 한다. 구체적인 방안은 다음과 같다.

첫째, 긍정적인 피드백과 칭찬은 학생에게 큰 도움이 된다.
둘째, 긍정적인 언어를 사용하고 부정적인 언어는 사용하지 않는다.
셋째, 교사의 에너지와 열정은 학생에게 쉽게 전달된다. 교사가 학생 앞에서 흥미를 갖고, 활동적인 모습을 보인다면 학생 역시 비슷한 수준의 활동으로 반응하게 된다.

다. 교사의 시범

체육수업 중 학생의 기본 운동기능을 향상시키기 위해 교사가 시범을 보이는 것은 매우 중요하다. 효과적인 시범은 학생이 새로운 기술을 습득하는 데 도움을 준다. 좋은 시범을 보일 수 있는 방법을 위해서는 다음을 고려해야 한다.

첫째, 시범을 보이고자 하는 핵심 사항을 미리 확인한다.
둘째, 설명과 시범은 모두 합해 3~4분이 적당하다.
셋째, 특정 학생을 시범에 활용한다면 여러 차례에 걸쳐 일관적으로 수행이 가능한지의 여부를 미리 확인해야 한다. 그리고 모든 학생 앞에서 모범적인 시범을 보일 수 있도록 지도한다.
넷째, 시범을 보일 모둠을 구성하는 동안 다른 학생은 활동에 참여하도록 한다. 시범이 시작되면 나머지 학생은 집중하여 시범을 보도록 한다. 가능하면 2회에 걸쳐 시범을 보이는 것이 좋다.

라. 관찰

모둠의 학생이 기술을 연습할 때, 교사는 개별적으로 학생에게 관심을 가져야하고 운동수행의 질을 평가해야 한다.

첫째, 지시한 대로 하고 있는가?
둘째, 수행의 질적인 면에서 충분한가?
셋째, 모범적인 시범을 보였는가?
넷째, 움직임이나 기술이 지속적이고 효과적으로 나타나는가?

위의 관찰 과정에서 교사가 주목해야 할 내용은 다음과 같다.

첫째, 모둠 전체를 위한 공통적인 실수를 수정해주고자 할 때, 적당한 시기에 맞춰 활동을 중시시킨다.
둘째, 학생에게 개별적으로 피드백을 제공하면서 활동을 수정해준다.
셋째, 교사가 직접 시범을 보일 상황이 아니면 모둠 중 잘하는 한두 명을 선정하여 학생들에게 시범을 보이도록 한다.
넷째, 모든 학생이 활동내용을 원만하게 잘 수행한다면 지속적으로 칭찬과 격려를 제공하고 구성원들끼리 도움을 주고받을 수 있도록 한다.
다섯째, 학생이 서로 관찰자와 수행자의 역할을 하도록 한다.

또한, 교사는 관찰을 하고 난 후 다음과 같은 효과적인 기술지도 전략을 활용해야 한다.

첫째, 실제적인 동작 시범과 간단한 설명을 제시한다.
둘째, 연습시간을 제공한다.
셋째, 운동 수행 결과를 관찰한다.
넷째, 연습하는 동안에도 정보를 제공하고, 교사의 도움을 지속적으로 받도록 한다.

마. 교사의 피드백

교사는 모둠원들이 기본 운동기능을 연습할 때, 개별적으로 학생에게 관심을 가져야 하고, 운동 수행의 질을 평가하며, 다양한 피드백을 제공하여 신체활동에 적극적으로 참여할 수 있도록 해야 한다. 피드백의 제공 과정에서 다음을 고려해야 한다.

첫째, 지시하거나 안내한 대로 하고 있는가?
둘째, 수행의 질적인 면에서 충분한가?
셋째, 모범적인 시범을 보였는가?
넷째, 움직임이나 기술이 지속적이고 효과적으로 나타나는가?

특히, 교사는 효과적인 기술 지도를 위해 다음과 같은 전략을 계획해야 한다.

첫째, 기술을 통하여 전달한다.
둘째, 실제적인 시범과 간단한 설명을 제시한다.
셋째, 연습시간을 제공한다.
넷째, 운동수행 결과를 관찰한다.
다섯째, 연습하는 동안에도 정보를 제공하고, 교사의 도움을 지속적으로 받도록 한다.

Q&A **묻고 답하기**

교사의 역할과 리더십을 말하다

1. 교사의 역할을 말하다.

1) 체육수업에서 요구되는 교사의 역할과 책임은 무엇인가?

2) 놀이와 교육에 대한 자신의 관점을 설명할 수 있는가?

2. 교사의 자질을 말하다

1) 체육을 지도하는 교사는 어떤 자질을 지니고 있어야 할까?

2) 교사의 인간적 품성을 함양하기 위한 방법은 무엇인가?

3. 교사의 리더십을 말하다

1) 수업 계획과 모둠 편성 시 고려할 사항은 무엇인가?

2) 체육수업 시 교사의 효율적인 의사소통 방법에는 어떤 것들이 있는가?

참고문헌

고문수·손천택(2009). **재미있는 도전활동 수업.** 서울: 레인보우북스.

고문수·엄혁주·송지환(2015). **초등체육수업론.** 파주: 교육과학사.

최의창(2007). 중등체육에의 통합적 접근: 학문적 접근과 서사적 접근. **교육과정평가연구, 10**(2), 349~376.

Campbell, E. (2003). *The ethical teacher*. Philadelphia, PA: Open University Press.

National Association for Sport and Physical education〔NASPE〕. (2004). *Moving into the future: National standards for physical education*. 2nd ed. Reston, VA: NASPE.

05

효율적인 체육수업 운영

- 초등학생의 비과제 행동을 최소화하기 위한 방안은 무엇인가?
- 체육수업에서 설명하기와 시범보이기는 어떻게 해야 하는가?
- 피드백의 개념은 무엇인가? 피드백을 어떻게 제공해야 하는가?

1. 긍정적 수업 분위기[3)]

초등학생은 여러 과목 중 체육교과를 가장 좋아한다. 이는 움직이고자 하는 인간의 본능적 욕구에서 비롯된 것이다. 특히, 이러한 현상은 발육·발달과 관련하여 신체 대근 활동을 활발하게 하고자 하는 초등학생에게 있어서 당연한 결과라고 할 수 있다. 그러나 의도한 학습 결과와 수업목표에 도달하고자 하는 교사 입장에서 체육수업은 매우 힘들고 곤혹스러운 경우도 많다. 따라서 효율적인 체육수업 운영을 통해 성공적인 체육수업을 하고자 하는 교사에게는 체계적인 수업운영 능력과 함께 학습자 관리 능력, 책임 있는 가운데 이루어지는 허용적 학습 분위기 유지 등과 같은 효율적인 '교수 기술'(teaching skills)을 활용해야 한다.

또한, 최적의 상태에서 자기 주도적으로 학습할 수 있도록 학습자의 책임도 중요하다. 이는 개인 지도와 달리 수업이라는 공동체 속에서 자신의 행위에 대해 스스로 책임

3) 긍정적 수업 분위기와 관련된 내용은 고문수·엄혁주·송지환(2015)이 공동으로 집필한 '초등체육수업론'에서 발췌하여 수정하였다.

지는 책임감 있는 행동이 중요하기 때문이다. 책임감 있는 행동은 연령대에 따라 그 수준 차이가 있지만 공동체 생활이나 학습활동에서 배제될 수 없는 필요조건이다. 이러한 부분은 어릴 때부터 교육을 통해 강조되고 학습되어야 할 부분이다. 따라서 교사와 학습자의 만남이 이루어지는 학년 초나 체육수업의 시작 시점에서 서로 간에 '약속된 규율'로 가르쳐지고 학습될 필요가 있다. 이러한 부분이 모두에게 공평하게 적용될 때, 체육수업은 즐거우면서 의미 있는 시간이 될 수 있고, 최적의 수업분위기와 최상의 학습분위기를 만들 수 있다.

그렇다면 수업 분위기가 의미하는 것은 무엇인가? 우리는 체육수업에서 어떠한 분위기를 형성해야 하는가? 이 문제는 교사 각 개인에 따라 다르게 적용될 수 있는 사안이다. 어떤 교사는 긍정적인 수업 분위기를 조성하기 위해 음악, 호루라기, 수신호 보내기 등의 방법으로 학생을 유인한다. 또 어떤 교사는 논리적인 설득력을 가진 언어로 수업을 이끌어나가는 경우도 있다. 이처럼 학생에게 수업에 참여할 수 있는 유인가를 제공하는 것은 수업의 과정에서 빼놓을 수 없는 중요한 부분이다. 교사는 학생에게 긍정적인 수업 분위기를 조성하기 위해 다양한 방법들을 탐구해야 한다. 초임 교사라면 이 부분은 더욱더 관심을 기울여야 할 부분이다. 그렇다고 경력교사나 수석교사 등 다른 교사들이 수업 분위기의 형성에 대해 관심을 게을리 하라는 이야기는 아니다.

좋은 수업과 관련하여 빠지지 않고 등장하는 것이 수업 분위기이기 때문이다. 긍정적인 수업 분위기와 개방적인 수업분위기는 학생의 수업참여를 극대화할 수 있는 원동력이 된다. 이러한 측면에서 학생이 수업에 참여하여 신체활동을 하는 가운데 다양한 가치를 체험할 수 있는 기회의 제공으로 수업 참여의지를 높이는 것도 좋은 수업 실마리가 될 수 있다.

다만, '좋은 수업 분위기'라는 것은 한 가지로 정의내리기가 어렵다. 교사들은 체육수업에서 학생과 함께 활동하는 과정에서 자신이 선호하는 방식으로 수업에 접근하기 때문이다. 특히, 수업 분위기의 조성과 관련하여 결정을 내리는 것은 학생이 아니라 교사이기 때문에 더욱더 중요하다. 교사는 자신이 통제하고 있는 환경의 특성을 결정한다. 뿐만 아니라, 학생이 그 환경 안에서 활동하도록 가르치고 있다.

우리가 조성하는 좋은 수업 분위기는 매우 중요하다. 학습자의 참여 폭을 강화할 수도 있고 약화시킬 수도 있기 때문이다. 교사는 주어진 환경 내에서 가능한 한 즐거움이 넘치는 상황으로 수업분위기를 조성하고, 유지할 수 있어야 한다. 초 · 중등학교 운동장이나 다목적실 및 실내체육관은 그렇게 화려하지는 않다. 하지만 교사는 그곳에서 학생들이 긍정적인 분위기 속에서 신체활동에 참여할 수 있는 다양한 일들을 수행해야 한다. 교사가 수업을 잘하기 위해 수업 분위기를 설계하고 만들어내는 것은 교사 자신에게 달려 있다. 교사와 학생이 함께 소통하는 수업을 만들기 위해 교사는 끊임없이 노력해야 한다. 좋은 수업 분위기는 결과 또한, 긍정적일 수 있기 때문이다.

지금까지 학교체육에서 문제가 되었던 것은 학생이 수업에 참여할 수 있는 분위기, 즉 넛지(Nudge)의 교육적 경험을 제공받지 못했다는 것이다. 이는 곧 학생이 체육수업에서 학습된 무기력을 경험하는 단초가 되었다. 학습된 무기력은 학생을 체육수업에 소극적으로 참여하도록 하고, 학생의 생활을 부정적으로 이끄는 요인이 된다. 이러한 측면에서 교사는 학생이 생활 속에서 적극성은 물론 신체활동에 긍정적으로 참여할 수 있도록 의미 있는 수업 분위기의 조성에 관심을 집중해야 한다. 또한, 교사는 학생이 정서적으로 안정을 가져올 수 있도록 안전한 학습 환경을 조성해야 한다. 학생에 대한 교사의 기대와 교사의 선입견은 학생과의 상호작용을 하는 방법에 영향을 미친다. 그렇기 때문에 교사는 정서적으로 긍정적인 체육수업을 만들 수 있는 방법을 알고, 이를 실천하기 위해 부단히 노력해야 한다. 이를 위한 구체적인 방법은 다음과 같다.

첫째, 다른 사람들을 괴롭히지 말아야 한다. 이것은 신체적으로 상대방에게 해를 입히는 것에 관계되지만 욕설을 하거나 얕잡아보는 것, 위협적으로 행동하는 것, 놀리는 행동이 이에 해당된다. 학교에서 일어나는 일들을 보면 학생이 힘들어하는 일들이 한두 가지가 아니다. 학생이 경험하는 어려움은 학교 생활에 긍정적으로 참여하도록 이끌지 못한다. 학생이 중심이 되고, 학생이 생각하면서 수업활동에 참여할 수 있는 여건을 조성해야 한다.

둘째, 학생의 이야기나 행동을 비꼬아서는 안 된다. 학생이 정확하지 않은 이야기를 하더라도 주의 깊게 들어주고, 이를 통해 학생이 다시 이야기할 수 있는 시간과 기회를 주어야 한다. 학생의 행동에 대해 비꼬는 행위는 금물이다. 만약, 한 학생에게 다른 학생이 비꼬는 행위를 한다면 이야기를 듣는 학생은 실망하게 되고, 부정적인 정서를 갖게 될 것이다. 따라서 학생의 행동에 대해 긍정적으로 바라볼 수 있는 시선을 갖추는 것이 중요하다.

셋째, 교사들은 어리석은 질문은 없다는 사실을 인지해야 한다. 우리는 수업을 할 때마다 똑같은 질문을 받는 경우가 있다. 이때, 교사는 인내를 잃기가 쉽다. 하지만 교사는 그 학생은 첫 번째 질문을 하는 것이기 때문에 그 질문에 대해 최선의 답을 내놓아야 한다.

넷째, 체육은 모두를 위한 것임을 기억해야 한다. 우리는 모둠 활동에서 소수의 운동기능이 뛰어난 학생이 주도권을 차지하는 경우를 자주 목격한다. 이것은 운동기능이 부족하고 게임에서 활동적이지 못한 학생을 구경꾼으로 전락하도록 만들고 소수 학생만을 위한 체육활동이 되는 경우가 있다. 이러한 측면을 고려하여 교사는 해당 학급의 학생이 모두 그 신체활동의 주인공이 될 수 있는 다양한 전략을 구안하여 실천하도록 해야 한다.

다섯째, 교사는 말한 것을 실천해야 한다. 학생은 수업의 참여자인 동시에 예리한 관찰자이다. 그들은 우리가 하는 것을 보고 그대로 따라한다. 어쩌면 우리가 이야기하는 것보다 더 많은 것을 배우는지도 모른다. 교사는 학생의 역할 모델이 되어야 한다.

2. 비과제 행동의 최소화

교사는 학생이 비과제 행동을 최소화하기 위해 수업의 도입단계에서 수업전략과 일관성 있는 수업관리로 수업의 흐름을 유지해야 한다. 학생의 부적합 행동을 통제하여 수업의 단절을 최소화해야 한다. 이를 위한 구체적인 방안은 다음과 같다.

첫째, 도입단계의 수업전략으로는 수업 계획을 게시(내용과 목표를 제공)하고, 우천 시 또는 수업 변경 시 어디에서 체육수업을 할 것인가에 관한 내용도 포함해야 한다. 도입단계에서는 학생의 일탈행동이 많이 나타나기 때문에 다양한 예비활동(Instant activity)을 구안해야 한다.

둘째, 일관성 있는 수업관리는 학생이 수업에 참여하면서 교사의 일관된 행동에 대해 믿음을 주는 내용들이 포함된다. 이 과정에서 교사는 학생과의 약속과 규칙을 지켜나갈 때 학생이 교사의 약속에 믿음을 간직하게 될 것이다. 대부분의 교사는 수업 도입단계에서 교사와 학생 사이의 계약을 통해 수업에 관한 약속을 정한다. 다만, 이 부분에서 문제가 되는 것은 교사와 학생과의 약속이 일관성을 갖지 못하는 부분이다. 만약 이러한 문제가 일어난다면 교사와 학생 사이의 약속은 실천으로 옮겨지지 못하는 말뿐인 약속이 된다. 교사와 학생과의 약속은 무슨 일이 생기든지 간에 일관성 있는 흐름 속에서 실천되어야 의미를 찾을 수 있다.

일관성 있는 수업관리 방법에는 토큰 수집과 타임아웃이 있다. 똑같은 일에 대해 어떤 학생에게는 토큰을 주고, 어떤 학생에게는 토큰을 주지 않는다면 이 또한, 예방적 수업 운영을 제대로 못하는 결과를 낳게 된다. 타임아웃도 마찬가지이다. 상황에 따라 다르게 타임아웃을 정한다면 학생은 혼동을 일으킬 것이고, 교사를 믿지 않게 된다. 예방적 수업 운영은 학생에게 제기될 수 있는 다양한 문제의 소지를 줄이고 원하는 목표를 달성하기 위한 전략인 만큼 믿음과 약속이 지켜질 수 있도록 일관성을 유지해야 한다.

셋째, 학생의 부적합 행동과 확산을 방지해야 한다(손천택, 2009). 부적합 행동의 통제는 아무리 노력해도 학생의 협조나 지지를 얻지 못하고 학습방해 행동이 지속될 때 교사가 선택하는 행동수정 전략이다. 학급을 운영하다 보면 교사가 긍정적인 학습 환경을 조성하기 위해 노력해도 협력하지 않는 학생이 있다. 이런 학생은 대개 정해진 수업운영 체계나 학습자 관리 시스템을 성실하게 따르지 않을 뿐만 아니라, 교사의 학습자 관리 노력에도 거의 반응하지 않는다. 이런 경우 교사는 그들을 개인적으로 관리할 수밖에 없다.

학습방해 행동은 학생에 대한 긍정적인 태도로 기대행동을 분명히 전달하고, 규칙을 정할 때 학생을 참여시키며, 학생의 능력에 적합한 도전 과제를 제시하여 열정적으로 가르치면 대부분 줄일 수 있다. 확산된 학습방해 행동을 중단시키는 것보다는 사전에 그것을 제지하는 것이 훨씬 더 경제적이고 효과적이다. 규칙 위반 행동이나 학습방해 행동은 Kounin(1970)이 제안한 상황파악(withitness)과 같은 간단한 행동수정 전략으로 제지할 수 있다. 여기서 상황파악은 교사가 학생이 무엇을 하는지 잘 알고 있다는 메시지를 전달함으로써 학생이 부적절한 행동을 하지 못하도록 하는 행동수정 전략이다. 교사는 머리 뒤에도 눈이 있다는 것을 학생이 느끼도록 함으로써 부적절한 행동을 단념

시키는 학습자 관리 전략이다. 그 밖에 부적절한 행동의 확산을 막기 위해 교사가 채택할 수 있는 행동수정 기법으로서는 '학생과 시선 마주치기', '학생에게 다가가기', '적절한 행동 재강조하기', '문제 학생 추방하기', '타임아웃', '긍정적 행동지원' 등이 있다.

'학생과 시선 마주치기'는 체육수업에서 학생의 부적절한 행동을 할 때, 교사는 그 학생의 눈을 계속 쳐다보면서 그 행동을 줄이도록 하는 것이다. '학생에게 다가가기'는 학생이 이미 행한 잘못된 행동을 교사가 알고 있다는 것을 알리는 신호이다. 학생은 자신에게 다가오는 교사의 모습을 확인하면 자신이 무엇을 잘못한 것은 아닌가를 생각하게 되고, 잘못하였을 때는 그러한 행동을 줄이는 계기가 될 수 있다. '적절한 행동 재강조하기'는 학생이 부적절한 행동을 할 때, 그와 반대되는 행동을 강조함으로써 학생이 부적절한 행동을 하지 못하도록 한다. '문제 학생 추방하기'는 체육수업에서 문제를 일으키는 학생을 해당 모둠에서 벗어나도록 하는 전략이다.

'타임아웃'은 체육수업에서 부적절한 행동을 한 학생을 일정 시간(5분 정도) 동안 수업 활동에서 제외시키는 방법이다. '타임아웃'의 효과는 신체활동이나 학습에 관심 있는 학생에게 더욱더 효과적이다. 신체활동에 관심 있는 학생이 자신이 좋아하는 신체활동에 참여할 수 없다면 그것보다 더 큰 벌은 없을 것이다. 타임아웃의 장소는 체육수업이 진행되는 운동장이나 체육관 주변 등 교사의 시야 안에 있어야 한다. '긍정적 행동지원'은 종래의 행동수정이 단순히 문제행동의 빈도나 강도를 줄이기 위해 벌의 제공, 문제행동이 일어난 후에 그것을 강화해 주는 강화요인만을 조절한 것과는 달리 문제행동이 일어나기 전의 모든 상황을 조절하거나 문제행동으로 얻었던 것들을 문제행동이 아닌 바람직한 행동으로 원하는 바를 얻게 해주는 전략이다. 이는 문제행동이 일어나기 전에 미리 환경 변인들을 조절하는 행동수정 전략이다.

3. 학습의 동기 유발

동기는 어떤 일이나 행동을 일으키게 하는 계기를 말한다. 학습 동기는 학습활동에 참여할 수 있는 계기나 단초를 제공하는 것이다. 하지만 교사가 다양한 신체활동 또는 체육수업에서 움직이기를 싫어하는 학생을 수업에 참여하도록 이끄는 것은 걱정거리 중의 하나이다. 교사는 학급의 학생 24명 또는 그 이상의 학생이 동일한 신체활동에 적극적으로 참여하도록 이끄는 것이 얼마나 어려운지를 잘 알고 있다. 기본 운동 기능이 다소 낮은 학생을 지도하는 교사는 이러한 어려움을 더욱더 심각하게 느끼곤 한다.

그동안 스포츠심리학 분야에서 이루어진 운동수행 관련 연구는 경쟁적인 스포츠에 참여하는 학생을 대상으로 하였다. 물론 이러한 연구들이 학교체육에 대해서는 큰 관심을 두지는 않았지만, 체육수업에 임하는 학생의 운동수행능력에 대해서는 특별한 관심이 요청된다. 왜냐하면 초등학교 시기의 체육수업 경험은 청소년기와 성인기의 체육활동의 참여를 결정하는 데 중요한 영향을 미치기 때문이다. 따라서 교사는 체육수업에서 학생이 적극적이면서도 능동적으로 신체활동에 참여할 수 있는 다양한 지원책을 마련해야 한다.

훌륭한 교사는 학생이 성공 지향적이고, 학생의 발달에 적합하며, 내적 동기를 유발해 학습 환경을 조성하는 데 관심을 기울인다. 일반적으로 새로운 운동 기능을 익힐 때 80% 정도의 성공률을 도달하면 다른 학습과제를 부여하여 학습과제의 역동적인 변화를 제공하는 것이 좋다. 교사는 학생이 스스로 기능 향상을 가져오는 것이 중요하다는 것을 깨닫고, 실천을 통해 만족감을 얻을 수 있도록 연습활동에 참여하도록 격려해야 한다. 이 과정에서 학생에게 신체적, 정서적 발달에 적합한 학습 과제의 난이도와 학습 환경을 제공하는 것이 학습자의 참여를 유도하는 적극적 방법이다.

교사는 학생이 체육수업에서 높은 성공률을 보일 수 있도록 다양한 동기유발 전략을 활용할 수 있다(Graham 외, 2010). 교사가 학생에게 둘 또는 그 이상의 과제를 제공하고 학생이 그들의 능력에 따라 가장 적합한 과제를 결정하도록 선택권을 주며 가르치기(teaching by invitation), 교사가 학생의 능력과 흥미에 맞추어 과제를 변형하는 과제 내 변형(intratask variation) 그리고 동료교수와 협동학습을 활용할 수 있다.

4. 설명하기

설명하기는 학생에게 수업에 관한 의미 있는 정보를 제공하는 과정으로 활용된다. 하지만 전적으로 언어로만 전달하는 것은 아니다. 오랫동안 체육수업을 분석하는 여러 연구가 있었다. 교사들은 개인과 집단을 대상으로 한 연구에서 설명을 하는 데 많은 시간을 소비하고, 학생 역시 듣고, 기다리고 모이는 데 많은 시간을 소비하였다. 교사들은 학습 과제를 설명할 필요가 있는 대신에 학생은 체육수업에서 움직일 필요가 있다(이재용 · 안양옥 · 조순묵 · 이기천 공역, 2005). 따라서 체육수업에서 설명하기를 할 때에는 학습의 상황과 학생의 수업참여를 증진할 수 있는 효과적이고 적절한 방법을 활용해야 한다. 이 글의 설명하기에서는 Graham(2001)이 제시하고 있는 조직적 측면의 설명하기와 정보제공 측면의 설명하기로 나누어 제시하였다.

가. 조직적 측면의 설명하기

체육수업의 어려움 중 하나는 확정되지 않은 공간 속의 학생을 대그룹으로 조직하는 일이다. 교실은 의자와 책상, 즉 분명하게 앉을 자리가 있다. 반면 운동장이나 체육관은 라인과 벽뿐이고, 운동장은 체육시설과 몇 그루의 나무 정도만 있을 뿐이다. 체육관 안이나 운동장 또는 활동 공간에서의 경계선은 무엇인가? 설명을 듣기 위해 학생은 어디로 가야 하는가? 어떻게 서로 부딪히지 않을 수 있을까? 설명하기의 한 유형인 조직적 측면에 관한 설명은 학생에게 무엇을, 누구와, 어디에서, 무슨 장비를 가지고 해야 할지를 가르쳐준다. 이것은 대부분 수업 시작 시에 필요하고, 도입 활동 후에 일어난다. 이 과정을 명확하게 처리할 때, 학생은 과제를 잘 이해하면서 활동에 참여할 수 있다.

조직적 측면의 설명하기는 공을 던지는 방법이나 정적인 스트레칭을 어떻게 해야 하는가에 대한 방법에 대해서는 언급하지 않는다. 조직적 측면의 설명하기는 학생이 안전하고 즐거운 환경에서 어떻게 방해를 받지 않고 활동할 수 있는가를 말해줄 뿐이다. 조직적 측면에서의 설명하기는 다음의 질문에 효과적인 답을 제공해 준다.

첫째, 어디서 활동을 해야할까요? 경계는 어디인가요?
둘째, 혼자 할까요? 아니면 다른 사람과 할까요? 모둠 구성은 어떻게 해야 하나요?
셋째, 수업에서 어떤 교구가 필요한가요? 어디로 가면 그것을 찾을 수 있나요?
넷째, 수업은 언제 시작하고, 끝나는 시간은 언제인가요? 활동이 끝나면 그 다음에는 무엇을 해야 하나요?
다섯째, 궁금한 질문이 있을 때에는 어떻게 해야 하나요?

위의 내용은 분명히 학생을 위한 많은 정보를 담고 있다. 어린 학생이나 프로그램에 처음 들어온 학생에게는 더욱 그렇다. 유능한 교사들이 조직적 측면에서 설명을 명확하게 제공하기 위해 사용하는 방법 중의 하나는 한 학생이나 더 많은 학생을 시켜서 다른 학생에게 실제로 어떻게 하는지를 보여주도록 한다. 예컨대, 게임을 시작하기 위해서는 짝과 공, 두 개의 반환점이 필요하고 다른 사람들과 떨어진 공간에서 해야 함을 설명한 후, 두 학생에게 실제적인 과제의 시작에 이르기까지 그것들을 처음부터 끝까지 해 보도록 한다(이재용 · 안양옥 · 조순묵 · 이기천 공역, 2005).

학생에게 수업 조직에 따라 연습하도록 하는 것은 어쩌면 시간을 낭비하는 것처럼 보일지도 모른다. 그러나 활동을 조직하는 방법을 시각화해줄 수 있기 때문에 시간이 절약되기도 한다. 또한, 언어 측면의 교사 말과 시각적인 측면의 학생 시범 등 양쪽에서 정보를 제공한다는 장점을 갖고 있고, 어린 학생에게 내용을 명확히 이해할 수 있도록 한다는 이점이 있다. 교사가 말하고 있는 동안에 학생에게 시범을 보이게 할 것인지 아닌지에 관한 결정은 과제와 수업상황에 따라 달라진다. 만약 이전에 했던 과제거나 학생이 설명을 잘 듣는 쪽이라면 시범을 보이는 것이 불필요할지도 모른다. 하지만 조직에 관한 설명을 명확하게 하는 데 시범은 도움이 되고, 시간이 지나면 시범 없이도 바로 이해할 수 있다.

나. 정보제공 측면의 설명하기

정보제공 측면의 설명하기는 도약을 어떻게 해서 착지하는지, 어떻게 대칭 형태를 만들 수 있는지, 어떻게 장거리 달리기에서 페이스를 조절할 수 있는지 그리고 어떻게 모둠을 편성하는지에 관한 구체적인 설명을 말한다. 반면, 조직적 측면의 설명하기는 학생들이 무엇을 하고자 하는지에 대해서는 말해주지만, 학생이 신체활동을 구체적으로 어떻게 해야 그 활동을 성공적으로 수행할 수 있느냐에 대해서는 언급하지 않는다. 그렇다고 하여 조직적 측면의 설명하기가 정보제공 측면의 설명하기보다 부족하다는 것은 아니다. 정보제공 측면의 설명하기는 조직적 측면의 설명하기에 비해 움직임 수행의 질을 높여주는 역할을 제공한다. 현장의 교사들이 정보제공 측면의 설명하기를 잘하기 위해서는 다음의 내용에 관심을 집중해야 한다.

첫째, 학생에게 한 번에 한 가지 개념씩 설명한다.

둘째, 학생에게 정보를 간단하게 제시한다.

셋째, 학생에게 정보를 제시할 때에는 연상 단어나 문구를 사용한다.

넷째, 학생의 활동 모습을 자세히 관찰하고 나서 정보를 제공한다.

교사는 수업과정에서 조직적 측면의 설명하기와 정보제공 측면의 설명하기를 명확히 이해하고, 이 두 가지의 설명하기 전략을 활용하여 체육수업을 지혜롭게 운영해야 할 책무가 있다. 학생이 조직적 측면의 설명하기가 제공된 이후에 정보제공 측면의 설명하기를 통해 신체활동의 움직임을 바르게 이해한다면 수업에서 동기유발은 물론 신체활동의 내용을 잘 수행할 것이다.

5. 시범보이기

체육수업에서 시범은 학생이 수업활동에서 무엇을 어떻게 해야 하는가에 대하여 정보를 제공하는 것이다. 시범은 학생에게 과제가 제시된 후에 그 활동을 어떻게 해야 하는가와 관련하여 제시되는 정보이다. 이때, 시범을 교사의 동작으로만 보일 필요는 없다. 교사가 시범을 보이기 어려울 경우에는 학생이 시범을 보이거나 아니면 영상자료를 활용하여 정확한 동작을 제시하는 것도 좋은 방법이다.

교육대학에서 예비교사들과 이야기를 나누다 보면 학생이 체육수업을 잘할 수 없을 것 같다고 이야기하는 것을 자주 듣곤 한다. 이는 과거 자신의 체육수업을 되돌아볼 때, 교사의 동작에 의해 시범이 이루어졌고, 기본 운동기능을 강조하는 관점에서 보면 당연할 수 있다. 하지만, 신체활동은 학생의 신체활동이지 교사의 신체활동이 아니다. 따라서 교사는 학생이 신체활동에 참여할 수 있는 다양한 기회와 수업에 대한 관심으로 수업의 참여를 극대화하기 위한 방안을 마련해야 한다. 그렇다고 교사의 시범이 전혀 중요하지 않다는 것은 아니다. 시범은 교육적 측면에서 가치를 지닌다. 시범은 일반적으로 가르치기의 한 부분으로 단지 말로 설명하는 것이 아니라, 움직임을 통해 보여주는 것이다. 이것은 어떤 개념을 이해하는 데 어려움을 느끼는 어린 학생에게 중요한 부분이 될 수 있다. 수업을 할 때, 많은 부분에서 운동기능을 수행하는 방법에 대해 말로 설명하는 부분이 포함되지만 기능을 직접 시범보이는 것만큼 충분하지는 못하다.

음악이나 미술도 마찬가지다. 말로 설명하는 것은 도움이 되기는 하지만, 직접 교향곡을 듣거나 초상화를 보는 것이 말로 설명하는 것보다 훨씬 더 친근하게 다가온다. 어떠한 개념이 분명할 때, 말로 하는 것은 움직임의 특정한 측면, 단계 또는 연속동작에 대해 초점을 맞출 때 효과적이다. 성공적인 시범을 위해서는 다음의 요소에 관심을 기울여야 한다.

첫째, 시범보이는 위치가 중요하다. 모든 학생이 모두 볼 수 있는 공간에서 시범을 보여야 한다. 교사는 시범을 보일 때 해(햇빛)를 마주하고, 학생은 해를 등지도록 한다.

둘째, 시범을 보일 때는 전체를 시범보이도록 한다. 특히, 전체적인 동작에 대해 시범을 보이고 난 후 부분 시범을 보이면 동작을 잘 따라할 수 있다.

셋째, 시범의 속도를 조절한다. 때로는 빠르게, 때로는 느리게 동작의 시범을 보여주면서 학생이 잘 이해할 수 있도록 한다.

넷째, 구두적인 초점을 제시한다. 시범 보이는 동작에서 특징적인 부분을 말로 하면서 동작을 보여준다. 예컨대, 가까이에 있는 친구에게 축구공을 전달할 때, '발 안쪽'이라고 하면서 공차는 동작을 보여준다. 또는 공을 차지 않는 발의 중요성을 이야기하기 위해 '디딤 발은 공 옆에'라고 하면서 동작의 시범을 보이도록 한다.

6. 피드백의 제공

피드백은 학생이 자신의 운동수행 과정에서 얻게 되는 정보로 교사가 학생에게 제공하는 운동수행의 결과적인 정보를 말한다. 또한, 피드백은 학생이 경험하는 신체활동에 대해 운동 수행의 질을 높이기 위해 제공한다. 교사의 피드백은 학생의 과제 참여행동을 촉진하고, 학생의 동기를 유발하며, 학습활동을 탐색하는 기능을 한다. 교사가 학생에게 주의를 집중하면 학생은 보다 높은 동기부여가 되어 학습 과제에 열중하게 된다. 교사가 학생에게 제공하는 수업내용관련 피드백은 교사가 학생의 학습활동 지원에 적극적인 관심을 갖고 있다는 의지의 표시이다. 그리고 교사의 피드백 제공 행동은 학습 과제 지향적이고 생산적인 학습 환경을 유지하는 데 도움이 된다. 그러나 교사는 학생의 반응에 즉각적으로 반응하면서 피드백을 제공하는 것이 어려울 수 있다. 학생에게 필요한 피드백을 즉각적으로 제공하기 위해서는 학습내용에 대한 이해수준이 높아야 할 뿐만 아니라 관찰기술도 잘 개발되어 있어야 한다.

교사가 학생에게 제공하는 피드백은 사용 의도나 정보의 구체성에 따라 다양하게 분류할 수 있다. Siedentop(2000)은 피드백을 수행관련 피드백과 사회적 행동관련 피드백으로 분류하였다. 여기서 수행관련 피드백은 다시 결과의 인정여부에 따라 긍정적 피드백, 교정적 피드백, 부정적 피드백으로 구분하였다. 정보의 구체성에 따라서는 일반적 피드백과 구체적 피드백으로, 대상에 따라 전체인원, 소집단, 개인 피드백으로 분류하였다. Rink(2006)는 피드백을 반응의 정확성 여부에 따라 평가 피드백과 수정 피드백으로 분류한 다음 일반적인 피드백 분류방식으로 분류하였다.

〈표 5-1〉 피드백 분류에 따른 평가 피드백과 수정 피드백

분류	평가 피드백	수정 피드백
일반적 피드백	"잘했어."	"그렇게 하면 안 되지."
구체적 피드백	"다리를 그렇게 쭉 뻗어야지."	"다리를 무릎까지 끌어올려."
부정적 피드백	"유급자보다 못하잖아."	"엉덩이가 밖으로 빠지면 안 돼."
긍정적 피드백	"준영이는 미트를 정확하게 맞추잖아."	"발끝을 몸 쪽으로 끌어당겨."
전체 학생 상대 피드백	"학생이 전체적으로 향상됐어."	"앞차기 후 자기 위치로 돌아와야지."
소집단 피드백	"이 집단은 기대에 못 미치고 있다."	"이 집단은 스피드 발차기후 자기 위치로 돌아가서 제자리 스텝을 밟아."
개인 상대피드백	"상체의 회전력을 이용하지 않고 있잖아."	"발을 더 내밀어."
일치 피드백	"겨루기 시 타이밍을 잘 잡았어."	"상대의 공격을 더 기다려."
불일치 피드백	"상대가 스텝방향을 바꿀 때까지 공격 하지 마."	"상대의 속임수에 발을 뻗지 마."

가. 평가 피드백과 수정 피드백

평가 피드백(evaluative feedback)은 주어진 학습과제를 얼마나 잘 수행하였는지에 대한 가치 판단에 관한 정보를 제시한다. 평가 피드백은 학생의 운동수행 결과에 대해 교사가 내리는 가치 판단이다. 수정 피드백(corrective feedback)은 운동기능 향상에 필요한 반응과 불필요한 반응에 관한 정보를 제공한다. 구체적인 운동 동작에 대해 제공되

는 수정 피드백은 처방적 피드백이다. 평가 피드백은 가끔 "겨루기를 할 때 상대방과 거리를 적절히 잘 유지하고 있어! 상대방의 스텝을 파악하면서 타이밍을 잡아봐!"와 같이 수정 피드백과 함께 사용한다. 피드백의 앞부분이 운동수행에 관한 가치 판단이라면 뒷부분은 그것을 고치는 데 필요한 정보이다.

평가 피드백과 수정 피드백은 학습 과제의 초점과 일치여부에 따라 일치 또는 불일치 피드백으로, 결과의 인정여부에 따라 긍정적 또는 부정적 피드백으로 구분한다. 구체성에 따라서는 일반적 또는 구체적 피드백으로, 피드백 대상에 따라 전체, 집단, 개인 피드백으로 분류할 수 있다.

나. 일치 피드백과 불일치 피드백

피드백의 일치성은 피드백의 내용, 학습 과제의 초점, 교사가 제공하는 단서와 학습 의도와의 일치여부에 의해 결정된다. 일치 피드백은 학습 초점과 직접적으로 관련된 운동수행이나 그 결과에 관한 정보이다. 예를 들어, 앞차기 학습 과제를 수행하고 있다면 "가끔 발의 끝이 펴진 채로 앞차기 하고 있어.", "찬영아, 발의 끝을 펴면 안 되고.", "바로 그거야! 발의 앞 축을 사용해야지.", "발 앞 축으로 앞차기를 해."와 같은 피드백은 앞차기의 발 앞 축 사용을 인정하거나 발가락이 펴진 채로 발등을 사용하는 앞차기를 지적하면서 발 앞 축 사용을 유도하고 있으므로 일치된 피드백이라고 할 수 있다.

반면, 불일치 피드백은 어떤 운동기능을 연습하는 데 필요한 중요한 정보이지만 제시된 학습 과제의 초점과 구체적으로 관련성이 없는 학습정보를 말한다. 위의 앞차기 예에서 "도대체 어느 방향으로 발차기를 하니?", "발차기를 할 때 뒷발이 먼저 나가야지."와 같은 피드백은 발차기 기능의 연습에는 필요하지만 앞차기를 사용한 발차기 과제와 직접적으로 관련이 없으므로 불일치 피드백이라고 할 수 있다.

일치 피드백을 자주 제공하면 학습활동의 집중력을 높일 수 있고, 학생도 학습 과제에 더욱 전념하게 된다. 많은 교사들이 피드백을 제공할 때 무차별 접근(shotgun approach)을 하고 있다. 무차별 피드백은 교사가 특정과제에 대해서 알고 있거나 학생이 그 학습 과제를 수행하는 동안 관찰한 모든 학습 내용을 피드백 정보로 제공하는 것이다. 피드백은 학습 과제의 수행에 필요한 몇몇 단서와 관련하여 제공하는 것이 효과적이다. 대부분의 학생은 과도하게 많은 학습단서에 주의 집중을 못하기 때문이다. 짧은 시간 동안 피드백을 계속 제공하면 학습 과제의 초점이 바뀌면서 학습의 초점이 흐려질 수 있다. 학습 과제에 대한 집중력도 떨어진다. 모든 학생이 동일한 학습 과제를 수행하는 학습 활동에서 그러한 현상이 자주 발생한다. 피드백은 학생의 학습초점을 바꿀 수 있을 정도의 강력한 매개 기능을 한다. 적절한 피드백은 학습 과제의 수행 행동을 강화하지만, 피드백을 잘못 제공하면 학습 과제의 수행 의도를 완전히 바꾸어 놓을 수 있다.

다. 일반적 피드백과 구체적 피드백

대체로 일반적 피드백보다는 구체적 피드백이 학생에게 더 가치 있는 것으로 판명되고 있다. 뿐만 아니라 구체적 피드백은 학생의 학습 과제 집중력을 높이고 학습 과제에 대한 책무성을 강화하는 데에도 중요한 역할을 하는 것으로 밝혀지고 있다. 하지만 구체적 피드백이 학습활동에 도움이 되기 위해서는 학생이 어느 정도 일관된 반응을 보일 때 제공해야 한다. 학생이 아직 일관된 반응을 하지 못하는 학습 초기에 제공하는 교사의 피드백은 운동기능의 학습에 도움이 되지 않는다.

초등학생에게는 운동수행에 관한 구체적인 정보보다는 운동수행의 의도를 전달하는 일반적 피드백이 더 효과적일 수 있다. 자아존중감이 낮은 학생에게는 잘못된 반응을 구체적으로 지적하는 부정적 피드백보다는 동기유발에 도움이 되는 일반적이고 긍정적인 피드백을 제공하는 것이 효과적이다.

피드백은 일반적 피드백에서부터 구체적인 피드백까지 다양한 수준에서 제공된다. 필요에 따라 "좋아.", "잘 받아쳤어.", "돌려차기하고 연속적으로 공격해." 등과 같은 피드백을 다양한 수준에서 제공할 수 있다. "좋아."라는 피드백은 일반적인 피드백이다. 이는 학생의 동기를 유발하기 위해서 사용한다. "좋아."와 같은 단어로 평가되는 일반적 피드백은 때로는 무엇을 평가한 피드백인지 판단하기 어렵다. 열심히 노력한 것을 인정하는 피드백인지, 학습 과제에 열심히 참여하는 것을 칭찬하기 위한 피드백인지, 학습 과제의 성공적인 수행을 격려하기 위한 피드백인지를 구별하기 어렵다. 따라서 무엇이 좋았는지에 관한 정보를 추가적으로 제공하면 일반적 피드백으로서 "좋아."와 같은 단어의 의미가 더욱 분명해진다.

구체적 피드백의 제공 능력은 기능향상의 분명한 목표, 기능의 수행방법 그리고 관찰 및 분석 능력에 달려 있다. 학생의 운동수행에 대해 일반적 피드백만을 제공하는 교사는 운동수행의 어떤 측면이 좋았는지 스스로 자문하는 훈련을 계속하면 구체적인 피드백 정보를 얻는 데 도움이 된다.

라. 긍정적 피드백과 부정적 피드백

교사들은 긍정적인 피드백보다 부정적인 피드백을 자주 제공하는 경향이 있다. 교사들이 부정적 피드백을 많이 제공하는 것은 교사의 중요한 역할 또는 기능이 학생의 오류 동작을 고쳐주는 것이라고 생각하고 있기 때문이다. 사실 학생의 오류동작을 긍정적인 방법으로 수정할 수 있다. "너무 성급하게 공격하지 마."라는 피드백 대신 "조금 기다렸다가 공격해."라는 긍정적인 피드백을 제공할 수 있다. 전자는 수행한 것에 대한 평가적 정보(평가 피드백)인 반면, 후자는 수행에 필요한 수정 정보(수정 피드백)이다. 교사들은 가끔 학생에게 금지사항을 알려주면 무엇을 해야 하는지 알게 된다는 가정을 한다. 그러나 그것은 잘못된 가정이다.

피드백의 투명성은 학생의 운동수행과 정확한 운동수행 간의 차이를 이해시킴으로써 크게 향상시킬 수 있다. 예를 들어, 앞서 제시한 "너무 성급하게 공격하지 마."라는 운동수행에 관한 피드백과 "잠시 기다렸다가 공격해."라는 정확한 운동수행에 관한 피드백을 함께 사용하면 피드백의 투명성을 향상시킬 수 있다. 평가 피드백과 수정 피드백을 함께 사용하면 무엇을 해야 하는지와 무엇을 하지 말아야 하는지를 쉽게 변별하여 이해할 수 있다. 이러한 형태의 피드백은 학생이 교사가 제공한 수정 피드백을 사용할 때까지 학생의 수행 장소에 머물면서 가르치면 더욱 효과적이다.

긍정적 피드백과 부정적 피드백의 기능을 과도하게 해석하여 학생이 잘못 수행하는 것을 언급하지 않는 것이 오히려 낫다고 생각하는 교사도 있다. 그것은 잘못된 해석이다. 물론 운동수행과 무관한 비난은 피하는 것이 좋다. 그러나 운동수행의 잘못된 부분을 정확하게 지적하는 것은 매우 가치 있는 일이다. 운동수행의 잘못된 부분을 지적하되 학생의 감정이 상할 정도로 거칠거나 비판적일 필요는 없다. 학생을 평가하거나 비난하지 않고도 운동수행의 잘못된 부분을 얼마든지 수정할 수 있다. "준영아, 뭐 그렇게 하고 있어?"라는 학생을 비난하는 피드백과 "주먹에 힘을 더 줘."라는 운동수행에 관한 피드백을 구분할 수 있어야 한다.

마. 피드백의 초점

교사는 학생을 대상으로 다양한 피드백을 제공한다. 교사는 가르칠 내용을 고려하여 전체 학생을 대상으로(전체 피드백), 일부 학생을 대상으로(집단 피드백), 학생 개인에 대해서(개인 피드백) 그리고 학생 전체에 유익하도록 개인에 대해서(개인-전체 피드백) 피드백을 제공한다. 일반적으로 교사는 학생에게 학습할 과제를 제시하고, 학생 각각의 오류동작을 고쳐주기 위해 바쁘게 움직인다. 학생 각자가 독자적으로 학습 과제에 생산적인 참여를 할 때에는 해당 학생에게 직접 접근하여 개인 피드백을 제공할 수 있다. 그렇다고 모든 학생을 개별적으로 지도할 수는 없다. 모든 학생을 한 번씩 정성스럽게 가르치려고 시도해보면 그것의 한계를 느낄 수 있다. 따라서 보다 많은 학생에게 유익한 피드백을 제공하기 위한 방법을 모색할 필요가 있다.

특히, 학습 과제의 초기에는 대부분의 학생이 동일한 피드백을 각자의 운동수행에 유익하게 활용한다. 전체 학생이 경청할 수 있는 개인-전체 피드백은 학습에 필요한 정보를 제공할 뿐만 아니라, 탐색 또는 감독기능까지를 한다. 또한, 전체 학생에게 제공하는 개인-전체 피드백은 적극적인 감독이 필요한 초등학교 연령대의 학생을 지도할 때 효과적이다. 예를 들어, 교사가 이 시기의 학생에게 뛰어내리기 동작을 지도하고 있다고 가정하자. 대부분의 학생이 부드럽게 뛰어내리지 못하고 몇몇 학생만 부드럽게 뛰어내리면 그 중에서 한 학생을 지목하여 전체 학생에게 들리도록 "나영이를 봐. 저렇게 아무 소리가 들리지 않도록 부드럽게 뛰어내리고 있잖아."라는 개인-전체 피드백을 제공할 수 있다.

바. 피드백의 시기

피드백은 운동수행 직후 또는 시간이 경과한 후에 제공할 수 있다. 피드백은 운동수행 직후에 제공할수록 학습에 큰 도움이 된다. 즉 즉각 피드백이 지연 피드백보다 효과적이다. 학생 한 명 한 명에게 접근하여 지도하는 교사는 대부분의 경우, 운동수행 직후에 피드백을 제공한다. 마찬가지로 집단에 접근하여 지도하는 경우에도 운동수행 직후에 피드백을 제공한다. 때로는 지연된 피드백이 더 효과적일 때도 있다. 학생에게 연습 시간을 부여한 다음 평가 피드백과 수정 피드백을 제공하는 것이 더 효과적인 경우이다. 운동의 질을 향상시키기 위해 새로운 과제를 도입한 경우에는 지연 피드백이 더 효과적일 수 있다. 초등학생의 운동수행의 질을 집단적으로 향상시킬 필요가 있을 때, 지연 피드백을 제공하면 매우 효과적이다. 다만, 운동수행의 질을 향상시키는 데 도움이 되지 않는 지연된 피드백은 아무런 의미가 없다.

사. 이해촉진 피드백

교사가 제공하는 피드백은 학생이 무엇을 하고 있는지, 무엇을 해야 하는지 그리고 왜 동작을 수정해야 하는지를 이해하는 데 도움이 된다. 피드백을 제공할 때, 왜 특정한 방법으로 수행해야 하는지를 설명하면 수행과제에 대한 학생의 이해를 촉진할 수 있다. 예를 들어, 학생에게 뒷굽이 동작을 지도하는 상황에서 한 학생에게 다가가 "뒷굽이를 할 때 체중을 어디에 두니?"라고 묻는다. 학생이 "모르겠습니다."라고 대답한다. 교사가 학생에게 "다시 시도해보고 대답해 봐."라고 주문한다. 학생이 다시 한 번 시도한 다음 "뒷발에요."라고 대답한다. 교사가 "왜?"라고 묻는다. 학생이 "그래야 제대로 상대의 공격을 방어할 수 있기 때문이에요."라고 대답한다. 교사가 "그렇지, 뒷발에 체중을 실어야 상대의 공격을 제대로 방어하고 다음 공격할 수 있는 준비가 되는 거지."라고 대답한다. 대부분의 경우 "앞발에 체중이 실렸잖아.", "뒷발에 체중을 싣고 몸통 바깥 막기를 해야지."와 같은 피드백을 제공하지만 학생의 이해를 촉진하기 위해서는 위의 예와 같은 피드백을 제공하는 것이 적절하다.

7. 교수적 언어단서(경구)의 제공

과제제시[4)]의 또 다른 측면은 학습 단서(cues)의 선택과 조직이다. 교수적 언어 단서는 운동 기능이나 과제의 중요한 특징을 단어나 구로 간략하게 전달하는 것을 말한다. 교사는 체육수업에서 학생이 연습하는 동안 기능이나 전술의 핵심 요소를 강조하는 촉진 자극을 제공하는 데, 이것이 바로 교수적 언어단서이다. 교사는 수업의 과제가 발전함에 따라 다양한 기본 운동기능을 수행하는 과정에서 가장 효과적인 방법인 기술(테크닉)과 전략 등을 사용한다. 이때, 사용되는 적절한 단서는 학생이 기본 운동기능을 빠르면서도 정확하게 배우고, 그릇된 습관의 형성을 막을 수 있도록 한다. 다만, 교사가 적절한 단서를 제공한다하더라도 정해진 시간 내에 움직임의 변화를 수정하는 것이 어려울 수 있다. 즉 어떤 단서는 움직임의 수행을 빠르게 변화시키지만 다른 단서들은 움직임의 수행을 빠르게 변화시키는 것이 어려울 수도 있기 때문이다.

교사는 기본 운동기능과 관련하여 모든 학생이 효율적이며 효과적인 움직임을 수행할 수 있도록 격려해야 한다. 초보자에게는 도구를 잡는 방법, 서 있는 자세, 신체 부위(손 펴기, 왼발로 딛기) 등에 초점을 맞추도록 한다. 반면, 능숙한 숙련자의 경우에는 신체 부위를 연속적으로 움직이기(머리 다음에 등과 엉덩이), 속도, 방향, 목표물의 각도 바꾸기, 다른 사람들과의 관계 등에 초점을 맞추도록 한다. 다만, 단서를 제시할 때에는 한 번에 여러 개의 단서를 제공하여 혼동시키는 것보다는 한 번에 하나의 단서를 제공하여 기본 운동기능의 움직임을 정확히 수행할 수 있도록 해야 한다.

단서는 교사가 설명하고 시범을 보였다고 해서 바로 학습되는 것이 아니다. 단서를 익히기 위한 연습이 필요하다. 교사가 관심을 기울여야 하는 부분은 학생이 연습과 학습 사이의 연결을 이해할 수 있도록 하는 것이다. 교사는 학생이 주어진 단서를 내면화하여 실천 행동으로 드러날 수 있도록 학생의 관심을 지속적으로 유지시켜 나가야 한다.

4) 과제를 제시할 때에는 언어적 전달, 시범(교사 또는 학생) 그리고 매체를 활용하여 전달할 수 있다. 과제제시는 다른 교수 학습과 마찬가지로 어떤 방법을 사용하느냐의 유무를 결정할 때에는 학습자와 학습 내용의 특성을 고려하여 결정하도록 한다.

8. 학습자의 학습 내용 발달

교사는 체육수업에서 학습내용을 학생의 능력에 맞게 재구성해야 한다. 교사의 수업 재구성 능력은 학습 내용의 이해와 그것을 가르치는 교육학적 기능을 필요로 한다. 교사는 학생이 수업의 내용을 잘 받아들이고 이해를 통해 기본 운동기능을 습득할 수 있도록 학습 내용을 발달적으로 적합하게 안내해야 한다. 교사의 교수활동은 크게 수업 환경을 조성하는 운영측면과 학습자의 운동 수행 능력을 발달시키는 내용발달 측면으로 구분된다. 이 글에서는 수업운영 측면보다는 운동 수행 능력을 높이기 위한 내용발달 측면에 대해 자세히 알아보았다. 일반적으로 내용발달은 세 가지의 특징을 갖고 있다. 첫째, 확대과제는 학생에게 간단한 과제에서 복잡한 과제로 또는 쉬운 과제에서 보다 어려운 과제로 발전시키면서 경험의 폭을 확대시킨다. 둘째, 세련과제는 학생이 운동수행의 질을 높이는 데 관심을 집중시킨다. 셋째, 응용과제는 학생이 학습한 운동기능을 실제로 활용하거나 응용할 수 있는 기회를 제공한다.

가. 확대과제

확대과제는 학생에게 간단한 과제에서 복잡한 과제로 또는 쉬운 과제에서 어려운 과제로 발전시켜나가는 것을 말한다. 교사들은 운동기능을 지도할 때 학생에게 덜 복잡한 과제에서 점차 과제의 복잡성과 난이도를 증가시키면서 수업을 운영하는 데, 이러한 형태의 과제를 확대과제라고 한다. 확대과제를 활용하는 내용발달 측면을 두 가지로 구분할 수 있다. 쉬운 기능에서 어려운 기능으로 발전하는 과제 간 발달이 있고, 주어진 운동과제의 단순한 내용에서 복잡한 내용으로 발전하는 과제 내 발달이 있다. 전자는 배구에서 언더 토스를 한 다음 오버 토스로 발전하는 것이며, 후자는 언더 토스를 크고 가벼운 공으로 연습한 이후에 동일한 기능을 연습할 때 배구공을 사용하여 언더토스를 하도록 과제를 발전시켜 나가는 것을 말한다.

교사는 체육수업을 운영하는 과정에서 과제 간 발달과 과제 내 발달에 기초하여 수업을 설계한다. 교사는 무엇보다 학생이 체육수업을 통해 성취감을 느낄 수 있도록 과제 간 발달과 과제 내 발달을 통해 학습과제의 복잡성과 난이도를 조절하는 데 집중해야 한다. 하지만 교사들은 체육수업에서 과제의 복잡성과 난이도를 고려하여 수업을 운영하는 부분에서 낮은 관심을 보인다(고문수·엄혁주·송지환, 2015). 이는 체육수업의 운영에 관한 교사의 관심 부재인 동시에 체육수업을 통한 학습자의 성장보다는 흥미와 재미 위주의 체육수업을 운영한 결과로 보인다.

체육수업은 교육적 의미와 재미가 결부될 때, 최고의 효과를 보일 수 있다. 재미는 단순한 활동에서 만들어지지 않는다. 의도적이고 계획적인 노력과 관심이 기울어질 때, 대두되는 결과이다. 따라서 교사는 학생에게 재미와 흥미 그리고 교육적 의미가 도출될 수 있는 체육수업을 구안하기 위해 과제를 쉽게, 참여 가능하게 그리고 성취감을 느낄 수 있도록 조각화해야 한다. 여기서 조각화된 과제는 학생의 참여를 유인하고 지속화할 수 있는 내용이 포함된 과제의 속성과 차원을 말한다.

나. 세련과제

세련과제는 체육수업에서 운동수행의 질에 관한 정보를 제공하는 것이다. 여기서 운동수행의 질을 높이기 위해서는 교사가 학생에게 운동수행에 관한 결과적인 정보를 제공하고, 지속적인 연습을 통해 노력의 산출물을 가져오도록 해야 한다. 또한, 운동수행의 질을 높여주기 위해서는 자신의 운동과제를 어떻게 수행할 것인지에 대하여 관심을 고조시켜야 한다. 교사가 학생이 평균대에서 뛰어내릴 때, "무릎을 가볍게 구부려서 부드럽게 착지해!" 또는 교사가 큰 공을 받을 때, 가슴 쪽으로 당기면서 잡지 않는 학생에게 가슴 쪽으로 공을 잡는 시범을 보여주는 형태의 과제를 세련과제라고 한다. 세련과제는 동작 수행의 자연스러움을 의미한다. 특히, 학생이 과제 연습을 통해 목표의 범위를 좁히고, 과제의 질적 향상에 대해 역할과 책임을 부여할 때 활용한다. 교사가 학생에게 주어진 과제의 동작이나 기능 향상을 위해 세련과제를 제시하면 학생은 교사의 의도에 맞게 동작의 질적 향상을 가져오기 위해 노력한다.

다. 응용과제

응용과제는 학생이 학습한 기능을 실제로 활용하거나 응용할 기회를 제공하는 것을 말한다. 효과적인 수업은 신체활동에서 학생이 학습한 기능을 활용할 수 있는 다양한 기회를 제공하는 데 있다(손천택, 2015). 따라서 학생이 주어진 운동 기능의 과제를 모두 학습한 다음 해당 스포츠 경기를 하게 할 필요는 없다. 예컨대, 배구수업 내내 킨볼을 활용한 배구 간이게임을 하도록 하거나 배구기능의 숙달 정도를 스스로 진단하도록 할 수도 있다. 수업의 어떤 단계에서든지 학습한 기능의 효과를 평가하거나 학습한 기능수준에서 간이게임을 할 수도 있다.

응용과제는 기본 운동기능이 어느 정도 익숙한 학생에게 의미 있는 과제가 될 수 있다. 반대로 기본 운동기능이 일정 수준에 미치지 못한 학생에게 응용과제를 제시하면 기능 향상이 지체되거나 반대로 감소할 수도 있다. 응용과제를 제시할 때에는 학습자의 기본 운동기능과 특성을 잘 고려해야 한다. 게임에 필요한 적절한 기본 운동기능을 충분히 익히지 않은 학생에게 게임의 재미만을 강조한다면 기본 운동기능의 숙달에 관심을 소홀히 할 수도 있다.

위에서 제시한 내용발달인 확대과제, 세련과제 그리고 응용과제에 대한 이해는 교사의 수업목표와 의도를 분명히 하는 데 도움이 된다. 또한, 좋은 수업을 통해 학습자의 참여를 지속화하고, 의미 있는 수업의 결과를 도출하는 단초가 될 수 있다. 교사가 학생들과의 만남 속에서 상호작용을 바르게 하고, 그 과정을 통해 학습자의 성장이 이루어지기 위해서는 학습자의 기본 운동기능에 적절한 학습과제를 제시하고, 성취도를 높일 수 있도록 학습 내용 발달에 관심을 기울여야 한다. 교사는 학생에게 운동 수행 능력을 발달시키기 위해 연습조건의 마련(확대), 운동수행의 질 제고(세련), 응용 경험의 통합(응용)을 조화롭게 융합하는 체육수업을 만들어야 한다.

Q&A 묻고 답하기

효율적인 체육수업 운영 방안을 말하다

1. 학습자의 비과제 행동을 최소화할 수 있는 방안을 기술하시오.

2. 학생이 학습활동에 적극적으로 참여할 수 있는 학습 동기 유발 방안을 제시하시오.

3. 농구형 경쟁 활동 수업에서 학생에게 수업 참여 동기를 갖고 체육수업에 적극적으로 참여하도록 유도하기 위한 설명하기의 방법을 두 가지 쓰고, 그 중 하나를 선정하여 실제 사례를 들어 기술하시오.

   ① 설명하기의 종류

   ⓐ (　　　　　　　　)

   ⓑ (　　　　　　　　)

   ② 선정한 설명하기 방법의 실제 사례

   (　　　　　　　　　　　　　　　　　　　　)

4. 배구형 게임수업에서 학생의 신체활동을 교정하기 위해 사용하는 용어를 (ⓐ)에 쓰고, 공을 바르게 리시브하는 학생에게 제공할 수 있는 긍정적·구체적 (ⓐ)의 예를 쓰시오.

   ① ⓐ에 들어갈 용어: (　　　　)

   ② ⓐ의 예가 사용된 구체적인 내용을 쓰시오.

   (　　　　　　　　　　　　　　　　　　　　)

참고문헌

고문수·엄혁주·송지환(2015). **초등체육수업론.** 파주: 교육과학사.

이재용 · 안양옥 · 조순묵 · 이기천 공역(2005). **초등체육 가르치기.** 서울: 대한미디어.

손천택(2009). **체육교수학습론.** 서울: 보경문화사.

손천택(2015). **체육교수학습론.** 파주: 교육과학사.

Graham, G. (2001). *Teaching children physical education: Becoming a master teacher (2nd ed).* Champaign, IL: Human Kinetics.

Graham, G., Holt/Hale, S. A., & Parker, M. (2010). *Children Moving: A Reflective Approach to Teaching Physical Education. 8th ed.* New York: McGraw-Hill.

Kounin, J. H. (1970). *Discipline and group management in classrooms*. New York: Holt, Rinehart & Winston,

Rink, J. (2006). *Teaching physical education for learning (4nd ed)*. McGraw-Hill. Co., New York.

Siedentop, D. (2000). *Developing teaching skills in physical education*. Mountain view, CA: Mayfield publishing [McGraw-Hill].

제2부

교육과정과 수업 모형

교사는 수업을 준비하며 '무엇을', '어떻게' 가르칠 것인가를 고민한다. 가장 손쉬운 방법은 교과서대로 가르치는 것이지만 체육수업만큼은 교과서대로 가르치는 것이 더 어렵게 다가온다. 초등학교에서는 '체육수업 시간에 무엇을 할까?'라는 질문을 스스로에게 하거나 동료 교사에게 묻곤 한다. 우리는 체육수업과 관련하여 무엇을, 왜, 어떻게 가르칠 것인가에 대해 진지한 고민을 하지 않고 있다. 즉 '무엇'에 초점을 맞추었으며 그 '무엇'은 항상 심동적 영역에 해당하는 놀이, 게임, 운동, 스포츠 활동에 편중되어 있었다. 그 결과, 학생에게 체육수업 시간은 '노는 시간', '공부하지 않는 시간', '스트레스를 푸는 시간' 등으로 여겨졌다. 심동적 영역에 치우진 체육교육은 체육교과가 목표로 하는 체·지·덕이 조화로운 전인 교육에 실패하는 원인이 되었다. 체육교육은 추구하는 목적이 있고, 이를 달성하기 위한 다양한 수업 방법이 존재한다. 이러한 일련의 체육교육의 모습을 교육과정과 수업 모형에서 알아보고자 한다.

체육과 교육과정의 사조와 모형은 체육과 교육과정의 내용을 개발하거나 운영하는 철학적 입장인 동시에 체육과 교육과정을 운영하는 이론적 틀이 되기 때문에 반드시 알고 있어야 할 내용이다. 체육과 교육과정의 사조와 모형은 향후 개정되는 체육과 교육과정의 근간으로 작용하게 된다.

또한, 체육과 교육과정은 '무엇을' 가르칠 것인지에 대한 답을 찾을 수 있을 뿐만 아니라, 체육교육의 목적과 내용, 교수·학습 방법과 평가에 이르기까지 모든 내용을 확인할 수 있다. 국가수준의 교육과정을 운영하는 우리나라의 교육 특성상 체육과 교육과정을 바르게 이해할 필요가 있다. 그리고 신체활동의 내용을 '어떻게 가르칠 것인가?'에 대한 고민과 그 해결은 다양한 수업 전략과 수업 모형에서 찾을 수 있다. 교사는 수업의 목적에 따라 서로 다른 수업 전략과 수업 모형을 활용함으로써 학습자의 성장과 변화를 가져올 수 있다. 교사가 체육수업의 목적에 따라 적절한 수업 전략과 수업 모형을 적용하는 방법을 안다는 것은 수업 운영과 교사의 수업 역량을 확보하는 측면에서도 가치가 있다.

06

체육과 교육과정의 사조와 모형

생각해보기

- 교육과정(教育課程, curriculum)의 의미와 역할은 무엇인가?
- 체육과 교육과정 사조의 개념과 종류를 설명할 수 있는가?
- 체육과 교육과정 모형의 개념과 종류를 설명할 수 있는가?

1. 교육과정의 의미

교육과 관계된 사람들이 자주 접하는 용어가 교육과정이다. 학교는 교육과정 속에서 살아 움직이게 된다. 교육과정(教育課程, curriculum)은 경주로를 의미하는 라틴어 쿠레레(currere)에서 파생된 용어로 말이 달리는 일정한 범위의 코스를 말한다. 이는 교육적 맥락에서 계획대로 교육을 운영한다는 의미와 함께 '교수요목(教授要目, course of study)'의 뜻을 지니고 있어 학생이 배워야할 일정한 교과목을 배워 나가는 것을 뜻한다(이홍우 외, 2007). 교육과정은 학생에게 평생의 신체활동 습관을 길러주고 개인의 건강 개념을 이해하도록 한다.

교육과정에는 크게 두 가지 의미가 내포되어 있다. 하나는 무엇을 가르쳐야 할 것인지에 관한 교육 내용의 의미가 있고, 다른 하나는 무엇을 어떻게 가르치고 배우도록 프로그램을 구성할지에 관한 교육 운영 측면이 담겨있다. 즉 초등학교 3학년 체육교과에서는 어떤 내용을 배워야 할 것인지에 대한 교육 내용에 대한 의미와 초등학교 3학년에서 각 교과의 수업시수는 어떻게 할 것인지에 대한 교육 운영의 의미가 포함되어 있다.

그러나 교육과정이라는 용어 속에는 또 다른 많은 의미가 함축되어 있다. 본 절에서는 교육 현장에서 교육과정이라고 일컬어지는 현상을 바탕으로 교육과정에 담긴 다양한 의미를 제시하였다. 그리고 2015 개정 교육과정의 총론 해설[5]에서 설명하는 교육과정의 다양한 의미를 재구성하여 제시하였다.

첫째, 교육과정은 교과 혹은 교과에 담긴 교육 내용이다.

가장 전통적인 개념 정의라 할 수 있다. 교육과정은 학문에 기반을 둔 지식으로 구성한다. 교육과정은 문법, 읽기, 수사학과 논리학, 수학 그리고 서구의 명저들로 구성된다는 의견이 좋은 예이다. 체육과에서는 다양한 운동종목이나 교육학, 심리학, 역학, 생리학 등이 포함될 수 있다.

둘째, 교육과정은 학교의 지도하에 학생이 겪는 실제 경험이다.

무엇을 가르쳐야 할 것인가에 대한 계획보다는 학생이 교육의 과정 속에서 실제로 경험하는 것에 중점을 두는 관점에 따른 정의이다. 교육의 수단(계획)과 교육의 과정을 분리하여 생각하기보다는 실제 학생의 학습 경험의 성장이 일어나는 과정을 우선해야 함을 강조한다. 교육과정은 학교의 지원 하에 학생이 갖는 모든 경험이라고 하는 것도 같은 표현이다. 체육수업에서뿐만 아니라 학교에 진행되는 모든 신체활동과 체육대회, 학교스포츠클럽 등에서 학생이 경험하는 모든 내용이 교육과정이 될 수 있다.

셋째, 교육과정은 계획된 활동으로 구성된 프로그램이다.

학생에게 제공되는 일련의 계획된 활동을 담은 프로그램으로 교육과정의 의미에 '계획'이 포함된다. 교육의 목적을 선정하고 그것을 달성하기 위한 수단을 계획하는 활동을 통해 교육과정이 만들어진다는 것이다. 이는 기술공학적 합리성의 관점에 기초한 의미로 목적과 수단에 대한 계획을 합리적으로 할 수 있다는 전제를 바탕으로 하는 개념 정의라 할 수 있다. 교육과정이란 교육 목적을 성취하기 위해 학교에 의해 제공되는 학습자의 학습에 대한 모든 계획, 학교가 일반 목표와 구체적인 목표를 달성하기 위해 수립한 일련의 학습 기회에 대한 계획 등이 그 예가 된다. 학교에서는 심신이 건강한 학생을 기르기 위해 다양한 체육관련 활동을 학교 교육과정에 반영하여 운영한다.

---

5) 이 내용은 온정덕 외 4인(2015). 2015 개정 교육과정 총론 해설서(초등학교) 개발 연구의 일부 내용을 발췌하여 수정하였다

넷째, 교육과정은 일련의 수행해야 할 과제이다.

교육과정은 학생이 숙달해야 할 일련의 위계화된 과제이다. 학습해야 할 내용의 위계를 확인하고 분석하는 과제분석 방법을 통해 내용의 위계적 구조를 확인하고 내용 단위를 조직하여 제시한 다음 구체적인 행동 목표를 통해 단계별로 각 위계의 내용 단위를 숙달하는데 필요한 행동을 확인하고 학습하도록 일련의 과제를 제시한다. 주로 산업체, 기업체, 군대 등에서 활용되는데 체육에서는 체력 향상 또는 다이어트 계획이 이에 해당된다.

다섯째, 교육과정은 의도된 학습 결과이다.

의도된 학습 결과라는 정의는 계획하였지만 목적과 수단이 학습 결과로 나타나지 않은 것에 대한 반성과 교육에 대한 책무성이 강조되면서 대두된 의미이다. 의도한 것을 성취하였는가에 주목해야 한다는 것으로 학습 결과에 처음부터 주목함으로써 그것을 성취하기 위한 수단을 극대화 하는 장점이 있다. "교육과정은 학교의 지도하에 학습자의 개인적·사회적 능력이 지속적이고 자발적으로 성장할 수 있도록 지식과 경험을 체계적으로 재구성하여 학습 경험과 의도된 결과로 계획하고 안내하는 것이다."라는 정의로 표현될 수 있다.

여섯째, 교육과정은 문화적 재생산의 도구이다.

어떤 사회나 문화를 막론하고 교육과정은 그 사회문화를 반영하기 때문에 학교에서 다음 세대에게 교육과정을 통해 특정 지식과 가치를 재생산한다고 보는 의미이다. 국가나 사회, 즉 학교에서 가르쳐야 할 지식과 기능 그리고 가치를 결정하는 데 주도적 역할을 하는 주체가 결국 재생산을 주도하는 주체로 본다. 학생과 교사는 대체로 그 내용을 가치중립적인 것으로 수용하고 내면화하게 됨으로써 문화적 재생산이 일어나게 된다고 여긴다. 체육과에서는 최근 체육 문화로의 입문과정을 강조하는데 이를 통해 체육문화를 다음 세대로 계승하고자 한다.

일곱째, 교육과정은 사회재건을 위한 의제(agenda)이다.

학교는 학생이 사회를 개조하는 데 필요한 지식과 가치를 중심으로 교육과정을 구성해야 한다. 학교에서 학습하는 모든 내용은 잘못된 사회 질서를 바로 세우는 것과 관련된 것으로 구성해야 하고 학생이 직접 열정을 갖고 문제 해결에 뛰어들 수 있도록 해야 한다고 본다. 그러나 학교가 이러한 사회 변화를 시도해야 하는지, 교육자가 믿는 정치적 신념을 학생에게 주입시키는 것이 옳은가에 대한 반론 또한, 함께 제기되는 개념 정의라고 할 수 있다.

여덟째, 교육과정은 학생의 삶에 대한 해석과 전망이다.

교육과정은 더 이상 학생이 배워야 할 '교수요목'이나 정해진 '경주로'로서의 currere가 아니다. 그보다는 '경주로를 따라 달리는 행동', 즉 동사로서의 currere이고, 그 생각과 행동의 주체는 학생이 된다. 교육과정 구성과 개발이란 개별 학생의 현재 행동 속에서 과거의 행동을 회고하고, 반성적 성찰을 통해 미래의 행동을 전망하고 기획하는 과정이다. 현재 사건 속에서 의미를 찾고, 그 의미를 자신의 과거로부터 기원을 찾아 의미를 재구성하며, 그것으로부터 자신의 미래에 대한 가능한 전망을 수립하게 하는 것이 학생 개개인에게 의미 있는 교육과정이라는 것이다. 교육과정은 "학생의 삶에 대한 자서전적 해석"이다. 교육과정이 학생의 삶을 재개념화하는 과정으로 보는 것이 학교에서 가능할지라도 그것만이 학교의 목적과 범위인가에 대해서는 논란의 여지가 있다.

아홉째, 교육과정은 기대하는 학습 결과를 성취하기 위한 구체적인 학습 설계도 또는 청사진이다.

최근에는 교육과정을 "학습 결과에 대한 설계"라고 정의내리기도 한다. 이 의미는 앞선 다양한 교육과정 정의에도 불구하고, 교육과정은 여전히 전통적 의미인 토픽 또는 가르쳐야 할 내용 안내서라는 문제의식의 결과로서 나타난 개념이라고 할 수 있다. 이때, 설계는 단순히 목표 또는 기대하는 결과를 성취한다는 의미를 넘어서, "좋은 설계(good design)"의 의미가 되어야 한다. 여기에서 좋은 설계란 교육과정(curriculum), 평가(assessment), 수업(instruction)을 설계하는 것이며, 설계의 목적은 중요한 아이디어에 대한 이해(understanding)를 개발하고 심화하는 데 있다. 이해란 학생이 빅 아이디어를 탐색하는 데 참여하고 단편적인 지식들을 연결 짓고 묶어서 사물을 이해하게 되는 것을 의미한다. 이때, 이해는 정신적 행위만이 아니라 수행을 포함한다. 즉 학생이 학습 내용을 잘 이해했다면 수행을 통해 보여주어야 한다. 이러한 정의를 사용하는 사람들은 교육과정의 의미를 "이해를 목표로 하는 설계[6]"라고도 한다. 교과의 목표 또는 기대하는 학습 결과를 '이해'라고 보면, 학생이 어떤 맥락 또는 상황에서 수행, 즉 행동을 할 수 있으면 이해를 했다고 할 것인가를 교수·학습 활동보다 먼저 사고하게 된다는 특징을 갖는다.

2. 체육과 교육과정의 사조[7)]

체육과 교육과정의 사조는 체육과 교육과정의 내용을 개발하거나 교육과정을 운영할 때 근간이 되는 철학적 입장, 주요 강조사항, 지향점, 신념 체계 등을 담고 있으며, '가치 정향(value orientation)'이라고도 한다. 일반적으로 사조는 교과의 내용(성격), 학습자의 특성, 사회의 요구에 영향을 받으며, 이 3가지 요인에 부여하는 가치의 차이에 따라 구분될 수 있다. 지금까지 일반적으로 소개되고 있는 체육과 교육과정의 사조에는 내용숙달(disciplinary mastery), 자아실현(self-actualization), 사회적 책무성(social responsibility), 학습과정(learning process), 생태통합(ecological integration) 등 5가지의 사조가 있다.

가. 내용숙달

교육과정 개발에서 가장 전통적인 사조로 교육내용의 숙달, 핵심 지식의 습득, 학문적 지식의 통합 등에 최우선을 둔다. 학교의 역할은 한 세대에서 다음 세대로 핵심 지식이나 문화유산을 전달해 주는 것으로 간주한다. 따라서 교육자의 역할은 학생으로 하여금 문화유산이나 핵심 지식 및 교과내용을 완전하게 숙달하도록 도와주는 것이다. 내용 숙달 사조에서는 "어떤 지식이 가장 가치 있는 것인가?"라는 질문을 던지면서 학생이 인간의 움직임 패턴, 기술 등 기본 운동기능의 숙달을 강조한다. 초등학생에게는 이동/비이동운동, 던지기, 차기, 잡기, 체조, 무용, 게임활동 등 기초 이론 내용과제나 기

6) Wiggins & McTighe(1998, 2005)는 이러한 설계를 평가와 교수·학습 활동의 설계 순서가 달라져야 한다고 보아, 이를 '백워드 설계'(backward design)라고 하였다. 그러나 같은 관점을 가졌지만 이해를 목표로 하는 교수설계를 제안한 Wiske 등(1998)은 그들의 저서, "Teaching for Understanding"에서 목표, 교수·학습 활동, 평가를 순차적으로 설계하는 모델을 제시하고 있다.

7) 체육과 교육과정 사조의 내용은 최의창(2003). 체육교육 탐구. 서울: 태근문화사, 유정애(2007). 체육과 교육과정 총론. 서울: 대한미디어의 내용을 재구성하여 제시하였다.

초 운동수행과제를 제대로 숙달하도록 기대하고 있다.

내용 숙달의 사조를 선호하는 체육교사는 수업의 초점을 '가장 정확한 또는 가장 효율적인 운동 수행'에 강조를 둔다. 일반적으로 체육수업은 배울 내용이나 기술, 전술을 수행하는 정확한 방법의 시범과 함께 간단한 설명 시 동작 연습 기회를 제공하는 것으로 이루어진다. 교사는 구체적인 피드백을 제공하고 학생은 그에 따라 동작을 수정해 나간다. 심동적 영역의 목표 달성을 추구하는 직접교수모형과 관련이 있으며 평가는 통상적으로 한두 가지 기술 테스트 등 효과적인 동작수행으로 이루어진다.

나. 자아실현

자아실현 사조는 학습자에게 가장 큰 비중을 두는 것으로 교육과정은 개개 학생의 주관의 성장과 자기 관리 능력의 개발을 목표로 자아의 발견과 전인적 통합의 과정을 강조한다. 이 교육과정은 아동 중심적이고 자율과 성장 중심적이다. 그리고 교육은 개인의 발달과 자유를 위한 수단을 제공하는 능력개발의 과정으로 간주한다(Eisner & Vallance, 1974).

자아실현 사조에서는 움직임, 스포츠, 운동, 게임 등이 학생의 긍정적인 자기 존중감과 자기효능감을 발달시키는데 활용된다. 내용 선정과 조직은 학생이 자아를 긍정적으로 확립하고 자기 능력의 한계를 넘어서 새로운 자아 개념을 확고히 할 수 있도록 도전적인 활동을 제공한다. 체육수업에서 학생이 자신감과 긍정적인 자아 개념을 간직할 수 있도록 다양한 스포츠 종목을 활용하고 어려운 기술을 시도하거나 자신이나 동료를 위하여 책임감을 지니도록 하고, 동료와 함께 도전할 수 있는 기회를 제공함으로써 학생의 성장을 유도한다.

또한, 움직임, 스포츠, 체력관련 학습 과제를 체계적으로 구조화하여 학생이 자신에 대한 이해, 목표 설정, 자기주도적인 의사 결정을 할 수 있도록 기회를 제공한다. 교사는 체육과 교육과정의 목표 설정, 학습 활동의 선정, 평가 절차 등의 과정에서 학습자의 목소리를 존중한다. 학생이 자신의 동작에 대하여 반성하고, 실현 가능한 목표를 세우게 하며 목표 성취를 위한 자신만의 계획을 수립할 수 있도록 한다. 평가 시에는 이러한 과정을 통해 자신에 대한 이해와 성장이 강조된다.

다. 사회적 책무성

사회적 책무성의 사조는 교과내용, 학습자, 사회의 세 원천 중 사회에 가장 큰 비중을 두고 있으며 사회 개혁사조라고도 한다. 이 사조에서는 보다 나은 사회를 창조하는데 학교 교육이 공헌해야 한다고 생각한다. 따라서 사회의 필요는 개인의 필요에 선행한다는 입장이다. 사회적 평등과 사회 정의를 강조하는 환경에서 긍정적인 대인 관계기술을 함양하는데 중점을 둔다.

사회적 책무성의 사조를 지닌 교육과정 개발자들은 '스포츠는 축소화된 형태의 사회이다'라는 생각으로 학생이 움직임, 스포츠, 운동을 타인과 함께 학습하며 불평등적인 학습 과제나 행동을 발견할 수 있는 기호를 제공하는데 활용한다. 이 사조에 따른 교육과정에서는 팀 프로젝트나 게임 상황에서 학생에게 어떻게 협동하고 자기 책임감을 인식하고 실천해야 하는지를 교육한다. 구체적으로는 공정성, 평등, 정의 등의 개념을 인식함에 따라 리더십과 책임감이 있고 합리적인 의사결정 능력을 개발하도록 돕는다.

교사는 수업에서 이루어지는 학생 간의 대인 관계에 초점을 두며, 성, 인종, 장애인 등에 관한 평등적 관점이 중요시 된다. 학생은 체육수업 속에서 페어플레이, 균등한 기회, 성 역할 존중 등에 관한 비판적 관점을 갖게 된다. 교사는 학생이 신체적 또는 도덕적으로 도전할 수 있는 학습 환경이나 과제를 제공하며 학생이 과제를 성공적으로 수행하기 위해서는 협력해야 하는 상황을 설계한다.

체육수업의 초점은 다양한 상황에서 효율적으로 대처할 수 있는 신중하면서도 반성적인 개인 및 사회적 행동을 가르치는데 있다. 수업내용은 사회적 책무성을 발달시키기 위해 사회적 책임감 수준으로 설계된 소규모의 학습 과제가 주로 제공된다. 따라서 자아실현의 가치 사조를 지닌 교사와 마찬가지로 전통적인 가치관을 갖고 있는 동료교사나 행정가들과는 어려움을 겪을 수 있다.

라. 학습과정

학습과정 사조는 교과 내용과 학습자를 동시에 고려한다. '무엇을' 학습하는가와 더불어 '어떻게' 학습하는가를 중요하게 생각한다. 따라서 각 교과영역에서 지식이 만들어지는 과정이 중요한 관심사가 된다. 이 사조는 최근 폭발적인 지식의 증가로 인해 학교 교육과정이 모든 지식을 다 가르치기 불가능하기 때문에 학습을 지속시켜주는 '과정 기술(process skill)'들을 배우는 것을 중요시한다. 이 사조의 교육과정 개발자들은 내용 숙달 사조처럼 학생이 체육교육을 받으면서 수행 능력(ability to perform)과 수행 지식(knowledge about performance)을 모두 갖추어야 한다고 생각한다. 더 나아가서는 학습자들이 움직임, 스포츠, 운동에 관한 합리적인 의사 결정과 문제 해결 방법을 배워야 한다고 생각하다.

교사는 학습자들에게 농구의 드리블 기술을 설명하고 시범보일 수 있는 능력을 갖추기를 기대하기보다는 이미 학습한 농구 기술을 활용하여 자신만의 움직임 수행 문제에 도전하여 해결하기를 권장한다. 따라서 교사는 학습자들이 스스로 운동 수행 문제들을 다양하게 탐색하고 합리적으로 해결할 수 있는 기회를 제공하는 수업 기법들로 문제해결기술, 탐구중심적 방식 등을 활용한다. 또한, 신체활동에 참여하면서 '어떻게', '왜'라는 질문에 답할 수 있도록 학습 과제를 설계하고 학생은 자유롭게 이 학습과제에 도전할 수 있는 효율적인 환경을 만들어 간다. 즉 문제 상황을 분석하기 위해 지식을 어떻게 활용하며 해당 과제를 성공적으로 해결하기 위해 어떻게 행동해야 하는가를 학생에게 가르치며 학생은 학습과정의 질을 기준으로 평가를 받는다. 그러나 학생이 학습과정 사조에서 강조하는 교육 활동에 관심이 없거나 독립적으로 학습을 주도할 수 있는 능력이 부족하다면 기대하는 학습의 효과를 얻는데 어려움을 겪게 된다.

마. 생태통합

생태통합 사조는 교과내용, 학습자, 사회 모두를 고려한다. 이 사조에 따른 교육과정은 정의롭고 평등한 사회를 구현하기 위해 개인적 문제와 사회의 문제를 동시에 해결하는데 필요한 지식 습득을 강조한다. 또한, 학생이 광범위한 신체활동을 학습하고 미래 사회에 필요한 자기 관리 및 사회성 기술 또는 라이프 스킬의 습득을 강조한다. 학교는 개개의 학습자들이 이 세계 속에서 효과적으로 기능하며 삶을 사는 시민으로 성장하도록 만드는 책임을 맡고 있다고 여긴다. 따라서 학생은 집단 또는 조직의 이익을 위해 자신의 개인적 요구가 희생될 수 있음을 배우고, 사회에서 개개인의 요구와 흥미를 존중할 필요가 있음을 인식하게 된다. 결론적으로 교육과정 개발자는 교과 내용의 지식체계, 학습자의 요구와 흥미, 사회적 요구를 균형 있게 반영하려는 노력을 기울이게 된다.

이 사조를 지지하는 교사는 학교를 개개의 모든 요소들이 다른 모든 요소들과 서로 영향을 주고받는 하나의 커다란 단일 생태체계로서 간주한다. 이들은 교육과정 내에서 사회, 학생 그리고 교과가 조화롭게 균형을 이루도록 노력하며, 모든 수업 활동은 일상생활 속에서 이루어지는 모든 의사 결정과 타 교과 학습에 영향을 미치게 된다. 또한, 체육교육 내용과 학습자의 삶을 연계하려는 노력을 기울임으로써 학습자들이 학교 또는 학급에서 개인 및 사회적 차원의 합리적인 의사결정이 필요할 때 학습했던 지식을 활용할 수 있도록 돕는다. 교사는 다양한 종목 및 내용에 광범위한 지식을 가지고 있으며, 특정 상황에서 학생에게 필요한 활동을 선정할 수 있는 능력을 지니고 있어야 한다. 평가는 지식에 대한 총체적인 관점을 습득할 수 있는 방법을 시행한다.

3. 체육과 교육과정 모형[8)]

체육과 교육과정의 사조가 체육과 교육과정의 내용 개발 및 운영의 근간이 되는 철학이라면 체육과 교육과정 모형은 이 철학을 실천적인 교육과정으로 구성하는 개념 틀로써의 역할을 하게 된다. 교육과정의 목적과 내용, 방법, 평가에 전 과정에 걸쳐 계열성을 갖고 있으며 무엇을, 어떻게 가르쳐야 하는지에 대한 각각의 독특한 관점을 제시하고 있다. 따라서 교육과정 모형에 대한 이해는 교육과정을 설계하기 위한 구조를 제공해 주고, 체육과 교육과정을 개발하기 위한 합리적 근거를 제공한다. 본 절에서는 체육교과의 교육과정 모형으로 다섯 가지 모형의 특징을 살펴보았다.

가. 움직임 분석 모형

1) 개요

움직임 분석 모형은 내용 숙달 사조를 바탕으로 운동과 움직임에 관한 체육학적 지식체계를 기초로 한다. 신체활동 전반에 걸쳐 행해지는 움직임의 구조와 관련된 개념 습득에 초점을 두고 점차 운동 기능이 향상되는 것을 목표로 한다. 학생이 하나의 기본 개

8) 체육과 교육과정 모형의 내용은 최의창(2003). 체육교육 탐구. 서울: 태근문화사, 유정애(2007). 체육과 교육과정 총론. 서울: 대한미디어의 내용을 바탕으로 재구성하여 제시하였다.

념을 이해하게 되면 이 개념을 여러 단원의 유사한 활동에 적용하고 확장시킬 수 있다는 가정으로 학생이 기본 개념을 배우게 되면 일상생활이나 운동 상황에서 변형하여 적용할 수 있다. 학습 활동은 학생이 능숙한 기능을 발휘할 수 있도록 순차적으로 방향성을 가지고 계열화되어 조직된다. 이 모형의 목적은 움직임의 지식을 이해하고 움직임을 효율적으로 수행할 수 있는 능력을 갖추는데 있다.

2) 개념 틀

움직임 분석 모형에 기초한 교육과정의 개념 틀은 지식의 구조와 문제 해결을 위한 지식의 활용에 초점을 둔다. 초등학교에서는 주로 라반(Laban)의 개념 들이 사용된다. 라반의 개념 틀은 신체, 노력, 공간, 관계의 4가지 요소를 중심으로 구성되며 교육 게임, 교육 무용, 교육 체조의 3개 영역으로 나누어 단원을 구성하고 움직임 개념과 주제들을 개발한다.

〈표 6-1〉 라반의 움직임 개념 틀

요소	차 원		
신체	(내 몸이 무엇을 하고 있는가)	신체부위의 동작/신체의 활동/ 신체의 모양	행위동작
노력	(내 몸이 어떻게 움직이고 있는가)	중량/공간/흐름	시간
공간	(내 몸이 어디로 움직이는가)	방향, 수준/움직이는 길 움직이는 면/확장되는 공간	구역
관계	(어떠한 관계가 벌어지는가)	개인 및 그룹/기구 및 용구/기타	신체 부위

움직임 분석 모형은 움직임의 기능과 함께 움직임 관련 과제를 해결하는데 이론적 지식의 활용을 강조한다. 교사는 어떤 개념을 가지고 탐구와 실험을 하고 학생 스스로 의사결정을 할 수 있도록 학습과제를 준비하고, 학생은 주어진 정보를 새롭게 조직하여 교사가 제시한 것 이상의 새로운 정보를 발견할 수 있도록 한다.

3) 교사의 역할

첫째, 교사는 움직임의 구조와 과학적 원리에 관해서 잘 알고 있어야 한다. 교사 스스로가 움직임을 분석할 수 있어야 하며 학생이 움직임의 개념과 원리를 활용하여 움직임을 분석할 수 있도록 가르쳐야 한다.

둘째, 교사는 학생이 움직임 개념을 다양한 상황에 적용할 수 있는 능력을 갖도록 교육과정을 구성해야 한다. 교사는 동작의 수행을 도와주는 주요 개념들에 대해 강조하고, 각 활동을 학생이 수행할 때 가장 중요한 개념들을 지적해 주어야 한다.

셋째, 교사는 학생이 다른 교과영역들에도 배운 내용을 연결시켜 이해할 수 있도록 도와야 한다. 신체활동과 관련된 학습 문제를 다른 교과 영역과 연계하고 확장할 수 있도록 도울 수 있어야 한다.

넷째, 교사는 현재 학생의 신체적, 지적, 정서적 발달단계에 적합한 형태로 개념적 지식과 활동 과제를 제시할 수 있어야 한다. 여러 가지 수준을 제시하여 학생이 자신의 단계에 맞는 연습을 할 수 있도록 도와주며 점진적으로 단순한 것에서 복잡한 구조로 학습할 수 있도록 한다.

4) 비판

움직임 분석 모형은 운동과 움직임을 지나치게 인지적 활동으로 만드는 경향을 갖고 있다고 비판받는다. 운동 기능과 개념적 지식을 동시에 배우기에는 수업시간이 부족할 수 있다. 또한, 초등학교 체육과 교육과정에서 너무 편협하게 '움직임'에만 초점을 두고 있다는 것이다. 모든 학생에게는 움직임 개념과 기능 습득뿐만 아니라 건강의 기초가 되는 체력도 중요한 내용이 되어야 함을 강조한다.

나. 체력 교육 모형

1) 개요

체력 교육 모형은 내용 숙달 사조를 근거로 교과 내용을 강조하는 모형이다. 최근까지 학생 개개인의 체력 향상에 초점을 두었으나 체력과 건강에 대한 개념이 확장되면서 신체활동과 건강과의 관련성에 대한 지식, 기능, 운동의 중요성에 대한 인식 등이 함께 강조되고 있다. 체력 교육 모형에 근거한 교육과정은 체력 향상을 위한 체력 지식 습득, 체력 활동 기술 발달, 체력 운동의 생활화를 강조한다.

〈표 6-2〉 WHO의 건강의 정의

건강이란 질병이 없거나 허약하지 않을 뿐만 아니라 육체적 · 정신적 · 사회적 및 영적 안녕이 역동적이며 완전한 상태를 말한다.

2) 개념 틀

체력 모형의 개념 틀은 체력 요소라 할 수 있다. 체력은 건강 체력(심폐지구력, 신체조성, 유연성, 근력 및 근지구력)과 운동체력(순발력, 민첩성, 평형성)으로 나눌 수 있으나 많은 체력 프로그램들은 건강 체력 요인의 발달에 한정되어 있다. 최근 들어 점차 활기찬 라이프스타일에 대한 관심이 증가하면서 운동 행동 변화에 근간이 되는 운동 참여 요인, 운동 효능감, 자아 동기유발 등의 심리적 요인들을 포함하게 되었다. 따라서 개념 틀에는 운동 행동의 변화를 촉진하는 건강 체력의 생리적 요소와 심리적 요소뿐만 아니라 사회 문화적 요소들도 포함하고 있다.

3) 교사의 역할

첫째, 학생의 건강 체력 요소의 발달을 위한 활동적인 신체활동 프로그램을 제시해야 한다. 모든 학생이 활발하게 신체활동에 참여하고 체력을 향상시킬 수 있는 충분한 수업 시간이 확보되도록 수업을 구성한다.

둘째, 건강한 라이프스타일 관리 방법을 지도한다. 이를 위해서는 학생 개개인의 자기 책임감 발달이 필수적이다. 성인이 되어서도 건강 유지에 필요한 자기 관리 기술과 의사결정 능력을 개발할 수 있도록 해야 하며, 학생은 자기 평가, 목표 설정, 운동 프로그램 계획 등의 학습을 경험할 수 있도록 한다.

셋째, 체력 검사 프로그램을 시행한다. 체력 검사는 학생이 자신의 체력 수준을 파악하여 체력 향상을 위한 목표 설정에 도움을 주며 학생의 동기 부여 및 학부모에게 자녀에 대한 정보를 제공할 수 있다. 현재 학교에서는 학생건강체력평가시스템(Physical Activity Promotion System)을 운영하며 학생의 체력을 측정하고

저 체력 학생 및 비만 학생을 관리하고 있다.

4) 비판

최근 체력의 중요성이 재인식되면서 체력 요소 발달을 강조하고 있지만 체력 교육 모형을 체육과 교육과정 모형에 포함시킬 것인가에 대한 논쟁이 많다. 체력 교육 모형이라 정확하게 설명할 수 있는 프로그램이 없으며, 체력발달만을 목표로 교육과정을 운영하는 사례도 드물기 때문이다. 따라서 독립적인 교육과정 모형보다는 체육교육 프로그램의 부분 요소로 인식하고 있다.

다. 스포츠 교육 모형

1) 개요

스포츠 교육 모형은 학교 체육수업이 스포츠 기능 습득 중심으로 운영되어 실제 경기를 즐길 수 있는 기회가 적으며, 흥미를 느끼지 못하고 있다는 비판에서 시작되었다. 'sport for all(모든 학생이 참여하고 즐거움을 느껴야 한다)'의 철학을 바탕으로 학생들이 좋은 스포츠 인이 되기 위한 기술, 규칙, 매너, 절차 등을 배우도록 한다. 스포츠가 주된 교과 내용이며 2~4주의 짧은 기간이 아닌 8~12주의 시즌제로 학습하게 된다. 따라서 이 모형은 학생이 긴 기간 동안 스포츠 기능을 습득하고 스포츠에 관하여 많은 것을 알며 사랑과 열정을 지닌 스포츠 인으로 성장하도록 돕는다.

- 유능한 스포츠인(competent sportperson)
- 박식한 스포츠인(literate sportperson)
- 열정적인 스포츠인(enthusiastic sportperson)

스포츠 교육 모형은 다음 6가지의 특징이 있다.

① 스포츠 시즌

단원보다 길며 8~12주 또는 14~20차시 정도로 운영되며 연습, 경기, 결승전으로 구성된다. 시즌의 기간은 학교 및 학생의 특성에 따라 조정할 수 있으며, 한 종목에 대한 깊이 있는 이해가 가능하다.

② 팀 소속

모든 학생은 시즌동안 팀에 소속되어 팀원이 된다. 학생은 시즌 내내 같은 팀에서 기술 및 전략 연습을 하며 소속감, 협동심, 책임감 등을 갖게 된다. 또한, 팀원과의 대인관계 능력을 기르고 작은 사회를 경험하며 그 안에서 자신의 정체성을 확립할 수 있다.

③ 공식 경기(대진표 및 경기 운영)

시즌 동안 각 팀이 어떤 상대와 시합하게 될 것인지를 미리 알고 준비할 수 있도록 대진표에 따라 경기를 운영한다. 대진표는 사전에 공지되며 팀별로 시합이 이루어지고 시합이 없는 팀은 연습 경기를 통해 전략 및 전술을 익힐 수 있다.

④ 기록 보존

기록은 중요한 상황을 기억할 수 있는 단서로서 공식 경기에서 수행한 다양한 기록을 작성하고 유지한다. 기록은 개인 및 팀의 장단점 파악, 반성과 수행평가 자료로 활용될 수 있으며 기능의 숙달 정도, 전략의 이해 등과 관련된 피드백 제공의 자료가 된다.

⑤ 결승 행사

스포츠 시즌에서는 최고의 기량을 갖춘 팀을 가리는 일을 축제로 인식하며 스포츠의 본질이라고 여긴다. 스포츠 교육 모형에서도 결승 행사는 각 팀과 선수들에게 시즌이 끝날 때까지 최선을 다해 노력할 수 있는 동기 유발이 된다. 결승전 형식은 다양하며 모든 학생이 함께 경기를 즐길 수 있는 경험을 제공하도록 한다.

⑥ 축제화

올림픽 경기나 월드컵처럼 스포츠의 축제적 특성을 반영한 것으로 중요한 사회적 요소를 경험하는 의미를 지닌다. 각 팀은 고유한 팀명을 정하고 각양각색(各樣各色)의 깃발과 푯말로 축제 분위기를 조성한다.

2) 개념 틀

스포츠 교육 모형의 개념 틀은 스포츠 지식 요소로 구성된다. 지식 구조는 스포츠에 대한 전통적인 이해를 의미하는 것으로 스포츠 기능을 습득하고, 규칙과 의례 등을 포함한 공식 스포츠의 구조를 이해할 수 있는 능력을 개발하는데 초점을 둔다. 스포츠 교육 프로그램의 내용은 전통적이면서도 새로운 놀이와 스포츠 유형을 포함한 일련의 경쟁적이고 표현적인 놀이와 스포츠 활동으로 구성된다.

3) 교사의 역할

첫째, 스포츠에 대한 기능, 전술, 지식 태도를 지도한다. 내용 숙달 사조에서의 교사 역할과 유사하며 학생에게 기초 지식과 기능 및 규칙, 매너 등에 대한 이해를 모두 포함한다.

둘째, 학생의 발달단계에 적합한 스포츠 활동을 제공한다. 학생의 인지적, 신체적, 정서적 능력이 반영되도록 스포츠 종목을 변형하여 모든 학생이 성취감과 즐거움을 느낄 수 있도록 한다.

4) 비판

전통적 프로그램에서는 운동 기능 우월주의 원칙하에 운동을 잘하는 것이 중요했으나 스포츠 교육 모형은 낮은 운동기능의 학생과 중간수준의 학생도 즐거움을 맛볼 수 있도록 수업변형과 수정을 통한 스포츠 활동을 제공하여 모든 학생이 수업에 참여할 수 있는 기회를 마련한다. 그러나 여전히 전통적인 스포츠 종목 중심으로 운영이 되어 뉴스포츠 활동에 대한 소홀함이 지적되고 있다. 또한, 학생이 긴 시즌 동안 경쟁에 참여하기 때문에 좋아하지 않거나 계속하고 싶지 않은 스포츠에 오랫동안 참여해야하는 점을 비판 받는다. 이로 인해 여러 종목을 맛볼 수 없는 단점이 있다.

라. 발단 단계 모형

1) 개요

발달 단계 교육과정 모형은 인간의 성장과 발달 패턴에 기초하여 여러 유형의 교육과정 모델이 개발되었다. Gallahue(1993) 모형은 초등학교 체육수업에 많이 활용되고 있으며 '움직임 기술'의 발달을 강조하고 있다. 인지적 영역과 정의적 영역도 모두 중요하게 인식하며 기술 단원(이동기술, 조작기술)과 스포츠 단원(축구, 농구)에 함께 흡수

되어 가르쳐진다. 이 프로그램은 여러 영역에서 발췌한 지식을 통합하여 다루는 '영역'으로 나눠진다. 지각 운동적 영역, 창의적 영역, 포크 댄스 및 스퀘어 댄스 영역, 인지적 학습 등으로 구성되어 있다.

> "발달단계 중심 체육은 학생 개개인의 개성을 강조하며 운동능력의 발달이 나이와 관련을 맺고 있기는 하나 나이에 완전히 의존하는 것은 아니라는 명제 위에서 시작한다. 따라서 무엇을 가르치고, 언제 가르치고, 어떻게 가르치는 것에 관련된 교사의 결정은 일차적으로 그 내용이 가르칠 학생 개인에게 적합한가 아닌가에 달려있고, 그것이 특정 연령군의 아이들에게 적합한가 아닌가는 두 번째의 고려기준이다(Gallahue, 1993. p. 6).

Hellison의 모형은 인간주의적이고 책임감을 강조하는 경향을 띠며 학생은 자기 자신과 타인에 대한 책임정신과 관련된 행동을 학습한다. 학생은 타인의 권리, 감정, 요구들에 대해 보다 민감해야 할 사회적 책임감을 가지고 있다는 것을 배우며 학생은 운동기능, 스포츠종목, 체력활동에 참여하는 것을 책임감 있는 판단과 행동을 배우는 기회로 삼는다.

2) 개념 틀

발달단계 모형은 학생의 총체적 성장과 관련된 교육과정 목표들을 추구한다. 각 단원과 실제 수업은 운동기능의 숙달, 자긍심의 함양, 개인적 · 사회적 책임감의 발달을 강조한다. 학생의 총체적 · 통합적 성격을 강조하며 인지적 · 정의적 · 심동적 영역의 목표들을 통합하려고 강조한다. 대표적인 개념 틀의 사례로는 Thompson과 Mann(1977)이 개발한 Project SEE 모형과 Hellison(1995)의 책임감 모형이 있다.

Project SEE 모형은 학생이 배워야 할 수업 주제와 단원을 3단계의 발달 단계별로 기술한다. 예를 들면 2단계 프로그램의 경우 '복습-학습 환경에의 적응' 단원에서 시작하여 '타인의 인지 및 성적 편견과 사회적 편견의 감소' 단원으로 발전시켜 나간다. 연간 계획은 4개의 주제 그룹으로 '자기 자신', '움직임', '움직임과 자기 자신', '환경과 움직임'이며 각 주제 그룹별 3단계의 발달 수준으로 위계화되었다.

〈표 6-3〉 Project SEE 모형(김대진, 2012에서 재인용)

단계	내용
1단계	1. 학습 환경에의 적응 2. 자신과 타인에 대한 인지 및 이해 3. 행동에 대한 자신 및 타인이 책임감 4. 운동수행에 대한 자신감
2단계	1. 복습-학습 환경에의 적응 2. 타인의 인지 및 성적 편견과 사회적 편견의 감소 3. 실현가능한 목표와 설정 4. 발달적 자아의 촉진과 성취 5. 운동 수행시의 적응
3단계	1. 복습-학습 환경에의 적응 2. 체육의 생리적 측면에 대한 가치 이해 3. 기능의 세련화 4. 동료와의 의사소통 5. 평가

Hellison의 모형은 책임감을 개발하는데 초점을 두고 0단계에서 4단계로 책임감이 강해지도록 구성된다. 이 개념 틀은 교사가 학생의 책임감을 증진시켜주고 이기심과 이타심 사이에 발생하는 긴장을 해결하도록 다양한 방안들을 개발하는데 도움을 준다. 단계별 내용은 학생이 누적적으로 성취해 가면서 발전하는 과정적 성격을 띤다.

〈표 6-4〉 Hellison의 책임감 수준

단계	단계별 행동 특징
4단계: 배려	· 타인 존중, 자기 책임감 부여, 자기주도성 뿐만 아니라, 타인과의 협동, 후원, 관심, 돕기 등을 적용할 수 있게 된다.
3단계: 자기 책임	· 타인의 존중과 과제 참여를 보여줄 뿐만 아니라, 교사의 직접적인 지도 없이 학습에 스스로 참여한다. 학생은 자신의 요구에 따라 체육교육 프로그램을 스스로 계획하고 실행한다.
2단계: 참여	· 최소한의 타인 존중과 함께, 교사의 지도하에 참여 의지, 도전 수용, 기술 연습, 체력 훈련 등을 보여준다.
1단계: 통제	· 수업 활동에 참여하지 않거나 과제완수 또는 향상을 보이지 않는다. 그러나 타인의 학습권과 교사의 교육권을 침해하지 않을 만큼 자기 자신을 통제할 수 있다.
0단계: 무책임	·타인을 전혀 고려하지 않고 자신의 행동에 대한 책임감을 부여한다.

3) 교사의 역할

첫째, 교사는 총체적 관점을 가지고 학생을 '전인'으로 성장시키도록 수업을 준비하고 가르치도록 한다. 수업과 단원을 계획하면서 인지적 · 정의적 · 심동적 영역간의 총체적 관련성을 이해하고 2개 이상의 영역을 동시에 반영해야 한다.

둘째, 교사는 학생의 인지적 · 정의적 · 심동적 영역의 발달이 최대한 촉진되도록 학습 환경을 조성한다. 학생을 의사 결정 과정의 주체로 인식하고 학생이 학습내용을 선정하도록 하며 교사는 학생의 흥미를 저해하는 방해물을 제거하는데 있어 결정권자가 아니라 협조자의 역할만을 한다. 즉 교사는 수업 환경 속에서 각 학생이 최대의 개인적 성장을 얻을 수 있도록 촉진하거나 도와주는 역할을 한다.

셋째, 교사는 학생 개개인에게 적합한 학습 과제를 준비한다. 학생마다 독특한 성장 패턴과 시기가 있음을 알고 학습 활동을 준비할 때는 각 학생의 운동 발달단계나 운동학습 수준에 알맞은 내용들을 마련하도록 해야 한다. 여러 가지의 학습 과제를 제공함으로써 학생이 스스로 자신의 능력 정도를 파악할 수 있는 환경을 갖게 되며 학생이 보다 높은 수준으로 향상되어가도록 노력할 수 있다.

넷째, 교사는 학생이 책임감 있는 행동을 배워가도록 도와준다. 발달단계 모형에서는 인지적 발달과 사회적 발달이 심동적 발달과 동등한 중요성을 갖는다. 따라서 교사는 학생이 모형에서 추구하는 목표들에 대해 이해하고, 경험하고 결정을 내리고 반성할 수 있도록 돕는다.

4) 비판

발달단계 모형이 체육교육 전문가들에게 많은 호응을 얻고 있지만 자긍심과 책임의식을 가르치는 것이 체육의 1차적 목표가 될 수 없다고 비판하는 사람들이 있다. 한편 통합적 관점을 강조하는 사람들은 심동적 · 인지적 · 정의적 영역으로 각각 수업목표를 나누어 진술하는 것을 비판한다. 운동발달 전문가들은 발달단계 모형의 하나의 교육과정 모형으로 독립하기보다는 모든 교육과정 영역에서 발달단계 모형이 추구하는 통합적이고 총체적인 접근을 통한 전인 양성을 목표에 반영해야 한다고 주장한다. 발달 단계에 대한 고려는 움직임, 스포츠, 무용, 체력 등 어떤 내용을 가르칠 때에도 반드시 포함되어야 한다.

마. 개인 의미 추구 모형

1) 개요

개인 의미 추구 모형은 생태 통합 사조에 기초하고 있는 모형으로 움직임과 신체활동의 의미와 중요성에 관심을 갖는다. 1960년대에 들어서면서 학교체육 프로그램의 질적 향상을 위해 프로그램을 구성하는 기본 틀의 개발에 초점을 두기 시작하였다. 이전까지는 움직임의 구성 요소, 과학적 개념, 체력 원리 등의 사용되었으나 이를 통합적으로 사용하기로 하고 PPCF(purpose-process curriculum framework)로 명명된 '목표-과정 개념 틀'이 1977년에 출판되었으며, 이것이 개인 의미 추구 모형의 토대가 되었다(최의창, 2003).

개인 의미 추구 모형에서 추구하는 체육교과의 목표는 모든 사람이 신체활동에 참가함으로써 '의미와 중요성'을 찾는 것으로 의미의 추구는 신체활동에 내재된 기쁨, 즐거움, 만족감 등의 감정이나 신체활동을 통한 운동 기능 습득 및 체력 향상 등의 외재적 가치를 성취하는 것을 의미한다. 궁극적으로 학생 개인의 전인적 발달을 도모할 뿐만 아니라 사회적 환경 속에서 사회적 책임감을 기르고 나아가 세계 시민으로서의 의식을 가질 수 있도록 하는데 목적을 두고 있다.

2) 개념 틀

개인 의미 추구 모형이 기초로 하고 있는 개념 틀은 신체활동에 참여함으로써 얻을 수 있는 개인적 의미들을 밝혀놓고 있는 구조가 있다는 것이다. PPCF의 구조를 살펴보면 움직임 목표 영역과 움직임 과정 영역의 2가지 주요 구성 영역으로 되어 있다. 목표 영역은 7개의 범주를 가진 23개의 체육 목표가 제시되고, 과정 영역은 7단계의 과정으로 제시되었다. 이 개념 틀을 바탕으로 개발된 교육과정은 학습 과정을 강조함으로써 개인적 의미를 추구한다.

〈표 6-5〉 PPCF의 내용 구조

<table>
<tr><th colspan="3">움직임 목표 영역</th><th colspan="2">움직임 과정 영역</th></tr>
<tr><td rowspan="8">개인적 발달: 자신의 잠재력을 실현</td><td rowspan="3">생리적 효율성</td><td>심폐지구력 효율성</td><td colspan="2" rowspan="3">기본 움직임: 특징적이면서 효과적인 운동 유형의 발달을 촉진하는 움직임 과정</td></tr>
<tr><td>역학적 효율성</td></tr>
<tr><td>근신경 효율성</td></tr>
<tr><td rowspan="5">심리적 건강</td><td>움직임의 즐거움</td><td rowspan="2">지각화</td><td rowspan="2">신체 관련성과 자아를 인지하는 과정</td></tr>
<tr><td>자기이해</td></tr>
<tr><td>자아인식</td><td rowspan="2">유형화</td><td rowspan="2">움직임 유형과 기술을 성취하기 위해 신체 부위를 패턴을 보이면서 사용</td></tr>
<tr><td>감정의 정화</td></tr>
<tr><td>도전</td><td colspan="2" rowspan="3">응용 움직임: 능숙한 움직임을 조직, 세련, 실행화 하는 과정, 운동 지각 능력을 조직화 하는데 목적</td></tr>
<tr><td rowspan="6">환경의 극복: 주위 환경에 적응하고 통제</td><td rowspan="3">공간 지각</td><td>인지</td></tr>
<tr><td>이동</td></tr>
<tr><td>관계</td><td rowspan="2">적용화</td><td rowspan="2">과제 요구에 부응하기 위해 유형화된 움직임을 변형하는 것</td></tr>
<tr><td rowspan="3">물체의 조작</td><td>중량조절</td></tr>
<tr><td>물체투사</td><td rowspan="2">세련화</td><td rowspan="2">정확하고 자동화된 운동 수행을 성취하는 것이 목적</td></tr>
<tr><td>물체수용</td></tr>
<tr><td rowspan="9">사회적 상호작용: 타인과 관계 맺기</td><td rowspan="3">의사소통</td><td>표현</td><td colspan="2" rowspan="3">창조 움직임: 개인적 목적에 따라 움직임을 창조하고 개발하는 것</td></tr>
<tr><td>명료화</td></tr>
<tr><td>모방</td></tr>
<tr><td rowspan="3">집단간 상호작용</td><td>팀워크</td><td rowspan="2">다양화</td><td rowspan="2">운동 수행을 독특한 방식으로 고안하고 구성하는 것</td></tr>
<tr><td>경쟁</td></tr>
<tr><td>리더십</td><td rowspan="2">즉흥화</td><td rowspan="2">새로운 운동을 즉석에서 창안하거나 고안하는 것</td></tr>
<tr><td rowspan="3">문화적 참여</td><td>참여</td></tr>
<tr><td>움직임 감상</td><td rowspan="2">구성화</td><td rowspan="2">학습한 움직임을 독특한 운동 설계 방식과 결합하거나 새로운 움직임 유형을 고안하는 것</td></tr>
<tr><td>다문화 이해</td></tr>
</table>

3) 교사의 역할

첫째, 교사는 다양한 범주의 학습 기회를 제공한다. 이 모형의 주요 초점이 자기 자신의 의미를 추구할 수 있도록 자극을 제공하고 돕는 것이므로 교사는 학생이 의미를 발견할 수 있도록 잠재적 출처를 분석할 수 있는 기술을 겸비해야 한다.

둘째, 교사는 학생이 움직임 활동에 참여하는 동안 학생 개인의 의미를 발견하고 지원할 수 있는 기술을 소유하고 있어야 한다. 학생 행동에 대한 관찰 기술, 청취 기술, 학생 반응을 이해하는 기술, 자아존중감을 높일 수 있는 긍정적 피드백 제공의 기술, 목표 성취를 위한 대안 활동에 관한 조언 등이 포함된다.

셋째, 학생에게 자기 관리 기술 및 자기 주도적인 태도의 발달을 강조한다. 이 모형에서는 자기 책임감의 발달을 강조하고 있으므로 학생이 학습 방법을 배울 수 있도록 돕는 것에 초점을 둔다. 새로운 신체활동에 도전하고, 움직임 학습 과정을 개인적인 기술 습득 문제를 해결하는데 적용할 수 있도록 가르쳐야 한다.

넷째, 사회 변화에 대한 긍정적인 태도 함양을 격려한다. 교사는 사회 변화에는 개인의 참여가 필요함을 믿고, 학생이 사회의 일원으로 긍정적이고 능력 있는 구성원이 될 수 있도록 교육해야 한다.

4) 비판

개인 의미 추구 모형에 대한 비판은 PPCF의 비판이기도 하다. 이 외에는 다른 개념틀이 없기 때문에 이 개념 틀이 교사들이 사용하기에 어렵고, 친숙한 신체활동 프로그램으로 구체화하기가 힘들며, 또한, 실용 가능한 실제 프로그램이 없다는 점에서 비판을 받고 있다. 이 모형이 지지를 받기 위해서는 새로운 프로그램을 보급하는 작업과 함께 이 모형을 더욱 구체화시키는 작업이 계속적으로 이루어져야 한다.

생각해보기

체육과 교육과정에 대한 사조(가치정향)와 교육과정에 대한 모형을 오른쪽과 같이 나타낼 수 있다. 이것이 의미하는 것이 무엇인지 토의하여 봅시다.

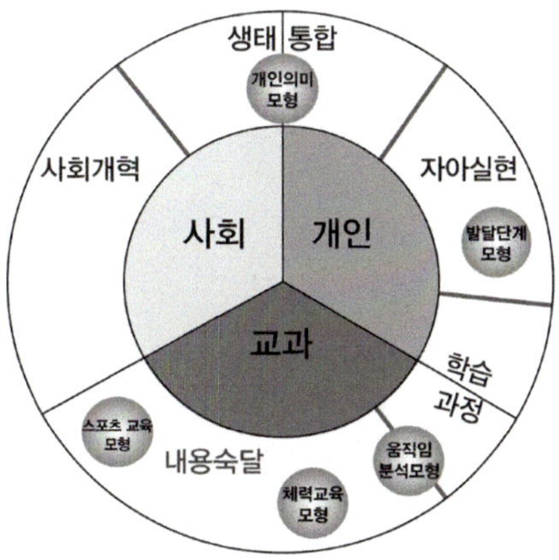

Q&A **묻고 답하기**

교육과정의 의미와 사조 및 모형을 말하다

1. 교육과정을 무엇이라고 생각하는가? 그렇게 생각한 이유는?

2. 체육과 교육과정의 사조가 필요한 이유는 무엇인가? 자신이 가장 선호하는 하나의 교육과정 사조를 선정하여 설명하시오.

3. 체육과 교육과정 모형이 필요한 이유는 무엇인가? 자신이 가장 선호하는 하나의 교육과정 모형을 선정하여 설명하시오.

참고문헌

김대진(2012). **스포츠교육학 총론.** 서울: 교육과학사.

온정덕·김경자·박희경·홍은숙·황규호(2015). **2015 개정 교육과정 총론 해설서(초등학교) 개발 연구**. http://www.edunet.net/nedu/ncicsvc/listSub2015Form.do?menu_id=623

유정애(2007). **체육과 교육과정 총론.** 서울: 대한미디어.

이홍우·유한구·장성모(2007). **교육과정 이론.** 서울: 교육과학사.

최의창(2003). **체육교육 탐구.** 서울: 태근문화사.

Eisner, E. W., & Vallance, E. (Eds.) (1974). *Conflicting conceptions of curriculum*. Berkeley, CA: McCutchan.

Gallahue, D. L. (1993). *Developmental physical eduction for today's children.* Dubuque, IA: Brown & Benchmark.

Hellson, D. (1995). *Teaching responsibility through physical activity*. Champaign, IL: Human Kinetics.

Jewett, A. E., & Mullan, M. (1977). *Curriculum Design; Purpose and processes in physical eduction teaching-learning.* Washington DC; AAHPERD.

Thompson, M. M., & Mann, B. A. (1977). *An holistic approach to physical education curricular; Objectives classification system for elementary schools.* Champaign, IL: stipes.

Wiggins, G., & McTighe, J. (1988). *Understanding by design*. Alexandria, VA: ASCD.

Wiggins, G., & McTighe, J. (2005). *Understanding by design*. Expanded 2nd Edition. Alexandria, VA: ASCD.

Wiske, M. S. (1998). *Teaching for understanding: Linking research with practice*. San Francisco: Jossey-Bass.

07 2022 개정 체육과 교육과정[9)]

- 체육과 교육과정의 성격과 목표는 무엇인가?
- 체육과 교수·학습의 방향을 설명할 수 있는가?
- 체육과 평가의 방향과 평가 도구를 설명할 수 있는가?

체육과는 활동적이고 창의적인 삶, 건강하고 주도적인 삶, 신체활동 문화를 향유하며 사회 속에서 바람직하고 더불어 사는 것을 추구한다. 체육과가 추구하는 것은 세 가지 신체활동 역량을 갖춤으로써 실현된다. 첫째, '움직임 수행 역량'은 신체활동 형식에 적합한 움직임의 기능과 방법을 효율적이고 심미적으로 발휘할 수 있는 능력으로 운동, 스포츠, 표현 활동 과정에서 움직임에 필요한 지식, 기능, 태도를 다양한 상황에 적용하며 발달한다. 둘째, '건강 관리 역량'은 체력 및 신체적, 정신적, 사회적 건강을 유지하고 증진하는 능력으로 체육과 내용 영역에서 학습한 신체활동을 일상생활에서 실천하고, 개인과 사회적 측면에서 건강을 저해하는 요소에 적극적으로 대처하며 함양된다. 셋째, '신체활동 문화 향유 역량'은 다양한 신체활동 문화를 전 생애 동안 즐기고, 타인과 상호작용할 수 있는 능력으로 신체활동 형식의 특성을 이해하고 인류가 축적한 문화적 소양을 내면화하여 공동체 속에서 실천하면서 길러진다.

신체활동 역량은 총론이 추구하는 인간상을 실현하는 기반이 된다. 자기 주도성은 건강한 삶을 위해 다양한 건강 관련 문제를 적극적·주도적으로 해결하는 과정에서 학습되

9) 체육과 교육과정의 내용은 교육부(2022)에서 고시한 내용을 수정·보완하여 제시하였다.

고, 창의적 사고는 신체적으로 활동적인 삶을 사는 데 필요한 움직임을 다양한 환경에서 수행하고 적용함으로써 길러진다. 포용성과 시민성은 신체활동에 참여하며 공동체의 가치 있는 규범과 문화를 인식하고 공유함으로써 함양된다.

체육과의 내용은 '운동', '스포츠', '표현' 등의 세 가지 영역으로 구성된다. 이는 움직임 기술의 발달을 통해 조직화되고 제도화된 신체활동 형식이다. '운동' 영역은 체력과 운동 기능 향상, 건강 증진을 목적으로 수행하는 신체활동 형식이다. 체력 운동과 건강 활동으로 구분된다. '스포츠' 영역은 제도화되고 조직화된 신체활동과 다양한 환경과의 상호작용을 통해 생태적 결합을 추구하는 신체활동 형식이다. 구체적으로 스포츠 영역은 기술의 수월성을 겨루는 '기술형 스포츠', 전략에 따라 승패가 결정되는 '전략형 스포츠', 다양한 환경 맥락에 따라 활동 특성이 나타나는 '생태형 스포츠'로 분류된다. '표현' 영역은 생각과 감정을 연속된 움직임과 다양한 동작으로 표현하는 신체활동 형식이다.

영역별 핵심 아이디어는 '운동', '스포츠', '표현'이라는 신체활동 형식의 개인적, 사회적 가치, 활동의 원리와 맥락, 실천 및 활용 방식에 따라 설정되었다. 운동은 건강한 삶의 기반이 되고, 건강은 체력 및 건강 증진 운동과 다양한 건강 활동을 통해 증진된다. 운동을 통해 습득한 건강한 생활 습관은 주도적이고 행복한 삶을 견인한다. 스포츠는 인간이 제도화된 규범과 문화를 통해 타인과 소통하고, 사회 속에서 더불어 사는 존재로 성장하도록 한다. 표현은 생각과 감정의 심미적이고 창의적인 움직임을 통해 자유롭고 주체적인 삶을 살아가도록 한다.

내용 요소는 영역별 핵심 아이디어에 따라 '지식·이해', '과정·기능', '가치·태도' 등의 세 가지 범주로 구분하였다. '지식·이해' 요소는 체육과의 내용 지식을 구성하는 명제적 지식(각 내용 영역에서 이해해야 하는 개념이나 원리 등)과 방법적 지식(명제적 지식을 실제 상황에서 수행할 수 있는 기술이나 활동 방법 등)을 의미한다. '과정·기능' 요소는 체육과의 '지식·이해' 요소를 탐구하는 절차적 지식과 결과적으로 발휘할 수 있는 능력을 의미한다. '가치·태도' 요소는 신체활동의 학습 과정에서 습득되는 바람직한 성품을 의미한다. 특히, 체육과의 내용 요소에는 총론에서 강조하는 '핵심 역량', '생태교육', '민주시민교육' 등의 가치와 언어, 수리, 디지털 소양 등의 '기초 소양'을 반영하여 총론의 목표를 체육과에서 구현할 수 있도록 하였다.

내용 요소는 〈표 7-1〉과 같이 학년군별 내용 요소의 선정 원리에 따라 계열화되었다.

첫째, '지식·이해' 요소의 명제적 지식은 지식을 구성하는 내용 수준에 따라 개념과 원리로 구분되었고, 방법적 지식은 움직임 기술의 수준에 따라 신체활동 입문을 위한 기초 기술, 신체활동 참여를 위한 복합 기술, 제도화된 활동을 목표로 하는 응용 기술로 분류되었다. '가치·태도' 요소는 주관적 수준으로 나타나는 개인적 태도, 타인과의 관계 속에서 나타나는 대인적 태도, 보편적인 사회적 규범 수준에서 요구되는 사회적 태도로 분류되었다. '과정·기능' 요소는 '지식·이해', '가치·태도' 요소별로 학습 과정 및 결과에서 요구되는 행동을 학년군별 발달 수준에 맞게 제시하였다.

〈표 7-1〉 학년군별 내용 요소의 선정 원리

<table>
<tr><th rowspan="2">내용 / 학년군</th><th colspan="2">지식·이해</th><th rowspan="2">가치·태도</th><th rowspan="2">과정·기능</th></tr>
<tr><th>명제적 지식</th><th>방법적 지식</th></tr>
<tr><td>3~4학년군</td><td rowspan="4">개념적 수준
⬇
원리적 수준
⬇
이론적 수준</td><td rowspan="4">입문을 위한 기초 기술
⬇
참여를 위한 복합 기술
⬇
제도화된 활동을 위한 응용 기술
⬇
정식 활동의 심화 및 전문 기술
입문을 위한 기초 기술</td><td rowspan="4">개인
⬇
대인
⬇
사회</td><td rowspan="4">인지, 시도, 수용
⬇
분석, 적용, 실천
⬇
평가, 구성, 지속</td></tr>
<tr><td>5~6학년군</td></tr>
<tr><td>중학교 1~3학년군</td></tr>
<tr><td>고등학교</td></tr>
</table>

1. 성격 및 목표

가. 성격

체육과는 신체활동의 학습을 통해 활동적이고 창의적인 삶, 건강하고 주도적인 삶, 신체활동 문화를 향유하며, 사회 속에서 바람직하고 더불어 살아가는 삶의 자질을 길러주는 교과이다. 신체활동은 놀이, 게임, 운동, 스포츠, 표현 등의 맥락에서 계획적이고 의도적으로 수행되는 움직임이다. 그리고 신체 능력과 건강을 증진하고, 다양한 기술과 전략을 바탕으로 타인 및 환경과 상호작용하는 과정에서 형성된 삶의 양식이다.

인간은 움직임 기술을 바탕으로 운동, 스포츠, 표현 활동을 실천하며 일상생활과 여가활동에서 활동적인 삶을 영위할 수 있다. 운동 실천과 전략적 경기 수행, 심미적 표현과 같은 신체활동 체험을 통해 인간은 주변 세계와 적극적으로 상호작용하며 창의적으로 대응한다. 신체활동은 건강하고 주도적인 삶의 기초로 신체적, 정신적, 사회적 건강을 위한 필수적인 활동이다. 건강한 삶은 현대 사회의 기후 환경 위기, 좌식문화로 형성된 생활 방식, 개인화된 사회 구조 등으로 발생하는 신체적, 정신적, 사회적 건강 문제를 적극적으로 대처하려는 주도적인 노력을 통해 실현된다. 신체활동은 인간이 신체와 관련된 고유한 문화를 향유하고 사회의 다양한 구성원과 더불어 살아가도록 한다. 인류의 문명화 과정에서 신체활동 문화는 신체적 수월성을 겨루는 경기 문화, 인간의 삶을 풍요롭게 하는 놀이 및 여가 문화, 신체적 움직임이 미적으로 승화한 표현 문화, 제도화된 신체활동에 내재한 정신문화, 건강한 생활을 추구하는 과정에서 형성된 건강 문화 등 다양한 문화 양식으로 발전해 왔다. 신체활동 문화는 바람직한 인간관계의 기초가 되며 책임 있고 협력적인 태도, 공정하고 호혜적인 관계와 더불어 생태환경과의 조화로운 삶을 경험할 수 있는 기반이 된다.

이를 실현하기 위해 체육과에서는 첫째, 학습자가 기본 움직임 기술을 익히고, 신체활동 형식과 관련된 개념, 기술, 전략 등을 습득하며, 일상생활에서 신체활동을 계획하고 실천하도록 한다. 둘째, 연구와 실천을 통해 축적된 신체활동에 관한 이론적·경험적 지식을 이해하고, 생활 속에서 적용하고 즐기며 다양한 안목을 기르도록 한다. 셋째, 다양한 신체활동 경험을 성찰하고 자신과 세계와의 관계를 인식함으로써 신체활동에 내재한 가치와 태도를 실천하도록 한다. 즉 체육과 학습을 통해 학습자는 신체활동 문화에 입문하고, 운동, 스포츠, 표현 등의 신체활동 형식과 관련된 움직임 지식, 기술, 태도를 습득하며, 이를 기반으로 체육과가 추구하는 삶의 방식을 생애 전반에 걸쳐 실천할 수 있는 역량을 함양한다. 또한, 이러한 신체활동 역량을 운동, 스포츠, 표현 맥락뿐만 아니라 일상생활과 직무·여가활동 등에서 효과적이고 효율적으로 발휘할 수 있다.

체육과는 학습자가 전 생애에 걸쳐 체력과 건강, 움직임에 대한 기능과 지식, 다양한 신체활동에 참여하려는 의지와 태도를 길러 적극적으로 신체활동에 참여하고, 신체활동 문화를 깊이 이해하고 실천함으로써 건강하고 활기찬 삶을 생활화하며, 타인 및 세계와 소통하며 바람직한 민주 시민으로 성장할 수 있도록 한다.

나. 목표

체육과는 활동적이고 창의적인 삶, 건강하고 주도적인 삶, 신체활동 문화를 향유하며 사회 속에서 바람직하고 더불어 살아가는 삶을 영위할 수 있는 신체활동 역량을 기르도록 한다.

(1) 움직임 관련 지식을 이해하고, 움직임의 목적과 환경에 적합하게 움직임 기술을 수행하며, 움직임 수행에 필요한 가치와 태도를 실천한다.

(2) 건강 관련 지식을 이해하고, 생애 전반에 걸쳐 건강을 증진 및 관리하며, 건강의 증진과 관리에 필요한 가치와 태도를 실천한다.

(3) 신체활동의 고유한 문화 특성을 이해하고, 신체활동 문화를 일상생활에서 누리며, 다양한 문화 양식에 내재한 가치와 태도를 실천한다.

2. 내용 체계 및 성취기준

가. 내용 체계

1) 운동

핵심 아이디어	· 운동은 체력과 건강을 관리하는 주요 방법으로 생애 전반에 걸쳐 건강한 삶의 토대가 된다. · 체력은 건강의 기초가 되며, 건강은 신체적 특성에 맞는 운동과 생활 습관을 계획하고 관리함으로써 증진된다. · 인간은 생활 속에서 운동을 즐기고, 심신의 건강을 유지하며, 행복한 삶을 영위한다.		
구분 / 범주	내용 요소		
	초등학교		중학교
	3~4학년	5~6학년	1~3학년
지식·이해	· 운동과 체력 · 기본 체력운동 방법 · 운동과 건강 · 건강한 생활 습관	· 건강 체력과 운동 체력 · 체력 종류별 운동 방법 · 운동과 성장 발달 · 안전한 생활 습관	· 체력 증진의 원리 · 체력 증진 운동 방법 · 체력 관리의 원리 · 체력 관리 운동 방법 · 운동 처방의 원리 · 운동 처방 방법 · 신체 건강의 특성 · 신체 건강 활동 · 정신 건강의 특성 · 정신 건강 활동 · 사회적 건강의 특성 · 사회적 건강 활동
과정·기능	· 운동과 체력의 관계 파악하기 · 기본 체력 운동 시도하기 · 운동과 건강의 관계 파악하기 · 건강한 생활 습관 시도하기 · 안전하게 활동하기	· 건강 체력과 운동 체력의 의미와 요소 파악하기 · 체력을 측정하고 다양한 운동 시도하기 · 운동과 성장 발달의 관계 파악하기 · 운동과 생활 속 안전사고 예방 방법 탐색하며 대처하기 · 안전하게 활동하기	· 체력 운동 원리 분석하기 · 체력 요소별 운동 방법 적용하기 · 건강 활동 특성 분석하기 · 건강 활동 방법 실천하기 · 안전하게 활동하기
가치·태도	· 긍정적 신체 인식 · 운동 및 건강에 관한 관심 · 운동 및 건강 습관 실천 의지	· 체력 운동 참여의 근면성 · 체력 증진을 위한 끈기 · 성장 발달의 차이 공감 · 안전사고에서의 침착성	· 체력 문제 해결 의지 · 운동 실천의 자기 주도성 · 자율적인 건강 추구 · 자신과 공동체에 대한 안전의식

2) 스포츠

<table>
<tr><td>핵심 아이디어</td><td colspan="3">· 스포츠는 인간이 제도화된 규범과 움직임 기술을 바탕으로 타인 및 주변 세계와 소통하며 바람직한 구성원으로 성장하는 데 이바지한다.
· 스포츠는 인간이 환경과 상호작용하고 다양한 기술과 창의적인 전략을 발휘하며 한계를 극복하는 과정에서 발달한다.
· 인간은 스포츠를 다양한 방식으로 체험함으로써 움직임의 즐거움을 느끼고 활동적인 삶의 태도를 배운다.</td></tr>
<tr><td rowspan="3">구분 / 범주</td><td colspan="3">내용 요소</td></tr>
<tr><td colspan="2">초등학교</td><td>중학교</td></tr>
<tr><td>3~4학년</td><td>5~6학년</td><td>1~3학년</td></tr>
<tr><td>지식·이해</td><td>· 스포츠와 움직임 기술
· 기본 움직임 기술의 종류와 수행 방법
· 스포츠에서의 기본 움직임 기술 수행 방법</td><td>· 기술형·전략형·생태형 스포츠의 유형
· 기술형·전략형·생태형 스포츠의 유형별 움직임 기술 응용 방법
· 기술형·전략형·생태형 스포츠의 활동 방법과 기본 전략</td><td>· 기술형·전략형·생태형 스포츠의 역사와 특성
· 기술형·전략형·생태형 스포츠의 경기 기능과 수행 원리
· 기술형·전략형·생태형 스포츠의 경기 방법과 전략</td></tr>
<tr><td>과정·기능</td><td>· 스포츠의 의미와 유형 이해하기
· 기본 움직임 기술과 스포츠의 관계 파악하기
· 기본 움직임 기술의 종류 파악하고 시도하기
· 스포츠 유형별 움직임 기술 종류 파악하기
· 스포츠 유형별 움직임 기술 시도하기
· 안전하게 움직이기</td><td>· 기술형·전략형·생태형 스포츠의 유형 파악하기
· 기술형·전략형·생태형 스포츠의 유형별 움직임 기술 응용 방법 활용하기
· 기술형·전략형·생태형 스포츠의 기본 전략 적용하기
· 안전하게 활동하기</td><td>· 기술형·전략형·생태형 스포츠 유형별 역사와 특성 비교하기
· 기술형·전략형·생태형 스포츠 유형별 수행 원리를 경기 기능에 적용하기
· 기술형·전략형·생태형 스포츠 유형별 경기 방법과 전략을 경기에 활용하기
· 안전하게 경기하기</td></tr>
<tr><td>가치·태도</td><td>· 움직임 수행의 자신감과 적극성
· 최선을 다하는 태도
· 게임 규칙 준수
· 스포츠 환경에 대한 개방성
· 스포츠 활동 참여의 적극성</td><td>· 목표 달성 의지
· 상대 기술 인정
· 팀원과의 협력
· 구성원 배려
· 스포츠 환경을 아끼는 태도
· 스포츠 환경에 감사하는 태도</td><td>· 경기 수련에 대한 인내심
· 도전적 경기 태도
· 팀워크와 신뢰
· 페어플레이
· 스포츠 환경 개선을 위한 공동체 의식
· 스포츠 환경에 친화적인 태도</td></tr>
</table>

3) 표현

핵심 아이디어	• 표현 활동은 인간이 신체 움직임에 생각과 감정을 담아 심미적으로 표현하는 과정에서 창의적인 삶의 태도를 형성하고, 예술적 신체활동 문화를 향유할 수 있도록 한다. • 표현 활동은 기본 움직임에 표현 원리가 적용되어 다양한 유형으로 구현되며, 구성 및 창작의 과정을 통해 발달한다. • 인간은 다양한 표현 활동을 체험함으로써 움직임의 심미적 가치를 내면화하며 자유롭고 주체적으로 사는 방법을 터득한다.		
구분 / 범주	내용 요소		
	초등학교		중학교
	3~4학년	5~6학년	1~3학년
지식·이해	• 표현 활동과 움직임 기술 • 기본 움직임 기술의 표현 방법	• 표현 활동의 유형 • 표현 활동의 유형별 움직임 기술 응용 방법 • 표현 활동의 유형별 움직임 기술 구성	• 표현 활동의 역사와 특성 • 표현 활동의 동작과 표현 원리 • 표현 활동의 창작과 감상
과정·기능	• 표현 활동의 움직임 기술 파악하고 시도하기 • 다양한 방법으로 움직임 기술 표현하기	• 표현 활동의 유형 파악하기 • 표현 활동의 유형별 움직임 기술 응용 방법 활용하기 • 표현 활동의 유형별 움직임 기술 구성하고 발표하기	• 표현 활동의 유형별 역사와 특성 비교하기 • 표현 활동의 유형별 동작 표현하기 • 표현 활동의 유형별 원리 적용하기 • 표현 활동의 유형별 작품 창작하고 감상하기
가치·태도	• 움직임 표현에 대한 호기심 • 움직임 표현에 대한 감수성	• 다양한 표현 활동 유형에 대한 수용적 태도 • 움직임 표현의 심미성 추구	• 표현의 독창성 • 다양한 표현 활동에 대한 개방성 • 예술적 표현에 대한 공감과 비평의식

나. 성취기준

[초등학교 3~4학년]

1) 운동

[4체01-01] 운동과 체력의 의미를 이해하고 관계를 파악한다.
[4체01-02] 기본 체력운동의 방법과 절차를 익히며 자신의 수준에 맞는 운동을 시도한다.
[4체01-03] 운동과 건강의 의미를 이해하고 관계를 파악한다.
[4체01-04] 건강을 위한 바른 생활 습관을 이해하고 생활 속에서 규칙적으로 실천한다.
[4체01-05] 자신의 신체적 특징을 긍정적으로 인식하고 운동 계획을 세워 안전하게 활동한다.
[4체01-06] 운동과 건강한 생활 습관 형성에 관심을 갖고 적극적으로 실천한다.

(성취기준 적용 시 고려 사항)

- 3~4학년군 운동 영역에서는 자신의 체력 수준에 맞는 운동을 하며 즐거움을 느끼고, 체력과 건강을 증진하면서 정서적, 사회적 건강을 유지할 수 있도록 운동과 일상생활에서의 건강 활동을 체험하도록 한다.
- 체력 운동에서는 학습자가 자신의 신체 특성과 수준을 고려한 운동 방법을 다양하게 탐색하고 실천하도록 운영한다. 단순한 흥미 위주의 활동을 지양하고 자신의 체력 수준을 점검하며 체력의 중요성을 인식할 수 있는 활동을 선정한다. 건강 활동에서는 학습자 스스로 생활 습관을 점검하면서 건강에 대해 적극적인 관심을 두고 올바른 생활 습관 실천 의지를 가질 수 있도록 운영한다. 이론 중심의 수업보다는 생활 속의 다양한 신체활동을 체험하면서 바람직한 생활 태도를 습관화하도록 활동을 구성한다.
- 3~4학년군의 발달 특성, 학습자의 흥미와 신체활동 능력을 고려하여 수업을 운영한다. 체력 증진에 도움이 되는 다양한 기본 운동 방법을 흥미 있게 구성하여 운동에 관한 관심과 욕구를 가질 수 있도록 한다. 또한, 건강한 생활 습관을 자기 주도적으로 실천할 수 있도록 일상생활에서 쉽게 실천할 수 있는 생활 방식을 활용하며, 더욱 생동감 있게 학습할 수 있도록 디지털 기기와 온라인 프로그램의 모의 상황 또는 가상현실 등 다양한 자료를 활용한다.
- 3~4학년군 운동 영역에서는 운동과 체력, 기본 운동 방법, 운동과 건강, 건강한 생

활 습관에 관한 이해력, 체력과 건강을 효과적으로 관리하기 위한 운동 수행 능력, 일상생활에서 운동과 건강에 관심을 갖고 실천할 수 있는 능력을 균형 있게 평가한다.

- 체력 운동에서 학습자의 체력 증진 수준을 평가할 때는 단순히 체력 측정 결과 중심으로 평가하기보다는 자신의 체력 증진을 위한 자기 주도적인 계획 수립과 실천, 관리의 과정을 전개했는지를 종합적으로 평가한다. 건강 활동에서는 운동에 기초하면서도 그 밖의 건강과 신체의 안전에 긍정적인 영향을 미칠 수 있는 다양한 건강 행동 및 생활 습관을 일상생활에서 실천하는지를 평가한다.
- 3~4학년군 운동 영역 지식에 관한 이해력은 운동과 건강 관련 기본 지식을 중심으로 평가하고, 운동 및 건강 활동 수행 능력과 태도는 건강과 신체의 안전에 영향을 미칠 수 있는 다양한 운동 및 건강 습관을 일상생활에서 꾸준하게 실천하는 과정과 결과를 보여주는 체크리스트, 개인일지, 운동 기능 검사 등을 활용하여 평가한다.
- 3~4학년군 운동 영역에서는 범교과 학습 주제인 안전·건강 교육과 연계하여 학교와 일상생활에서 안전하고 건강한 생활의 기본 습관을 형성할 수 있도록 체험 중심의 교수·학습을 운영하고, 학습자의 변화 과정을 다양한 방법으로 평가한다.

2) 스포츠

[4체02-01] 스포츠의 의미와 유형을 파악한다.
[4체02-02] 기본 움직임 기술의 의미와 종류를 이해하고 스포츠와의 관계를 파악한다.
[4체02-03] 움직임 요소에 따른 기본 움직임 기술의 수행 방법을 파악하고 시도한다.
[4체02-04] 기본 움직임 기술을 연결한 복합적인 움직임 기술을 파악하고 시도한다.
[4체02-05] 기술형 스포츠에 적합한 기본 움직임 기술을 파악하고 시도한다.
[4체02-06] 전략형 스포츠에 적합한 기본 움직임 기술을 파악하고 시도한다.
[4체02-07] 생태형 스포츠에 적합한 기본 움직임 기술을 파악하고 시도한다.
[4체02-08] 움직임 기술 수행에 자신감을 갖고 적극적으로 시도한다.
[4체02-09] 게임 활동에 최선을 다하고 규칙을 지킨다.
[4체02-10] 다양한 스포츠 환경에 개방적인 태도를 갖고 적극적이고 안전하게 스포츠 활동에 참여한다.

〔성취기준 적용 시 고려 사항〕

- 3~4학년군 스포츠 영역에서는 스포츠의 개념을 이해하고 다양한 유형의 스포츠 활동을 수행하는데 요구되는 기본 움직임과 복합적인 움직임을 탐색하고 간단한 게임 상황에서 시도하도록 한다. 특히 3~4학년군 스포츠 영역은 움직임의 체계적 발달을 위한 입문 단계로서 이동 움직임, 비이동 움직임, 조작 움직임 기술을 신체, 노력, 공간, 관계와 연결한 다양한 복합 움직임 기술의 수행 능력을 기를 수 있도록 충분한 학습 기회를 제공한다.
- 스포츠 유형별 기본 기능과 관련된 기본 움직임 기술을 습득하기 위해 신체, 노력, 공간, 관계의 변화에 따라 다양한 기술을 단계적으로 향상할 수 있는 학습 활동을 선정하고 조직한다. 스포츠 유형에 적합한 기본 움직임 기술과 복합적인 움직임 기술을 연결하여 간단한 게임 상황에서 시도하고 익힐 수 있도록 활동을 구성한다. 기본 움직임 기술을 수행할 기회를 충분히 제공하며, 스포츠 경기 방법 자체보다 기본 움직임의 수행 능력을 충실하게 습득할 수 있도록 운영한다.
- 3~4학년군 스포츠 영역에서는 스포츠 수행에 필요한 다양한 기본 움직임 기술을 탐색하고 간단한 활동 상황에서 기본 움직임 기술을 시도하고 습득하는 것을 평가한다. 다양한 기본 움직임 기술의 정확하고 효과적인 수행 능력 습득에 평가의 초점을 맞추고, 이를 활용한 움직임 기술의 연결 능력과 스포츠 유형별 기본 기능에 적합한 복합 움직임 기술의 수행 능력을 평가한다.
- 기본 움직임 기술을 움직임의 요소에 따라 실제로 다양하게 수행할 수 있는지를 평가하도록 한다. 일회성 평가를 지양하고 간단한 게임 상황에서 각각의 움직임 기술을 상황에 맞게 수행할 수 있는지를 평가한다. 이를 위해 움직임 기술 수행 능력 평가, 체크리스트, 자기 평가 등의 다양한 평가 방법을 학습 상황에 맞게 활용한다.
- 3~4학년군 스포츠 영역의 지식에 관한 이해력은 스포츠의 의미와 유형에 관한 이해를 간단한 질의응답이나 평가지를 통해 확인할 수 있으며, 스포츠 관련 움직임 수행 능력은 기본 움직임 기능 및 복합 움직임 기능을 조작적 상황 또는 게임 상황에서 평가할 수 있다. 가치·태도의 실천 능력은 지속적인 태도 변화를 관찰하거나 체크리스트, 성찰 일지, 관찰 등의 평가 방법으로 수업 상황에서의 실천 여부를 중

심으로 평가한다.

- 3~4학년군 스포츠 영역에서는 다양한 기본 움직임을 탐색하고 습득하는 과정을 통해 개인별 특성을 존중하고, 상호 존중 및 공동체 의식을 함양할 수 있도록 교수·학습을 계획하고 평가한다.

3) 표현

[4체03-01] 표현 활동의 의미와 기본 움직임 기술과의 관계를 파악한다.
[4체03-02] 움직임 요소에 따른 기본 움직임 기술의 표현 방법을 파악하고 시도한다.
[4체03-03] 기본 움직임 기술을 활용하여 사물이나 자연을 모방하여 표현한다.
[4체03-04] 기본 움직임 기술을 활용하여 느낌이나 생각을 표현한다.
[4체03-05] 기본 움직임 기술을 리듬에 맞춰 표현한다.
[4체03-06] 기본 움직임 기술을 도구를 활용하여 표현한다.
[4체03-07] 움직임의 심미적 표현에 대한 호기심과 감수성을 나타낸다.

(성취기준 적용 시 고려 사항)

- 3~4학년군 표현 영역에서는 표현 활동의 의미와 움직임 기술의 관계에 관한 이해를 바탕으로, 움직임 요소에 따른 표현 기술을 파악하고, 모방 및 추상 표현 방법, 리듬, 도구 등을 활용한 표현 방법을 탐색하여 발표함으로써 표현 활동의 기본 능력을 기르도록 한다. 표현에 관한 이해의 폭을 넓힐 수 있도록 다양한 표현 사례를 직·간접적으로 학습할 기회를 제공한다.
- 모방 표현 방법을 학습하면서 모방 대상의 움직임을 충분히 관찰하고 자유로운 방식으로 표현할 수 있는 학습 분위기를 조성하며, 자연 현상과 주변 환경을 모방 대상으로 설정함으로써 생태전환적 관점에서 환경을 이해할 기회를 제공한다. 추상 표현 방법의 경우 느낌이나 생각을 자유롭게 나타내고, 타인의 표현 방법을 존중하는 허용적인 학습 분위기를 조성한다. 리듬 표현에서는 음악뿐만 아니라 자연 현상이나 생활에서 나타나는 규칙적, 불규칙적 리듬에 따라 신체 표현을 할 수 있도록 표현 대상을 다양화한다. 도구를 활용한 표현의 경우 사전에 안전한 도구 사용 방법을 충분히 숙지하고 그 특징을 파악하여 표현 활동에 활용하도록 한다.
- 기본 움직임 기술의 표현 방법은 자기 주도적 학습을 통해 다양한 움직임 요소를

반영한 기본 움직임 기술을 탐색할 기회를 제공하고, 탐색한 움직임을 모둠별로 공유할 수 있도록 협력 중심의 수업을 설계하고 운영할 수 있다. 또한, 협력하여 만든 작품을 서로 발표하고 감상하는 과정을 통해 표현을 위한 움직임 기술을 넓게 탐색하도록 한다.

- 3~4학년군 표현 영역에서는 생각과 느낌을 자유롭게 움직임으로 표현하는 과정에서 인간의 신체적 자유에 대한 기본 권리와 행복추구권을 연계하고, 다양한 표현 방식을 이해하고 존중하는 태도를 학습하도록 한다.
- 3~4학년군 표현 영역에서는 표현과 움직임 기술의 관계, 움직임 요소에 따른 다양한 기본 움직임 기술의 이해력, 표현 방법에 따른 움직임 기술의 수행과 구성 능력, 표현 활동 과정에서 나타나는 움직임에 관한 호기심과 감수성을 균형 있게 평가한다.
- 모방 대상의 특징을 움직임의 관점에서 파악하고 표현하는 능력, 생각과 느낌을 움직임으로 표현하는 능력, 리듬에 맞춰 다양한 요소에 따라 움직임을 표현하는 능력, 도구의 특성을 활용하여 심미적으로 표현하는 능력을 종합적으로 평가한다.
- 3~4학년군 표현 영역에서 표현의 의미와 움직임 기술의 관계에 대한 지식은 지필 평가 외에 실제 움직임 표현 과정에서의 이해력을 중심으로 평가한다. 움직임 표현 능력은 표현 동작 검사, 관찰 평가, 프로젝트 평가 등을 활용하여 움직임 기술과 표현 방법의 선택, 동작 수행, 구성의 과정을 종합적으로 평가한다. 가치·태도에 관한 평가는 표현 활동의 적극성과 긍정적인 태도 변화를 관찰하거나 수행 일지, 감상문 등을 통해 평가할 수 있다.

〈표 7-2〉 학년군별 내용 요소의 선정 원리

영역	세부 영역	신체활동 예시
운동	기본 체력운동	• 체력운동 관련 기본 움직임 기술(걷기, 달리기, 매달리기, 버티기나 굽히기, 밀기, 당기기 등) • 체력운동 기능(오래 달리거나 걷기, 팔굽혀펴기, 윗몸말아올리기, 왕복달리기 등)
	건강 운동 및 생활 습관	• 건강 생활 습관(자세, 체중 및 체형 관리, 위생, 식습관, 정서 관리 활동 등) • 운동 생활 습관(맨손체조, 산책, 계단 오르기, 생활 주변 운동기구 활용하기 등)
스포츠	기본 움직임의 기초 기술	• 이동 움직임(방향 전환 달리기, 뛰기, 구르기, 물에서 이동하기 등) • 비이동 움직임(균형 잡기, 구부리기, 회전하기, 물에 뜨기 등) • 조작 움직임(던지기, 굴리기, 차기, 잡기, 치기, 튀기기, 몰기, 타기 등)
	스포츠 유형별 움직임 기술	• 기술형 스포츠 유형별 움직임(앞뒤 구르기, 옆 돌기, 전력 달리기, 헤엄치기, 발차기 등) • 전략형 스포츠 유형별 움직임(공 던지기와 잡기, 공 몰기, 공차기와 멈추기, 공치기와 받기, 라켓으로 치기 등) • 생태형 스포츠 유형별 움직임(균형 잡고 이동하기, 타고 버티기, 잡고 오르기 등)
표현	기본 움직임의 기초 표현	• 이동 움직임 표현(워킹, 점핑, 호핑, 스키핑, 갤러핑, 리핑, 슬라이딩 등) • 비이동 움직임 표현(펴기, 접기, 비틀기, 제자리 돌기, 털기, 흔들기 등) • 조작 움직임 표현(들기, 돌리기 등)
	기본 움직임의 표현 방법	• 추상 표현(언어 표현, 느낌이나 생각 표현하기 등) • 모방 표현(사물 표현, 인물 표현, 자연 현상 표현하기 등) • 리듬 표현(박자, 강약, 빠르기, 패턴에 따라 표현하기 등) • 도구 표현(줄, 공, 천, 훌라후프 등을 활용하여 표현하기 등)

[초등학교 5~6학년]

1) 운동

[6체01-01] 건강 체력과 운동 체력의 의미와 요소를 파악하고 다양한 운동 방법을 탐색한다.

[6체01-02] 건강 체력과 운동 체력을 측정하고 자신의 체력 수준에 맞는 운동을 시도한다.

[6체01-03] 성장 발달의 의미와 특성을 이해하고 운동과의 관계를 파악한다.

[6체01-04] 운동 및 생활 속 위험 상황, 성장 발달을 저해하는 생활 방식의 문제점을 파악하고 예방 및 대처 방법을 익혀 안전하게 활동한다.

[6체01-05] 체력 운동을 끈기 있게 규칙적으로 수행한다.

[6체01-06] 성장과 발달 과정에서 나타나는 신체적, 정서적, 사회적 특성과 차이를 공감하고 위험 상황에 침착하게 대처한다.

〔성취기준 적용 시 고려 사항〕

- 5~6학년군 운동 영역에서는 체력 유형별로 각 체력 요소에 적합한 운동을 선정하고 자기 수준에 맞는 운동 방법을 찾아 실천하도록 한다. 운동을 통해 신체의 성장과 발달 및 체력 향상뿐만 아니라 정서적, 사회적 성장 발달과의 관계를 파악하도록 교수·학습을 운영한다.
- 체력 운동에서는 건강 체력과 운동 체력의 요소를 학습자가 이해하기 쉬운 수준으로 안내하고, 체력 요소별로 다양한 운동 방법을 선정하며, 끈기와 근면함을 바탕으로 자신의 체력을 점진적으로 증진할 수 있도록 단계적으로 학습을 운영한다. 건강 활동에서는 신체 성장에 따른 신체적 변화와 제2차 성징에 대한 이해와 함께 양성평등 감수성을 갖출 수 있도록 운영하고, 다양한 운동을 시도해 보면서 운동이 신체의 성장과 발달, 정서적 건강, 사회적 관계에 긍정적인 영향을 미친다는 것을 체험하도록 한다.
- 건강 체력과 운동 체력의 측정 결과를 참고하여 자신의 체력 강점과 약점을 파악하고, 수준에 적합한 운동을 선정하여 안전하게 활동할 수 있도록 운영한다. 개인별 성장 및 발달 속도의 차이, 성별에 따른 차이를 인권 보호 및 양성 평등적 관점에서 수용할 수 있도록 하며, 디지털 도구와 프로그램을 활용하여 지속적이고 자기 주도적인 건강 관리와 체력 운동을 실천하도록 한다.
- 5~6학년군 운동 영역에서는 개인적, 사회적으로 올바른 생활 양식의 실천을 민주시민 교육과 양성평등 및 상호 존중의 인권 교육과 연계하여 학습하도록 한다.
- 5~6학년군 운동 영역에서는 건강 체력과 운동 체력, 체력 요소별 운동 방법, 운동과 성장 발달, 안전한 생활 습관에 관한 이해력, 체력 측정 결과를 바탕으로 다양한 운동을 안전하게 시도할 수 있는 운동 및 건강 활동 수행 능력, 일상생활에서 체력 운동에 끈기 있고 꾸준하게 참여하면서 개인별 차이를 공감하고 수용하는 태도를 균형 있게 평가한다.
- 체력 운동에서는 체력 측정 결과 자체보다는 자신의 체력 수준에 적합한 체력 운동을 선정하고 계획하여 안전하게 실천하는 과정을 중심으로 평가한다. 건강 활동은 학습자가 운동이나 건강 활동을 하면서 자신과 타인의 신체적, 정서적 성장 발달의 차이를 공감하고 배려하면서 건강하고 안전한 생활 습관을 실천하는 태도를

평가한다.

- 5~6학년군의 운동 영역의 지식은 체력 운동 및 건강 활동 과정에서의 이해력을 중심으로 평가한다. 체력 운동 및 건강 활동 수행 능력과 태도는 체력 및 건강을 증진할 수 있는 다양한 운동 및 건강 습관을 일상생활에서 꾸준하게 실천하는 과정과 결과를 체력 및 건강 검사, 체크리스트, 개인일지 등을 활용하거나 디지털 도구 및 온라인 교수·학습 방법을 적용하여 평가한다.

2) 스포츠

[6체02-01] 기술형 스포츠의 의미와 유형을 파악한다.
[6체02-02] 기술형 스포츠 유형별로 기본 움직임 기술을 응용한 기본 기능을 파악하고 수행한다.
[6체02-03] 기술형 스포츠 유형별 활동 방법을 파악하고 기본 전략을 게임 활동에서 수행한다.
[6체02-04] 전략형 스포츠의 의미와 유형을 파악한다.
[6체02-05] 전략형 스포츠 유형별로 기본 움직임 기술을 응용한 기본 기능을 파악하고 수행한다.
[6체02-06] 전략형 스포츠 유형별 활동 방법을 파악하고 기본 전략을 게임 활동에서 수행한다.
[6체02-07] 생태형 스포츠의 의미와 유형을 파악한다.
[6체02-08] 생태형 스포츠 유형별로 기본 움직임 기술을 응용한 기본 기능을 파악하고 수행한다.
[6체02-09] 생태형 스포츠 유형별 활동 방법을 파악하고 기본 전략을 게임 활동에서 수행한다.
[6체02-10] 스포츠 활동에 참여하며 목표를 달성하기 위한 의지를 실천하고 상대의 기술을 인정한다.
[6체02-11] 스포츠 활동에 참여하며 팀원과 협력하고 구성원을 배려한다.
[6체02-12] 스포츠 활동에 참여하며 환경을 아끼고 감사하는 태도를 실천한다.

성취기준 적용 시 고려 사항]

- 5~6학년군 스포츠 영역에서는 3~4학년에서 학습한 스포츠와 움직임에 관한 지식, 기본 움직임 기술과 스포츠 유형별 기본 기능 및 태도를 바탕으로 기술형, 전략형, 생태형 스포츠의 의미와 유형, 기본 기능과 연계한 움직임 기술의 응용 방법과 기본 전략을 학습할 수 있도록 한다. 특히 스포츠 활동을 체험할 수 있는 주변 환경을 아끼는 태도와 목표 달성을 위한 의지를 발휘하며 경기 결과에 집착하지 않고 팀원과 협력하며 동료를 배려하는 태도를 꾸준히 실천할 수 있도록 교수·학습을 운영한다.

- 기술형 스포츠에서는 동작형, 기록형, 투기형 스포츠의 유형별 목표 달성에 효과적인 응용 기능, 활동 방법, 전략을 파악하고 시도하는 데 중점을 둔다. 기본 움직임 기술을 경기에서 활용할 수 있는 응용 기능으로 발전시켜 학습하면서 기록을 향상하거나, 동작의 정확성을 추구하며, 상대의 기술에 맞춰 상호작용하는 기술형 스포츠의 특징을 학습할 수 있는 변형게임이나 뉴스포츠 등의 활동을 선정하고 운영한다.
- 전략형 스포츠에서는 영역형, 필드형, 네트형 스포츠의 유형별로 개인 또는 팀의 전략을 겨루는 활동에 효과적인 응용 기능, 활동 방법, 전략을 파악하고 시도하는 데 중점을 둔다. 학습자가 활동 방법과 기본 전략을 협력적으로 수행하고 역할을 맡으며 민주적 의사결정 과정을 경험하도록 활동을 조직하고, 전략형 스포츠의 기본 전략을 학습할 수 있는 변형게임이나 뉴스포츠 등의 활동을 선정하고 운영한다.
- 생태형 스포츠에서는 자연환경형, 생활환경형 스포츠 유형별로 환경과 상호작용하며 즐길 수 있는 활동에 유용한 응용 기능, 활동 방법, 전략을 파악하고 시도하는 데 중점을 둔다. 단위 학교의 환경을 고려한 활동으로 재구성하여 직접 체험하거나 디지털 기술을 활용하여 다양한 활동을 간접적으로 체험할 수 있도록 한다. 또한, 가족이나 친구들과 함께 학교 밖 여가활동으로 이어질 수 있는 실천 방법을 안내하고 주변 환경을 보호하는 활동(플로킹, 플로깅 등)을 병행하여 생태적 감수성을 높이도록 한다.
- 스포츠 영역에서는 교내외 체육 시설 이용에 따른 안전사고를 예방할 수 있도록 교수·학습을 운영한다.
- 5~6학년군 스포츠 영역에서는 기술형·전략형·생태형 스포츠의 의미와 유형, 활동 방법과 기본 전략에 관한 이해력, 스포츠 유형별 기본 기능의 습득을 위한 움직임 기술의 응용 방법과 활동 수행 능력, 목표 달성 과정에서 인내하고 팀원과 협력하며 상대를 배려하고 스포츠 환경을 아끼고 감사하는 태도를 균형 있게 평가한다.
- 기술형 스포츠에서는 학습자 수준별로 목표 달성 여부, 수행 과정에서의 변화 정도를 평가한다. 전략형 스포츠에서는 개인별 기본 움직임 기술의 응용 기능 및 전략 수행 능력과 함께 팀별 활동 수행 능력을 함께 평가한다. 생태형 스포츠에서는 생활 및 자연환경의 활용 능력뿐만 아니라 자연환경을 보호하기 위한 활동을 병행

함으로써 스포츠 환경을 아끼고 감사하는 태도를 함께 평가한다.

- 5~6학년군의 스포츠 영역 지식에 관한 이해력은 자기 점검 및 경기 분석 보고서, 포트폴리오 등을 활용하고, 기본 움직임 기술을 응용한 게임의 기본 기능은 동작 분석용 애플리케이션 등 디지털 도구를 활용한 평가, 게임 수행 능력은 활동 중 기본 기능과 전략을 평가할 수 있는 체크리스트 등을 활용한다. 교육환경의 제약으로 생태형 스포츠를 학습하기 힘든 경우, 간접 체험 활동을 통해 평가할 수 있다.

3) 표현

[6체03-01] 표현 활동의 의미와 유형을 파악한다.
[6체03-02] 스포츠 표현에서 움직임 기술을 응용한 기본 동작을 파악하고 표현한다.
[6체03-03] 스포츠 표현의 기본 동작을 다양하게 구성하여 발표하고 감상한다.
[6체03-04] 전통 표현에서 움직임 기술을 응용한 기본 동작을 파악하고 표현한다.
[6체03-05] 전통 표현의 기본 동작을 다양하게 구성하여 발표하고 감상한다.
[6체03-06] 현대 표현에서 움직임 기술을 응용한 기본 동작을 파악하고 표현한다.
[6체03-07] 현대 표현의 기본 동작을 다양하게 구성하여 발표하고 감상한다.
[6체03-08] 다양한 표현 활동 유형을 수용하고, 움직임 표현의 아름다움을 추구한다.

〔성취기준 적용 시 고려 사항〕

- 5~6학년군 표현 영역에서는 3~4학년군에서 학습한 표현과 움직임에 관한 지식, 기본 움직임 기술과 표현 유형별 기본 움직임 기술 및 태도를 바탕으로 스포츠 표현, 전통 표현, 현대 표현의 의미와 유형, 기본 움직임 기술의 심미적 응용 동작과 구성 방법을 학습하도록 한다. 스포츠 표현, 전통 표현, 현대 표현의 유형별 다양한 사례를 직·간접적으로 체험함으로써 공통점과 차이점을 인식할 수 있도록 교수·학습을 운영한다.
- 스포츠 표현에서는 기술적 표현과 예술적 표현이 강조되는 활동을 중심으로 신체 활동을 선정하되 움직임이나 동작의 개수, 난이도를 고려하여 절차와 규칙을 간소화한 형식으로 활동을 구성한다. 전통 표현에서는 우리나라와 세계 여러 나라의 전통 표현을 체험함으로써 문화와 관련된 움직임 표현의 특성을 파악할 수 있도록 하며, 다양한 문화를 존중하고 수용하는 태도를 기를 수 있도록 한다. 현대 표현의

경우 최근의 문화적 변화를 반영한 다양한 표현 사례를 직·간접적으로 체험할 기회를 제공함으로써 표현 문화의 개인적, 사회적 가치를 인식하도록 하며, 창의적이고 자유로운 표현이 가능한 분위기를 조성한다.

- 표현 유형별 의미와 특징을 활동 과정에서 자연스럽게 이해하도록 하고, 언어와 이미지, 영상 등을 활용한다. 표현 유형별 움직임 기술의 응용 동작은 기본 및 복합 움직임 기술을 표현 유형별 동작에 맞게 연결하되 다양한 표현 동작을 학습자 스스로 탐색할 수 있도록 한다. 모둠별 협력 수업을 통해 표현 동작을 공유하고 개선할 수 있도록 운영하고, 동작의 연결, 대형의 선택, 예술적 표현 방법 등 표현 동작과 구성 방법을 설계하며, 작품의 의도와 표현 동작의 심미적 특성을 고려하여 기본적인 감상이 이루어지도록 한다. 특히, 모둠별 작품 구성 및 발표 과정에서 발생할 수 있는 안전사고를 예방할 수 있도록 교수·학습을 운영한다.
- 5~6학년군 표현 영역에서는 표현 유형에 따라 심미성을 추구하는 다양한 표현 방식을 존중하는 태도를 기를 수 있도록 한다. 이를 위해 세계 여러 나라의 전통 표현을 체험하면서 문화와 전통의 다양성을 존중하는 다문화 교육과 연계하여 운영할 수 있다.
- 5~6학년군 표현 영역에서는 표현 활동 유형별 움직임 기술의 공통점과 차이점에 관한 이해, 유형별 특성을 반영한 움직임 기술의 표현 능력, 작품을 구성하고 감상할 수 있는 능력, 다양한 표현 활동 유형을 수용하는 태도와 움직임 표현의 아름다움을 추구하는 태도를 균형 있게 평가한다.
- 스포츠 표현은 움직임 기술의 수행과 함께 심미적 표현 능력, 전통 표현에서는 표현에 담긴 문화적 특성을 이해하고 동작을 구성하여 발표하는 능력, 현대 표현에서는 타인의 작품을 공감하고 자신의 생각과 감정을 자유롭게 표현하며 감상하는 능력을 종합적으로 평가한다.
- 5~6학년군 표현 영역에서 표현 활동 유형별 의미와 특성에 관한 지식은 단순 지필 평가보다는 유형별 표현 활동 과정에서의 이해력을 평가한다. 유형별 움직임 표현 능력은 표현 동작 평가, 관찰 평가, 동료 평가, 포트폴리오 평가 등을 활용하며, 유형별 특성이 잘 드러나도록 표현 방법의 선택, 수행, 구성 및 감상의 과정을 종합적으로 평가한다. 가치·태도에 관한 평가는 다양한 표현 활동 유형을 수용하고 표

현 유형별 움직임의 아름다움을 추구하는 태도를 확인할 수 있는 관찰 평가, 개인 일지, 감상문 등의 평가 방법을 활용한다.

〈표 7-3〉 초등학교 5~6학년군의 신체활동(예시)

영역	세부 영역	신체활동 예시
운동	건강 체력 및 운동 체력	• 건강체력 관련 운동(근력, 근지구력, 심폐지구력, 유연성 운동 등) • 운동체력 관련 운동(순발력, 민첩성, 평형성, 협응성 운동 등)
	성장 및 안전 활동	• 성장 관련 활동(신체 변화 및 제2차 성징 이해 활동, 감정 수용 및 조절 활동, 관계 형성 활동, 성 건강 활동 등) • 안전 활동(운동 관련 안전사고 예방 및 대처 활동, 생활 안전사고 예방 및 대처 활동, 자연환경 변화 대처 활동 등)
스포츠	기술형 스포츠 유형별 활동	• 기록형(육상 활동, 경영 활동, 빙상 활동, 표적 활동 등) • 동작형(매트 활동, 뜀틀 활동, 평균대 활동 등) • 투기형(태권도 활동, 씨름 활동 등)
	전략형 스포츠 유형별 활동	• 영역형(축구형 게임, 농구형 게임, 핸드볼형 게임, 럭비형 게임, 하키형 게임 등) • 필드형(야구형 게임 등) • 네트형(배구형 게임, 배드민턴형 게임, 족구형 게임, 탁구형 게임, 테니스형 게임 등)
	생태형 스포츠 유형별 활동	• 생활환경형(골프형 활동, 플라잉디스크형 활동, 자전거타기형 활동, 인라인스케이팅 활동, 스포츠클라이밍 활동, 민속놀이 등) • 자연환경형(오리엔티어링, 등산 활동, 캠핑 활동, 수상 활동, 설상 활동, 승마 활동 등)
표현	스포츠 표현 활동	• 창작체조 활동, 음악줄넘기 활동 등
	전통 표현 활동	• 우리나라의 민속무용 활동, 외국의 민속무용 활동 등
	현대 표현 활동	• 라인댄스 활동, 댄스스포츠 활동, 스트리트댄스 활동 등

3. 교수·학습 및 평가의 방향

가. 교수·학습

1) 교수·학습의 방향

가) 신체활동 역량 함양을 위한 교수·학습

신체활동 역량의 함양을 위해 영역별 내용 요소를 깊이 있게 경험할 수 있는 다양한 수업 주제와 교수·학습 활동을 선정하고 지도한다. 신체활동을 위한 학습을 통해 신체활동 형식의 움직임 기술, 방법 등을 습득하며 신체활동을 효율적, 심미적으로 수행하고, 신체활동에 관한 학습을 통해 신체활동에 관한 이론적, 경험적 지식을 이해하고 안목을 기르며, 신체활동을 통한 학습에서 자신의 신체활동 경험을 성찰하며 사회 속에서 자신과 타인의 관계를 인식함으로써 신체활동의 의미 있는 가치와 태도를 함양하도록 한다.

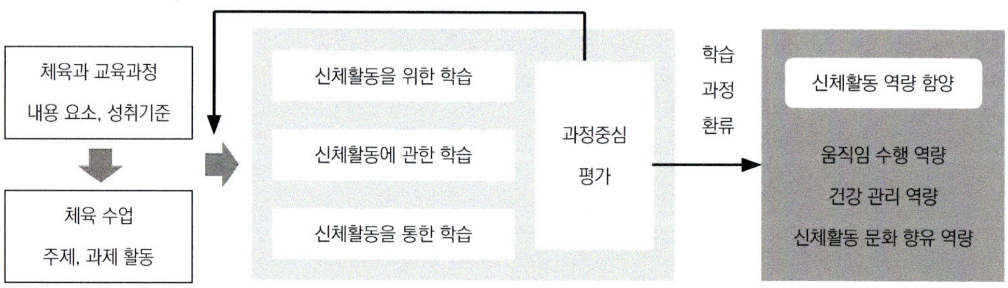

[그림 7-1] 신체활동 역량 함양을 위한 교수·학습

나) 움직임의 체계적 발달을 위한 교수·학습

움직임 수행 역량은 신체활동 역량의 핵심으로, 움직임의 개념적 요소와 기술, 전략을 체계적으로 학습함으로써 발달한다. 이를 위해 움직임 요소를 이해하고, 움직임의 원리를 기술 수행에 적용하여, 다양한 신체활동 상황에서 효과적인 의사결정과 전략을 발휘할 수 있도록 지도한다. 특히 움직임의 지식·이해, 과정·기능, 가치·태도를 학년군에 따라 계열적으로 학습하도록 신체활동의 상황과 조건을 발달 단계에 적합하게 조직하고 지도한다.

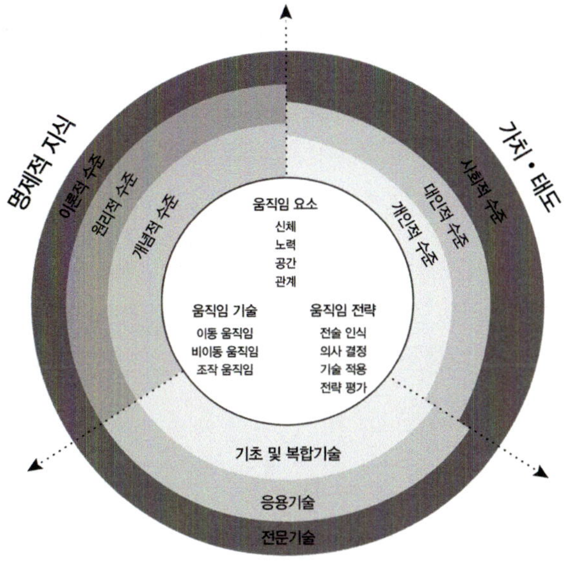

[그림 7-2] 움직임의 체계적 발달을 위한 교수·학습

다) 자기 주도적 학습을 위한 맞춤형 교수·학습

학습자의 자기 주도적 학습을 촉진하기 위해서는 교사에 의해 안내된 학습과 학습자가 직접 설계한 학습을 병행하여 맞춤형 교수·학습이 이루어지도록 한다. 이를 위해 학습자가 스스로 학습 내용을 파악하고, 주어진 과제를 적극적으로 해결할 수 있도록 교수·학습 환경을 조성하며, 학습자의 관심과 특성을 고려한 수준별 과제 제시, 자신감을 높여주는 동기 유발 전략 등을 마련한다. 학습자 스스로 문제를 해결하기 위한 탐구적 교수·학습 자료를 제공하고 신체활동의 적극적인 연습과 교정이 이루어질 수 있도록 학습 과제, 시설 및 기자재를 안전하고 효율적으로 조직한다. 또한, 영역과 활동의 특성을 고려하여 적합한 수업 모형 및 전략을 선정하거나 이를 창의적으로 변형함으로써 교수·학습의 타당성을 높인다.

라) 신체활동의 시간적·공간적 확장을 위한 교수·학습

체육과 학습을 통해 습득한 신체활동의 지식, 기능, 태도는 생애 전반에 걸쳐 건강하고 행복한 삶의 토대가 된다. 따라서 학습자가 학습한 내용을 학교뿐만 아니라 가정 및 집 주변, 지역사회에서 실천할 수 있도록 자율성과 실천력을 길러주고, 교·내외 체육대회, 학교스포츠클럽 활동, 자율 체육활동에 적극적으로 참여할 수 있도록 지도한다. 또한, 학습자가 해당 학년군뿐만 아니라 생애주기별로 지속해서 신체활동에 참여하며 다양한 문화적 삶을 향유할 수 있도록 안내한다.

마) 디지털 기술을 활용한 효율적 교수·학습

체육수업에서 디지털 도구, 매체, 소프트웨어, 영상 자료 등의 기술은 교수·학습 및 평가에 긍정적으로 활용될 수 있다. 예를 들어, 신체활동 모니터 도구로 수집된 신체활동 정보는 학습자가 자신의 신체활동 수준을 확인하고, 운동 계획을 수립하는 데 활용될 수 있으며, 신체활동 참여 동기를 높이는 데 도움을 줄 수 있다. 모바일 기기의 동작 인식 프로그램은 다양한 움직임과 기능 관련 피드백을 효과적으로 제공할 수 있다. 또한, 엑서게이밍(exergaming)과 같이 가상현실, 증강현실, 인공지능 기반의 실감형 콘텐츠를 활용한 학습은 학교에서 학습하기 어려운 신체활동 체험을 가능하게 하거나 체험의 폭을 확장시켜 줄 수 있다. 특히 디지털 기술은 체육수업 외의 신체활동 관리에 효과적으로 활용될 수 있다. 학습자는 디지털 매체로 전달된 과제를 시·공간의 제약에서 벗어나 확인할 수 있고, 교사는 학습자의 활동 결과를 실시간으로 모니터링하고 피드백할 수 있다. 따라서 학습 과정에서 온·오프라인을 연계하거나 디지털 기술을 활용함으로써 학습자의 신체활동 참여를 촉진하고 효율적인 학습 자료 관리가 이루어지도록 지도한다.

바) 창의성과 인성 함양을 위한 통합적 교수·학습

체육과에서는 학습자의 창의성과 인성 함양을 위해 두 가지 측면으로 통합적 교수·학습 활동을 제공한다. 첫째, 학습자가 영역별 내용을 깊이 있게 학습할 수 있도록 직접 체험 활동과 함께 간접 체험 활동을 제공하도록 한다. 즉 신체활동의 직접 체험뿐만 아니라 신체활동과 관련된 다양한 문화 자원을 탐색함으로써 새롭고 창의적인 신체활동을 체험하고, 바람직한 삶의 가치를 느끼고 성찰할 수 있도록 한다. 둘째, 타 교과 및 범교과 학습 주제, 예를 들어 문학 및 예술적 감수성, 과학 및 수학적 분석력, 인성 및 민주시민 의식, 생태전환과 지속 가능한 발전 등의 주제를 체육과 학습 내용과 융합하여 학습함으로써 학습자가 체육과의 학습 내용을 다양한 분야와 연계하여 비판적으로 사고하고, 바람직한 가치 판단과 공동체의 삶의 방식을 폭넓게 수용하고 실천할 수 있도록 지도한다.

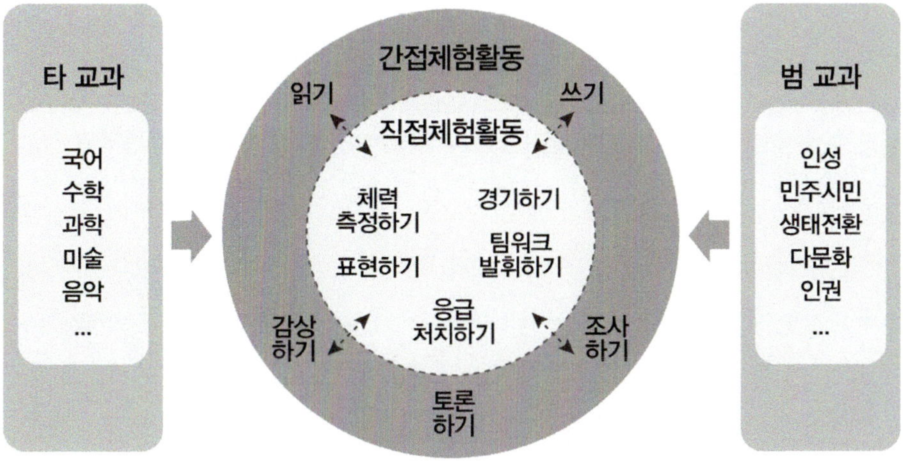

[그림 7-3] 창의성과 인성 함양을 위한 통합적 교수·학습

2) 교수·학습 방법

가) 교육과정의 운영

① 학년군 단위 교육과정의 운영

단위 학교에서는 해당 학년군의 교육과정에서 제시한 모든 영역을 성취기준에 맞게 반드시 지도한다. 체육과의 학습 내용은 학년군 단위로 계획하여 구성하되, 운동, 스포츠, 표현 영역별 학습 내용은 학년별 수준을 고려하여 단위 학교에서 자율적으로 재편성할 수 있다. 이를 위해 학년 또는 체육 교과 협의회를 통해 학년군 단위 지도 계획을 수립하고 매년 연계하여 운영한다. 해당 학년군에서 제시된 모든 성취기준이 학습될 수 있도록 해야 하며, 학년별로 영역의 중복 학습이 이루어지지 않도록 한다.

② 연간 교육과정 운영

학기 초 단위 학교의 연간 학사 일정을 바탕으로 교내·외 체육 대회, 현장 학습 등의 학교 행사를 사전에 확인하여 수업 가능 일수와 시간을 파악하고, 실제 수업 시수를 바탕으로 수업 활동을 계획한다. 다양한 신체활동 형식의 학습 기회를 보장하기 위해 특정 영역의 내용에 편중되지 않도록 연간 교육 계획을 수립하고 시수를 배정한다. 내용 영역을 통합하여 계획을 수립할 경우, 각 영역의 내용 요소를 누락하지 않아야 하며 영역 설정의 취지를 벗어나지 않는 범위 내에서 통합할 수 있다. 체력 운동 등 장기간의 학습 활동이 필요한 영역은 학기 초와 학기 말에 영역을 나누어 편성하거나 학기 중 주당 1시간을 해당 영역에 편성하는 등 융통성 있게 운영한다.

③ 온·오프라인 연계 교육과정의 운영

단위 학교에서는 교육환경의 변화에 적극적으로 대응하고 학교 안팎의 신체활동 학습 지원을 위해 온·오프라인을 연계한 교육과정 운영을 적극적으로 고려한다. 교사는 다양한 디지털 매체를 활용해 오프라인 학습의 시·공간적 한계를 넘어, 학습자의 흥미와 체력, 환경 특성 등을 고려한 온라인 과제 활동을 제공하고, 학습자 스스로 학습 과정을 모니터링하여 학습에 책임감 있게 참여하도록 지원한다. 오프라인 학습에서는 온라인 학습 내용과의 연계를 통해 학습 활동을 심화하고 교사와 학습자, 학습자와 학습자 간 상호작용이 충분히 이루어지도록 운영한다.

나) 단원의 운영

① 영역의 특성을 고려한 단원 목표와 학습 활동의 선정

영역별 신체활동은 학년군별 내용 요소와 성취기준에 적합하게 선정한다. 단, 학교 여건 및 학습자 수준에 따라 다른 학년군의 신체활동을 선택할 수 있다. 예를 들어, 영역형 경쟁 단원에서 경기 시설 부재 또는 학생 수 부족 등으로 인해 정식 농구 수업이 어려운 경우, 농구형 게임(넷볼, 3대3 농구 등)을 선택하거나 경기를 변형하여 운영할 수 있다. 또한, 같은 신체활동이라도 영역의 특성과 성취기준에 따라 학습 목표, 학습 내용 및 방법을 다르게 설정하도록 한다. 예를 들어, 기술형 스포츠 영역에서의 달리기는 건강 활동을 위한 달리기와는 다르게 기록 향상을 위한 트레이닝과 경기 수행을 위한 단계별 기능 및 기록 분석, 경기 전략이 강조되도록 한다.

② 학습자 수준을 고려한 교수·학습 활동의 다양화

학습자의 사전 학습 경험과 특성 등을 고려하여 학습자 수준에 맞는 교수·학습 활동을 계획하고 운영한다. 학습자의 사전 학습 경험은 수업내용과 직·간접적으로 관련되는 신체활동의 경험뿐만 아니라 지적, 정서적 경험을 포함한다. 교사는 교수·학습 운영을 계획할 때 체력, 운동 기능, 신체 특성, 문화적 배경 등 학습자의 수준과 사전 학습 경험을 파악하여 평등한 학습 기회를 보장받도록 한다.

③ 체육 시설 및 교육환경을 고려한 교수·학습

수업에 필요한 시설과 용·기구의 수요를 파악하여 교수·학습 운영에 적합한 환경을 구축해야 한다. 시설 및 용·기구가 부족한 경우, 교육과정의 성취기준과 동일한 교육적 가치와 효과를 가져올 수 있는 용·기구로 대체 또는 보완할 수 있으며, 이를 위해 주변 학교, 지역사회 시설을 이용하는 등의 대안을 마련한다. 이때, 교육적 효과와 안전을 충분히 고려하고 학교 및 지역사회 시설 환경에 대한 존중과 생태적 가치를 실천하도록 한다.

④ 차시별 수업내용의 엄선과 위계적 조직

단원의 차시별 수업내용은 영역별 내용 요소와 성취기준에 근거하여 선정하고, 해당 학년군 수준에 적합하게 조직한다. 이를 위해 신체활동의 유형과 종목(활동)이 영역의 성취기준 달성에 필요한 충분한 지식과 활동 내용을 제공할 수 있는지를 고려한다. 또한, 차시별 수업 목표와 학습 내용을 교수·학습의 원리에 맞게 조직하기 위해 내용 요소와 학습 과제를 절차적, 위계적으로 분석하도록 한다.

다) 수업의 운영

① 학습 활동의 재구성

영역의 특성과 성취기준을 준수하되, 단위 학교별 학습자의 특성 및 학습 환경을 고려하여 학습 활동을 재구성할 수 있다. 예를 들어, 경기장의 형태와 용·기구, 참여 인원과 조직, 경기 규칙 및 방법 등을 변형하여 학습 활동을 유연하게 조직할 수 있다. 학습 활동의 재구성 시 학습자의 의견을 적극적으로 수렴함으로써 참여 동기와 학습 활동에 대한 이해도를 높일 수 있다. 단, 목표 도달의 효과성과 안전성을 충분히 고려하여 학습 활동을 재구성한다.

② 학습 기회의 형평성 제고

모든 학습자에게 자기 수준에 맞는 평등한 학습 기회를 제공한다. 평등한 학습 기회는 모든 학습자에게 같은 학습 내용과 방법을 제공하는 것이 아니라, 학습자의 특성과 상황을 고려한 학습 과제를 제공함으로써 학습의 과정과 결과에서 모든 학습자가 목표를 성취하도록 지원하는 것이다. 특히, 체력, 운동 기능, 신체 특성, 문화적 차이로 인해 과제 참여가 제한되지 않도록 해야 한다. 예를 들어, 규칙과 방법을 변형하여 체력 및 운동 기능 수준별로 과제를 다양화하고 장애 유무, 문화의 특수성을 고려하여 시설 및 용·기구를 지원하는 등 개별 특성에 맞는 활동 과제와 환경을 제공한다. 또한, 학습 활동에서 다양한 역할을 제시하여 활동에 적극적으로 참여할 수 있게 함으로써 수업에 소외되는 학습자가 없도록 한다.

③ 학습자의 효율적 관리와 안전한 수업 분위기 조성

학년 또는 학기 초에 수업 규칙을 수립하고 일관성 있게 적용함으로써 학습자를 효율적으로 관리하고 부적절한 행동을 예방한다. 또한, 안전사고를 예방하기 위해 안전 수칙과 절차를 마련하고 이를 학습자가 숙지하도록 한다. 신체활동의 특성을 고려한 준비 운동 및 정리 운동을 하고, 수업 전·후 체육 시설 및 장비 점검을 통해 안전사고를 예방한다. 또한, 과도한 성취 욕구와 경쟁심으로 인해 운동 손상이나 안전사고가 발생하지 않도록 하며, 수업 과정에서 구성원을 상호 존중하고, 긍정적인 관계를 형성할 수 있도록 한다.

나. 평가

1) 평가의 방향

가) 신체활동 역량 함양을 위한 종합적 평가

신체활동 역량은 지식, 기능, 태도를 포괄하는 총체적 능력이며, 일상생활과 여가활동 등 삶의 다양한 맥락과 밀접하게 관련되어 있다. 따라서 학습의 결과로서 습득한 지식과 기능 그리고 내면화된 가치와 더불어, 학습의 과정에서 나타나는 지식의 이해 양상과 수행 과정, 학습 태도에 관한 능력을 종합적으로 평가할 수 있도록 수행 중심의 평가를 활용한다. 이를 위해 첫째, 평가 내용 측면에서는 내용 영역(운동, 스포츠, 표현)과 범주(지식·이해, 과정·기능, 가치·태도)에 따라 분류된 내용 요소를 균형 있게 평가한다. 둘째, 평가 방법 측면에서는 학습의 결과와 과정을 평가할 수 있도록 실제 맥락에서의 수행 능력을 평가한다. 셋째, 평가 도구 측면에서는 신체활동 역량의 성취 정도를 직·간접적으로 파악하고, 특히 인지적, 정의적 영역의 경우 서술형, 논술형, 보고서 등의 평가 도구를 다양하게 활용한다.

나) 학습자의 성장 과정을 반영한 다양한 평가

학습자는 신체활동을 통해 체형, 체력, 운동 기능, 인성, 개념 등 다양한 측면으로 성장할 수 있다. 따라서 교사는 학습자의 성장을 다면적으로 평가해야 한다. 첫째, 학습 경험을 수업 전, 중, 후로 평가하여 학습자의 학습 과정을 지원한다. 일회성 평가를 지양하고, 교육의 목표와 내용, 교수·학습 및 평가의 일관성을 고려하여 학습 과정을 지속해서 평가함으로써 학습 결과뿐만 아니라 학습 과정에서 나타나는 학습자의 변화를 학습 활동 및 개선 자료로 활용한다. 둘째, 학습자의 성취수준은 교사뿐만 아니라 동료 학습자, 학습자 자신 등 다양한 주체가 평가하도록 한다. 셋째, 체육수업은 인지적, 심동적, 정의적 학습 맥락에서 이루어지기 때문에 각 학습 맥락에서 나타나는 학습자 경험을 다양한 평가 방법 및 도구를 활용하여 평가하도록 한다. 이때, 다양한 디지털 매체를 활용하여 학습자가 자신의 학습 경험을 기록하고, 체계적으로 관리하도록 한다.

다) 학습자의 수준을 고려한 맞춤형 평가

학습자의 신체활동에 대한 흥미와 동기, 체력, 기능 등의 수준을 고려하여 교사는 단원이나 수업의 출발점 단계에서 학습자 수준을 파악하고 이를 학습의 과정과 결과에 반영함으로써 학습자 수준을 고려한 맞춤형 평가를 시행한다. 즉 학습자의 출발점 수준에 따라 학습 과정을 체계적으로 관찰하고, 개인별 수준을 고려하여 학습을 통해 도달해야 하는 성취기준을 융통성 있게 설정할 수 있다. 학습자는 맞춤형 평가를 통해 자기 수준에 적합한 다양하고 구체적인 피드백을 제공 받을 수 있으며, 자신의 성취수준을 파악함으로써 학습에 대한 흥미와 동기를 유지할 수 있다.

2) 평가 방법

가) 평가 내용 선정

① 평가 범위는 교수·학습 활동을 통해 지도된 전 영역을 대상으로 하되, 내용 영역에 따라 평가 비중을 달리할 수 있다. 단, 평가 내용의 균형성을 고려하여 특정 영역에 편중되지 않도록 한다.

② 평가 내용에는 수업 목표와 학습 내용에 제시된 지식·이해, 과정·기능, 가치·태도 요소를 균형 있게 포함한다.

③ 평가의 주체를 고려하여 평가 내용을 선정한다. 동료 또는 자기 평가와 같이 학습자가 주체가 된 평가를 할 경우, 평가의 목적에 부합하도록 평가 내용을 선별하고 구체적인 성취수준을 제공한다.

나) 성취기준 및 성취수준 선정

① 평가를 위한 성취기준과 성취수준은 교육과정 성취기준, 단위 학교 수업내용 등을 고려하여 선정한다.

② 평가를 위한 성취기준 선정 시 교수·학습의 내용과 방법 등을 고려하여 영역별 성취기준을 나누거나 통합할 수 있다. 단, 성취기준을 나누거나 통합할 경우, 내용 영역별 성취기준이 누락되지 않도록 한다.

③ 성취수준은 점수화 및 등급화를 위한 기능의 단순 분류나 기록의 명시보다는 영역별 내용 요소에 따른 기능의 도달 정도를 구체적인 행동 수준으로 진술하고, 평가 등급(단계) 또한, 양적 요소와 질적 요소를 모두 포함하여 수준에 맞게 진술한다.

다) 평가 방법 및 도구의 선정

① 학습 목표 및 평가 목적에 적합하게 평가 방법을 선정한다. 다양한 평가 방법의 특징과 장·단점을 파악한 후 학습자의 특성과 수준을 고려하고, 평가 목적(학습의 과정 또는 결과에 대한 평가, 학습자의 학습 성취도 파악, 교수· 학습 과정의 개선 등)을 고려하여 가장 적합한 평가 방법을 선정한다.

② 체육과 평가에서 활용되는 기존 평가 도구를 사용하거나 평가 내용에 적합한 도구를 개발하여 사용할 수 있다. 평가 도구의 선정 또는 개발 시 평가의 목적이나 내용에 대한 타당도 및 신뢰도를 면밀하게 검토하며, 디지털 도구를 활용할 경우, 학습자의 도구 접근성이나 활용도 등을 고려한다. 또한, 평가의 효용성을 높이기 위해 평가 대상, 평가 시기, 평가 장소, 채점 방식, 시설 및 장비, 평가 인원 등을 고려한다.

③ 모둠별 학습 활동의 경우, 개별 학습자의 역할이나 노력, 기여 정도를 평가할 수 있는 방안을 마련한다. 과제 수행의 계획 단계부터 구성원이 맡은 역할을 책임 있

게 수행하도록 역할 분담과 참여 방법, 시기와 절차를 명확히 제시하며, 개인별 과제 기여도를 타당하게 평가할 수 있도록, 교사의 관찰 평가와 더불어 자기 평가와 동료 평가를 병행하여 실시한다.

라) 평가 결과의 활용

① 평가 결과는 교수· 학습을 수정하고 보완하는 데 활용한다. 개별 평가 자료는 학습 과제의 수준과 활동 방법을 수정하기 위한 기초 자료로 활용하며 전체 평가 결과의 특징을 분석하여 교수·학습 방법 전반을 개선하는 데 활용한다.

② 평가 결과의 활용성을 높이기 위해 학습자와 학부모가 쉽게 이해하도록 평가 결과를 재구성하여 안내한다. 이를 통해 학습자는 생활 속에서 학습 주제와 관련된 신체활동 수행 계획을 스스로 수립하고 지속해서 실천할 수 있다.

③ 디지털 기술은 평가 결과의 누가 기록 및 체계적인 관리, 결과 분석에 활용될 수 있다. 학습자 스스로 디지털 도구를 활용하여 개인별 학습 과정과 평가 결과를 누가 기록하고 이를 활용함으로써 자신의 건강 관리, 진로 진학, 여가 활용 등과 연계하여 체계적인 신체활동 계획을 수립하고 실천하기 위한 기초 자료로 활용할 수 있다.

3) 평가 도구 예시

가) 실기 평가

체육과에서 가장 많이 활용한 평가 방법이다. 실기평가는 목적과 방법에 따라 전통적인 평가와 수행평가로 구분된다. 체육수업에서 전통적인 평가는 학습 지도 결과에 대한 실기 능력, 체력 수준 등을 평가한 것으로 교수·학습 상황 맥락이 고려되지 않은 성적 결정을 위한 운동 기능, 기술 검사 등이 전통적인 실기평가이다. 반면, 실기 검사의 결과뿐만 아니라 그 결과를 얻기까지의 과정을 평가하고, 이를 다시 피드백 하는 형태로 평가하는 것은 수행평가이다.

〈표 7-4〉 '플라잉 디스크 주고받기' 실기 평가(예시)

평가대상	평가내용			
	디스크를 상대방 가슴 쪽으로 밀어준다.	디스크를 던질 때 손을 쭉 뻗거나 손목을 활용하여 가볍게 던져준다.	디스크를 받을 때 두 손을 활용하여 가슴 쪽으로 당기면서 받는다.	합계
고○○	3	2	2	7
전○○	2	2	2	6
안○○	2	3	3	8

나) 서술형 검사

서술형 검사는 학생이 직접 서술하는 검사 형태로 단순히 암기하고 있는 수준이 아니라 문제해결의 과정을 제대로 이해하고 있는지를 파악하기 위한 경우가 대부분이다. 서술형 검사는 학생의 창의성, 문제해결력, 추론 능력 등과 같은 고등 사고능력을 파악하는 데 적합한 평가방식으로 활용되고 있다.

〈표 7-5〉 서술형 검사 평가 도구(예시)

3학년 ( )반 ( )번 이름 ( )
※ 걷기는 사람들이 간단한 신체활동을 통해 건강을 유지할 수 있는 좋은 방법입니다. 올바른 걷기 방법에는 어떤 것이 있으며, 바르게 걷지 않았을 때 생길 수 있는 좋지 않은 영향에는 무엇이 있는지 쓰시오.

다) 동료 평가

동료 평가는 교사가 안내한 평가 요소에 대해 역할을 부여받은 학생이 개인 또는 모둠을 평가하는 방법이다. 동료 평가는 운동 수행 및 학습 진행 정도를 간단히 수집하는 데 도움이 된다.

〈표 7-6〉 '움직임 놀이동산' 작품 평가하기(예시)

평가내용	신체 움직임으로 표현하기	평가자	3모둠 김○○

평가 모둠	평가 내용			
	작품의 주제를 알고 있다. (10점)	모둠원이 조화롭게 움직인다. (10점)	가장 노력을 많이 한 친구는?	배울 점은?
1	8	9	고○○	놀이 기구의 움직임을 실감나게 표현하였다.
2				
3				
4				

라) 논술형 검사

논술형 검사는 서술형 검사와 비슷하지만 자신의 창의적인 생각을 논리적으로 표현한다는 점에서 서술형 검사와 약간의 차이가 있다. 논술형 검사는 내용을 정확하게 종합적으로 이해하는 것도 중요하지만 그것을 논리적으로 잘 구성하는 것이 중요하다. 논술형 검사에서는 선다형의 문항을 통해서 측정할 수 없는 사고력, 추리력, 종합력, 비판력, 분석력, 응용력 및 창의력 등과 같은 고등 사고 기능을 측정할 수 있다.

〈표 7-7〉 논술형 검사 평가 도구(예시)

3학년 ( )반 ( )번 이름 ( )
※ 다음 자료를 읽고 민수의 스포츠 수업 참여모습에 대한 자신의 생각을 쓰고, 협동심을 배양하기 위한 구체적인 방법을 기술하시오. 오늘 체육수업 시간에 친구들과 협력하여 게임하는 '목표물에 공 던져 넣기'를 했습니다. 영수는 드리블보다는 목표물 가까이에 있는 친구에게 공 이어주기를 하여 다른 모둠원이 골을 넣을 수 있도록 도움을 주었습니다. 반면, 민수는 혼자서만 공을 갖고 드리블을 하려고 합니다. 다른 친구에게 패스를 하면 빼앗기지도 않을 텐데, 그렇게 하지 않고 혼자서만 공을 갖고 있습니다. 그 결과 친구들과 갈등이 생겼습니다.

마) 포트폴리오

포트폴리오는 많은 학자들이 제안하고 있는 대표적인 수행평가 방법으로 학생의 학습활동을 종합적으로 기록하여 평가한다. 포트폴리오는 학습목표, 반성적 자료, 자율평가 기록, 교사 피드백, 학습과제, 비디오 녹화분석자료 등가 같은 다양한 자료들을 수집하여 학생의 발달과정을 지속적이고 종합적으로 평가한다. 포트폴리오 평가는 관찰형, 시험형, 수행형과 같은 다양한 방법들이 있다.

(1) 관찰형

관찰은 체육에서 가장 적합하여 자주 사용하는 평가방법이다. 관찰 평가는 교사가 학생들의 운동수행을 평가하거나 학생이 자신 또는 다른 학생의 운동수행을 평가하거나 학생이 자신 또는 다른 학생의 평가에도 사용하는 매우 유용한 평가방법이다. 관찰형은 학생이 체육수업에서 보이는 운동 능력, 흥미, 사회성 등의 행동을 평정법, 체크리스트, 일화기록, 동료평가, 일지, 서술형 등의 기법으로 정보를 수집한다.

(2) 시험형

시험형은 학생이 알고 있는 인지 영역의 진단 검사, 퀴즈, 자기감정을 표현할 수 있는 자기 느낌 보고서, 형성평가, 표준화 검사 등을 활용하는 평가 방법이다.

(3) 수행형

수행형은 학생이 자신이 평가하는 자기평가, 운동수행에 대한 자신의 느낌을 기록하는 자기반성, 자신의 프로그램을 세우고 실행해보는 연구과제나 자신의 경기 능력을 알아볼 수 있는 동영상 등으로 평가하는 방법이다.

〈표 7-8〉 매트운동 포트폴리오 제작물(예시)

<table>
<tr><td colspan="6">매트에서 작품 발표하기 평가 준거</td></tr>
<tr><td colspan="6">• 자신 있게 도전할 수 있는 매트 운동 동작을 찾을 수 있다.
• 모둠별로 매트운동 작품을 구성하여 발표할 수 있다.</td></tr>
<tr><td>월/일</td><td>활동 내용</td><td>상</td><td>중</td><td>하</td><td>반성</td></tr>
<tr><td>5/11</td><td>자신 있게 뒤구르기를 하는 것이 어렵다.</td><td></td><td>V</td><td></td><td>매트에서도 뒤구르기를 잘하기 위해 계속 도전해야 한다.</td></tr>
<tr><td>5/18</td><td>모둠별로 매트운동 작품을 구성하여 발표 연습을 하였다.</td><td>V</td><td></td><td></td><td>친구들과 협력하여 여러 동작을 잘 수행하기 위해 계속 노력해야 한다.</td></tr>
</table>

Q&A 묻고 답하기

체육과 교육과정을 말하다

1. 체육과 교육과정의 성격과 목표는 무엇인가?

2. 체육과 교육과정의 역량과 내용체계 기준의 중요한 특징은 무엇인가?

3. 체육과 교수·학습의 방향을 6가지 제시하고, 각각의 내용을 설명하시오.

4. 체육과 평가의 방향을 3가지 제시하고, 각각의 내용을 설명하시오.

참고문헌

교육부(2022). **체육과 교육과정**. 교육부 고시 제2022-33호[별책 11].

08

체육수업 모형의 이해

생각해보기

- 수업 전략과 수업 모형은 체육수업에서 필요한가? 그 이유는 무엇인가?
- 체육과 수업 전략과 수업 모형에는 어떤 것들이 있을까?
- 체육수업 모형을 선택하는 기준은 무엇일까?

교사는 자신의 교육 철학을 바탕으로 교육과정에 담긴 내용을 학생의 수준에 맞게 구현하는 전문가이다. 교사는 다양한 수업 전략과 교수 기법을 활용하여 교과에서 추구하는 목표에 도달하기 위해 수업연구를 수행한다. 그럼 체육수업도 과연 그럴까? 그동안 초등 교사들은 체육수업에서 무엇을 가르칠 것인지에 대해서는 관심을 갖고 있었지만 어떻게 지도할 것인가와 관련된 수업 방식에 대한 고민은 상대적으로 소홀하였다. 그 결과 체육과가 추구하는 심동적 · 인지적 · 정의적 영역이 통합된 체육수업 목표를 달성하지 못하였다.

신체활동에 담긴 다양한 가치를 체득하고, 그 과정 속에서 핵심역량을 함양하는 것이 체육수업의 목표인 만큼 이를 위한 다양한 수업 전략과 방식에 관심을 가져야 한다. 본 장에서는 체육교과의 특성을 살릴 수 있는 다양한 수업 전략과 수업 모형에 대해 알아보고, 이를 실천할 수 있는 교사로서의 역량을 탐색하였다.

1. 체육과 교수법 용어의 이해[10)]

교사의 가르치는 행위를 교수 활동이라 한다. 교사의 교수 활동 속에는 대상인 학습자가 있고, 가르치는 내용인 교과가 있다. 그리고 수업이 이루어지는 환경까지를 고려하면 매우 복잡한 과정으로 구성된다. 수업을 운영할 때에는 상황에 따라 수시로 교수 전략을 바꿔가며 학습자의 이해를 돕고, 수업 목표를 달성하기 위해 노력한다. 교사의 수업행위에 대하여 교수 기술, 교수 전략, 교수 스타일 또는 수업 전략, 수업 기법, 수업 모형 등 다양한 용어들이 사용된다. 교사는 각각의 교수법 용어의 차이를 바르게 이해하고, 독특한 개념을 인지했을 때 수업을 의미 있게 준비하여 진행할 수 있다.

유정애(2013)는 체육과에서 사용되는 교수 용어의 차이를 다음과 같이 설명하고 있다. 교수 기술(또는 지도 기술)은 가장 일반적이고 중립적인 의미로 '수업 규칙의 일관된 적용'이라 하였다. 모든 교사는 자신의 수업시간에 일관되게 적용되는 규칙을 만들어 적용하는데, 이는 모든 수업에서 적용되는 보편적인 사항이다.

교수 전략(또는 지도 전략)은 수업의 상황에 따라 다르게 적용되는 것으로 상황 중심적이고 문제해결 중심적 특성을 지닌다. 예를 들면, 학생의 학습 동기 수준이 낮다고 판단되면 학습 동기를 유발할 수 있는 교수 전략을 사용하는데, 이때, 사용된 교수 전략을 '학습 동기 유발 전략'이라고 부른다.

체육과에서 자주 언급되는 교수 스타일과 수업 모형은 공인된 교수이론으로 자리매김하였다. 여기서 사용된 각각의 개념들은 이론을 제시한 사람들에 따라 다르게 정의되고, 독자적인 이론적 구조를 가지고 있다.

교수 스타일은 교사가 갖고 있는 취향, 성향, 선호 등의 특징을 나타내는 것으로 교사의 수업에 대한 가치관이 반영된다. 일반적으로 체육과에서는 모스턴이 제시한 11가지의 교수(수업) 스타일이 통용된다. 여기서 수업의 지향성을 의사결정의 주체에 따라 구분하였다. 크게 '모방(reproduction) 중심의 교수'와 '창조(production) 중심의 교수'로 구분한다. 교수 스타일은 학생에게 정보를 제공하고, 연습을 조직화하며, 그에 따른 피드백 제공과 목표 도달 과정에 대한 지속적인 관찰 결과가 반영되면서 가장 효율적인 방식을 선택하게 된다.

10) 유정애(2013)의 체육과 교재연구 및 지도법의 내용을 발췌하여 수정하였다.

수업 모형은 한 단원을 이끌어 가는 설계도이다. 수업 모형이 한 단원에서 사용되는 개념이라면 교수 스타일과 교수 전략은 1차시 또는 2차시 이상의 수업에서 단기적으로 사용되는 개념이다. 예를 들어, 협동 학습 모형이 한 단원에서 사용되는 개념이라면 협력적 수업 전략은 몇 개 차시의 수업에서 사용되는 용어라 할 수 있다. 교사는 체육과 각 영역의 신체활동의 특징과 기르고자 하는 핵심역량에 따라 다양한 수업 모형과 수업 전략 및 교수 스타일을 탄력적으로 적용할 수 있어야 한다. 체육교과가 지니고 있는 심동적·인지적·정의적 영역의 가치에 따라 비중을 달리할 수 있는 만큼 이에 적합한 수업 모형과 교수 스타일을 알고 적용해야 한다.

2. 체육 교수 스타일

체육교육에서는 모스턴(Mosston)이 개발한 교수 스타일을 자주 인용한다. 모스턴은 '교수는 연속되는 의사결정의 과정'을 대전제로 한다. 모스턴(Mosston)은 의사결정권이 교사와 학생 중 누구에게 권한이 위임되느냐에 따라 11가지의 스타일로 구분하였다. 수업을 수업 전, 중, 후의 시간적 개념으로 구분하지 않고, 수업에서 전개하는 과제의 의사결정 목적에 따라 과제의 실행 의도(계획), 행위(실행), 평가(피드백)에 대해 누가 의사를 결정하느냐에 따른 개념이다. 즉 수업 전에는 실행 의도(계획)를 수립하게 된다. 수업 중에는 계획된 과제 행위가 실행된다. 그리고 수업 후에는 평가와 피드백이 이루어지는 과정에서 의사 결정의 권한이 교사와 학생에게 어떠한 비중으로 주어지는지에 따라 교수스타일을 구분하고 있다. 다만, 분절적인 형태로 명확하게 구분되어지는 것이 아니라 하나의 스펙트럼처럼 연결되어 있다고 본다.

〈표 8-1〉 매트운동 포트폴리오 제작물(예시)

	지시형	연습형	상호 학습형	자기 점검형	포괄형	유도 발견형	수렴 발견형	확산 발견형	자기 설계형	자기 주도형	자기 학습형
	모방 중심 교수 스타일					창조 중심 교수 스타일					
전	T	T	T	T	T	T	T	T	T	**L**	**L**
중	T	**L**	**Ld**	**L**	**L**	T/**L**	**L**	**L**	**L**		**L**
후	T	T	**Lo**	**L**	**L**	T/**L**	**L**/T	**L**/T	**L**	**L**	**L**
T: 교사(teacher) · **L**: 학습자(learner) · d: 수행자(doer) · o: 관찰자(observer)											

체육수업에 대한 의사결정의 전-중-후 과정의 내용을 알게 되면 체육수업이 얼마나 다양한 요인에 의해 복합적으로 운영되는지를 이해할 수 있다. 또한, 이러한 사항을 고려함으로써 체육수업을 보다 치밀하게 준비할 수 있다. 다음은 수업 전-중-후 결정 요인들이다.[11]

• 수업 전 결정군

〈표 8-2〉 수업 전 결정군의 요인과 내용

결정 요인	결정 내용
수업 주제 및 목표	수업 주제나 목표에 대한 결정 사항을 다룸
수업 스타일의 선택	목표를 성취하기 위한 학습 행동을 하도록 하는 수업 행동에 관한 결정
예상되는 학습 스타일	수업 스타일을 먼저 결정할 것인지, 학생의 필요를 먼저 결정할 것인지에 대한 결정
수업 대상	수업 참가자에 대한 결정 사항을 다룸
교과 내용	내용의 종류, 과제의 양, 수행의 질, 수행의 순서 등을 결정
의사소통 방식	의사 교환 방식에 대한 결정
질문의 처리	질문을 어떻게 처리할 것인지에 대한 결정
수업 장소	과제의 연습 장소에 대한 결정
지도 시기	과제의 시작 시간, 진행의 흐름과 리듬, 과제의 소요시간, 과제당 정지 지간, 막간의 시간(인터벌) 등의 결정
수업 운영	수업 관리와 다양한 조직상의 문제들에 대한 결정
자세	과제를 수행하는 동안 신체 부위의 자세를 어떻게 해야 하는가에 대한 결정
복장과 외모	복장, 안전 기구 착용 등에 관한 결정 사항
제한 사항	장소, 시간, 자세, 복장 등에 관한 제한 사항 결정
수업 분위기	수업 중 일어나는 사회적·정서적 조건을 다룸
평가 절차와 자료	수업 후 이루어지는 평가에 필요한 결정 사항을 다룸
기타 사항	다른 결정 사항들이 발견되면 그 때 가서 이 항목에 포함시켜 다룸

11) 김용호(2007)의 체육과 교육학의 수업 스타일 구조를 발췌하여 수정하였다.

• 수업 중 결정군

〈표 8-3〉 수업 중 결정군의 요인과 내용

결정 요인	결정 내용
수업 전 결정 사항의 실행과 추진	수업 전 결정군에서 내린 결정 사항을 어떻게 실천에 옮길 것인지에 대한 결정
변경 및 수정사항	잘못이 발생했을 경우 변경과 수정에 관한 결정이 내려져야 함
기타 사항	다른 결정 사항이 발견되면 그때 가서 이 항목에 포함시켜 다룸

• 수업 후 결정군

〈표 8-4〉 수업 후 결정군의 요인과 내용

결정 요인	결정 내용
수업 중 결정군에 포함된 활동의 수행에 관한 자료의 수집	수업 중 결정군에 대한 자료의 수집은 관찰, 청취, 접촉 등의 방법을 통하여 행해짐
평가 기준 정보에 대한 평가	활동 수행을 기준 또는 모형과 비교하고 대조하는 과정에 관한 결정(도구, 절차, 자료, 규준, 가치 등)
피드백의 제공	내용 및 역할 수행에 관한 피드백 제공(가치적, 교정적, 중립적, 불분명한 피드백)
질문의 처리	질문을 어떻게 처리할 것인지에 대한 결정
선택한 교수 스타일에 대한 평가	사용한 교수 스타일의 효과와 학생에게 미친 영향에 대한 내용을 다룸
예측한 학습 스타일의 평가	학생이 수업 주제의 목표를 성취하였는가를 알아보는 것에 관한 결정
변경 및 수정	평가를 기초로 다음 수업 주제를 위해 어떤 변경과 수정이 가해져야 하는가에 대한 결정
기타 사항	다른 결정 사항이 발견되면 그때 가서 이 항목에 포함시켜 다룸

교사가 한 차시 수업을 위해 수업 전-중-후에 대한 결정 사항을 고려한다는 것은 어려울 수 있다. 하지만 이러한 요인들이 있음을 이해함으로써 체육수업에서 다양한 복합요인을 고려할 수 있다. 몇 가지 중요 사항들에 대한 결정 사항을 염두에 두고, 다양한 방식으로 수업을 운영할 수 있다. 다음은 체육수업에서 활용할 수 있는 수업 스타일이다.

1) 지시형(명령식) 스타일

가) 목적

- 정확한 개별 움직임 수행이나 통일성 있는 단체 움직임을 지도할 때
- 빠른 시일 내에 신체 움직임을 모방할 필요가 있을 때
- 단체의 정신이나 일체감 또는 소속감을 강화할 필요가 있을 때

예) 단체로 체조 동작이나 안무를 익히는 경우, 운동의 기본 운동기능을 익히는 경우

나) 특징

교사가 과제 활동 전, 과제 활동 중, 과제 활동 후 모든 의사 결정권을 갖고 있다. 학습자는 교사가 내린 결정 사항에 대하여 지시하는 대로 따르거나 반응하는 구조이다. 교사의 지시에 따라 움직이기 때문에 학생들의 과제 참여 시간이 많고, 교사의 즉각적인 피드백이 가능하다. 또한, 집단 활동을 통한 사회적 책임감이나 팀워크 강조 등의 정신적인 지도도 가능하다. 지시형 스타일은 안전하고 통제된 수업환경을 조성할 수 있으나 교사의 지시가 동일한 유형으로 반복적으로 이루어지면 지루함과 피로감을 줄 수 있다.

지시형 스타일은 직접교수와 유사한 의미로 사용된다. 과제의 기술에 대한 설명과 시연으로 시작하여 연습을 위해 학생을 모둠이나 짝으로 구성하고, 연습 공간과 시간을 정해준다. 교사는 연습 공간을 돌아다니면서 오류를 수정하고, 칭찬과 격려 등의 피드백을 제공한다. 새로운 기술이나 많은 학생을 지도할 때 유용하다.

2) 연습형 스타일

가) 목적

- 교사가 학습자 개개인에게 과제를 연습할 수 있는 시간을 제공하고, 개별적인 피드백을 제공할 필요가 있을 때
- 과제의 지속적인 반복 학습으로 운동 과제를 숙련할 필요가 있을 때

예) 단체로 체조 동작이나 안무를 익히는 경우, 운동의 기본 기능을 익히는 경우

나) 특징

교사는 학생에게 연습 과제를 제시하고, 이를 관찰하면서 개별적으로 과제 수행에 대한 피드백과 학생이 의사결정을 한 내용에 대하여 피드백을 제공한다. 학생은 과제 활동 중 교사로부터 위임된 내용에 대해 의사결정을 할 수 있다. 연습형 교수 스타일에서는 학생에게 아래의 위임 사항이 지속적으로 이양된다.

> 과제 수행 장소, 과제 순서, 과제 시작 시간, 정지 시간, 속도와 리듬, 이해 점검을 위한 질문, 인터벌, 복장

학생은 교사가 제시한 일정한 과제나 연습방법의 틀 안에서 교사의 피드백을 받는다. 그리고 과제 수행 및 의사결정에 대한 피드백을 받을 수 있다. 동료 간의 의사소통은 되도록 하지 않도록 한다.

3) 상호학습형 스타일

가) 목적

- 동료 학생과 학습하면서 교사가 제공한 수행 기준에 준하여 동료 학생들과 상호 피드백을 주고받을 필요가 있을 때
  - 교사의 역할을 대신할 수 있는 학생 간의 즉각적인 피드백이 필요할 때
  - 운동 수행의 비교, 대조, 평가를 학습할 필요가 있을 때
  - 사회성과 상호 작용 기술을 확장시킬 필요가 있을 때

  예) 동료의 앞구르기 동작을 교사가 제시한 기준에 맞게 평가하기

나) 특징

학습자는 동료 학생과 함께 짝을 이루어 과제를 수행한다. 수행자인 학생(doer)은 움직임을 수행하고 관찰자인 학생(observer)은 교사가 개발해 놓은 과제 활동지를 사용하여 즉각적인 피드백을 제공한다. 앞구르기의 경우, 교사는 동작의 유의사항을 학습지로 제시해 주고, 관찰자인 학생은 유의사항을 수행자인 학생이 잘 수행하는지 확인하고 피드백을 제공한다. 학생은 의사소통을 통해 동료들 간의 사회화 과정을 확인할 수 있다.

과제는 학생 수준에서 정확성/부정확성, 성공/실패가 명확하게 구분되는 것으로 한다. 과제가 일정한 형식 안에서 고정되어 학생이 변형할 수 없도록 제시하는 것이 바람직하다. 과제활동지는 상호학습형 스타일의 핵심요소로 관찰자가 피드백을 줄 수 있는 수행 기준을 포함되어야 한다. 교사는 관찰자와 수행자 모두를 관찰하고 학생 간의 사회화와 의사소통 과정에서 요구되는 태도 관련 지도능력이 요구된다.

4) 자기 점검형 스타일

가) 목적

- 학습자가 책임감을 갖고 스스로 과제를 수행하고 평가할 필요가 있을 때
  - 학습자가 과제를 독립적으로 수행할 필요가 있을 때
  - 학생의 내적 동기와 독립심을 발달시킬 필요가 있을 때

  예) 자신의 건강 체력 상태를 평가하고 점검하기, 수행 결과의 성공과 실패를 점검하기

나) 특징

자기 점검형 스타일은 학습자가 자신의 수행 결과를 평가하고 피드백을 스스로에게 부여하는 방식이다. 이 스타일에서 학습자는 과제 수행 기준을 많이 알수록 정확한 자기 피드백을 제공 받을 수 있다. 이 과정을 통해 학습자는 자신의 한계, 성공과 실패를 스스로 확인할 수 있다. 학생은 스스로 연습하고, 자신의 과정을 분석하는 등의 자기 주도적 학습이 가능하다.

교사는 학습자가 자기 점검을 정직하게 수행할 수 있다는 신뢰감을 제공하고, 자기 점검의 평가 기준을 정확하게 설정해 주어야 한다. 이 스타일은 어느 정도의 과제 수행 능력이 가능한 학습자에게 적용할 수 있는 스타일이기 때문에 기본 운동기능을 익히는 과정에서는 적합하지 않은 스타일이다.

5) 포괄형 스타일(수준별 수업)

가) 목적

- 다양한 기술 수준에 있는 학습자가 수행 가능한 난이도를 스스로 선택하여 동일한 과제에 참여할 필요가 있을 때
- 모든 학생에게 성공적인 참여 기회를 제공할 필요가 있을 때
- 타인과의 경쟁이 아닌 자신과의 경쟁을 학습시킬 필요가 있을 때
  예) 매트 운동에서 자신이 할 수 있는 동작 수행하기, 도전의 높이를 달리하여 높이뛰기

나) 특징

자기 점검형 스타일은 모든 학생이 동일 수준의 과제를 수행한다. 반면, 포괄형 스타일은 학습자가 자신의 수준에 맞게 난이도를 선택하여 과제를 수행한다는 것이 특징이다. 교사는 난이도 조절을 위해 외적인 요소(시간, 반복 횟수 등)와 내적 요소(거리, 높이, 장비의 크기와 무게, 목표물의 크기, 속도 등) 등을 고려하여 과제의 유형을 결정한다. 예를 들어, 10m 왕복 달리기의 횟수를 다르게 하기, 멀리 던지기에서 물체의 크기나 무게를 달리하여 도전하는 활동이 가능하다.

학습자들이 체격, 체력, 운동기능 등에서 서로 다양한 차이가 존재함을 인식하게 되고, 이로 인해 단일 과제보다는 다양한 과제 수준과 평가 기준의 중요성을 깨닫게 된다. 모든 학생은 과제의 시작 수준을 달리하여 성공할 수 있고, 질 높은 과제에 참여할 수 있다.

6) 발견형 스타일

가) 유도 발견형 스타일

- 계열적이고 논리적인 질문을 활용하여 미리 예정되어 있는 사항을 학습자가 발견하도록 유도할 필요가 있을 때
- 과제의 개념, 원리, 아이디어 등을 이해할 필요가 있을 때
- 학생에게 새로운 학습 주제를 소개할 때
  예) 체력 증진의 원리 알아보기, 멀리 던지기의 높이 알아보기

교사는 학습자가 발견해야 할 목표 개념을 정한 후 일련의 계열적인 질문을 설계하고 학생이 질문에 답하여 개념을 발견하는 방식의 스타일이다. 움직임의 과학적 원리를 이해할 때, 효과적으로 적용할 수 있다. 이 스타일은 논리적이고 단계적인 질문을 제작하는 것이 핵심이다. 질문은 학습자에게 운동 수행의 단서 역할을 하고, 스스로 답을 발견하도록 한다. 예를 들어, 던지기에서 포물선의 원리를 이해시키기 위해 '던지는 공의 높이를 어떻게 하면 멀리 던질 수 있을까?'란 질문을 통해 높이에 따른(높이, 중간, 낮게) 떨어지는 지점과 각도를 생각해볼 수 있도록 한다.

나) 수렴 발견형 스타일

- 미리 결정되어 있는 정확한 반응을 다양한 수렴적 과정을 통해 발견할 필요가 있을 때
- 학생의 다양한 사고 유형을 개발할 필요가 있을 때
- 학생의 논리적, 이성적, 연속적인 문제 해결 기술을 개발할 필요가 있을 때

예) 바닥에 닿는 신체 분위를 늘려가며 균형 잡기

유도 발견형과 달리 수렴 발견형 스타일은 교사가 학습자에게 제시하는 단서가 없는 것이 특징이다. 교사가 제시한 단일 질문에 학습자는 추리력과 호기심, 논리적 사고를 동원하여 문제를 해결하도록 한다. 학습자들은 다양한 시행착오를 겪으며 정해진 문제의 답을 찾는다. 질문이나 상황이 한 가지 정확한 반응만을 유도하는지, 과제가 수렴적 사고를 유도할 수 있는지, 과제는 움직임이 역학적 분석을 나타내는지 등을 고려하여 과제 내용을 선정한다. 교사는 학습자가 해답을 발견할 때까지 인내심을 갖고 기다려주어야 한다.

다) 확산 발견형 스타일

- 구체적인 인지 작용을 통해 다양한 해답을 발견할 필요가 있을 때
- 하나의 질문 혹은 문제에 대해 다양한 반응을 생성하고 발견할 필요가 있을 때
- 학생의 창조하는 능력과 사고하는 능력을 개발할 필요가 있을 때
- 과제에 대해 하나 이상의 해답을 찾을 필요가 있을 때
예) 매트 운동의 동작 구성하기, 우리 모둠의 농구 게임 수비 전략 세우기

수렴 발견형은 문제의 답이 정해진 반면, 확산 발견형은 논리적 전개를 통해 다양한 해답을 찾는 것이 특징이다. 다양한 움직임이나 전략 등 새로운 것을 발견하고 창조할 필요가 있을 때 활용가능하다. 개인이나 모둠별로 해결한 과제를 발표하고, 서로 간의 피드백을 통해 과제를 세련화할 수 있다.

7) 자기 설계식 스타일

가) 목적

- 어떤 문제나 쟁점의 해결을 위한 학습 구조의 발견에 대한 독립성 확보가 필요할 때
- 학습자 교유의 아이디를 발견하고 창조적으로 조절할 필요가 있을 때
- 학습자들에게 과제 관련 쟁점을 관찰하고 탐색하는 체계적인 진행 과정에 참여시킬 필요가 있을 때
- 과제 수행에 대한 인내와 끈기를 위해 자발적인 훈련이 필요할 때
예) 네트를 활용한 게임 만들기

나) 특징

발견형 스타일보다 학습자에게 더 많은 책임을 부여한 교수 스타일이다. 교사는 영역만을 선정해 주고, 학습자는 결정된 과제 내용 범위 내에서 질문을 만들고 문제점을 발견하며 해결 방안을 모색한다. 예를 들어, 네트형 게임 만들기에서 네트의 종류, 경기장의 크기, 참가 인원, 필요 도구 등 모든 것을 학생이 질문을 만들어 가며 직접 실행을 통

해 최선의 방안을 마련한다. 학생은 본인이 만든 게임으로 수업을 운영할 수도 있다. 이 스타일은 수업에서 의사 결정권이 학생에게 최대한으로 부여된다.

교사가 학생에게 과제 내용의 의사결정 권한을 넘겨주어 학습 설계에 대한 책임 권한을 부여한다. 학교뿐만 아니라 학교를 벗어난 일상생활에서도 가능하다. 예를 들어, 방학 중 신체활동하기의 과제를 학생 스스로가 계획하고 실천하며 평가하는 일련의 과정을 실행해볼 수 있다.

8) 기타

가) 스테이션 교수(과제교수)

스테이션 교수는 연습형과 유사한 스타일로 볼 수 있다. 교사는 연습의 과정에서 여러 개의 연습 방법을 설정해 두고, 이를 학생이 순환식으로 돌아가면서 연습할 수 있도록 하는 방식이다. 모둠이나 개인별로 연습 과제가 있는 스테이션으로 이동하여 정해진 시간동안 연습을 실시한 후 교사의 안내에 의해 다음 스테이션으로 이동한다. 이때, 이동 경로는 미리 정해두고 연습 과제는 서로 독립적인 성격을 지니도록 구성한다. 과제의 수준이 다르거나 순차적으로 진행해야 하는 과제는 스테이션 스타일로 진행하기에는 어려움이 있다.

또한, 과제별 활동 시간이 같아야 하고, 이동 시간과 공간 사용도 고려할 필요가 있다. 예를 들어, 축구의 기본 기술을 익히기 위해 드리블 하기, 패스하기, 슛하기 등의 3개의 스테이션을 만들어 학습자가 순환하면서 연습할 수 있도록 운영할 수 있다. 이때, 다른 스테이션의 활동을 방해하지 않도록 학습 공간을 구성하는 것이 중요하다.

나)협력적 스타일

협력적 스타일은 상호작용 스타일처럼 동료 간의 상호작용을 강조하는 방식이다. 상호작용 스타일은 두 명이 짝이 되어 관찰자와 수행자의 역할을 번갈아한다. 하지만 협력적 스타일은 4~5명의 모둠으로 구성하여 함께 과제를 수행해 나가는 방식이다. 개별적 평가보다는 모둠의 성과로 평가를 한다. 학생은 공동의 목표를 위해 서로 도와주는 협력적 상호작용을 경험할 수 있다. 모둠원의 역할을 자율적으로 정할 수 있다. 협력적 스타일은 다른 스타일과 함께 활용할 수 있다. 모둠의 성취 결과를 합산하거나 모둠원들이 과제를 성공적으로 수행하고, 다음 과제를 수행할 수 있다. 직소 수업처럼 모둠원 각자가 자신의 역할을 맡아 과제를 수행하거나 동료를 지도할 수 있다.

3. 체육과 수업 모형[12)]

체육수업은 체육교육의 목표를 구현하기 위해 교육활동이 전개되는 실천적인 과정으로 체육이 추구하는 목표를 실현하는 장(場)이다. 최근 신체활동이 지닌 다양한 가치가 주목받으면서 이러한 가치를 학생이 수업 속에서 경험할 수 있도록 다양한 수업 방식이 구현되고 있다. 신체활동의 가치는 한 가지 방식으로 가르쳐질 수 없다. 심동적·인지적·정의적 영역의 목표에 따라 비중을 어디에 두느냐에 따라서도 수업 방식은 다르게 구현된다.

그동안 체육수업은 학생에게 가르칠 내용과 활동에 근거하여 진행되어 왔다. 수업 조직은 수업목표나 수업 모형보다는 수업내용(배구, 농구, 하키, 육상 등)에 의해 결정되어 왔다. 교사가 학생에게 수업에 대하여 언급하는 내용을 보면 "나는 축구를 이런 방식으로 가르칠 것이다.", "나는 체조를 이런 방식으로 가르칠 것이다."와 같이 교사들이 학년이 다른 학생에게도 동일한 내용을 동일한 방식으로 지도해 왔다. 배구를 보면 초등학교 6학년을 가르치든 중학교 3학년을 가르치든 배구의 내용, 과제 구조, 학습 활동의 계열성은 거의 유사하게 진행되었다. 처음에 언더핸드 패스와 오버 핸드패스를 배운 다음, 서브와 토스를 배우고, 그 다음에는 스파이크 그리고 몇 가지 경기규칙을 가르쳐 준 다음 게임에 들어간다. 각 요소를 가르치는 데 사용되는 학습 활동도 삼각 패스, 벽 패스 등 거의 비슷하다. 이러한 유사함은 "배구를 가르치는 방법에는 정해진 방식이 있고, 그러한 방식이야말로 모든 수준의 학생에게 똑같이 효과적이다."라는 가정에 기인한 것으로 보인다. 다시 말해서 내용은 체육 교과의 내용 단원을 가르치는 방법을 결정하는 데 가장 영향력 있는 요인이 되었다. 이것은 활동 중심 수업 지도(activity based instruction)라고 볼 수 있다. 교사가 체육수업을 설계하는 데 사용하는 가장 일반적인 방법이다.

---

12) 체육과 수업 모형과 관련된 내용은 고문수·엄혁주·송지환(2015)이 집필한 '초등체육수업론'에서 발췌하여 수정하였다.

하지만 이러한 방식으로는 체육교과가 지닌 다양한 가치를 지도하는데 한계가 있다. 심동적 영역에 치우친 수업으로 인해 인지적·정의적 영역을 소홀할 수밖에 없었다. 따라서 수업을 설계하는 근본적인 생각의 전환이 필요하고, 체육교과가 추구하는 궁극적인 목표를 실현하기 위해서는 수업내용과 함께 학습 목표와 학생의 발달단계, 학습의 구조, 계열성, 학습의 평가 등의 제반 사항을 고려해야 한다. 이와 같은 영향 요인을 고려하여 적합한 수업을 계획하는 것을 수업 모형 중심이라 한다(손천택 · 박정준, 2017).

수업 모형에 기초한 접근 방식은 하나 이상의 요인이 변화할 때, 다른 모형을 선택하도록 한다. 수업내용이 동일할 때에도 모형은 변화할 수 있다. 두 명의 교사가 축구 단원을 시작하고 각자의 수업에 서로 다른 학습 목표와 결과를 지향한다면, 그들은 서로 다른 수업 모형으로 수업을 운영할 것이다. 만일, 김 교사가 기술 습득을 성취하는 것을 수업 목표로 설정했다면, 그는 수업 단원을 개별화 수업 모형으로 설계할 것이다. 박 교사가 학생에게 게임에 대한 안목과 전략 및 전술을 가르치고자 한다면 이해중심 게임수업 모형을 설계할 것이다. 위 두 교사의 수업운영은 체육수업의 축구 단원이라는 공통된 맥락을 갖고 있지만 지도 방법에 대한 결정은 가르치는 내용에 기초한 것이 아니라, 학습 결과나 다른 요인에 기초를 두고 있다. 이러한 요인은 두 교사가 각각의 수업 단원에서 서로 다른 수업 모형을 선택하도록 한다.

다음에 제시되는 내용은 교사가 좋은 체육수업을 만들어가기 위해 체육수업 모형을 선택하는 과정을 설명한 것이다. 교사는 학생이 체육수업을 통해 변화해야 할 모습을 제시해야 한다. 이를 위해 교사는 학생이 변화해야 할 모습에 적합한 수업 모형을 선택할 수 있어야 한다. 체육수업 모형의 선택은 〔그림 8-1〕에 제시된 일련의 질문을 함으로써 가능해진다. 〔그림 8-1〕에 나와 있는 질문에 하나씩 기록을 한다면 수업 상황에 적합한 한 개 이상의 수업 모형을 구체화할 수 있다. 교사는 수업 모형을 선택할 때 전문적인 경험, 판단 그리고 개인의 선호도를 활용할 수 있다.

〔그림 8-1〕의 체육수업 모형의 선택과정에서 처음에 제시한 두 질문은 교사가 학생들에게 기대하는 학습내용과 모형이 갖는 학습 영역의 우선순위 사이의 일치성을 확인하는 내용이다. 이 일치성은 본래 설계되지 않았던 수업 모형의 내용과 교사의 기대를 일치시키는 것이므로 유념해야 한다. 수업 환경에 대한 질문이 중요하지만 학습 내용, 학습 목적 그리고 모형의 개발 능력과의 일치도가 높아야만 가능하다.

학생이 무엇을 배우기를 원하는가?

↓

내가 생각하는 학습 영역의 우선순위는 무엇인가?
첫 번째:
두 번째:
세 번째:

↓

어떤 모형이 학습의 우선 영역들을 포함하고 있는가?
모형 A: 모형 B: 모형 C:

↓

이 모형에서 요구되는 상황적 요구 조건(수업시간, 시설, 용·기구, 학습자료 등)은 무엇인가?
모형 A: 모형 B: 모형 C:

↓

현재 상황적 조건이 요구 사항들을 얼마나 충족시킬 수 있는가?
모형 A에서는? 모형 B에서는? 모형 C에서는?
(모형 B는 여기서 가능하지 않음)

↓

모형에 필요한 교사와 학생의 선행 조건은 무엇인가?
모형 A에서는?
모형 C에서는?

↓

나와 학생은 이러한 선행조건을 만족시킬 수 있는가?
모형 A에서는?
모형 C에서는?

↓

최상의 모형을 활용하기 위해 어떻게 변형을 해야 하는가?
모형 A에서는?
모형 C에서는?

↓

최소한의 변형이 요구되는 모형 선택하기

[그림 8-1] 체육수업 모형의 선택 과정

가. 직접 교수 모형

직접 교수 모형(direct instruction model)은 행동주의 심리학을 기본으로 하여 교사들의 교육 경험을 통해 귀납적으로 만들어진 모형으로 가장 보편적인 모형이다. 이 모형은 교사중심의 의사결정과 교사 주도적 학생의 참여형태를 특징으로 교사가 리더 역할을 한다. 교사는 활동 내용에 대하여 분명한 학습 목표를 갖고 학생에게 기술과 기능 및 개념을 교사의 시범을 포함한 모형(model)과 함께 제시한다. 학생이 과제를 연습하고 있을 때에는 긍정적 · 교정적 피드백 등의 강화 피드백을 사용하면서 학생의 학습 활동을 주도하고 조절한다. 학생은 의사 결정을 할 수 없으며, 교사의 수업지도에 충실히 따르도록 가정하고 있다. 직접 교수 모형의 목적은 학생이 교사의 지도하에 가능한 한 많이 연습하고, 교사는 학생이 연습하는 것을 관찰(monitoring)하면서 다양한 피드백을 제공하는 것이다.

직접 교수 모형은 지시형 또는 직접교수 전략과 유사하나 수업 모형으로의 체계성을 갖추고 있다. 직접 교수 모형은 심동적-인지적-정의적 영역의 순으로 학습의 우선순위를 두고 있다. 이 모형은 교사가 효과적으로 가르치면 학생이 적극적으로 수업에 참여함으로써 실제학습시간(academic learning time in physical education)을 높이는 특징이 있다. 직접 교수 모형은 "선행(전시) 학습내용의 복습-새로운 과제제시-초기 과제의 연습-피드백의 제공 및 수정-독자연습-정기적인 복습"의 6단계 흐름을 가지고 있다.

〈표 8-5〉 직접 교수 모형의 수업 예시

학습단계	학습과정	교수 · 학습 활동	시간	자료 및 유의점
전시과제 복습	과제복습	▷ 이전에 배운 수업내용을 복습하기 · 이전의 수업과 현재의 수업과제를 연결할 수 있도록 이전에 배운 내용을 말해 본다.	5'	
새로운 과제제시	동기유발	▷ 발 구름 조건에 따른 멀리뛰기 비교하기 · 멀리 뛸 때, 뜀틀을 밟을 때와 구름판을 밟을 때의 다른 점을 예상해서 말해 본다.	5'	
	학습목표 제시	▷ 학습목표제시 · 여러 방법으로 도움닫기 하여 멀리뛰기를 할 수 있다.		

<table>
<tr><td rowspan="2">초기 과제 연습</td><td>준비운동</td><td>▷ 원 주변에 둘러서서 준비운동하기
• 원 주변을 가볍게 걷거나 뛰고 나서 발목과 무릎 돌리기</td><td rowspan="2">10'</td><td rowspan="2">• 학생이 자신의 움직임과 친구들의 움직임을 인지하고 비교하면서 수정해 가도록 한다.
• 스프링보드는 탄력이 강하므로 도움닫기를 천천히 하도록 한다.
• 높이 뛰는 것이 멀리 뛰는 데 도움이 된다는 것을 인식하도록 한다.</td></tr>
<tr><td>제시된 과제 연습</td><td>▷ 구름판에서 구르는 발바닥을 여러 가지로 하여 멀리뛰기
• 발 끝, 뒤꿈치, 발바닥 전체를 딛고 뛰는 연습하기
• 오른 발 또는 왼발로 구르면서 비교해 보기
▷ 뜀틀, 나무 상자, 스프링보드를 밟고 멀리 뛰기
• 물체를 힘차게 딛는 공중 자세와 내리는 자세를 익히기
▷ 고무줄, 허들을 놓고 뛰어넘기
• 고무줄, 허들에 닿지 않게 높게 멀리뛰기
- 고무줄과 허들을 놓는 것은 높게 멀리 뛸 수 있는 가시적인 목표 의식을 가지게 하는 데 목적이 있음을 알게 한다.</td></tr>
<tr><td>피드백 및 교정</td><td>과제에 대한 피드백 제공</td><td>▷ 동작에 대한 피드백과 교정해주기
• 발바닥 전체를 힘차게 디디며 멀리 뛰기
• 멀리 뛰어진 발을 선택하여 뛰기
• 뛰기 위한 높이뛰기를 연습하기</td><td>5'</td><td>• 처음에 멀리뛰기 동작에 대해 교사가 일방적으로 수정해 주지 않는다.</td></tr>
<tr><td>독자적인 연습</td><td>멀리뛰기와 높이뛰기 연습</td><td>▷ 피드백과 교정 받은 자세로 모둠별로 연습하기
• 멀리뛰기
• 높이뛰기</td><td>10'</td><td></td></tr>
<tr><td rowspan="3">본시내용 복습</td><td>정리운동</td><td>▷ 정리 운동하기
• 제자리에서 힘을 빼고 가볍게 뛴다.
• 발목과 무릎, 허리, 팔을 가볍게 돌리고, 흔들거나 두들겨 준다.</td><td rowspan="3">5'</td><td rowspan="3"></td></tr>
<tr><td rowspan="2">학습활동 정리 및 평가</td><td>▷ 학습 활동 정리하기
• 구르기, 공중 자세, 내리는 자세 중에서 뜻대로 되지 않은 것을 발표해 본다.
• 오른발과 왼발 중에서 더 멀리 뛸 수 있는 발은 어느 쪽인지 알아본다.</td></tr>
<tr><td>▷ 평가하기
• 구르기, 공중 자세, 내리는 자세가 적절한 학생을 칭찬한다.</td></tr>
</table>

나. 동료 교수 모형

동료 교수 모형(peer teaching model)은 한 학생 또는 소집단의 학생이 교사의 역할과 학습자의 역할을 번갈아가면서 정해진 학습을 협력하는 것을 말한다. 이것은 교사 중심의 강의식, 주입식 일변도의 학습 지도 방법에서 벗어나 학생끼리 협력하는 원리를 학습 활동에 도입한 학습 지도 방법이다. 이 모형은 "나는 너를 가르치고, 너는 나를 가르친다."는 목적을 가지고 서로 상호 보완과 협력을 수행하며 교사로부터 주어진 학습 과제를 완수해 나간다. 동료교수 모형은 학생이 다른 학생을 가르치는 전략을 활용한다는 것은 분명하지만, 교사가 계획한 모형중심의 접근방법을 준수해야만 동료교수 모형이 될 수 있다.

동료 교수 모형은 학생이 한 가지 이상의 학습 활동에서 짝을 지어 나란히(side by side) 학습하는 파트너 학습(partner learning)과는 다르다. 동료 교수 모형에서 학생은 교사가 일반적으로 맡게 되는 몇 가지 주요 교수기능에 대하여 뚜렷한 책임감을 지니고 있어야 한다. 동료 교수 모형은 정기적으로 교사와 학습자의 역할이 바뀐다 하더라도 이들 역할에 대한 명확한 설명이 있어야 한다. 무엇보다 동료교수 모형을 작은 규모의 협동학습 모형으로 오인하지 말아야 한다. 협동학습은 학생이 다른 학생을 가르친다는 특징이 있지만, 동료 교수 모형은 협동학습 모형과 다른 총괄 지도 계획을 갖고 있고, 학생은 전체 내용 단원을 학습하는 동안 소규모 '팀'으로 활동하게 된다(유정애 외 8인, 2003). 동료 교수 모형에서 교사의 역할을 하는 학생은 인지적-정의적-심동적 영역을 우선순위로 한다. 그리고 배우는 학습자 역할을 하는 학생은 심동적-인지적-정의적 영역을 우선순위로 학습하는 것을 목표로 둔다.

〈표 8-6〉 동료 교수 모형의 수업 예시

<table>
<tr><th>학습단계</th><th>학습과정</th><th>교수 · 학습 활동</th><th>시간</th><th>자료 및 유의점</th></tr>
<tr><td>들어가기</td><td>동기유발
및
학습목표
제시</td><td>▷ 동기유발
• 음악줄넘기 공연을 본 경험을 이야기하기
▷ 음악줄넘기가 건강에 미치는 효과 및 중요성 알기
• 심폐지구력을 기르는 데 도움을 제공한다.
▷ 학습목표 제시하기
• 음악줄넘기의 기본 스텝 익히기</td><td>5′</td><td>• 음악줄넘기의 필요성과 활동의 가치를 깨닫게 한다.</td></tr>
<tr><td rowspan="2">탐색하기</td><td>음악
줄넘기의
기본자세
익히기</td><td>▷ 원 주변을 가볍게 걷거나 뛰면서 근육 풀어주기
▷ 음악줄넘기의 기본 스텝과 방법에 대해 알아보기
• 번갈아 뛰기와 2박자 뛰기의 방법 알기
• 앞 흔들어 내기와 뒤 들어 모아 뛰기의 방법 알기</td><td>5′</td><td>• 교사의 직접시범이나 영상자료로 간접시범을 보여준다.</td></tr>
<tr><td>짝 정하기
및
역할 배정
하기</td><td>▷ 짝 정하기 및 역할 배정하기
• 신체적인 조건과 운동기능이 비슷한 친구끼리 짝을 짓는다.
• 짝과 상의해 먼저 동료 교사의 역할을 할 친구를 정한다.</td><td>5′</td><td>• 신장이나 운동기능을 고려하여 짝을 정한다.</td></tr>
<tr><td>과제제시</td><td>과제제시
및
동료 교수
학습</td><td>▷ 번갈아 뛰기와 2박자 뛰기
• 교사의 설명을 듣고 따라 하며, 필요한 경우 질문한다.
▷ 동료 교사는 학습자에게 제시한 번갈아 뛰기와 2박자 뛰기의 동작을 단계별로 차례대로 가르치고 학습자는 동료 교사의 설명에 맞춰 동작을 해 보며 익힌다.
▷ 앞 흔들어 내기와 뒤 들어 모아 뛰기
• 교사의 설명을 듣고 따라하며, 필요한 경우 질문한다.
▷ 동료 교사에 의한 동료 교수·학습을 진행한다.</td><td>10′</td><td>• 게임을 통하여 원 주변을 돌면서 몸을 풀 수 있도록 한다.
• 교사는 돌아다니며 적절한 피드백을 제공한다.</td></tr>
<tr><td>상호작용</td><td>역할
바꾸기</td><td>▷ 역할 바꾸기
• 동료 교사와 학습자의 역할을 교대한다.</td><td>10′</td><td>• 역할을 바꾸는 데 시간을 낭비하지 않도록 한다.</td></tr>
<tr><td>나오기</td><td>정리 및
평가</td><td>▷ 정리 운동하기
• 음악에 맞춰 네 가지 동작을 자유롭게 표현한다.
▷ 평가하기
• 학습한 내용에 대한 경험을 이야기한다.</td><td>5′</td><td>• 배운 동작을 음악에 맞춰 자유롭게 움직이고, 학생들의 경험을 자유롭게 발표하도록 한다.</td></tr>
</table>

다. 개별화 수업 모형

개별화 수업 모형의 핵심은 학생이 학습 속도를 스스로 조절하고 학생 개개인의 능력, 흥미, 적성에 대응하는 교육을 하기 때문에 가장 이상적인 방법 중의 하나이다. 개별화 수업 방법은 학생이 학습 과제의 계열성에 따라 미리 계획된 수업 계획 속에서 자신의 학습 속도에 따라 학습하는 것을 허용하는 수업 체계를 지닌다.

개별화 수업 모형에서는 각각의 지식이나 기능에 대한 과제 분석을 통해 학습 과제를 선정한다. 그리고 선정된 학습 과제를 계열화하여 단원을 구성하고, 이를 유인물이나 동영상 등의 매체를 통해 학생에게 제시한다. 매체는 과제에 관한 정보, 과제 구성, 오류 분석, 수행 기준 등을 포함한다. 학생이 설정된 수행기준에 맞게 과제를 수행할 수 있으면 교사의 허락이 없어도 다음 단계로 넘어갈 수 있다. 이 같은 과정을 통해 교사가 과제에 대한 정보 제시 시간을 절약함으로써 학생과 상호작용을 증진시킬 수 있다는 것이 큰 장점이다.

개별화 수업 모형에서는 학생이 개별적으로 학습 과제의 계열에 따라 수업에 참여한다. 학생은 이전 수업시간에 완수한 과제 다음부터 수업을 시작하면 된다. 학생은 학습 활동 안내지를 자세히 읽고, 이에 따라 학습 활동을 진행해야 한다. 교사는 학습 활동 안내지에 나와 있지 않은 기준이나 세부사항만을 안내하면 된다. 개별화 수업 모형의 핵심은 수업 과정을 통해 학생은 독립적인 학습자가 되도록 하는 동시에 교사는 불필요한 시간을 절약하여 학생이 원하는 것에 대해 최대한 상호작용을 하는 데 있다. 학생은 개별화 수업 모형에서 자기주도적인 학습자가 된다. 교사는 학생과의 상호작용을 가능하도록 안내한다. 이 모형은 심동적 영역과 인지적 영역의 학습에 효과적이다. 학생은 독해력과 책임감이 요구된다.

〈표 8-7〉 개별화 수업 모형의 수업 예시

<table>
<tr><th>과정(분)</th><th>학습요소</th><th>교수 · 학습 활동</th><th>시간</th><th>자료 및 유의점</th></tr>
<tr><td rowspan="3">학습
문제파악</td><td>준비활동</td><td>▷ 건강 확인
• 학생의 건강상태를 확인하기</td><td rowspan="3">5′</td><td>• 아픈 학생은 참관하도록한다.</td></tr>
<tr><td>동기유발</td><td>▷ 맨손체조의 중요성 알기
• 신체 여러 부위에 탄력을 주는 맨손체조의 가치를 함께 읽기</td><td rowspan="5">• 개별화 지도 모형은 학습자 중심의 활동이므로 교사가 동기유발을 확실하게 해 줄 필요가 있다.
• 여기에서 제시된 단계구분은 단순한 상중하가 아닌 기본, 보충, 심화 순이라는 사실을 학생에게 확실히 주지시킨다.
• 신체에 무리가 가지 않게 1단계부터 차례대로 수행하게 한다.
• 교사는 학생이 정확한 자기 평가를 할 수 있고 최선을 다해 수행할 수 있도록 적절한 피드백을 제공한다</td></tr>
<tr><td>학습목표</td><td>▷ 학습목표제시
• 신체의 여러 부위로 자신감 있게 균형 잡기를 할 수 있다.</td></tr>
<tr><td>선수학습
진단</td><td>목표설정</td><td>▷ 자신의 현재 수준 평가하고 목표 설정하기.
• 개별학습지를 보고 자신의 수준과 단계를 예상하기(총 3단계 단계별로 3동작씩 제시)
• 단계에 제시된 동작 중 도전할 목표 정하기
1단계 - 평균대에서 균형 잡기 3개 동작
2단계 - 평균대 균형 잡기 게임 2개 동작 + 심화 동작 1개
3단계 - 매트에 머리대고 균형 잡기 2개 동작 + 평균대 위에서 머리대고 균형 잡기 1개 동작</td><td rowspan="3">25′</td></tr>
<tr><td rowspan="2">단계별
과제수행</td><td>수준에
적합한
과제수행</td><td>▷ 준비운동
• 원 주변을 가볍게 돌거나 스트레칭으로 관절과 근육을 충분히 풀어주기
▷ 진단된 학습 수준과 능력에 맞는 과제 수행하기
• 각자 설정한 도전종목을 수행하기
• 단계를 마친 후 강화스티커 부여하기</td></tr>
<tr><td>자기 평가</td><td>▷ 총 9개의 동작을 수행해 보고 다음 기준에 따라 점수 매기기
☆(5)-자세 정확 , 5초 이상 유지 / ○(3)-자세 보통 이상, 3초 이상 유지 △(1)- 1초 이상 유지 / X(0)-자세, 시간 불가능.</td></tr>
<tr><td>보상</td><td>강화
스티커
증정</td><td>▷ 각 단계별로 10점 이상의 점수를 획득하면 pass 스티커를 부여하기</td><td>5′</td><td>• 다음 시간까시 연습해 와서 10점 이상을 획득할 경우에도 스티커를 부여함을 언급한다.</td></tr>
<tr><td rowspan="2">평가</td><td rowspan="2">정리 및
평가</td><td>▷ 정리 운동하기
• 몸의 무리가 가지 않는 요가 동작인 아기 자세, 엎드리기 자세 등의 동작을 하며 몸과 마음을 정리한다.</td><td rowspan="2">5′</td><td rowspan="2">• 자기 평가 직전 도입 시 제시한 균형 잡기를 잘하기 위한 방법을 교사가 간단하게 언급하며 마무리한다.</td></tr>
<tr><td>▷ 자기 평가하기
• 이번 수업을 통해 느낀 점을 글이나 시로 정리하기
• 보충해서 도전할 동작을 선정하기</td></tr>
</table>

라. 협동 학습 모형

협동 학습 모형(cooperative teaching model)은 전통적인 소집단 학습의 단점을 해결하고, 학습자 간에 협력적인 상호 작용을 촉진하기 위해 팀 보상, 개인적 책무성, 공평한 성공 기회의 제공 등 3가지 핵심 개념을 기초로 한 수업 방법이다. 협동 학습 모형은 경쟁적인 학습이나 개인적 학습에서 일부 학습자만이 성공 기회를 얻을 확률을 줄이고, 모든 모둠원들이 자신의 능력에 맞는 과제와 역할을 수행함에 따라 균등한 성공 경험을 갖도록 한다. 이러한 성공 경험은 바람직한 자아상과 학습 과제에 대한 긍정적인 감정을 토대로 자아존중감, 사회성, 대인 관계 개선, 타인 배려, 학습 태도 개선 및 학습 동기를 유발하도록 한다.

협동학습 모형은 학습 효과를 촉진하는 5가지 기본 요소를 갖고 있다. 첫째, 팀원 간의 상호의존적인 관계이다. 이질적인 집단 구성을 통해 갈등의 요인이 발행할 수 있지만 사회적 학습의 기회에 중점을 두기 때문에 팀의 목표를 위해 헌신하도록 한다. 둘째, 팀 활동으로 진행되는 학습 구조로 모든 구성원이 서로 지원하고, 격려하며, 칭찬하면서 스포츠팀처럼 활동한다. 셋째, 팀의 모든 구성원이 자기 역할에 대한 책무성과 책임감을 갖고 소집단 활동에 참여함으로써 최대의 성과를 올릴 수 있다. 넷째, 팀 활동을 위한 대인관계 기술로 상호 이해와 신뢰, 의사소통, 상호 수용과 지원, 갈등의 해소와 같은 기술을 학습할 수 있다. 다섯째, 팀 반성으로 수행 결과에 대해 모둠 활동을 반성하도록 한다. 이러한 기본 요소를 갖고 있는 것이 협력적 학습 전략과 구별되는 협동 학습 모형의 특징이다.

협동 학습 모형은 모든 학습자에게 동등한 학습 참여 기회를 보장하고, 교사 중심이 아니라, 학생 중심의 수업을 함으로써 수업 방법의 민주화라는 측면에서도 의의가 있다. 그러나 수업의 주도성은 교사가 갖고 있다. 교사는 학습할 과제와 팀의 구성, 팀 활동에 소요되는 시간, 학습 지원, 운동 수행과 사회적 행동의 기준 등을 결정한다. 그러나 학생이 주어진 과제를 수행하는 동안에는 그 주도성이 바뀐다. 협동 학습 모형에 적합한 수업 전략으로는 과제의 구조에 따라 학생 팀 성취 배분(Student Teams-Achievement Divisions: STAD), 팀 게임 토너먼트(Team Games Tournament: TGT) 그리고 직소(JigsawI·II) 방식이 있다(유정애 외 8인, 2003).

첫째, 학생 팀 성취 배분(STAD)이다. 이 구조는 먼저, 학생을 여러 팀으로 나눈다. 각 팀은 동일한 학습 과제와 필요한 자원을 부여받는다. 교사는 1차 연습 시간(15분에서 20분 정도)을 학생에게 제시하고, 팀별로 연습하도록 한다. 이 시기가 끝나면 학습한 내용에 대해 시험을 치른다. 시험은 실기시험, 퀴즈, 또는 기타 형태의 수행평가로 이루어진다. 모든 팀원의 점수가 합쳐져서 팀 점수가 된다. 팀 점수를 공개하고, 교사는 협동 과정에 대해 학생과 토론하고, 팀의 상호작용을 높일 수 있도록 조언한다. 그 다음 팀은 동일한 과제를 다시 반복해서 연습한다. 이때, 팀은 협동심을 강조하고, 모든 팀원들의 점수를 높이는 데 중점을 둔다. 2차 연습시간이 주어지는데, 이때, 모든 팀원들과 팀 점수가 1차 시험보다 높아야 한다는 것을 알려 준다. 두 번의 시험에서 향상도에 따라 팀 점수가 부여된다. 개인별 점수는 발표되지 않고, 팀 점수만 발표되므로 팀 내 협동을 유발한다는 특징이 있다.

둘째, 팀 게임 토너먼트(TGT)이다. 이 구조는 먼저, 학생을 팀별로 나누고, 팀별로 학습 과제를 1차 연습한다. 1차 연습이 끝나면 팀별로 시험을 치른다. 각 팀에서 1등, 2등, 3등, 4등 점수를 받은 사람은 다른 팀에서 같은 등수인 학생의 점수와 서로 비교한다. 즉 1등은 1등끼리, 2등은 2등끼리 점수를 비교한다. 각 비교 쌍별로 높은 점수를 얻은 학생에게 일정한 상점을 부여한 후 2차 연습을 한다. 연습 후에 다시 시험을 치르고, 1차 때와 마찬가지로 같은 등수끼리 점수를 비교한다. 게임이 끝난 후에 가장 높은 점수를 받은 팀이 승리 팀이 된다. 그 과정에서 팀원 사이의 협동이 조장된다. 이 방법의 가장 좋은 점은 운동 기능이 낮은 학생도 자기 팀의 성취를 위해 공헌하고, 신체활동에 대해 자신감을 갖도록 한다.

셋째, 직소(Jigsaw) 방식이다. 직소 방식은 직소I과 직소 II가 있다. 직소I은 먼저, 학생을 팀으로 나누고, 각 팀별로 여러 과제(기술, 지식 영역, 또는 게임)를 익히도록 한다. 테니스 단원의 경우, A팀은 포핸드 드라이브의 요소와 단서를 학습하고, B팀은 백핸드 드라이브, C팀은 게임 규칙과 점수 계산법 등을 학습한다. 모든 팀원들은 자신의 팀에 할당된 과제를 익힌 후에 교사가 되어 다른 팀에게 그 내용을 가르쳐 준다. 포핸드 드라이브를 익힐 때, A팀이 교사가 되어 B팀과 C팀에게 가르쳐 준다. 평가는 다른 팀을 지도하는 지도 능력에 기초하여 이루어진다. 직소II는 각 팀원들이 주제나 기술에 대한 전문가가 되기 위해 세부 요소를 익힌다. A팀에서 학생 1은 포핸드 드라이브, 학생 2는 백핸드 드라이브, 학생 3은 게임 규칙과 점수 계산법을 익힌다. B팀과 C팀도 이와 같은 방식으로 학습이 이루어진다. 팀원이 할당된 학습 내용을 모두 익히면 각 팀에서 동일한 주제나 기술을 학습한 학생끼리 모여 전문가 집단을 구성한다. 전문가 집단은 자신이 배운 내용을 서로 공유한다. 전문가 집단 모임 후 전문가들은 자신의 원래 집단으로 돌아가 배운 것을 다른 팀원들에게 가르쳐 준다. 이러한 방법은 동료 교수를 통하여 다른 학생을 가르칠 수 있다.

〈표 8-8〉 협동 학습 모형의 수업 예시

학습단계	학습과정	교수-학습 활동	시간	자료 및 유의점
들어가기	준비활동	▷ 동기유발 · 디스크골프 동영상 자료 시청하기 - 디스크골프를 잘하기 위한 방법을 생각해 보기	5′	· 건강상태가 좋지 않은 학생은 동료평가자, 또는 관찰학습을 하도록 한다.
	학습목표	▷ 학습목표 제시 · 모둠원들과 협동하면서 디스크골프 게임에 즐겁게 참여할 수 있다.		
활동하기	과제제시	▷ 게임내용 소개 · 모둠원들과 협동하면서 숫자 맞추기 · 모둠원들과 협동하면서 디스크골프 게임하기 ▷ 건강상태 확인 및 준비운동 · 원 주변을 가볍게 걷거나 뛰면서 몸 풀기	17′	· 교사는 모둠학습 과정과 사회적 상호작용을 관찰한다. · 모둠 성취 평가에서 금메달은 10%이상 단축한 모둠, 은메달은 5~9% 단축한 모둠, 동메달은 1~4% 단축한 모둠으로 한다. · 교사는 디스크골프에서 점수를 쓸 때, 자신의 점수를 다른 학생이 기록할 수 있도록 안내한다. · 평가는 모둠 점수, 개별 향상도, 모둠 향상 점수 등 다양한 방법을 활용하도록 한다.
	모둠별 성취 배분의 과제구조 (STAD)	▷ 모둠원들과 협동하여 플라잉디스크로 과녁의 숫자 맞추기 · 모둠은 3분 동안 플라잉디스크로 숫자판 맞추기를 연습하기 · 3분 동안 각 모둠원들은 플라잉디스크로 숫자판 맞추기를 하고 모둠 점수는 모든 모둠원들의 숫자의 합으로 하기 · 각 모둠은 3분 동안 높은 숫자를 맞추기 위해 동료를 가르쳐주거나 연습하기 · 3분 후 각 모둠원들은 숫자 맞추기를 하고 모둠 점수는 모든 모둠원들의 숫자의 합으로 하기		

활동하기	팀 게임 토너먼트의 과제구조 (TGT)	▷ 모둠원들과 협동하면서 디스크골프하기 • 3분 동안 플라잉디스크를 목표물에 던져 넣기를 연습하기 • 3분이 거의 지나면, 각 모둠원들은 파3 한 홀의 디스크골프를 실시하고 자신의 점수를 스코어카드에 기록하기 • 1등은 1등끼리, 2등은 2등끼리, 3등은 3등끼리 점수를 비교하기 • 3분 동안 다시 연습하기 • 3분 후 모든 학생은 파3 한 홀의 디스크골프를 실시하고 자신의 점수를 스코어카드에 기록하기 • 각 모둠에서 1등인 학생은 다른 모둠의 1등과 점수를 비교한다. 2등, 3등도 같은 방법으로 점수를 비교하기 - 5위 : 모둠 점수는 1점 - 4위 : 모둠 점수는 2점 - 3위 : 모둠 점수는 3점 - 2위 : 모둠 점수는 4점 - 1위 : 모둠 점수는 5점 가장 높은 점수를 받은 모둠이 승자가 되기	14′	
나오기	정리 및 반성하기	▷ 정리운동 • 근육을 풀어주기 위해 원 주변을 가볍게 걷거나 뛰기	4′	• 활동에서 느낀 점을 반성하고 자신의 활동을 수정하려는 의지를 지닌다.
		▷ 활동 반성 및 평가 • 수업 중 재미있었던 점 힘들었던 점 등을 발표하기 • 모둠원들에게 도움을 어떻게 주었는지 발표하기		

마. 이해중심 게임수업 모형

이해중심 게임수업은 학생의 게임에 대한 흥미 증가, 경기 상황에 대한 풍부한 이해, 게임능력을 향상시킬 수 있다(류태호 외 6인, 2007). 이해중심 게임수업은 분절적인 기능 지도 후에 게임을 가르치던 전통적인 방식(기능중심 게임수업)의 대안으로 제시되었다. 사실 전통적인 게임수업 방법에서 여러 가지 문제점이 지적되었다(Bunker & Thorpe, 1982).

첫째, 운동 기능의 수행에 초점을 맞추다 보니 성공을 맛보지 못하는 학생이 많다.

둘째, 운동 기능을 다양하게 활용하지 못하거나 상황 판단력이 발달하지 못한 학생에게 게임을 바르게 이해하지 못하도록 한다.

셋째, 수업 시간에 가르친 운동 기능이 실제 경기를 할 때, 활용되지 못한다.

넷째, 기능 습득 기간에는 동기유발이 잘 되지 않는다.

다섯째, 기능 중심 수업은 기본 운동기능에서 평균 능력을 가진 학생을 대상으로 한다.

이해중심 게임수업은 위와 같은 문제를 해결하기 위해 부분적인 기능의 학습보다는 게임을 실제로 행하는 가운데 필요한 전략 및 전술을 강조하는 수업 방법이다(안양옥, 2002). 교사는 학생이 농구형 게임의 슛을 배우는 과정에서 단순히 슛의 기능을 반복하는 것이 아니라, 실제 농구 게임 상황에서 필요한 슛의 전략인 '속임수' 동작을 학습할 수 있도록 해야 한다. 이 과정에서 사용되는 경기 규칙 및 도구, 경기장의 모양, 크기, 인원수 등은 적절히 변용하여 활용할 수 있다. 일련의 학습 과제들은 유사한 게임상황으로 계획하여 변형 게임 또는 정식 게임으로 이끌어가는 특징이 있다. 이 모형의 핵심은 전술로, 전술은 게임을 수행하는데 필요한 전략과 기술의 결합체라고 볼 수 있다. 이해중심 게임수업 모형에서는 인지적-심동적-정의적 영역으로 학습의 우선순위가 부여된다. 이해중심 게임수업은 학생에게 게임에 대한 흥미, 경기 상황에 대한 풍부한 이해, 게임 능력의 향상 등을 기대할 수 있다(류태호 외 6인, 2007; 유정애, 2013).

이해중심 게임수업은 '기술'에서 '전술'로, '어떻게'에서 '왜'로 게임 학습이 진행되어야 한다는 접근 방식이다. 이러한 관점의 의미를 파악하기 위해 이해중심 게임수업 모형의 개발과 발전 과정을 탐색하였다. 이해중심 게임수업 모형은 게임 상황에서 운동수행과 의사결정 능력을 개발하기 위해 6단계로 설계되었다(Bunker & Thorpe, 1982).

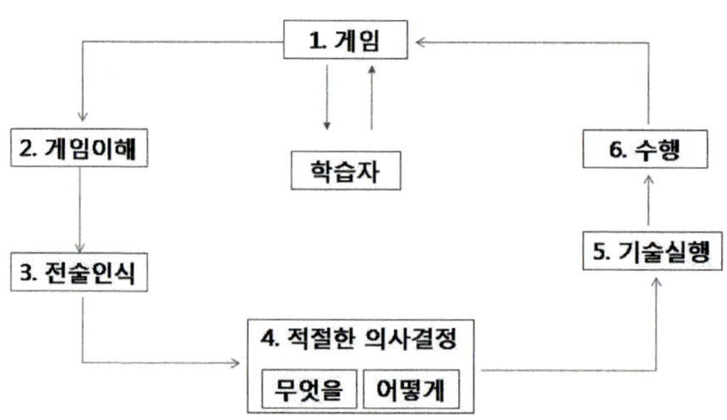

[그림 8-2] Bunker와 Thorpe의 이해중심 게임수업의 6단계

1단계는 학습자의 발달 수준을 고려하고, 하나의 게임 상황에서 발견되는 전술적 문제의 필요성이 강조된 변형게임으로 시작된다. 이 모형의 제안자들은 게임 유형들 중에서 네트형 게임이 맨 처음 제공될 것을 주장한다. 그 전략이 쉽게 이해될 수 있고 게임이 덜 복잡하다. 초등학교 고학년이나 중학교 학생은 이와 같은 네트형 게임 경험으로부터 많은 이점을 얻을 수 있다. 초기의 활동은 수정된 기구와 수정된 코트로 협동적 양식이 될 수 있다. 학생은 파트너와 일정 공간인 직사각형 형태의 공간에서 공을 던지고 받을 수 있다. 이 단계에서는 성인들이 하는 스포츠와 유사한 형태의 소규모 변형게임으로 게임이 지니고 있는 성격을 반영하되, 인원수, 공간, 장비 등을 변형한다.

2단계는 학생이 변형게임의 규칙들을 이해하는 부분에 초점을 두는 단계로 규칙의 범위를 제공한다. 게임 규칙들은 주어진 게임에 대한 시간과 공간을 제한한다. 농구에서 공은 3초나 5초 이상 잡고 있을 수 없다는 것을 적용한다든지, 축구의 경우 페널티에어리어를 작거나 크게 만드는 등의 공간 규칙을 적용할 수 있다.

3단계는 규칙에 내포되는 문제점과 규칙의 이해를 제시하는 전술적 인식 단계이다. 공격에서 좋은 공간을 만들어 내는 방법들, 수비하기에 좋은 공간을 만들어내는 방법을 사용할 수 있다. 간이배구에서 공을 띄우고 때리는 각도를 탐색하고, 스파이크를 함으로써 공격의 기회를 마련하며, 자신이 담당해야 할 수비공간을 예측하기 위해 각도를 세밀히 따지는 기회를 제공받는다. Bunker와 Thorpe(1982)는 "던지기의 기능이 다양한 게임에 전이 되듯이, 운동전술 지식도 전이된다."고 주장하였다.

4단계는 교사가 발문을 하고, 학생이 대답하는 의사결정의 단계이다. 이 단계는 무엇을 어떻게 할 것인가에 대한 의사결정을 강조한다. 학생과 교사가 의사결정시에 결점을 인식하고 찾아내는 데에 강조점을 준다. 배드민턴 게임에서 코트 뒤로 깊숙이 떨어지는 로브 샷이나 네트 바로 앞에 떨어지는 드롭샷의 중요함을 깨닫게 되면 로브 샷이나 드롭샷의 기술을 배울 수 있다.

5단계는 게임상황 내에 요구되는 특정한 상황이나 움직임을 실행하는 방법에 초점을 둔 기술 실행단계이다. 학생은 이 단계에서 운동기능이 제대로 수행되었는지의 여부를 판단할 수 있다. 이 단계에서 학생은 운동기능을 향상시키는 것에 관련된 판단을 내리기 위해 교사의 도움을 필요로 한다.

6단계는 게임에서 기능의 우수성과 전술적 수행의 효율성을 촉진하는 수행이 이루어진다. 이는 기술의 효율성뿐만 아니라, 전술적 실행의 적절성에 대하여 학교 수준 혹은 국가적 기준에 기초하여 학생의 수준을 분류한 단계이다.

〈표 8-9〉 이해중심 게임수업 모형의 수업 예시

학습단계	학습과정	교수-학습활동	시간	자료 및 유의점
들어가기	준비활동	▷ 동기유발 • 야구 선수의 홈런 장면의 동영상 시청 - 배트를 사용해 공을 원하는 곳으로 보내기 위한 방법을 생각해 보기	5′	• 건강상태가 좋지 않은 학생은 동료평가자, 또는 관찰학습을 하도록 한다. • 수행평가지를 미리 읽도록 하여 학습활동의 전반흐름을 이해하도록 한다.
		▷ 학습목표 제시 티볼 게임의 규칙을 이해하고 즐겁게 참여할 수 있다.		
		▷ 게임내용 소개 • 티볼 야구의 규칙과 방법을 소개하기		
		▷ 건강상태 확인 및 준비운동 • 가벼운 스트레칭 및 관절 풀기		
활동하기	게임실행	▷ 티볼 야구게임 실행하기 • 격 팀이 순서대로 모두 공격을 하면 공격과 수비를 교대하기 • 타자가 친 공이 3번 파울이 되면 아웃 • 주어진 시간 동안 많은 득점을 얻게 된 팀이 승리	10′	
	전략탐색	▷ 티볼 야구게임의 전략 탐색하기 • 주자가 있는(없는) 상황에서 공을 어느 곳으로 보내야 할까? • 남학생과 여학생의 공격 순서를 어떻게 정해야 할까? • 수비수 뜬 공(굴러오는 공)을 잘 받기 위한 방법은?	5′	• 전략 탐색 시작 전 판을 이용하면 학습자들의 구체적인 의사결정에 도움이 된다. • 규칙 등의 변형 시에는 학습자의 의견이 많이 반영되도록 한다.
	게임의 재구성	▷ 티볼 야구게임의 규칙·방법 등을 변형하기 • 남학생의 베이스를 여학생 보다 멀리하기 • 여학생이 친 공은 남학생이 땅에 떨어지기 전에 받더라도 아웃되지 않고 베이스에 공을 보낼 경우 아웃이 됨	15′	
	게임의 재실행	▷ 규칙과 방법 등이 변형된 티볼 야구게임 실행하기 • 남학생과 여학생이 교대로 타격을 하기 • 학습자의 게임수행능력이 충분히 발휘되도록 하기		

나오기	정리운동	▷ 정리운동하기 • 주 운동 시 많이 사용했던 근육 부위를 풀어주기	5′	• 게임활동을 통해 느낀 점을 솔직하게 반성하고 자신의 활동을 수정하려는 의지를 확인하도록 한다.
	수업반성 및 평가	▷ 게임활동 반성 및 평가하기 • 수업 중 재미있었던 점 힘들었던 점 등을 발표하기 • 오늘의 게임 왕 뽑기, 수행평가지 작성하기 ▷ 차시예고 • 간이야구 게임하기		

바. 스포츠 교육 모형

스포츠는 학교체육의 근간이 되는 활동으로 학교체육의 수업내용으로 자리를 차지하고 있다. 최근에는 생활 스포츠가 활성화되면서 우리 사회의 문화 활동으로 정착되고 있고, 이를 즐기는 사람들이 점차 증가하고 있는 추세이다. 이러한 스포츠의 가치를 올바르게 학습시키고자 하는 노력에서 스포츠 교육 모형이 태동하였다.

스포츠 교육 모형은 학생에게 스포츠 상황에서 나타나는 다양한 역할과 구조를 경험하도록 하는 데 초점을 두고 있다. 스포츠 교육 모형은 모든 학생에게 실제적이고 교육적으로 풍부한 스포츠 경험을 제공하기 위해 설계되었다. 이 모형은 스포츠 전반을 포괄적으로 가르치는데 적합한 수업 모형이다. 선수로서 스포츠를 즐기는 것이 아니라 팀에 대한 소속감, 공정한 플레이, 경기 예절, 스포츠 전통, 스포츠 감상, 경기 전략, 스포츠 리그 등 스포츠 종목과 관련된 모든 문화를 체험하도록 하는 6가지의 핵심적인 특성을 갖고 있다.

〈표 8-10〉 스포츠 교육 모형의 특성

특성	개요
시즌	전통적인 체육수업의 내용 단원보다는 시즌이라는 개념을 사용한다. 시즌은 연습기간, 시즌전 기간, 정규시즌 기간, 포스트 시즌을 포함한 장기간의 학습 활동을 의미한다. 이 모형은 최소 20시간 이상의 수업 시수를 필요로 한다.
팀 소속	학생은 한 시즌을 같은 팀에서 활동하게 된다. 팀의 일원으로 공동의 목적을 함께 추구하고 의사결정에 함께 참여한다. 성공과 실패를 경험하면서 팀 정체성을 만들어 가는 가운데 스포츠 교육 모형이 추구하는 학습 목표를 달성하기 위해 노력한다.
공식 경기	학생이 시즌을 어떻게 조직하고 운영할 것인지를 결정한다. 학생은 경기를 보다 공정하게 운영하고 적극적인 참여를 유도하기 위해 경기 규칙을 개정하기도 한다. 각 팀은 공식 경기 일정에 따라 장·단기 연습 계획을 세우며 경기에 참가한다.
결승전 행사	결승전 행사는 축제 분위기 속에서 진행되고, 모든 학생이 각자의 능력에 맞는 역할을 맡아 적극적으로 참가할 수 있도록 한다.
기록 보존	공식 경기를 통해 수많은 기록이 생산되고, 기록은 팀의 전략을 세우거나 팀원들 간의 관심이나 흥미를 유발하는데 사용할 수 있으며, 학생을 평가하는 데에도 활용할 수 있다. 팀 전력의 분석에도 활용된다.
축제	각 팀은 고유한 전통을 강조하는 팀 명칭을 갖는다. 경기장은 각양각색의 깃발과 현수막으로 장식하여 축제 분위기를 연출한다. 스포츠 교육 모형은 시즌과 경기를 축제 분위기 속에서 '함께 축하하는' 자리로 종료한다.

스포츠 교육 모형에서 학습 내용과 수업의 전체적인 운영 구조는 교사가 결정하고, 결정된 학습 내용을 전달하고 운영하는 것은 각 팀별 학생이 주도한다. 교사는 정보 제공자, 자료 제공자의 역할을 수행한다. 다음은 손천택과 박정준(2017)이 축구 단원에서 제시한 스포츠 교육 모형의 내용이다.

〈표 8-11〉 스포츠 교육 모형의 축구단원 운영 예시

차시	수업 주제	학습 활동	비고
1	· 모형의 소개 · 축구의 소개	· 단원 설명: 학습목표, 학생의 임무, 연습 방법 등 · 축구 경기의 주요 기술, 역사 등 · 주장 및 팀원 선정	· 월드컵 축구 경기 시청
2	· 패스의 기능	· 패스의 종류 및 기능 이해 · 패스 연습	· 축구공 충분히 준비
3	· 트래핑 기능	· 발, 무릎, 가슴, 머리를 이용한 트래핑 · 상황에 적합한 기능사용 · 동료의 트래핑 능력 평가	· 평가도구의 사전 개발
4	· 킥 기능	· 발 부위에 따른 킥의 종류 · 상황에 적합한 킥 연습	
5	· 드리블	· 드리블 연습하기 · 드리블 하고 슛하기 · 동료의 패스 능력 평가하기	
6-7	· 축구의 규칙과 전술 소개	· 축구 전략 알아보기 · 전략 연습 게임 · 축구 경기 규칙과 운영 절차의 소개	· 기능과 전략을 연습하는 게임으로 운영
8	· 연습 게임	· 경기에서의 역할 연습(심판, 기록원, 계시원 등)	· 팀별 연습경기 · 경기운영 요원 역할 교육
9-15	· 축구 시즌의 시작	· 4팀이 경기하는 동안 1팀은 경기 운영 역할 · 토너먼트의 누적 점수와 공식 기록 · 스포츠맨십 발휘에 대한 가산점	· 학생의 경기 운영 및 팀 활동 지원
16	· 결승전 · 시즌 종료	· 라운드로빈 토너먼트 · 자기 역할에서 능력발휘 · 축제 분위기 조성	· 학생은 각자의 역할에 충실 · 축제하는 분위기 조성

사. 탐구 수업 모형[13)]

탐구 수업 모형도 기능중심 체육활동의 대안적 수업 모형으로 스포츠 중심 프로그램에서 움직임 중심 프로그램으로 교육 내용의 범위를 확장하려는 의도를 갖고 있다. 첫째, 기초적 · 포괄적 움직임 기능의 발달을 가져온다. 둘째, 문제해결력 및 인지적 능력의 발달을 가져온다. 셋째, 표현력과 창의적 움직임을 개발한다.

13) 유정애(2013)의 체육 교재 연구 및 지도법의 내용을 발췌하여 수정하였다.

움직임 중심 지도방법으로 대표되는 탐구수업 모형은 문제해결, 탐색 지도, 학생중심 교수, 발견식 교수, 간접 교수 등 다양한 명칭으로 불려 왔지만, 교사가 움직임을 설명하고 시범보이기보다는 학생의 인지적 및 심동적 영역의 참여를 이끌어 내는 질문식 수업 방법을 사용하는 것이 특징이다. 교사는 학생의 사고를 끌어내는 질문을 통해 학생이 '움직임으로 대답'하도록 유도한다.

탐구수업 모형은 질문중심 수업의 독특한 특성을 가지고 있으므로 학생의 사고력, 문제해결력, 탐구력 등을 증진시키는데 활용할 수 있다. 이 모형은 움직임 중심의 프로그램에서 개발되었으나 현재는 모든 체육 내용을 지도하는데 효과적으로 활용되고 있다.

〈표 8-12〉 탐구수업 모형에서의 질문 형태

수준	질문의 형태	예시
지식	· ~을 보여줄래? · ~을 말해볼래?	· 배드민턴 복식 경기에서 서브는 누가 넣는지 말해 볼래?
이해	· ~을 설명해 볼래? · 왜, 어째서? · 어떻게 그렇게 됐지?	· 뜀틀을 뛰어 넘는데 왜 엉덩이가 걸렸을까?
적용	· 연관시켜 볼래? · ~와 얼마나 비슷한지 말해 볼래?	· 야구와 티볼이 얼마나 비슷한지 말해 볼래?
분석	· ~는 -과 어떤 점에서 차이가 나지? · 왜 ~하지 않았어? · ~을 분석해 볼래?	· 짧은 서브와 긴 서브는 어떤 점에서 차이가 나지? · 우리 반의 평균기록과 너의 기록을 분석해 볼래?
종합	· 만약 ~하다면 어떤 일이 생길까? · 변화가 생겼다면 어떻게 처리할 거니?	· 높이뛰기의 구르는 발을 바꾼다면 어떤 일이 생길까?
평가	· 반드시 해야 할 것이 뭐지? · ~하는 이유는 무엇이니?	· 배면뛰기를 하는 이유는 무엇이지?

아. 하나로 수업 모형

하나로 수업은 인문적 체육교육의 이상을 실현시키기 위한 한 가지 구체적인 실천모형이다. 체육활동을 겉으로는 기법적 차원(경기기능, 전략, 경기 방법 및 규칙 등)으로, 안으로는 심법적 차원(운동의 정신, 전통, 안목 등)을 하나로, 즉 통합적으로 체험함으로써 학생을 전인으로 성장하도록 하는 측면에 목적을 두고 있다. 교사는 기능적 측면뿐만 아니라, 체육활동 속에 담겨있는 의미, 정신, 전통과 안목을 통합적으로 체험할 수 있도록 인문적 지식(철학, 문학, 예술, 종교, 역사 등)과 서사적 경험(읽기, 쓰기, 말하기, 감상하기, 그리기 등)을 제공한다. 기법과 심법의 차원이 통합된 온전한 체육활동으로 입문함으로써 학생이 참 좋은 사람(전인)으로 성장할 수 있게 된다.

하나로 수업은 운동의 겉과 속을 구성하는 기법적 차원과 심법적 차원을 하나로 동시에 체험하기 위해서는 운동의 기술과 전술을 습득하고, 게임을 잘하기 위한 활동과 그 운동의 전통과 정신 그리고 안목을 이해하기 위한 활동을 모두 체험해야 한다. 그것을 성격상 「직접적으로 체험하도록 하는 것」과 「간접적으로 체험하게 하는 것」으로 나눌 수 있다.

직접 체험활동은 운동을 잘 하는 것과 관련이 있다. 학생이 기능, 전술, 게임을 기법적인 차원으로 직접 경험함으로써 운동을 기능적으로 잘 수행하도록 한다. 직접 경기에 참여하거나 운동기능의 연습, 촬영을 통한 동작분석, 전략과 전술 및 심판법, 기능 설명 및 향상도 점검을 위한 학습지 등이 있다. 이는 전통적인 체육수업과 그것의 발전적 형태로 진행되는 수업에서와 같은 기법적 차원의 효과를 얻을 수 있다.

간접 체험활동은 운동을 잘 아는 것과 관련이 있다. 운동의 안목, 정신, 전통을 심법적으로 간접 경험함으로써 학생이 체육활동을 문학, 예술, 역사, 철학, 종교적 관점으로 이해하고 온전한 체육활동 속으로 입문하도록 한다. 여기에는 위에서 말한 인문적 지식을 활용하거나 운동 속에 담긴 인문적 측면을 경험하도록 한다. 스포츠 시합 관람하기는 물론 운동에 관련된 음악이나 영화 감상, 스포츠관련 시 또는 소설 읽기, 동호회 방문하기 등이 있다.

하나로 수업 모형은 직접교수활동과 간접교수활동으로 학생을 가르친다. 교사의 수업행동 중에서 기법적 차원으로써 밖으로 드러나는 것을 직접 교수활동이라 하고, 심법적 차원으로써 학생의 마음 안으로 전해지도록 하는 것을 간접 교수활동이라 말한다. 직접 교수활동으로는 자기학습형, 지시전달형, 동료협동형, 탐구발견형, 시합대회형, 자유경기형 등이 있다. 이는 주로 교사가 설명하기, 조언하기, 시연하기 등을 통해 이루어진다. 간접교수는 사랑, 몸짓, 용모, 표정, 어조, 대화, 유머, 매너 등 교사의 무의식적으로 행해지는 자연스러운 행위를 의미한다. 그동안 잠재적 교육과정에 관한 연구에서 교사의 무의식적 행위들이 학생이 학습하는 과정에 커다란 영향을 미친다는 것을 알 수 있다. 하나로 수업은 학생의 인성을 바르게 하고, 스포츠를 다양한 시각으로 바라보도록 하는 측면에 의미가 있기 때문에 간접교수가 중요하다.

하나로 수업의 특징은 '터'와 '패'가 있다. 터는 수업활동이 이루어지는 공간을 말한다. 패는 수업활동을 수행하는 학생의 소집단 모둠을 가리킨다. 교사는 학생을 패로 조직하여 모든 수업활동을 한다. 각 터에서는 하기 · 읽기 · 쓰기 · 보기 · 듣기 등이 포함되는 다양한 수업활동이 이루어진다. 학생은 수업시간에 여러 가지의 직접적인 체험활동과 간접적인 체험활동들을 한 곳에서 수행하는 것이 아니라, 여러 곳의 터에서 동시다발적으로 진행한다. 그렇다고 매 차시를 직접체험과 간접체험으로 구성하는 것이 아니라 학습의 흐름에 따라 중점을 두는 활동을 터를 통해 운영할 수 있다.

하나로 수업에서 평가는 접합식 평가와 통합식 평가 등 두 가지 방법이 활용 가능하다. 접합식 평가는 낱낱의 과제들을 수행한 정도를 합산하여 총점으로 평가하는 방법이다. 통합식 평가는 하나의 틀 속에서 학생의 체험정도를 모두 찾아내 평가하는 방법이다. 즉 시합을 하는 시시각각의 상황에서 보여주는 각종 기술의 발휘 정도를 파악하고, 전술을 펼치고 경기를 운영하는 방식을 통하여 인지적 측면을 평가한다. 또한, 팀 동료와 상대방에 대한 태도와 행동을 통하여 태도적 측면을 평가한다. 그리고 이런 것들을 하나로 종합하여 기법적 차원과 심법적 차원에의 숙달 정도를 평가한다(최의창, 2010).

하나로 수업에서 통합적 방식은 교과 간 통합 및 연계를 가능하게 한다. 담임교사가 여러 교과를 운영하는 초등학교의 특성을 활용하여 체육수업 시간의 경험을 바탕으로 국어 시간에 글쓰기와 읽기 등을 할 수 있다. 음악과 미술 시간에는 다양한 작품으로 만들기를 할 수 있다. 도덕 시간에는 체육수업에서의 문제 상황 해결 및 갈등 해결을 위한 토론 및 가치 갈등 해결 수업이 가능하다. 이러한 통합적 접근을 통해 학생이 통합적 모습의 스포츠 활동에 입문할 수 있고, 스포츠 문화를 즐기며, 올바른 문화를 계승하는 체육교육의 목표를 실천할 수 있다.

〈표 8-13〉 하나로 수업 모형의 예시

학습단계	학습내용	교수·학습 활동	시간	자료 및 유의점
들어가기	건강 확인 준비운동 동기유발 학습목표 제시	▷ 몸이 불편해서 체육하기 어려운 학생 확인하기 ▷ 가볍게 원 주위를 돌고나서 스트레칭하기 ▷ 가장 인상적인 축구선수에 대한 경험 이야기하기 ▷ 축구 규칙을 적용하여 간이 축구 게임을 하고, 학급 응원 구호를 정하고 동작을 만들 수 있다.	5′	• 축구는 다리를 많이 사용하므로 줄넘기로 준비운동을 철저히 한다.
활동하기	학습활동 안내	▷ '하기터'에서의 활동 확인하기 ▷ '창작터'에서의 활동 확인하기		• 축구공 1개 • 학습지, 이젤, 캔트지 • 터를 바꿀 때는 질서를 지켜 이동하도록 한다.
	학습활동I	▷ 학습활동 I • 1, 2모둠은 '하기터'에서 간이 축구 게임을 하고, 3, 4모둠은 '창작터'에서 친구들과 학급 응원 구호와 동작을 만들고 연습하기	15′	
	터 바꾸기	▷ 터 바꾸기 : 호루라기 신호에 따라 터 바꾸기		
	학습활동 II	▷ 학습활동 II • 3, 4모둠은 '하기터'에서 간이 축구 게임을 하고, 1, 2모둠은 '창작터'에서 친구들과 학급 응원 구호와 동작을 만들고 연습하기	15′	
나오기	정리운동	▷ 정리운동하기	5′	• 응원 구호는 자신감 있게 발표하도록 한다. • 사용한 공은 반드시 학생들 손으로 정리하도록 한다.
	학습활동 정리	▷ 친구들과 간이 축구 게임을 하면서 재미있었거나 힘들었던 점 이야기하기 ▷ 축구게임하면서 모둠원들 사이에 가장 중요한 점 이야기하기 ▷ 모둠별로 만든 학급 응원 구호를 친구들 앞에서 1모둠부터 발표하기		
	차시예고	▷ 좋아하는 축구 선수나 축구 관련 기사를 모둠별로 모아서 축구 신문 만들기		

체육수업 모형을 말하다

1. 수업 모형과 교수스타일의 개념을 쓰고, 체육수업에서의 활용 방안을 기술하시오.

2. 자신이 가장 선호하는 수업 스타일을 하나 선정하고, 신체활동에 소극적으로 참여하는 학생에게 적용할 수 있는 구체적인 방안을 기술하시오.

3. 체육전담교사는 6학년 1반 학생이 개인적이면서 이기적인 행동을 하는 것을 보고, 이들에게 협동을 통해 공동체 의식과 서로를 배려하는 마음을 키우기 위한 수업을 계획하였다. 위의 체육전담교사가 생각하여 취할 수 있는 적합한 수업 모형의 구조 명칭을 세 가지 쓰고, 그 중 하나를 선택하여 볼링 게임수업을 계획하시오.

   ① 수업 모형의 구조 명칭 (㉠ ,㉡ ,㉢)
   ② 선택한 수업 모형에 따른 볼링 게임수업 계획

㉠ 선택한 수업의 구조: ( ) ㉡ 볼링 게임 계획:

참고문헌

고문수·엄혁주·송지환(2015). **초등체육수업론**. 파주: 교육과학사.

김용호 편저(2007). **체육과 교육학**. 서울: 레인보우북스.

류태호 외 6인(2007). **게임수업의 새로운 접근**. 대한미디어.

손천택·박정준(2017). **체육교수이론**. 서울: 대한미디어.

안양옥(2002). **초등학교 게임수업 탐구**. 서울: 도서출판 무지개사.

유정애 외 8인(2003). **체육수업 모형**. 서울: 대한미디어.

유정애(2013). **체육과 교재 연구 및 지도법**. 서울: 대한미디어.

최의창(2010). **인문적 체육과 하나로 수업**. 서울: 레인보우북스.

Bunker, D., & Thorpe, R. (1982). A model for the teaching of games in secondary schools. *Bulletin of Physical Education, 18*(1), 5-8.

제3부

체육수업의 실제

9장 체육과 수업 전개구조

10장 준비운동과 정리운동

11장 도전활동 체육수업 프로그램

12장 신체활동 프로그램 구안하기

체육수업을 운영하는 것은 쉬운 일이 아니다. 주어진 활동을 학생에게 단순히 전달하는 것으로 그치는 것이 아니기 때문이다. 학생에게 신체활동이나 학습내용을 어떻게 구성하여 운영해야 하는지, 학습목표를 달성하기 위해 어떠한 교수전략과 수업 모형을 활용해야 하는지 등 고려해야 할 내용이 많다. 그렇다고 매 차시마다 교수전략과 수업 모형을 활용하여 진행해야 한다는 것은 아니다. 다만, 학습자의 성장에 적합하도록 학습내용을 구성하여 운영하는 것이 교수자의 역할이기 때문에 이 부분에 많은 고민을 해야 한다. 교사에 의해 설계된 학습내용에서 주목해야 할 측면은 수업의 흐름을 제시하는 체육수업 전개 구조이다. 체육수업에서 어떠한 절차로 40분 단위의 한 차시를 운영해야 하는지를 고민해야 한다.

제3부 체육수업의 실제에서는 한 차시의 체육수업을 이끄는 체육과 수업 전개 구조와 체육수업에서 본 활동 전에 제시된 준비운동, 본 활동 후에 제시되는 정리운동을 탐색하였다. 그리고 체육과 교육과정에서 제시한 영역 중 기술형 스포츠인 도전 활동의 내용을 현장에서 운영하는 데 도움이 될 수 있는 도전 프로그램을 제시하였다. 그리고 신체활동 프로그램을 디자인할 수 있는 일련의 흐름을 제시하여 초등 예비교사들이 자신의 생각과 의견을 구체화할 수 있도록 하였다.

09

체육과 수업 전개구조

생각해보기

- 그동안 진행된 수업 전개구조의 문제점과 해결 방안은 무엇인가?
- 목표 중심의 체육과 수업 전개구조의 장점과 절차는 무엇인가?

체육수업은 학생과의 만남으로부터 시작된다. 학생이 운동장에서 수업을 하는 경우라면 교사는 먼저 운동장에 나와서 학생을 맞이할 준비를 해야 한다. 교사는 수업 시작을 알리는 수업 종이 울리면 학생이 운동장에 둥글게 그려져 있는 원 주위에 모일 수 있도록 안내를 한다(둥글게 원을 그릴 여건이 허락되지 않으면 학생의 실내화주머니를 원형으로 놓고 모이도록 하면 된다. 이때, 교과서도 실내화주머니 옆에 놓도록 한다). 이후 교사는 학생을 원 안으로 한두 걸음 들어오도록 하여 학습과제에 집중할 수 있도록 한 후 학습목표, 학습활동 그리고 학생이 지켜야할 약속을 안내한다.

그러고 나서 학생이 준비운동을 시작할 수 있도록 한다. 준비운동은 본 활동과 관련된 내용으로 학생이 수업에 참여할 수 있는 즐거운 활동으로 제시한다. 단순히 운동장 돌기나 매시간 마다 같은 동작이나 활동으로 준비운동을 한다면 학생들은 재미없고 지루함을 느낄 수 있다. 따라서 학생들이 새로운 신체 움직임을 통해 수업에 적극적으로 참여할 수 있는 본 활동과 연관된 내용으로 준비운동을 해야 한다.

> '나'는 2022 개정 체육과 교육과정에 따른 초등학교 3~4학년 지도서를 검토하는 과정에서 깜짝 놀랐다. 수업의 흐름으로 제시된 내용 중 준비운동이 수업의 맨 처음에 등장하였기 때문이다. 준비운동은 본 활동을 원활하게 수행하기 위한 사전 운동의 성격과 학습 효과의

> 극대화를 위해 활용된다. 따라서 수업의 도입부에 준비운동을 제시하면 안 된다. '나'는 지도서를 집필하는 A 교사와 통화를 하였다. A 교사는 모든 내용이 거의 완성되었고, 준비운동의 위치도 기존 지도서와 크게 다르지 않으니 그대로 진행하자는 것이었다. 결국 나의 의견은 불발되었다. 기존의 체제가 효율적인 준비운동의 성격에 따른 위치를 삼켜버린 것이다. A 교사는 "교사들이 준비운동의 위치를 생각하면서 수업을 운영하지 않는다."고 하였다. '나'는 A 교사의 이야기를 듣고 더 답답해졌다. 〈A 교사와의 대화중에서/2023.10.31〉

대부분의 교사들은 위의 인용문처럼 준비운동을 수업의 맨 처음에 진행하는 경향이 있다. 하지만 준비운동은 학생이 수업에 참여할 수 있는 몸을 만들기 위한 사전 운동인 동시에 학습 효과를 높일 수 있는 방안인 만큼 본 활동을 시작하기 바로 전에 진행하는 것이 가장 적합하다. 아래에 제시된 체육과 수업 전개 구조를 통해 준비운동과 정리운동의 위치를 바르게 알고 실천해야 한다.

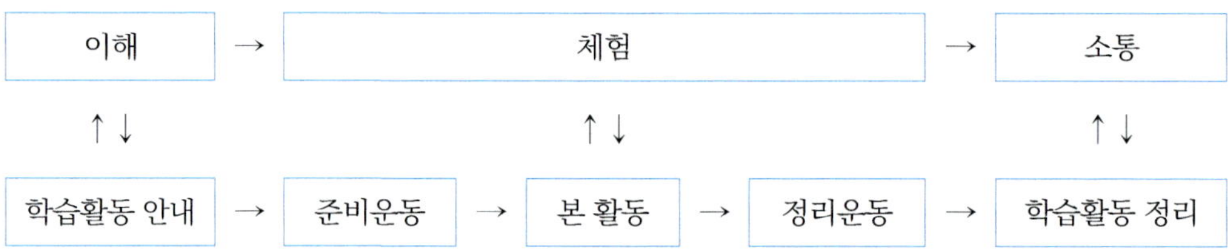

[그림 9-1] 체육과 수업 전개 구조

이제 여러분들은 체육을 지도하는 교사들이 수업의 시작 단계에서 준비운동을 하거나 운동장에 나오자마자 운동장 돌기나 체조 등의 준비운동을 하는 모습을 본다면 어떤 조언을 해야 할지를 이해할 수 있을 것이다. 교사들이 준비운동을 왜 해야 하는지에 관한 본질을 이해하고 실천하는 노력을 기울여 나간다면 좋은 체육수업을 위한 준비를 잘 하는 것이다. 앞으로는 현장 교사들이 준비운동의 중요성과 준비운동을 언제 해야 하는가에 관한 심도 깊은 탐색을 통해 좋은 체육수업을 전개해야 할 것이다.

한편, 체육수업의 진행 구조와 관련하여 지금까지의 체육수업을 보면 학생에게 통합된 인간을 육성하는 데 기여했다기보다는 심동적 측면을 강조하거나 냉정하게 지적하면 심동적 측면만을 경험할 수 있는 기회의 제공 수준에 그쳤다고 볼 수 있다. 이는 현행 체육수업의 진행 구조에서 문제점을 찾아볼 수 있다. 오랜 시간 동안 도입, 전개, 정리의 시간 단계 흐름에 의한 수업구조로 학생들과 체육수업을 하다 보니 체육교육에서 학생에게 무엇을 어떻게 가르쳐야 할 것인가가 명확하게 제시되지 못한 아쉬움이 있다.

도입에서 인지적 안목이나 정의적인 측면을 강조할 것인지 아니면 심동적인 측면에 대한 안목을 형성하는 데 도움을 줄 것인지 등 교사의 역할이 불분명하게 드러났다. 전개와 정리 또한, 도입과 마찬가지의 모습이다. 따라서 위와 같은 문제점을 해소하기 위해서는 교사들이 체육수업의 구조 속에서 무엇을 어떻게 해야 하는가를 명확하게 안내할 수 있는 새로운 수업 전개구조의 틀이 필요하다. 즉 심동적 · 인지적 · 정의적 측면의 내용을 포함할 수 있는 잔상이 머릿속에 떠오를 수 있는 그 무엇인가가 필요하다.

이 장에서는 도입, 전개, 정리에서 학생에게 제공할 수 있는 목표의 불명확성을 줄이고, 가르칠 내용이 무엇인지를 명확하게 안내할 수 있는 수업 전개구조로 이해, 체험, 소통의 구조를 제시하였다. 여기서 이해는 각 차시의 신체활동에 대한 인지적 이해와 정의적인 안목을 강화할 수 있는 다양한 발문과 신체활동 경험에 대한 학생의 반응을 점검하고, 자신의 수업에 대한 구체적인 목표가 분명하게 제시될 수 있도록 내용을 안내하는 단계이다.

체험은 신체활동에 관한 준비운동, 본 활동 그리고 정리운동을 일관성 있게 진행할 수 있는 체계적인 절차로 구성된다. 준비운동이나 게임을 활용한 준비운동을 구안하여 학생이 신체활동에 흥미를 갖고 참여할 수 있는 동인을 제공하는 단계이다. 체험활동에서는 개인 활동과 대인활동을 적절히 안배하도록 한다.

소통은 해당 주제에 대한 인지적 이해와 신체활동의 기본 운동기능 및 수업활동에서 모둠원들과의 상호작용 및 수업경험에 대한 느낌, 정서 등을 이야기하고 수업목표와 관련된 신체활동의 가치를 내면화하고 일상생활에서 실천을 다짐하도록 하는 단계이다.

〈표 9-1〉 체육과 수업 전개 구조의 이해

	이해	체험	소통
활동내용	• 학습내용 소개 - 활동내용의 역사 및 유래 - 학습 과제 설명 - 과제구조 등 • 학습목표제시 - 심동적, 인지적, 정의적 측면 중 우선순위 제시 • 교사의 수업 의도 - 학습자의 수업 역량 키우기	• 준비운동 - 활동을 원활히 수행하기 위한 사전운동 - 본 활동과 연계된 리드업 신체활동 - 스트레칭 • 본 운동 - 교수전략을 활용한 수업 - 수업 모형을 활용한 수업 (직접교수모형, 개별화 수업 모형, 협동 학습 모형, 이해 중심게임 수업 모형, 동료 교수 모형, 탐구 학습 모형, 하나로 수업 모형 등) • 정리운동 - 스트레칭으로 근육 이완하기	• 학습목표 확인 - 학습목표로 제시된 내용이 체험의 활동에서 학습자에게 의미를 제공하였는지의 유무를 의사소통하기 교사의 수업 의도 내용에 대한 의사소통
	과제설명 대형, 과제제시하기 (조직적 측면의 설명하기, 정보제공 측면의 설명하기)	수업대형 시범보이기 피드백	• 발문을 통한 학습 내용 확인하기 -수렴적 발문 -확장적 발문 • 역량확인하기
단계의미	각 차시의 〔신체〕활동에 대한 인지적 이해와 정의적인 안목을 강화할 수 있는 다양한 발문과 신체활동 경험에 대한 학생들의 반응을 점검하고, 수업에 대한 구체적인 목표가 분명하게 제시될 수 있도록 안내하는 단계	신체활동에 대한 준비운동, 본 운동 그리고 정리운동을 일관성 있게 진행할 수 있는 체계적인 절차로 구성된다. 준비운동이나 게임을 활용한 준비운동을 구안하여 학생이 신체활동에 흥미를 갖고 참여할 수 있는 동기를 제공하는 단계이다. 체험활동에서는 개인활동과 대인활동을 적절히 안배하여 구성	해당 주제에 대한 인지적 이해와 신체활동의 기본 운동기능 및 수업활동에서 모둠원들과의 상호작용 및 수업경험에 대한 느낌, 정서 등을 이야기하고 수업의 목표와 관련된 신체활동의 가치를 내면화하고 일상생활에서 실천을 다짐하도록 하는 단계

체육수업을 「도입, 전개, 정리」의 구조에서 「이해, 체험, 소통」의 구조로 재정립하는 것은 수업의 시작부터 마무리까지 심동적, 인지적, 정의적 측면 중 어느 부분에 우선순위를 두고, 운영해 나갈 것인가에 대한 안목을 형성하는 데 도움이 될 것이다. 여기서 제시한 수업 전개 구조는 한 차시의 수업을 이끄는 전체적인 흐름과 그 흐름 속에서 교사와 학생이 무엇을 어떻게 수행해야 하는지를 포함하고 있다.

좋은 수업은 교육내용을 의미 있게 구성하여 운영하는 것으로부터 출발한다. 교사는 학생이 학습목표를 달성할 수 있도록 수업을 이끌어야 한다. 이를 위해 한 차시의 수업을 이끄는 수업 전개구조에 대한 뚜렷한 인식을 갖고 있어야 한다. 준비운동은 언제 어떻게 해야 하는지, 수업을 운영하는 과정에서 교수전략과 수업 모형은 어떠해야 하는지 그리고 수업의 마무리 단계에서 교사와 학생이 어떻게 소통하면서 수업을 마쳐야 하는지 등 해야 할 일이 많이 있다. 교사는 해야 할 많은 일들을 최대한 조직화하여 한 차시의 수업을 구현해야 한다. 이렇게 한 차시 씩 진행되는 수업이 쌓여 가면 체육수업을 통해 학생의 성장이 빠르게 진행될 것이다. 그리고 이러한 성장의 결과는 곧 체육이 추구하는 전인적 인간형성의 목표로 귀결될 수 있다.

Q&A 묻고 답하기

체육과 수업 전개 구조를 말하다

1. 40분 단위의 한 차시 수업을 전개하는 체육수업의 흐름을 기술하시오.

2. 체육수업의 흐름을 '도입-전개-정리'의 구조에서 '이해-체험-소통'의 구조로 전개하는 수업에 대한 교육적 의미를 기술하시오.

3. 체육과 수업 전개 구조를 '이해-체험-소통'의 구조로 제시하는 방식에 대한 자신의 의견을 기술하시오.

10

준비운동과 정리운동

- 준비운동의 개념과 교육적 효과는 무엇인가?
- 게임을 활용한 준비운동의 장점은 무엇인가?
- 정리운동의 개념과 교육적 효과는 무엇인가?

1. 준비운동

가. 준비운동의 의미

준비운동은 단위 수업 시간에 필요한 본 운동을 원활하게 수행하기 위한 사전 운동으로 신체 상태를 적절한 수준의 긴장 상태로 전환하기 위해 실시한다. 준비운동은 근육의 이완과 관절의 유연성 증대뿐만 아니라, 심리적 안정성을 높여주고, 신체 상해를 방지하는 가운데 운동의 효과를 높일 수 있다(고문수·손천택, 2009). 준비운동은 운동 종목이나 활동에 따라 다르게 운영해야 한다. 예를 들면, 도전 활동에서 구르기를 할 때, 목, 허리, 다리 등의 관절 부위를 중심으로 신체를 유연하게 하는 데 중점을 둔다. 몸으로 표현하는 활동에서는 전신에 대한 스트레칭이 효과적이다.

준비운동은 교사의 교수 스타일에 따라 선택한다. 교사의 교수 스타일과 학생의 학습 방법은 다를 수 있다. 교사는 학습자의 특성을 고려하여 개별적 또는 모둠별로 준비운동을 할 것인지, 전체를 대상으로 할 것인지를 결정해야 한다. 직접 지도보다는 간접 지도에서 학생의 의사 결정 기회가 많으므로 수업 분위기는 준비운동 과정의 영향을 많이 받는다고 볼 수 있다. 수업 시간 40분 중에 준비운동, 본 운동, 정리운동에 시간을 알맞게 배정하여 수업을 진행해야 한다. 준비운동에 지나치게 많은 시간을 소비하여 본 운동 시간이 줄어서는 안 된다. 다만, 준비운동으로 본 활동과 연계된 리드업 신체활동이나 게임으로 준비운동을 하면서 학습자의 참여와 동기를 유발하는 경우는 준비운동 시간을 충분히 확보하는 것도 좋은 방안이 될 수 있다. 즉 준비운동의 내용을 본 활동과 연계된 신체활동으로 선정하여 운영할 수 있다.

나. 준비운동을 하면

• 근육의 이완 • 관절의 유연성 증가 • 심리적 안정	→	• 부상 방지 효과 • 운동 효과 극대화

다. 준비운동의 효과성을 높이려면

• 학생의 적극적인 참여가 중요	→	• 흥미 있는 다양한 도입 활동의 필요

라. 준비운동의 형태를 어떻게 개선할 수 있는가?

준비운동의 방법은 주변 공간을 고려한 신체 움직임이나 정적인 스트레칭 활동이 적합하다. 특히, 정적인 스트레칭은 근육의 유연성을 향상하고, 관절의 움직임을 부드럽게 하여 운동 수행에 적합한 몸 상태의 유지 및 부상 예방에 도움을 준다. 정적인 스트레칭과 더불어 게임을 활용한 준비운동을 하면 학생이 즐겁고 흥미롭게 준비운동에 참여할 수 있다. 준비운동으로 게임을 활용하면 체온 및 심박수, 호흡량 등을 증가시키고, 혈액 순환을 촉진함으로써 근육에 필요한 산소를 공급할 수 있다. 준비운동을 게임 형태로 제시하면 학생이 본 운동에 신체적으로나 심리적으로 안정감을 갖고 참여할 수 있다. 학생은 게임에 참여한 모둠의 리더나 조직원, 구성원의 역할을 담당하면서 책임감과 협동심을 경험할 수 있다. 우리는 운동이나 경기 전에 준비운동을 하고, 본 운동에 들어간다. 바람직한 운동 습관을 기르기 위해서라도 체육수업에서 준비운동 시간을 반드시 확보해야 한다.

마. 신체활동 게임을 활용한 준비운동[14)]

• 학생의 흥미 유발과 적극적인 참여를 조장한다.	→	• 근육의 이완 • 관절의 유연성 증가 • 체온, 심박수, 호흡량 증가 • 운동 중 부상 방지 • 심리적 안정감 형성 • 수업에 관한 흥미 유발

1) 언더오버 공 릴레이(상체 스트레칭)

[그림 10-1] 언더오버 공 릴레이 활동 모습

가) 활동 자료

배구공 또는 축구공(각 모둠에 1개씩), 콘 4개, 모둠 조끼

나) 활동 준비

① 18m 간격으로 양쪽에 콘을 세워 반환점을 표시한다.

② 각 모둠은 앞사람과 1m 간격으로 줄을 서고, 다리를 어깨 넓이로 벌린 상태로 준비한다.

---

14) 게임을 활용한 준비운동은 고문수·송지환·백준형(2021)이 집필한 『초등체육교수학습론』의 내용을 수정·보완하였다.

③ 모둠원이 한 줄로 서고 맨 앞사람은 공을 가지고 준비한다.

다) 활동 안내

① 신호가 울리면 뒷사람에게 다리 사이로 공을 전달하도록 한다. 다음 사람은 머리 위로 공을 전달해 주고 이 동작을 마지막 학생까지 반복한다.
② 마지막 학생은 공을 받은 후 앞으로 뛴다.
③ 앞과 뒤 2개의 콘을 돈 후 맨 앞줄에 서서 다리 사이로 공을 전달한다.
④ 처음에 앞에 있었던 학생이 공을 들고 맨 앞으로 올 때까지 계속한다.

라) 도움말

① 학생이 공을 주고받을 때 충돌에 유의한다.
② 공이 떨어지지 않도록 유의한다.
③ 게임장의 크기나 모둠 인원수의 변형이 가능하다.

2) 사이드 공 릴레이(상체 스트레칭)

[그림 10-2] 사이드 공 릴레이 활동 모습

가) 활동 자료

배구공 또는 축구공(각 모둠에 1개씩), 콘 4개, 모둠 조끼

나) 활동 준비

① 18m 간격으로 양쪽에 콘을 세워 반환점을 표시한다.

② 각 모둠은 앞사람과 60~70cm 간격으로 줄을 서고, 다리를 어깨 넓이로 벌린 상태로 준비한다.

③ 모둠원이 한 줄로 서고 맨 앞사람은 공을 가지고 준비한다.

다) 활동 안내

① 신호가 울리면 허리를 돌려 뒷사람에게 왼 쪽으로 공을 전달한다. 다음 사람은 앞사람과 반대 방향으로 공을 전달해 주고 이 동작을 마지막 학생까지 반복한다.

② 마지막 학생은 공을 받은 후 앞으로 뛴다.

③ 앞과 뒤 2개의 콘을 돈 후 맨 앞줄에 서서 왼쪽으로 공을 전달한다.

④ 처음에 앞에 있었던 학생이 공을 들고 맨 앞으로 올 때까지 계속한다.

라) 도움말

① 학생이 공을 주고받을 때 충돌에 유의한다.

② 공이 떨어지지 않도록 유의한다.

③ 게임장의 크기나 모둠 인원수의 변형이 가능하다.

3) 사물 릴레이(눈-손 협응 테스트)

[그림 10-3] 사물릴레이 활동 모습

가) 활동 자료

물체(콩주머니, 주사위 등) 8개, 바구니 4개, 콘 2개

나) 활동 준비

① 출발선을 콘으로 표시한다.

② 출발선 앞쪽 9m 지점에 바구니를 놓고 그 안에 주사위를 놓는다.

③ 출발선 뒤쪽 9m 지점에 빈 바구니를 놓는다.

④ 각 모둠은 출발선 뒤로 줄을 선다.

다) 활동 안내

① 신호가 울리면 첫 번째 학생은 출발선에서 9m 정도 떨어진 바구니로 달려간다.

② 바구니 안에 있는 사물을 가지고 달려와 뒤쪽 빈 바구니에 내려놓는다.

③ 다음 대기 학생의 어깨를 터치하면 다음 학생이 출발한다.

④ 모든 사물을 옮길 때까지 계속한다.

라) 도움말

① 물체는 던지지 말고, 바구니 안에 가볍게 내려놓아야 한다.

② 게임장의 간격을 넓게 하거나 좁히는 등의 변형이 가능하다.

③ 여학생 바구니 사이의 거리를 좁혀 남여가 대결할 수도 있다.

4) 카드 뒤집기

[그림 10-4] 카드 뒤집기 활동 모습

가) 활동 자료

카드(앞면은 백색, 뒷면은 청색, 27cm×19cm) 12~48개, 콘 4개, 모둠 조끼, 초시계

나) 활동 준비

① 가로 18m, 세로 9m 정도의 게임장을 콘 4개로 표시한다.

② 백색 모둠과 청색 모둠으로 나눈다.

③ 모둠별로 같은 수의 카드를 나누어 준다.

④ 카드를 게임장 여러 곳에 놓고 오도록 한다.

다) 활동 안내

① 게임장 밖에 마주보고 선다.

② 신호가 울리면 백색 모둠은 백색 면이 보이게 카드를 뒤집고, 청색 모둠은 청색 면이 보이도록 카드를 뒤집는다.

③ 제한된 2분 정도의 시간이 지나면 카드를 걷어서 개수를 비교한다.

라) 도움말

① 카드는 두꺼운 종이로 만들도록 한다.

② 카드 개수를 세지 않고도 카드를 쌓은 후 높이를 비교해도 된다.

③ 제한 시간과 카드 수, 게임장의 크기, 모둠 인원수의 변형이 가능하다.

5) 돔 앤 디시(Dome & Dish)

[그림 10-5] 돔 앤 디시 활동 모습

가) 활동 자료

접시 콘 32개, 콘 4개, 모둠 조끼

나) 활동 준비

① 가로 18m, 세로 9m 정도의 게임장을 콘 4개로 표시한다.

② '돔' 모둠과 '디시' 모둠으로 나눈다.

③ 접시 콘을 반은 똑바로 놓고, 반은 엎어 놓는다.

다) 활동 안내

① 게임장 밖에 마주보고 선다.

② 신호가 울리면 '돔'모둠은 똑바로 있는 콘을 모아서 자기 진영(콘 구역)으로 돌아오고, '디시'모둠은 엎어진 콘을 모아서 자기의 진영(콘 구역)으로 돌아온다.

③ 가능한 빨리 모든 콘을 모아서 자신의 콘 구역으로 돌아온 모둠이 이기는 게임이다.

라) 도움말

① 접시 콘 대신 유색 종이 접시를 사용해도 된다.

② 게임장의 크기나 모둠 인원수의 변형이 가능하다.

6) 꼬리잡기

[그림 10-6] 꼬리잡기 활동 모습

가) 활동 자료

콘 4개, 모둠 조끼

나) 활동 준비

① 가로 18m, 세로 9m 정도의 게임장을 콘 4개로 표시한다.

② 두 모둠으로 나눈다.

③ 모둠 조끼를 뒷주머니 또는 허리띠 사이에 넣는다.

다) 활동 안내

① 게임장 안에 마주보고 선다.

② 신호가 울리면 다른 모둠의 모둠 조끼를 뺀다.

③ 모둠 조끼를 빼앗긴 사람은 게임장 밖으로 나간다.

④ 한 쪽 모둠이 전부 없어질 때까지 게임을 진행한다.

라) 도움말

① 모둠 조끼 대신 수건이나 깃발을 활용해도 된다.

② 모둠 조끼를 허리에 묶거나 모둠 조끼를 손으로 잡고 있으면 반칙으로 경고 후 이를 어길 경우 퇴장 조치한다.

③ 게임장의 크기나 모둠 인원수의 변형이 가능하다.

마) 게임의 변형

① 상대 모둠의 모둠 조끼를 잡으면 바닥에 가볍게 떨어뜨린다.

② 자신의 모둠 조끼가 바닥에 떨어지면, 'help me'를 외친다.

③ 모둠 친구가 모둠 조끼를 주워 주면 다시 모둠 조끼를 뒷주머니에 넣고 게임에 참여한다.

7) 거북이 잡기

[그림 10-7] 거북이 잡기 활동 모습

가) 활동 자료

독수리를 표시할 조끼 3개, 초시계, 콘 4개

나) 활동 준비

① 18m×9m 넓이의 경기장을 콘으로 표시한다.

② 3명의 학생에게 독수리의 역할을 지정하고, 나머지는 거북이가 된다.

다) 활동 안내

① 독수리는 지정된 공간에서 주어진 시간 안에 가능한 많은 거북이를 잡아야 한다.

② 거북이는 독수리에게 잡히면 움츠린 거북이가 되어 자리에 앉는다.

③ 움츠린 거북이는 다른 거북이가 등을 치면 다시 풀려날 수 있다.

④ 독수리는 정해진 시간(30~60초) 안에 가능한 많은 거북이를 잡아야 한다.

라) 도움말

① 학생 간의 충돌에 유의한다.

② 시간을 늘리거나 줄이는 등 상황에 맞게 조절한다.

③ 독수리의 수를 늘리거나 줄이는 등의 변형이 가능하다.

8) 강아지와 고양이

[그림 10-8] 강아지와 고양이 활동 모습

가) 활동 자료

콘 4개

나) 활동 준비

① 12m 간격으로 3개의 선을 긋고, 가운데 선 양 쪽 1m 지점에 선을 긋는다.

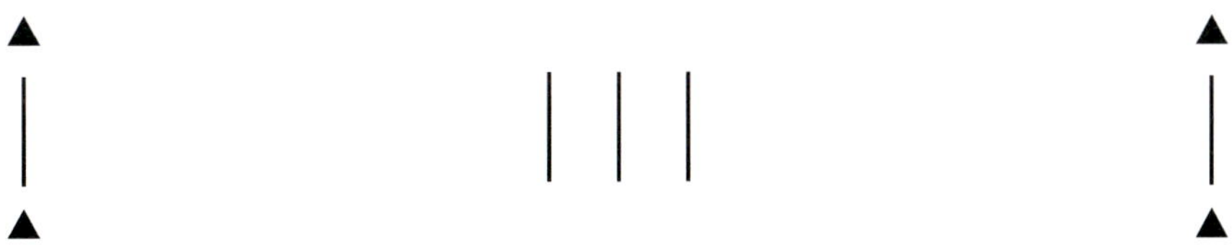

② 학생이 중앙선에서 한 발짝 씩 앞으로 간 후 서로 등지고 앉는다.

③ 중앙선을 기준으로 왼쪽 라인은 '고양이' 모둠, 오른쪽 라인은 '강아지' 모둠으로 나눈다.

다) 활동 안내

① 교사가 '강아지'를 외치면, '강아지' 모둠은 재빠르게 일어나서 자신의 안전 구역으로 달려가고, '고양이' 모둠은 '강아지'를 잡기 위해 뛴다.

② 교사가 '고양이'를 외치면 반대로 수행한다.

③ 잡힌 학생은 나오고, 다음 대기 학생이 게임에 참여한다.

④ 아무도 못 잡았을 경우 모둠 전체 학생이 나오고 대기 학생이 게임에 참여한다.

라) 도움말

① 학생 간의 충돌에 유의한다.

② 게임장의 간격을 늘리거나 줄이는 등의 변형이 가능하다.

9) 잘 피해 게임

〈잘 피해 기술〉

〈피해 기술〉

[그림 10-9] 잘 피해 게임활동 모습

가) 활동 자료

원이나 사각형을 표시할 테이프(체육관) 또는 줄긋기 기구(운동장)

나) 활동 준비

① 반지름 30cm의 원을 그린다.

② 가위 바위 보로 순서를 정하고 순서대로 원 주위에 선다.

다) 활동 안내

① 공격 방법은 '잘 피해'나 '피해'를 하며 상대방 신발을 옆으로 치는 것이다.

② 수비는 앞 사람이 '잘 피해'나 '피해'를 하고 착지할 때 피하거나 유리한 위치로 이동한다.

③ '잘 피해'는 원 안에 한 발로 들어갔다 나오면서 두 발로 착지하는 기술이다.

④ '피해' 는 원 안에 들어가지 않고 바로 옆으로 뛰어 두 발로 착지하는 기술이다.

⑤ '잘 피해'로 공격이나 수비할 때는 원 안에 들어가며 '잘', 나오며 '피해'라고 외쳐야 한다.

⑥ '피해'로 공격이나 수비할 때는 원 안으로 들어가지 않고, 옆으로 이동하면서 '피해'라고 외친다.

⑦ 순서를 정해 앞사람의 공격 방법을 따라 해야 한다. 맨 처음 사람이 '잘 피해'로 시작했으면 마지막 사람까지 '잘 피해'로 해야 한다.

라) 도움말

① 반칙을 한 사람은 다시 원 위치로 이동하고, 공격권은 다음 사람에게 넘어간다.

② 상대방 신발을 밟거나 발목을 치면 반칙이다.

바. 정적 스트레칭

13세 이하의 학생은 대부분 유연하기 때문에 별도의 스트레칭 운동이 필요하지 않을 수도 있다. 그러나 훗날 발생할 수 있는 신체 좌우 불균형의 예방 차원에서 스트레칭의 필요성을 인식시키는 것은 중요하다. 또한, 청소년기에 정규적인 스트레칭 프로그램에 참여하지 않게 되면, 스트레칭 능력이 빠르게 감소될 수 있다. 따라서 스트레칭은 조기에 실시할 수 있는 예방적 치료방법이고, 바람직한 습관을 형성하는 교육이라고 할 수 있다.

준비운동에 스트레칭 활동이 포함되어 있으면 활동을 간단하게 실시하면서 스트레칭의 목적을 설명해야 한다. 올바른 정적 스트레칭 활동은 신체의 모든 주요 근육부위를 풀어주는 움직임을 포함하는데 스트레칭을 하는 동안 10초 정도 근육이 이완되도록 하며, 약간의 긴장감이 느껴지도록 한다.

만약에 교사가 정규적으로 동일한 모둠을 지도한다면

- 학생을 소모둠으로 나누어 각각의 스트레칭 구분 동작을 연습하도록 한다. '순환하면서 순서에 따라 진행하는 방식'으로 활동에 참여시키면 학생의 집중력이 향상될 수 있다.
- 다음 차시 수업에는 특정 학생에게 교사의 역할을 맡도록 하여 소모둠 준비운동을 진행하게 한다.

다음은 준비운동이나 정리운동으로 할 수 있는 정적 스트레칭 활동의 일부 예이다.

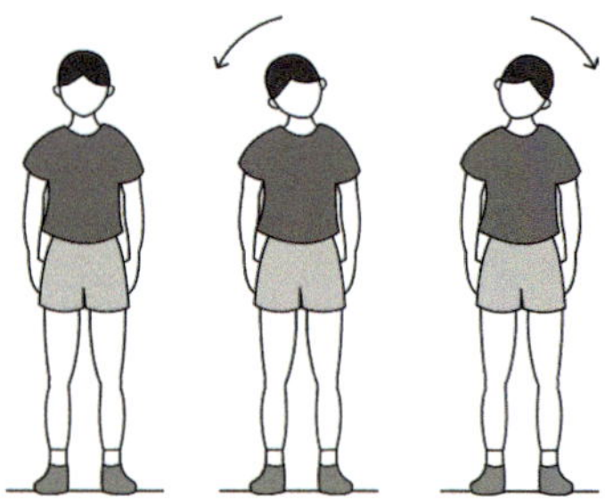

목 스트레칭

다리를 어깨 넓이로 넓히고 목을 왼쪽부터 시작하여 오른쪽으로 이동한다. 오른쪽의 경우, 오른쪽 귀가 오른쪽 어깨를 향하도록 천천히 움직인다. 10초간 스트레칭을 유지하고, 천천히 풀어주면서 처음 자세로 돌아온다. 이 동작을 반복한다.

어깨 스트레칭

다리를 어깨 넓이로 넓히고, 오른쪽 팔을 수직으로 올린다. 왼 손으로 오른 팔꿈치를 감싸고 아래로 당기면서 근육을 늘려준다. 편하게 호흡하면서 10초간 유지한다. 반대 팔도 동일한 방식으로 실시하고, 이 동작을 반복한다.

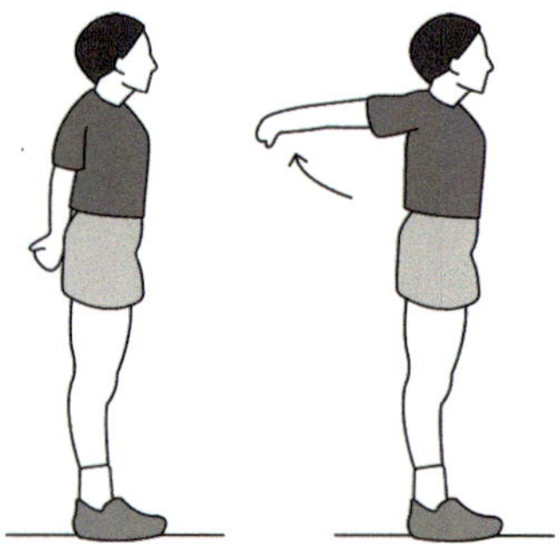

팔 스트레칭

다리를 어깨 넓이로 넓히고, 손가락 깍지를 끼고 두 팔을 들어 뒤로 최대한 뻗는다. 깍지 낀 손을 허리로부터 최대한 멀리 뻗은 채로 위로 천천히 올린다. 편하게 호흡하면서 손을 10초 정도 유지한 후 손을 푼다.

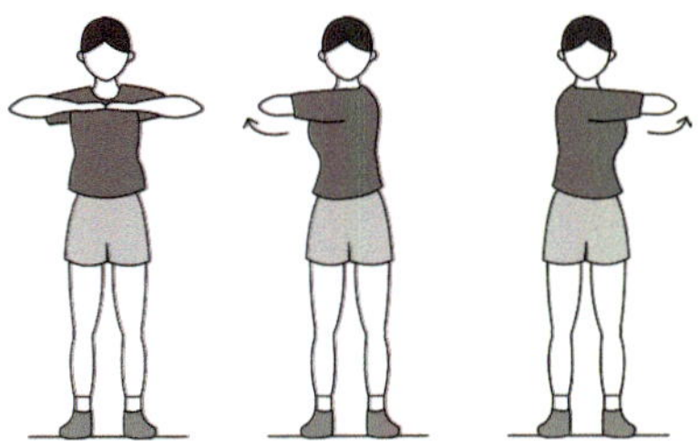

상체 스트레칭

다리를 어깨 넓이로 넓히고, 어깨 높이로 팔을 올려 손을 잡는다. 편하게 호흡하면서 천천히 오른쪽으로 더 나갈 수 없을 때까지 상체를 돌린다. 엉덩이와 무릎은 처음 자세로 유지하고 상체만 돌린다. 5초간 유지하고 천천히 처음 자세로 돌아온다. 이 동작을 양쪽 방향으로 계속 반복한다.

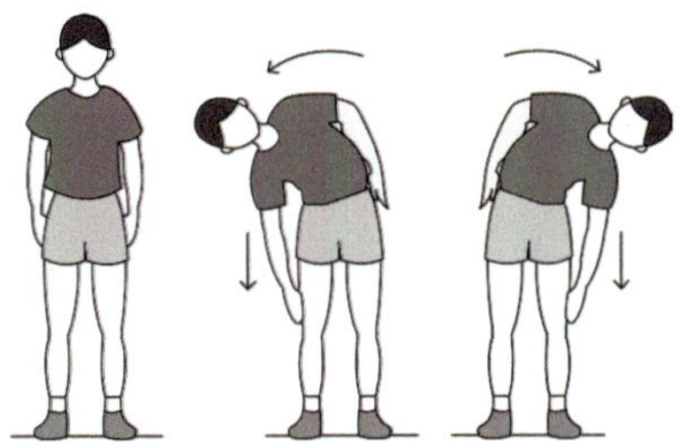

옆 측면 허리 스트레칭

무릎을 굽히기 좋게 하여 다리를 어깨 넓이로 하고 선다. 오른쪽 허리를 천천히 굽히고 오른 팔은 편하게 내려놓는다. 이때, 상체는 앞뒤로 굽히지 않도록 한다. 더 이상 굽힐 수 없을 때까지 허리를 굽히고 시선은 정면을 향하도록 하여 10초간 유지한다. 천천히 처음 자세로 돌아오고 반대쪽도 번갈아 시행한다.

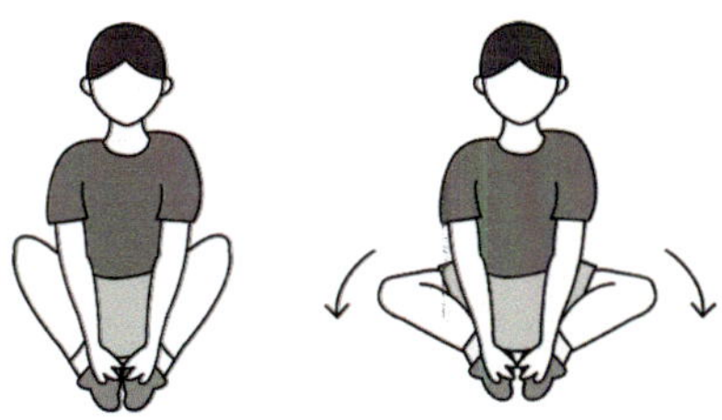

허벅지 안쪽 스트레칭

발바닥을 맞대고 책상 다리로 앉는다. 다리를 최대한 몸 쪽으로 당기고 무릎은 옆쪽으로 움직인다. 무릎을 바닥 쪽으로 천천히 누른다. 이때, 허리는 쭉 펴고, 10초간 유지한 후 동작을 반복한다.

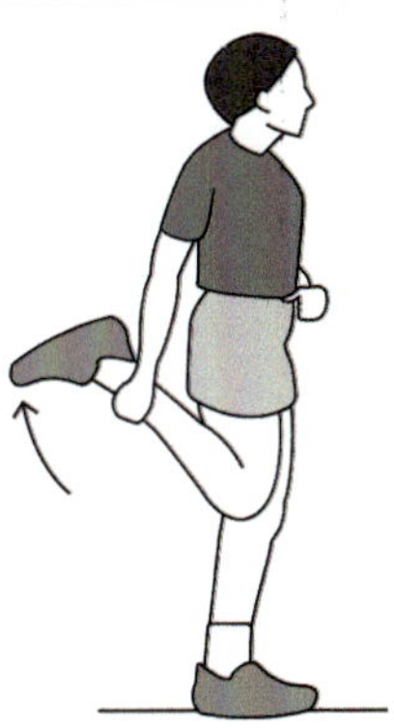

대퇴근 스트레칭

왼발로 서고 무릎은 편다. 오른쪽 무릎을 구부려 오른쪽 발목을 오른손으로 잡은 다음 발을 천천히 엉덩이 쪽으로 당긴다. 오른쪽 무릎은 바닥 쪽으로 향해 있어야 하고, 발을 엉덩이 쪽으로 들어준다. 이때, 몸이 앞쪽으로 기울어지지 않도록 주의한다. 호흡을 하면서 10초간 유지하고, 반대쪽도 번갈아 시행한다.

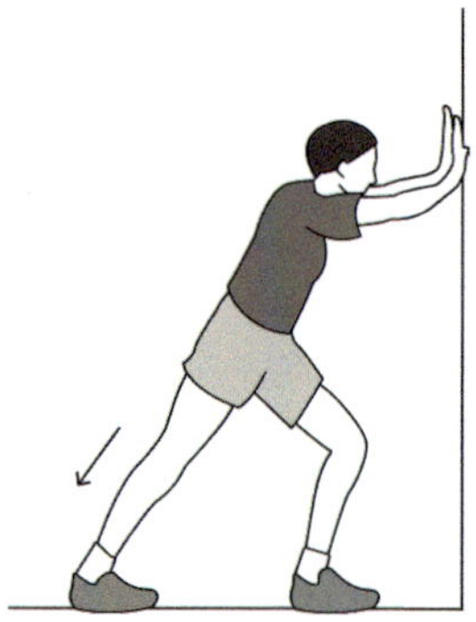

종아리 스트레칭

벽에서 1m 정도 떨어져 서서 왼쪽 발을 앞으로 내민다. 몸을 벽 쪽으로 기울인다. 벽에 몸을 의지한 채로 왼쪽 무릎을 구부리고 오른쪽 무릎은 편 채로 유지한다. 등은 곧게 세우고 뒤꿈치는 바닥에 댄 채로 유지한다. 이때, 종아리 중간 부위에가 약간 당길 수 있다. 편하게 호흡하면서 10초간 유지한다. 반대쪽도 번갈아 시행한다.

오금(Hamstring) 스트레칭

왼쪽 다리는 앞으로 쭉 펴고 발가락은 하늘을 향하게 한다. 두 손은 오른쪽 무릎 위에 놓고 엉덩이는 뒤로 빼고 허리는 천천히 눕힌다. 편하게 호흡하면서 왼쪽 무릎의 뒤쪽이 약간 당기도록 10초간 유지한다. 반대쪽도 번갈아 시행한다.

흥미 있는 고려사항

- 운동은 동물이나 사물 그리고 환경과 같은 주제와 관련하여 연습할 수 있다.
- '너무 많이 불면 풍선이 터진다.'는 간단한 표현을 통해 올바른 호흡법을 익힌다.
- 운동이 익숙해지면 학생에게 교사 기술을 익힐 수 있는 기회를 제공한다.
- 이전에 경험했던 스포츠 활동 사례를 통하여 운동의 다양성과 안전에 대한 가르침을 제공한다.

안전하고 효과적인 스트레칭의 5가지 원칙은 무엇인가?

① 개별성의 원칙: 각자 자신이 할 수 있는 정도로 한다.

② 전면성의 원칙: 신체의 여러 부위에 골고루 반복한다.

③ 의식성의 원칙: 목적과 스트레칭 부위를 명확히 인식한다.

④ 계속성의 원칙: 매일 꾸준히 실시한다.

④ 점증성의 원칙: 서서히 운동 강도를 높인다.

스트레칭 시 주의 사항은 무엇인가?

① 강도 - 약간 당기되 아프지 않을 정도로 한다.

② 반동 금지 - 지그시 눌러 주는 정도로 한다.

③ 호흡은 자연스럽게 - 늘려 줄 때 내쉬기를 한다.

④ 각 동작마다 15~30초 동안 유지한다.

⑤ 운동 전후 - 운동을 할 수 있는 최적의 몸 상태를 만든다.

사. 파트너 운동

파트너 운동 또한, 준비운동의 한 과정으로 구성할 수 있다. 하지만 학생이 교사의 지도에 잘 따르지 않으면 개인 운동보다 부상의 위험이 더 높을 수 있기 때문에 항상 주의를 갖고 지도해야 한다. 다음은 비슷한 신장과 체격을 가진 학생끼리 함께할 수 있는 파트너 운동 중 몇 가지를 열거하였다. 이러한 운동은 학생의 준비운동에 큰 도움이 될 수 있다.

둘이서 손잡고 돌기

이 운동은 둘이서 손을 잡고 다섯 가지 방향으로 천천히 수행할 수 있으며, 협응성을 향상시키는 데 효과적인 운동이다.

원 밀기

2명의 학생이 팔 길이 정도의 적당한 거리를 유지하고 마주보도록 한다. 양손을 서로의 어깨에 올리고 체중을 실어 앞으로 기댄다. 이 자세로 하체를 이용해 시계방향이나 반시계방향으로 원을 그리며, 천천히 움직이도록 한다.

원 당기기

2명의 학생이 서로 손을 잡고, 발 앞 끝을 붙인다. 그리고 뒤로 천천히 당기면서 시계방향이나 반시계방향으로 원을 그리며 천천히 움직이도록 한다.

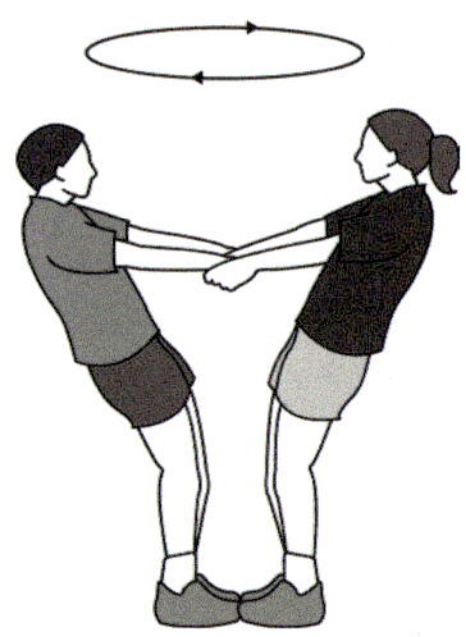

다리 올리기

한 명은 벽을 등지고 서고 두 다리를 최대한 똑바로 편 상태에서 한 쪽 다리를 들어 앞으로 올린다. 파트너는 수행하는 학생의 다리가 약간 당길 정도로 들어준다. 다리를 내리기 전 10초 간 유지한다.

2. 정리운동

본 운동 후에 실시하는 정리운동은 심박수와 호흡을 원래 상태로 회복하도록 하는 운동이다. 근육의 피로를 풀어 주고 혈액 순환을 돕는다. 만약, 운동 후 즉시 정리운동을 하지 않으면 혈액 순환에 장애가 생기고 피로감과 어지럼증을 유발할 수 있다. 정리운동은 근육의 결림을 예방하고 근육을 이완해 주기 위해 가벼운 조깅과 정적인 스트레칭으로 구성하는 것이 바람직하다. 정적인 스트레칭은 준비운동을 할 때 실시했던 과정과 비슷하다. 다만, 짝 스트레칭은 자칫 잘못하면 부상을 입을 수 있으므로 교사나 모둠장의 지도에 따라 하도록 해야 하며, 주의를 기울여야 한다.

교사는 준비운동, 본 운동, 정리운동을 할 수 있도록 균형 있게 시간을 배분해야 학습 목표를 달성할 수 있다. 수업 시간 내에 정리운동을 할 수 없으면 휴식 시간을 이용하도록 한다. 이러한 과정은 본 운동을 마치면 정리운동을 해야 한다는 바람직한 운동 습관을 형성하는 데 긍정적인 영향을 미칠 수 있다. 정리운동은 단순한 수업의 끝맺음이 아닌 상해 예방과 다음 수업 준비를 위해 필요한 활동이라는 점을 기억해야 한다.

준비운동과 정리운동은 언제 하는 것이 좋은가?

대부분의 교사들은 준비운동을 체육수업의 시작 단계에서 하는 경우가 있다. 준비운동은 본 운동을 잘할 수 있도록 준비된 몸을 만드는 것이라고 볼 때, 본 운동 전에 실시하는 것이 효과적이다. 준비운동의 내용은 몸 전체가 준비할 수 있는 상황을 만들면서 본 운동과 관련된 활동이어야 한다. 본 운동에서 가장 많이 사용하는 부위를 중심으로 준비운동을 해야 한다. 정리운동은 본 운동이 끝나고 바로 실시하는 것이 효율적이다. 대부분 정리운동을 체육 시간 종료 시점에 하는 경우가 많은데, 피로에 지친 몸을 다시 정상적인 상태로 만드는 의미에서 본다면 본 운동이 끝난 직후에 실시하는 것이 가장 효과적이다. 정리운동은 무리하게 하지 않는 것이 좋다. 숨을 고르게 쉬도록 하고, 긴장된 근육을 풀어 주는 정도가 바람직하다.

정리운동은 매우 중요하기 때문에 수업 종료시간이 연장되더라도 반드시 실시해야한다. 이러한 과정은 바람직한 운동 습관의 형성과 평생 교육 차원에서도 긍정적인 영향을 미치게 된다. 정리운동을 실시하지 않는 것보다는 차라리 주요활동을 짧게 하는 편이 더 바람직하다고 할 수 있다. 또한, 정리운동 시간은 교사가 학생로부터 개별적인 피드백을 제공받고, 핵심사항을 점검할 수 있는 좋은 기회가 된다.

Q&A 묻고 답하기

준비운동과 정리운동을 말하다

1. 준비운동의 개념과 효과를 설명하시오.

2. 준비운동의 효과를 높이기 위한 방안을 설명하시오.

3. 정리운동 및 스트레칭의 의미와 교육적 효과를 기술하시오.

참고문헌

고문수·손천택 역(2009). **재미있는 도전활동 수업**. 서울: 레인보우북스.

고문수·송지환·백준형(2021). **초등체육교수학습론**. 파주: 교육과학사.

11

도전활동 체육수업 프로그램[15)]

- 체육수업 프로그램을 구안할 때, 필요한 구성 요소는 무엇인가?
- 도전활동 체육수업 프로그램의 종류에는 어떤 것들이 있는가?

1. 도전활동 체육수업 프로그램의 개념

일반적으로 운동발달은 일정한 법칙이 존재하는데, 많은 연구자들은 이러한 법칙을 다음의 세 가지로 구분한다.

첫째, 태아 및 신생아의 운동발달은 두 측에서 미측의 방향으로 진행한다.

둘째, 운동발달은 중추부의 큰 관절에서 말초부의 작은 관절로 진행이 된다.

셋째, 운동발달은 손의 외측에서부터 요측 방향으로 발달해 간다. 물론 상호 신경지배의 법칙(reciprocal neuro-motor interweaving law)이 있기도 하지만 이것은 어떠한 운동이라도 그 발달의 시기에 있어서는 서로 대립하는 동작과 관련되어 있다고 하는 것이며, 굴곡(flexion)에는 신전(extension), 양측성(bilateral)에는 단측성(unilateral), 가동성(mobility)에는 안정성(stability)이라는 형식의 협력이 그 예이다.

운동발달에 대한 연구가 태아 및 유아 그리고 아동에 치우쳐 있지만, 이들 연구를 통해 운동발달은 평생에 걸쳐 일정한 과정을 통해 개발된다는 것을 알 수 있다. 운동 기능의 차이에 따라 다르긴 하지만 모든 운동발달은 일정한 과정을 거치고 다소 늦거나 빠

15) 고문수·엄혁주·송지환(2015)의 「초등체육수업론」의 내용을 수정·보완하였다.

를 수 있다. 예를 들어, 던지기 능력을 생각해보자. 유아의 던지기 능력은 아동기의 던지기 발달 과정과 다르지 않다. 동작의 부드러움이나 유연성에서 차이를 보이지만 발달 과정은 거의 비슷하다. 던지기 능력이 느리다고 해서 던지기 능력 발달이 이루어지지 않는 것이 아니다. 다만, 다른 학생에 비해 느리게 진행될 뿐이다.

학교체육수업은 운동 발달 측면의 시퀀스(sequences)가 존재해야 한다. 그래야만 학생들의 운동발달과 기능 발달이 체계적으로 발달한다고 볼 수 있다. 그러나 실제 학교 현장에서는 시수, 장소 등의 교육과정 운영 면에서의 어려움으로 체계적인 과정에 따라 수업이 이루어지지 않고 있으며, 평가를 위한 기능 연습이나 시간의 제약으로 인해 건너뛰기 수업이 이루어지고 있다. 도전활동 체육수업 프로그램은 이러한 어려움을 해소하고 교사들에게 체계적인 체육수업 프로그램을 제공하는 데 그 목적이 있다. 본 프로그램에서는 다음의 요소를 고려하여 구성하였다.

가. 학생의 요구에 의한 프로그램

아무리 좋은 목표도 학습자의 시간, 활동 규칙 등이 충족되지 않는다면 성취할 수 없다. 이 접근법을 택했을 때 충족되어야 할 원칙은 다음과 같다.

첫째, 신체활동 프로그램은 학생의 욕구와 흥미를 만족시킬 수 있도록 고안되어야 한다.

둘째, 신체활동 프로그램은 실질적인 면과 조직적인 모형 내에서 다양성과 균형을 유지해야 한다. 여기에서 다양성이란 숙련도에 따른 기술의 단계와 비경쟁적인 활동에서 경쟁적인 활동까지를 고려해야 한다.

나. 학생의 운동기능 발달 과정에 따른 프로그램

도전 활동은 달리고(running), 뛰고(jumping), 던지기(throwing) 등의 기본 운동기능을 익히는 과정에서 도전의 가치를 중요시한다. '도전'은 자신의 수준을 이해하고 받아들이며 새로운 목표를 이루기 위해 끊임없이 노력하는 태도를 추구한다. 어려움을 두려워하지 않고 도전하는 과정에서 자신의 가능성을 발견하며 성취의 기쁨을 누리면서 자신감과 함께 자기 계발 역량을 갖추도록 한다. 본 프로그램은 속도를 향상하여 자신의 기록을 단축하려는 속도 도전 활동과 자신이 수행할 수 있는 가장 정확하고 아름다운 동작을 추구하려는 동작 도전 활동의 의미와 특성을 이해할 수 있도록 운동 발달의 과정에 맞게 구성하였다.

속도도전 발달을 위해 속도를 높이기 위한 기본자세와 몸의 동작 등과 같은 기본 기능을 게임을 통해 익히고, 이를 통해 속도 도전 기록을 높일 수 있는 구체적인 운동 방법을 제시하였다. 동작 도전 또한, 더 나은 동작을 수행하기 위한 기본 기능을 익히고, 정확하고 아름다운 동작을 표현할 수 있는 방법을 게임을 통해 참여하도록 구성하였다.

2. 도전활동 체육수업 프로그램의 구성

도전 활동 체육수업 프로그램이 학생에게 최적의 경험으로 제공되고 학생의 긍정적인 심신 발달을 도모하기 위해서는 학생의 발달수준에 맞는 실행이 이루어져야 한다. 교사는 아래에 제시된 내용을 참고하여 도전 활동 체육수업 프로그램을 재구성하거나 변형시켜서 수업을 운영해야 한다.

첫째, 운동기능별 목록을 참고하여 학생의 발달 수준에 맞는 게임을 살펴볼 수 있다. 목록을 활용하면 각 운동기능 단계별 게임을 쉽게 찾을 수 있다. 목록은 운동기능별로 7~8단계로 작성되어 있고, 기능 발달 단계에 맞게 일목요연하게 정리하였다. 따라서 목록을 활용하면 각 기능별로 낮은 단계의 학생에게 적용할 프로그램과 높은 단계의 학생에게 적용할 프로그램을 선정하여 재구성하는 것이 가능하다.

둘째, 각 단계는 프로그램 진행과정과 장면에 대한 구체적인 설명을 안내하였다. 먼저 프로그램을 진행하는 데 필요한 제반 사항에 대해 소개하였다. 그리고 프로그램 장소, 준비물, 대상, 수업 진행을 위해서 필요한 목표, 진행과정, 활동 방법, 안전을 위한 고려사항, 이해를 돕기 위한 이론 등을 소개하였다.

셋째, 창의성과 인성 발달을 위한 인지적, 정의적, 심동적 목표를 살펴보도록 하였다. 본 프로그램은 학생의 전인발달을 위한 인지적, 정의적, 심동적 영역의 고른 발달을 추구하고자 하였다. 각 단계에는 세 영역에 대한 구체적인 성취목표를 제시하였고, 이에 따른 성취수준의 설정이 가능하다.

넷째, 활동 삽화를 제시하여 구체적인 동작과 기능을 이해할 수 있도록 하였다. 활동 삽화를 통해 세부적인 동작이나 기능을 쉽게 이해할 수 있도록 하였다. 무심코 지나칠 수 있는 부분에 대한 설명을 통해 운동 발달에 필요한 정보를 제공하였다.

다섯째, 기본적으로 필요한 운동 발달 이론이나 운동 기능에 대한 이론을 제시하였다. 운동 기능과 발달을 위해서는 정확한 이해가 선행되어야 한다. 운동 발달이나 기능에 필요한 이론을 알기 쉽게 제시하여 수업에 활용이 가능하도록 하였다.

3. 도전활동 체육수업 프로그램의 실제

가. 달리기(Running)[16)]

달리기는 단거리 달리기와 장거리 달리기로 구분할 수 있다. 다음은 단거리와 장거리 달리기에 대한 소개와 연습방법에 대해 기술하였다.

1) 단거리 달리기

달리기의 스피드는 '걸음 수×걸음 폭'으로 계산된다. 최고의 스피드를 내기 위해서는 두 요인을 증가시키거나 한 요인이라도 증가시켜야 한다. 달리기는 통상 400m 이하의 단거리 달리기와 1,600m의 이어 달리기와 허들 경기로 구성된다. 달리기를 할 때, 다리는 무게의 중심을 앞으로 밀거나 운반하는 역할을 담당한다. 밀기는 비교적 가볍게 두 발이 땅에 닿아 있어야 한다. 그리고 발소리를 줄이기 위해 올바른 발동작을 빨리 숙지해야 한다. 올바른 달리기 기술은 신체 에너지를 효율적으로 사용하는 것이지만 단거리와 장거리 선수의 달리기 기술은 다음의 표에서 보듯이 다르게 나타난다.

16) 이 내용은 고문수, 손천택(2009)의 『재미있는 도전 활동 수업』의 내용을 발췌하여 수정 · 보완한 것이다.

〈표 11-1〉 단거리와 장거리 동작의 차이점

	단거리	장거리
팔 동작	- 팔을 뒤로 빼는 동작은 단거리 선수에게 중요하다. - 팔을 뒤로 하는 동작은 반대 발의 균형을 잡아주므로 왼팔은 오른발을, 오른팔은 왼발의 균형을 잡아주는데 도움을 준다.	- 팔의 앞뒤 균형에 중점을 둔다.
다리동작	- 발의 볼록한 부분을 이용해 밀기 동작을 하면서 뛴다. - 걸음 폭을 더 크게 하기 위해 장거리 선수보다 무릎을 더욱 높게 올려준다.	- 발바닥 전체를 사용한다.

교사는 학생의 달리는 모습을 관찰하고 점검하면서 정확한 달리기 동작을 지도해야 한다. 예를 들어, 어떤 학생은 부드럽게 달리는 반면, 어떤 학생은 흔들거리거나 몸이 돌아간다면 다리동작의 수정을 통해 올바른 달리기 기술을 지도할 수 있다. 또한, 양손 모두 배턴을 잡고, 팔꿈치가 복부 정도의 위치에 고정되도록 하여 가능한 빨리 달리는 동작을 연습함으로써 다리 동작을 점검할 수 있다.

교사는 단거리 달리기 연습 시 다음의 사항을 주의해야 한다.

* 좋은 자세는 높고 편하게 한다.
* 머리는 10~20m 앞으로 전방 목표지점을 향하게 한다.
* 어깨로부터 올바른 팔 동작과 움직임을 관찰한다.
* 사이클 동작처럼 무릎 들어올리기를 한다.
* 당기고 밀기를 통해 힘찬 다리 움직임과 발뒤꿈치를 들어 올리도록 한다.

2) 장거리 달리기

장거리 활동은 달리기와 걷기이다. 이 두 가지 활동은 운동경기의 대부분을 차지한다.

* 달리기 - 크로스컨트리, 언덕과 고원, 길, 트랙
* 걷기 - 길, 트랙

초등학생에게 트랙이나 운동장 또는 교외 등지에서 장거리 활동을 지도하는 것은 쉽지 않다. 그리고 많은 학생을 데리고 언덕이나 고원, 산지 등에서 활동하는 것은 매우 위험할 수 있다. 교사는 교통안전을 보장하고, 급변하는 기후에 민감하게 반응해야 한다. 한편, 길에서 오랜 시간을 달리기 하는 것은 성장 발달 시기에 있는 학생의 무릎 관절의 문제를 야기할 수 있기 때문에 주의해야 한다.

학생은 기술 습득을 빠르게 받아들이지만 장기적인 흥미로 이어지진 못한다. 장거리 활동은 주 2회 정도가 적당하고, 근력수준에 맞게 활동을 결정하는 것이 바람직하다. 심지어 장거리를 달리는 것보다도 스피드와 지구력 강화에 중점을 두는 것이 중요하다. 장거리 달리기 활동은 주로 달리기의 페이스 조절, 휴식, 보폭에 대한 리듬과 호흡 패턴 등을 주요 항목으로 다루어야 한다.

이 장에서는 교사들의 체육수업 프로그램 개발에 도움을 제공하고자 8단계의 도전활동 프로그램을 소개하였다.

달리기 1단계 팔 모양과 보폭 달리하여 뛰어보기

장소	체육관 혹은 운동장	준비물	호루라기, 농구공

1. 창의성과 인성 발달목표

가. 인지적 목표: 빠르게 달리기 위한 팔 동작을 알고, 다양한 보폭으로 뛰어 보며 자신에게 적합한 보폭을 찾을 수 있다.

나. 심동적 목표: 팔 모양과 달리는 보폭을 다양하게 바꿔보며 빠르게 달릴 수 있다.

다. 정의적 목표: 다양하게 뛰어보면서 달리기에 흥미를 가질 수 있다.

2. 활동 방법

가. 3개 모둠으로 구성하여 3가지 다양한 모양의 달리기 구간(보통 달리기, 손 허리에 얹고 달리기, 농구공 들고 달리기)에 각 모둠이 서고, 교사의 신호에 따라 출발한다.

나. 달리기를 마친 학생은 다른 구간으로 이동하여 다른 동작으로 달리기를 실시한다.

다. 자신에게 적합한 팔 동작과 보폭을 알아보고, 빠르게 달릴 수 있는 방법에 대해 토의한다.

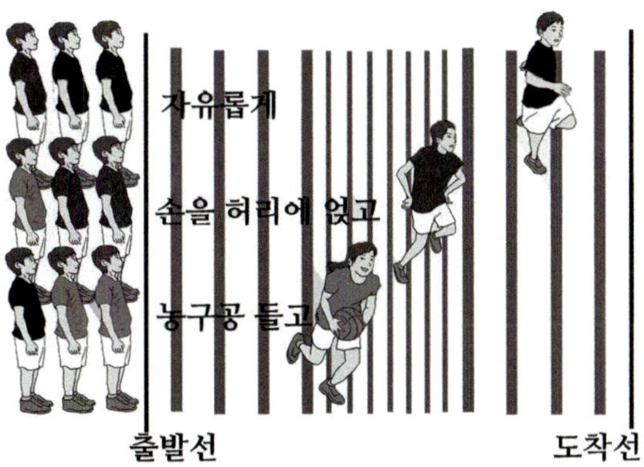

3. 지도 시 유의사항

가. 출발선과 도착선을 표시하고 학생의 평균적인 신장을 고려하여 보폭을 조절할 선 사이의 간격을 정하며 다양한 보폭 표시 선을 그어놓는다.

나. 주로 다리를 이용한 이동 움직임 관련 수업이기 때문에 하체를 중점적으로 풀어주는 준비운동을 실시한다.

다. 학생을 동일한 인원으로 구성하여 출발선에 서도록 한다.

4. 변화로 프로그램의 난이도를 높이자

가. 달리는 구간의 길이를 조정한다.

- 학생이 달려야하는 총 거리를 늘린다.

나. 팔 모양의 종류를 추가한다.

- 팔짱을 낀다거나 팔을 자유롭게 펴되 흔들지 않는 조건 등 팔 모양의 종류를 추가할 수 있다.

5. 안전교육

가. 허리에 손을 얹고 달릴 때에는 중심을 잃고 쓰러질 위험이 있기 때문에 무리하게 속도를 내지 않도록 한다.

나. 주어진 구간을 모두 달린 뒤 새로운 줄로 갈 때는 출발선에서 출발하여 달려오고 있는 학생과 충돌하지 않도록 안내한다.

6. 배경지식 이해하기

가. 바른 걷기의 자세

1) 걸을 때는 달리기와 다르게 두 발이 모두 땅에서 떨어져서는 안 된다. 한 발은 땅에 붙어있어야 한다.

2) 시선은 전방을 향한다.

3) 발끝을 앞으로 하여 걷는다.

4) 발바닥 전체를 사용하여 걷는다.

5) 팔다리를 자연스럽게 앞뒤로 흔들며 걷는다.

나. 바르게 달리는 자세

1) 몸의 중심을 앞으로 하여 출발 준비를 하고 출발 신호와 함께 앞으로 나아가야 한다.
2) 팔은 L자로 하여 앞뒤로 빠르게 흔들어야 한다.
3) 무릎은 높게 들어 올리고 발걸음을 크게 하며 달려야 한다.
4) 포기하지 않고 끈기 있게 끝까지 달리도록 한다.

다. 곡선 주로에서는 어떻게 하면 효과적으로 걸을 수 있을까?

1) 길의 특징을 머릿속에 잘 그려 놓고 걸어야 한다.
2) 곡선을 따라 걸을 때는 원심력이 발생하여 바깥쪽으로 몸이 쏠릴 수 있으므로 몸을 약간 안쪽으로 기울여 걷도록 한다.
3) 빠른 속도로 걸을 때에는 원심력이 발생하므로 자세에 주의하도록 한다.

달리기 2단계 먹이사슬 게임

장소	체육관 혹은 운동장	준비물	호루라기, 초시계, 줄긋기 기구, 역할 머리띠(사냥꾼, 곰, 토끼), 부착할 수 있는 그림(사냥꾼, 곰, 토끼)

1. 창의성과 인성 발달목표

가. 인지적 목표: 빠르게 달리기 위한 팔, 다리의 움직임을 게임을 통해 익힐 수 있다.

나. 심동적 목표: 빠르게 달려보면서 빠르게 달리는 운동능력을 발달시킬 수 있다.

다. 정의적 목표: 팀 게임을 통해 협동심을 기르고, 게임에 참여하는 적극적 자세를 신장할 수 있다.

2. 활동 방법

가. 3모둠으로 구성한 뒤, 각 모둠장이 제비뽑기로 사냥꾼, 토끼, 꿀벌 역할을 정한다.

나. 사냥꾼 모둠은 몸에 꿀 그림을 앞뒤로 한 장씩 총 두 장을 부착하고, 토끼는 고기 그림을, 꿀벌은 당근 그림을 동일한 방법으로 부착한다.

다. 5분 또는 10분간 사냥꾼 모둠은 토끼를 쫓고, 토끼 모둠은 꿀벌을 쫓는다. 다시 꿀벌 모둠은 사냥꾼을 쫓는 방식으로 게임을 한다.

라. 두 개의 먹이를 모두 빼앗겼을 경우, 게임구간에서 퇴장한다. 게임 중 지친 동물은 안전구간에서 한 발로 서서 쉴 수 있다. 안전 구간에서는 같은 모둠원이 3명 이상 있을 수 없다.

마. 마지막까지 먹이를 많이 모은 모둠이 승리한다.

3. 지도 시 유의사항

가. 한 게임이 끝난 후 어떻게 하면 먹이를 많이 모을 수 있는지, 빨리 달리면서 어떤 점을 알 수 있었는지, 안전구간의 전략적 활용 등에 대해 이야기를 나눈다.

나. 두 번째 게임 후에는 처음 기록과 두 번째 기록을 비교하고 어떤 변화가 있었는지를 이야기하도록 한다. 이를 통해 게임에 대한 올바른 자세, 노력 등을 제시한다.

4. 변화로 프로그램의 난이도를 높이자.

가. 각 구간의 기준을 조정한다.

- 먹이그림을 떼는 구간이나 중간에 쉴 수 있는 안전구간의 길이에 변화를 주어 게임의 난이도를 낮추거나 높인다. 한 사람이 붙이는 먹이의 개수를 늘리거나 줄이는 방법도 있다.

나. 각 구간에서 쓰이는 기술을 바꾸어 변화를 준다.

- 고학년 학생에게는 각각의 동물만이 갈 수 있는 길을 만들어 난이도를 높일 수 있다. 한 공간에서 자유자재로 달리기가 아닌 정해진 길 달리기를 통해 달리기에 대한 높은 기술을 유도할 수 있다.

5. 안전교육

가. 학생에게 무리한 경쟁과 몸싸움을 하지 않도록 지도한다.

나. 몸에 부착된 먹이를 모두 잃은 학생이 게임 구간에 남아있을 경우, 다칠 수 있기 때문에 교사는 관찰을 통해 학생을 안전한 곳으로 이동시킨다.

달리기 3단계 간이 이어달리기

장소	체육관 혹은 운동장	준비물	호루라기, 콘, 줄긋기 기구, 모둠 조끼 6종류, 배턴 4개

1. 창의성과 인성 발달목표

가. 인지적 목표: 빠르게 달려보는 수업에서 동작 원리나 방법을 익힐 수 있다.

나. 심동적 영역: 빠르고 정확하게 이어달리기를 할 수 있다.

다. 정의적 목표: 다른 학생과 함께 달린다는 점에서 협동하는 태도를 기를 수 있다.

2. 활동 방법

가. 6명씩 4모둠으로 구성한다.

나. 교사의 출발 신호에 맞춰 각 모둠의 1번 주자는 1번 구간을 돌아 출발점에 서 있는 2번 주자에게 배턴을 넘겨준다.

다. 2번 주자는 2번 구간을 돌아 출발점에 있는 3번 주자에게 배턴을 넘겨주고, 3번 주자는 1번 구간을 돌아온다. 6번 주자가 끝마칠 때까지 이어달리기를 한다.

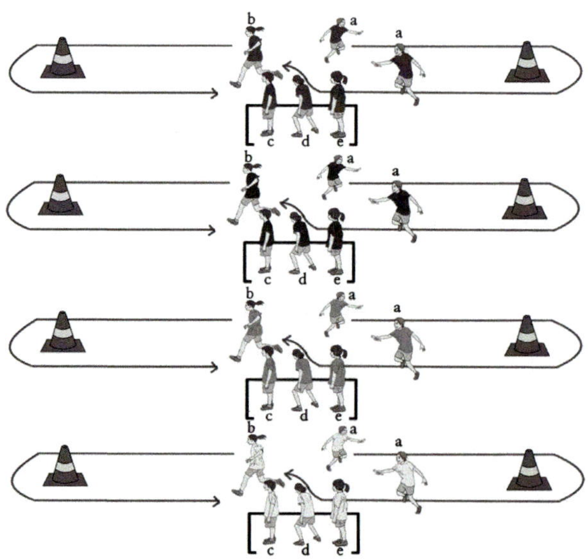

3. 지도 시 유의사항

가. 제한된 범위 안에서 거리와 반환점 개수는 자유롭게 선택할 수 있다.

나. 교사는 한 게임이 끝나면 학생을 원으로 세워 게임에서 활용된 이어달리기의 규칙과 빠르게 달릴 수 있는 방법에 대해 발표하도록 한다.

4. 변화로 프로그램의 난이도를 높이자.

가. 학생의 수준에 따라서 반환점의 개수를 많이 늘려 직선주로뿐만 아니라 곡선주로에서도 달릴 수 있도록 프로그램의 난이도를 조정할 수 있다. 학생이 프로그램을 잘 수행할 경우 직접 운동장 트랙을 돌아보게 함으로써 먼 거리와 곡선주로를 경험할 수 있도록 한다.

나. 상호작용과 협동이 잘 이루어지는 모둠원들은 배턴을 활용하는 2인 3각 달리기를 하도록 한다.

5. 안전교육

가. 반환점을 도는 부분에서 원심력에 의해 몸이 바깥으로 튕겨 나가려는 힘을 받을 수 있기 때문에 곡선 구간을 돌 때의 바른 자세에 대해서도 설명한다.

나. 이어달리는 부분에서 학생이 서로 배턴을 터치할 때, 배턴을 던져 학생이 다치는 일이 없도록 한다. 각 모둠원의 학생이 부딪혀 넘어지지 않도록 원래의 위치를 벗어나지 않도록 한다.

6. 배경지식 이해하기

가. 이어달리기의 일반 규칙

1) 경기자가 배턴 터치 구역 끝에서 원래의 위치나 코스 밖으로 벗어나 다른 팀의 주자를 방해한 경우에는 실격된다.

2) 다음 주자를 떠밀거나 그 밖의 방법으로 도와주는 경우에도 실격된다.

3) 앞 주자가 떨어뜨린 배턴을 다음 주자가 줍는 경우에도 실격된다.

나. 이어달리기 배턴에 관한 자세 및 규칙

1) 배턴은 다음 주자가 받아 쥐기 쉽도록 전체 길이의 약 2/3를 남기고 아랫부분을 쥔다. 배턴을 받는 사람은 배턴 위쪽의 1/3을 잡도록 한다.
2) 배턴은 손으로 잡고 들었을 때 배턴의 아래쪽을 잡아야 한다. 이것은 다음 주자가 배턴을 잡을 수 있는 공간을 주고, 달릴 때 배턴을 떨어뜨리지 않기 위해서이다. 배턴을 받는 주자와 주는 주자가 비슷하게 달리는 상태에서 위에서 아래쪽으로 배턴을 넘겨준다.
3) 배턴은 배턴 존에서 배턴을 건네받는 주자가 전력 질주 상태에 이르렀을 때, 주고받는 것이 바람직하다.
4) 정해진 배턴터치 구역(20m)에서만 배턴을 건네주어야 한다.

달리기 4단계 이어 달리기

장소	체육관 혹은 운동장	준비물	조끼 10개, 배턴 2개

1. 창의성과 인성 발달목표

가. 인지적 목표: 순발력, 심폐지구력 등을 인지하고, 각 능력이 의미하는 바를 이해한다. 이어달리기에서 배턴 전달하기의 올바른 방법을 알 수 있다.

나. 심동적 목표: 순발력과 심폐지구력을 향상시킬 수 있다.

다. 정의적 목표: 게임에서 상대편을 다치지 않도록 주의하고, 규칙을 준수하도록 한다.

2. 활동 방법

가. 한 반을 10명씩 2모둠으로 나눈다.

나. 한 모둠을 다시 5명씩 나누어 주자 5명은 그림에서의 1~5까지의 선에 한 명씩 서고 나머지 5명은 원안에 들어간다.

다. 배턴을 들고 1번 선에 서 있는 양 팀의 주자는 교사가 신호를 주면 배턴을 자기 앞 선에 놓고, 원안으로 들어가 다른 모둠원을 잡는 술래잡기를 한다.

라. 주자가 원 안에서 자신을 피하던 상대 모둠원을 잡으면 그 학생과 자신의 선으로 돌아온 뒤 자신의 배턴을 가지고 2번 선에 서 있는 자신의 모둠원에게 달려가 배턴을 전달하고, 잡힌 상대 모둠원은 그 선에 앉아 있어야 한다.

마. 이어지는 주자들도 1번 주자와 같은 과정으로 배턴을 전달한다.

바. 5번 선에 서 있던 주자가 배턴을 들고 1번 선을 통과하면 게임의 한 세트가 끝난다.

사. 한 세트의 게임이 끝나면 자연스럽게 안에 있던 팀원은 밖의 선에 앉게 되므로 바로 게임의 두 번째 세트로 이어질 수 있다.

아. 먼저 들어온 팀에게는 10점, 나머지 팀에게는 5점의 점수를 부여한다. 규칙에 어긋나는 행동을 할 경우, 교사는 해당하는 팀의 점수를 1점씩 감점한다. 2세트 진행 후 점수를 종합하여 승패를 결정한다.

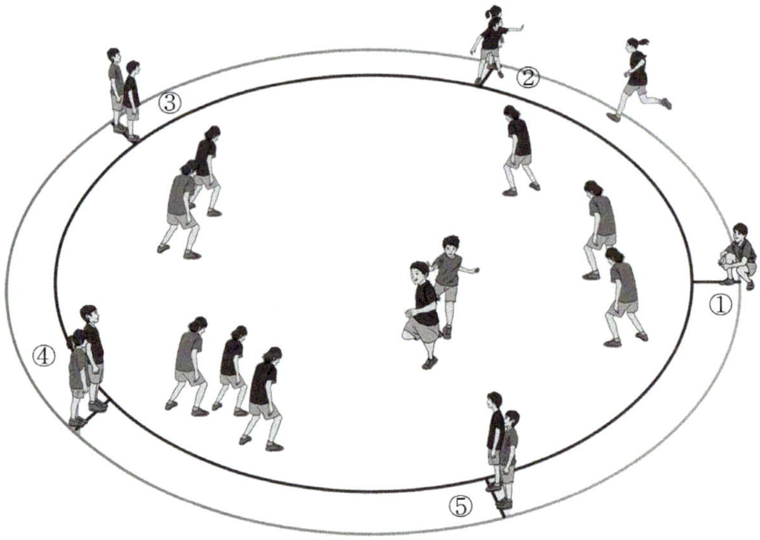

3. 지도 시 유의사항

이어달리기 운동의 핵심이라고 볼 수 있는 배턴 전달하는 방법을 학생에게 숙지시킨 뒤, 20명을 4개의 모둠으로 나누어 5명이 일렬로 서서 짧은 거리를 달린 뒤 오른손으로 배턴을 주고 왼손으로 받는 연습을 진행한다.

4. 변화로 프로그램의 난이도를 높이자

각 주자가 달리는 거리를 늘인다.

- 선을 세 개만 긋고 원 밖 구간을 3개로 나누고 주자와 원 안의 모둠원을 각각 3명씩 두어 주자 한 명이 달리는 거리를 늘릴 수 있다.

5. 안전교육

가. 교사는 학생의 부상을 방지하기 위해 운동장이나 체육관 바닥에 있는 위험한 것을 치우도록 한다.

나. 게임 중에 학생 간의 다툼이나 싸움이 일어나지 않도록 주의하도록 한다.

달리기 5단계 팀 추월 오래달리기

장소	체육관 혹은 운동장	준비물	줄긋기 기구, 초시계, 신호총 또는 호루라기, 팀 조끼 등

1. 창의성과 인성 발달목표

가. 인지적 목표: 단거리 달리기와 오래달리기의 차이를 알고, 오래달리기를 잘 하기 위한 방법을 찾을 수 있다.

나. 심동적 목표: 오래달리기를 통해 근력 및 근지구력, 심폐지구력, 팔과 다리의 협응력을 기를 수 있다.

다. 정의적 목표: 오래달리기에서 힘든 상황을 참고 견디며 최선을 다하는 도전정신을 기를 수 있다.

2. 활동 방법

가. 학생을 5명씩 4모둠으로 나누고, 각 모둠마다 일렬로 출발점에 줄을 선다.

나. 교사가 출발 신호를 주면 각 모둠은 일렬대형을 유지하여 다 같이 출발한다.

다. 코스를 한 바퀴 돌 때마다 뒷사람이 바로 맨 앞으로 이동하면서 계속해서 달린다.

라. 2바퀴를 돌아 처음의 출발지점에 먼저 도착한 모둠의 순위를 정한다.

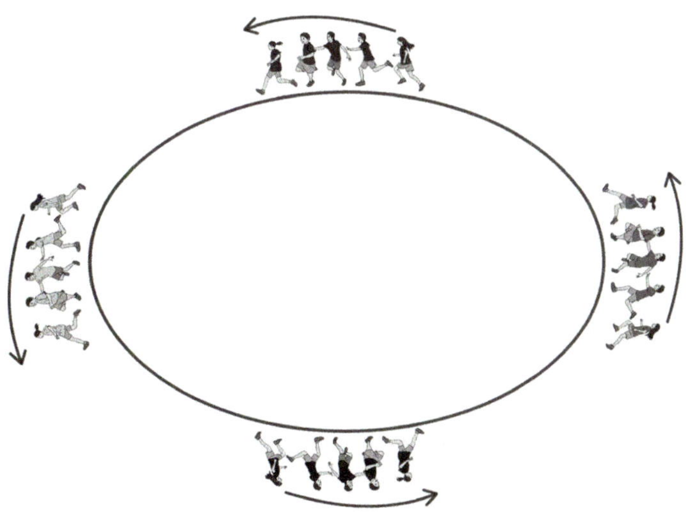

3. 지도 시 유의사항

가. 단거리 달리기와 오래달리기의 차이점과 힘을 분배하여 달리는 중요성을 안내한다.

나. 게임 진행 중 어떤 구간에서라도 코스를 벗어나거나 맨 앞사람과 마지막 사람의 거리가 지나치게 벌어지거나 일렬대형이 흐트러지게 되면 경고를 받는다. 경고 한 번에 최종기록에서 5초를 더한다.

다. 게임이 끝나면 학생이 피로를 풀 수 있도록 마무리 운동을 한다.

4. 변화로 프로그램의 난이도를 조정하자.

가. 주자 간의 이동주기를 한 바퀴에서 반 바퀴나 두 바퀴로 조정한다.

나. 코스를 돌아야하는 총 횟수를 조정한다.

다. 코스를 외곽으로 그려서 거리를 늘린다.

5. 안전교육

가. 학생에게 단거리 달리기와 오래달리기의 차이점을 인지하도록 하여 초반부터 무리하는 학생이 없도록 한다.

나. 오래달리기 전 몸에 무리가 가지 않도록 준비운동으로 근육과 관절을 이완시킨다.

다. 오래달리기 후 정리운동을 한다.

6. 배경지식 이해하기

가. 단거리 달리기와 오래달리기는 무엇이 다를까?

1) 달리는 거리가 다르다.

2) 달리는 방식과 자세가 다르다.

나. 먼 거리를 빠르게 걷기에 올바른 자세에는 무엇이 있을까?

1) 팔꿈치를 'ㄱ'자로 구부려 힘차게 흔든다.

2) 발은 뒤꿈치부터 바닥에 닿게 하여 걷는다.

다. 먼 거리를 빠르게 달리기 위한 올바른 자세는 무엇일까?

1) 발걸음을 좁게 하고, 입을 약간 벌리고 자연스럽게 숨을 내쉬면서 달려야 한다.

2) 처음부터 빨리 달리면 오래 달릴 수 없으므로 힘을 분배하여 달려야 한다.

라. 오래달리기에 알맞은 자세는 무엇일까?

1) 허리를 세우고, 팔과 어깨에 힘을 뺀다.

2) 걸음은 작게, 무릎은 높지 않게 한다.

3) 입은 조금만 벌리고 호흡을 조절한다.

달리기 6단계 장애물 달리기

장소	체육관 혹은 운동장	준비물	후프(4), 콘(8), 고무줄(4), 물이 든 페트병, 작은 상자 (4)

1. 창의성과 인성 발달목표

가. 인지적 목표: 기본적인 달리기 능력을 이용해 장애물의 크기와 높이에 따라 속도, 팔다리의 높낮이가 달라짐을 알 수 있다.

나. 심동적 목표: 여러 가지 장애물을 직접 넘어보는 활동을 함으로써 장애물의 특성을 고려하여 뛰고 달릴 수 있다.

다. 정의적 목표: 다양한 장애물 넘기를 통해 성취감과 자신감을 경험할 수 있다.

2. 활동 방법

가. 5개 모둠으로 구성한 후 후프-콘-페트병-상자 순으로 장애물을 넘고 도착선 뒤로 다시 일렬로 선다.

나. 장애물을 넘어뜨리거나 장애물이 신체에 의해 밀려 위치가 이동될 경우 다시 처음으로 돌아가서 시작한다.

다. 마지막 주자가 도착선에 오면 다시 한 명씩 출발선에서 장애물 넘기를 한다.

라. 마지막 주자가 출발선 뒤까지 먼저 들어온 모둠이 이긴다.

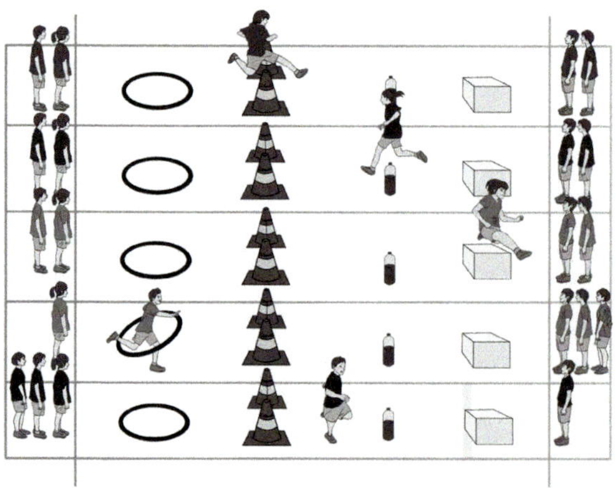

3. 지도 시 유의사항

가. 장애물은 학년에 따라 크기와 높이 등을 조절하며 안정성을 위해 콘과 콘 사이에 고무줄을 걸고 페트병에 물을 채워두어 페트병이 엎어져서 달리는 학생의 발에 걸리지 않도록 주의한다.

나. 수업을 시작하기 전 학생의 경쟁이 과열되어 사고가 일어나지 않도록 충분히 설명을 한다.

4. 변화로 프로그램의 난이도를 높이자.

가. 장애물 사이의 거리를 조정한다.

- 장애물 사이의 달리기 구간의 길이에 변화를 주어 난이도를 조정할 수 있다.

나. 각 구간에서 쓰이는 장애물의 높이와 크기에 변화를 준다.

- 저학년 학생들게는 낮고 짧은, 겁먹지 않고 도전해 볼 수 있는 장애물을 배치한다.
- 고학년 학생에게는 높고 긴 장애물을 두어 수준을 조정할 수 있다.

5. 안전교육

가. 모둠별로 빨리 들어오기 게임인 만큼 학생이 경쟁심에 의해 급하게 장애물을 넘지 않도록 주의 깊게 관찰하고 지도한다.

나. 저학년 학생에게 이 프로그램을 활용할 때는 콘 사이의 고무줄 높이를 조절하여 안전에 주의하도록 한다.

6. 배경지식 이해하기

가. 50m 달리기 경주 양식

- 앞의 단계에서 배웠던 빠르게 달리는 것이 주된 목표가 되는 달리기 양식은 아니다. 체계적인 직선 단거리 달리기를 처음 경험하는 것으로 출발자세, 전력 질주하는 자세, 도착자세 등 기록을 단축시키기 위한 달리기 자세를 배울 수 있다. 50m 달리기에서는 기본적인 출발자세로 크라우칭스타트(도구를 사용하지 않은 일반적인 앉아서 시작하는 출발자세)를 지도하며 양식에는 이전단계에는 없던 측정과 기

록이 들어가서 학생은 달리기 자세를 배움과 동시에 50m 양식 중 하나인 측정과 기록이라는 개념과 그 방법에 대해 배운다.

나. 측정과 기록에 대한 지도

- 기록 측정 시 학생이 자기 주도적으로 기록을 측정하고 역할을 바꾸는 것을 통해 상호 작용하는 기회를 갖도록 한다. 올바른 측정을 위한 도착의 판정을 지도할 때는 학생의 신체 부위 중 몸통부분(머리, 목, 팔, 다리, 손, 발을 제외한 부분)이 도착 지점의 수직면에 닿았을 때 도착이라고 판정한다.

다. 달리기 결과에 대한 피드백

- 학생의 기록 향상 또는 저하 요인에 대한 구체적인 피드백을 한다. 학생이 의욕을 갖고 다시 도전할 수 있도록 긍정적으로 피드백을 한다. 기록 향상을 위한 전반적인 점검도 필요하다.

달리기 7단계 허들 넘기

장소	체육관 혹은 운동장	준비물	호루라기, 배턴, 고무줄, 허들, 콘, 줄긋기 기구

1. 창의성과 인성 발달목표

가. 인지적 목표: 허들을 넘는 모양을 다양한 동물에 빗대어 상상하여 표현할 수 있다.

나. 심동적 목표: 허들을 넘는 활동을 직접 해보면서 동작 연결 능력, 순발력, 지구력 등의 발달을 가져올 수 있다.

다. 정의적 목표: 학생이 처음 접하고 어려워하는 허들 넘기 활동을 해보면서 민첩성, 유연성, 판단력을 기를 수 있다.

2. 활동 방법

가. 전체 학생을 5명씩 총 6개의 모둠으로 나눈다.

나. 학생은 자신이 토끼나 날쌘 표범이 되었다고 생각하고 다양한 허들 뛰기를 해 본다.

다. 연습이 끝난 후 모둠별로 지금까지 해본 방식을 연결하여 이어달리기를 한다. 첫 번째 주자는 지그재그 달리기, 2개의 허들을 뛴 후, 배턴을 2번 주자에게 넘겨주고 2번 주자는 간격이 넓은 허들 뛰기 후 3번 주자에게, 3번 주자는 두 개로 붙어 있는 허들 뛰기 후 4번 주자에게, 4번 주자는 약간 높은 허들을 뛴 후 5번 주자에게, 5번 주자는 허들을 넘어 결승선을 통과한다.

3. 지도 시 유의사항

가. 허들은 학생이 다칠 위험이 높기 때문에 사전에 주의사항을 안내해야 한다.

나. 학생이 허들을 넘기 위해서는 리듬감이 중요하다. 리듬감을 높이고 재미있게 하기 위해 음악을 활용하면 좋다.

다. 게임이 끝난 후 마무리 운동을 하고, 활동 후의 느낌을 이야기하도록 한다.

4. 변화로 프로그램의 난이도를 높이자.

가. 학생의 지구력과 체력 수준을 고려하여 허들 간의 거리나 개수, 허들의 높이, 허들의 너비 등을 변화시켜 난이도를 조정할 수가 있다.

나. 허들을 건너뛰는 것이 힘들고 어려운 학생에게는 허들을 뛰어서 건너는 것보다는 느리더라도 차근차근 건너도록 유도한다.

다. 재미있고 흥미로운 게임을 위해 허들을 넘을 때 2명씩 짝을 지어서 2인 3각으로 달리고 넘을 수 있도록 하면 학생과의 협동심을 기를 수 있다.

5. 안전교육

가. 학생이 부상을 당하는 것을 예방하기 위해 학생을 관찰하고 허들 넘기 운동을 단계적으로 지도하여 학습자가 자신의 수준에 맞는 허들을 넘을 수 있도록 한다.

나. 게임을 할 때 순위에 집착하여 무리한 경쟁을 하지 않도록 강조한다.

다. 허들은 거꾸로 넘으면 허들이 넘어져 부상을 당할 위험이 있기 때문에 거꾸로 넘지 않도록 주의를 시킨다.

라. 게임을 할 때 결승점에 다다르면 체력이 떨어져 균형을 잃고 사고가 날 수 있기 때문에 끝까지 최선을 다해 달리도록 안내한다.

달리기 8단계 종합 운동 발달

장소	체육관 혹은 운동장	준비물	콘(10), 후프(5), 끈, 깃발, 초시계, 호루라기

1. 창의성과 인성 발달목표

가. 인지적 목표: 모둠별 이어달리기에서 학생 개개인의 능력을 고려하면서 게임전략을 구성할 수 있다.

나. 심동적 목표: 장애물을 넘고 달리면서 달리기에 대한 기술을 익힐 수 있다.

다. 정의적 목표: 모둠원들과 정해진 코스를 완주하면서 끈기, 인내심, 배려심 등을 기를 수 있다.

2. 활동 방법

가. 4모둠으로 구성 한 후, 두 모둠씩 경기를 실행한다. 나머지 모둠은 도우미 역할을 맡는다(시간 측정 2명, 기록 1명, 허들 2명, 곡선 구간 2명, 균형 걷기 구간 2명, 후프 구간 1명, 라인 보조 4명).

나. 경기 규칙 및 방법은 다음과 같다.

1) 간이 허들 2개: 전력으로 질주한 속도를 이용하여 두 개의 허들을 뛰어넘는다.
2) 곡선 구간: 삼각 콘 사이를 곡선으로 달리며 통과한다.
3) 균형 걷기 구간: 머리 위에 책을 얹은 채로 구간을 통과한다. 손으로 책을 잡지 않아야 하고, 책을 떨어뜨렸을 경우에는 처음으로 돌아가 다시 진행한다.
4) 후프 구간: 보폭을 크게 하여 각각 한 발로 후프를 통과한다.
5) 배턴 터치 구간: 전력질주 후 배턴 터치 구간 안에서 다음 주자에게 넘겨준다.

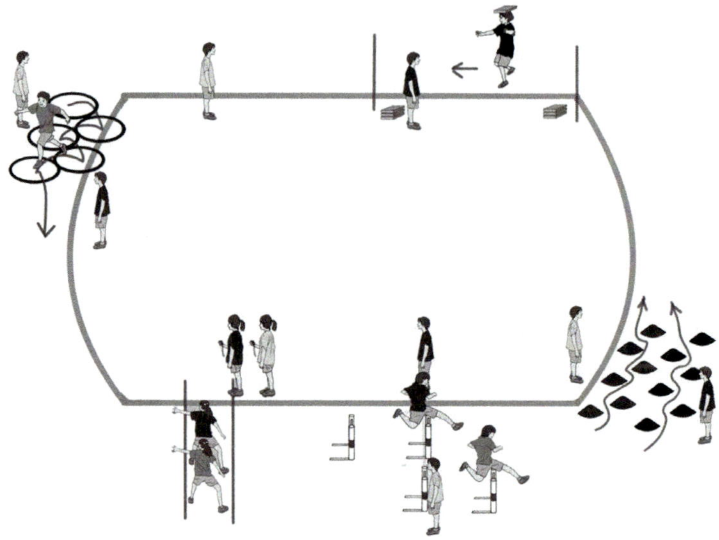

3. 지도 시 유의사항

가. 배턴 터치 구간으로 전력 질주 후 다음 주자에게 배턴을 넘겨 줄 때, 충돌에 주의하고 배턴을 던지지 않도록 한다.

나. 교사는 학생을 원으로 모이도록 하고 게임에서 활용된 운동 능력을 되짚어준다.

4. 변화로 프로그램 난이도 높이기

가. 줄의 높이와 개수를 조정한다.

- 학습자 수준에 따라 줄의 높이를 조정한다.

나. 곡선커브의 각도를 조정한다.

- 경사 각도의 조정을 통해 커브 길에 대한 적응력을 향상시킨다.

다. 후프를 건너뛰는 방식에 변화를 준다.

- 학생은 양발 또는 한발을 사용한다.

5. 안전교육

가. 달리기 하는 장소에서 불필요한 장애물을 제거한다.

나. 달리는 주자는 정해진 달리기 구간에서만 달리도록 한다.

나. 멀리 / 높이뛰기(Jumping)[17)]

'뛰기'를 비롯한 모든 활동에서는 안전에 대한 부분을 고려해야 한다. 교사는 뛰기 활동을 지도하기 전에 다음의 안전 사항을 점검해야 한다.

* 수업에 사용될 모든 도구와 장소가 안전한지 확인한다.
* 모래사장에 파편물이 없는지 확인한다.
* 활동 중 학생이 무리하지 않도록 주의한다.
* 다른 모둠원들의 행동을 주의해서 활동한다.
* 던지기 구역에서 물체가 날아올 수 있으므로 주의한다.

뛰기 활동은 신체 특히, 무릎에 무리를 줄 수 있기 때문에 연습기회와 시간에 제한을 두는 것이 바람직하다. 모든 뛰기 활동은 '도움닫기-발 구르기-공중동작-착지' 등 일련의 비슷한 과정을 거쳐 진행되고, 각 요소들은 높이나 비거리에 영향을 미친다. 뛰기 활동은 멀리뛰기와 높이뛰기로 분류된다.

1) 멀리뛰기

멀리뛰기는 제자리멀리뛰기, 도움닫기 하여 멀리뛰기, 3단 뛰기, 도움닫기 하여 3단 뛰기로 구분된다. 제자리멀리뛰기는 전방을 향해 직선으로 멀리 뛰는 활동으로 학생이 비교적 쉽게 배울 수 있다. 특별한 훈련은 필요 없지만, 하지근력 및 협응성을 향상시키고, 체력수준의 좋은 지표가 될 수 있기 때문에 학생이나 교사 모두에게 유익한 활동이다. 도움닫기 하여 멀리뛰기는 '도움닫기 - 발 구름(도약) - 공중동작(비행) - 착지'가 기본동작이다. 학생에게 도움닫기 하여 멀리뛰기 기술을 지도하는 핵심은 발 구름과 공중동작을 먼저 연습시킨 후 착지와 도움닫기의 순서로 연습을 시키는 것이다.

3단 뛰기는 간단하게 '홉과 스텝, 점프'의 조합과정으로 설명하는 것이 효과적이다. 3단 뛰기는 두 발을 라인 뒤에 위치해야 하지만 꼭 발을 모을 필요는 없다. 앞발은 점프 전에 굽혔다 폈다를 할 수 있지만 땅에 닿아서는 안 된다. 뒷발은 도약을 한 이후 땅에

---

17) 뛰기의 내용은 고문수, 손천택(2009)의 『재미있는 도전 활동 수업』의 내용을 발췌하여 수정 · 보완한 것이다.

만 닿지 않으면 자유롭게 움직일 수 있다. 측정은 도약지점부터 모래밭의 자국에 가까운 90° 지점에서 측정한다.

도움닫기 하여 3단 뛰기를 할 때에는 6m로 제한된 도움닫기 거리를 정확히 적용해야 하고, 발 구름 시 무리하게 속력을 내지 않도록 한다. 3단 뛰기는 성장하는 신체의 관절에 영향을 미칠 수 있는 활동이기 때문에 연습은 필요하지만 연습하는 횟수에 제한을 두어야 한다.

2) 높이뛰기

높이뛰기는 다시 수직뛰기, 높이뛰기, 장대높이뛰기로 구분할 수 있다.

가) 수직뛰기

수직뛰기는 체중에 비례하는 하지근력을 측정할 수 있는 종목이고, 신장의 장점에 관계없이 측정할 수 있는 검사이다. 학생은 수직점프 활동을 통하여 하지근력과 뛰기 능력을 향상시킬 수 있다. 학생은 벽이나 수직뛰기 계측기판에 송진가루를 묻혀 검사를 실시할 수 있다. 처음 준비자세로 학생은 등과 머리를 벽에 붙이고, 두 발은 바닥에 붙인 상태로 두 팔을 위로 최대한 펼친다.

수직뛰기 계측기판을 사용할 경우, 가장 긴 손가락 중지 끝에 분필가루를 묻히고, 뛰기를 비교하기 위해 최대한 높이 점을 찍는다. 두 팔꿈치를 머리 옆으로 고정시킬 때 최대의 높이를 뛸 수 있다. 벽에서 조금 떨어진 곳에 두발을 바닥에 붙이고 서지만 두 발이 지면으로부터 떨어지는 반동을 이용해서는 안 된다. 준비가 끝나면 심호흡을 하고 뛰어서 계측기 판에 최대한 높은 곳을 손끝으로 찍는다. 학생이 터치한 분필가루의 가장 윗부분 1cm 아래를 측정한다.

나) 높이뛰기

높이뛰기는 가위뛰기 후 배면뛰기를 학습한다. 가위뛰기는 단순한 활동이라 쉽게 배울 수 있다.

(1) 가위뛰기

30cm 또는 그보다 낮은 높이의 크로스바를 설치하여 연습한다. 착지지역에는 최소

70cm 이상의 매트를 설치한다. 착지지역에 매트가 준비됐으면 연습의 목적에 맞게 크로스바를 준비한다. 하지만 안전을 위해 착지 시에 크로스바가 떨어지지 않도록 주의한다. 학생은 실시 전에 다리운동을 충분히 한다. 특히 점프하게 될 쪽의 다리운동을 더 많이 하도록 한다.

가위뛰기는 정면으로 약 20~25°의 각도로 도움닫기 하여 학생들이 크로스바에 의지하지 않고 도움닫기 할 때 더욱 효과적이다. 도움닫기 하여 왼발을 힘차게 내딛으며 발구르기 한다. 발 구르기 후 오른발을 무릎을 굽히지 않고 편 상태로 위로 차올린다. 이때, 팔도 위로 들어 올리면 수직상승력을 얻는데 도움이 된다. 재빠르게 발 구르기를 한 왼발도 무릎을 펴고 위로 차올린다. 공중에서 두 발이 모아지지 않도록 빠르게 가위처럼 발을 엇갈리게 한다. 먼저 차올린 앞발(오른발)부터 매트에 착지한다. 뒷발(왼발)도 자연스럽게 앞발(오른발)을 따라올 수 있도록 한다.

학생을 위해 낮은 높이로 시작하되, 4스텝 도움닫기로 연습한다. 어느 정도 익숙해지면 6스텝 또는 8스텝 등으로 점차 증가시키고, 바의 높이도 점차 높이도록 한다.

(2) 배면뛰기

배면뛰기는 초등학생이 따라 하기에는 무리가 있지만 일부 학생이 따라하는 경우도 있다. 기본적인 배면뛰기는 다음과 같다. 도움닫기는 직선으로 시작하여 마지막 3스텝은 사선을 그리며 달려온다. 가속을 충분히 올리기 위해서 마지막 몇 스텝을 앞두고 사선으로 도움닫기를 하는 것이 중요하다.

발 구르기를 하기 위한 발은 바에서 최대한 멀게 유지하도록 한다. 무릎은 위를 향하고, 가슴과 몸의 회전을 통해 바를 등지면서 발 구르기를 한다. 발 구르기를 한 후 허리를 올려 상체를 뒤로 젖히고 상체가 크로스바를 넘으면 굽혔던 다리를 위로 들어올린다. 발 구르기 후 회전의 영향이 생기므로 등이 매트에 바로 향하지 않고, 둥글게 말면서 착지하는 것이 중요하다. 크로스바를 넘으려면 머리는 뒤로 떨어져야 하고, 발뒤꿈치는 위로 들어 올리고 등부터 떨어져야 한다.

크로스바를 뒤로 둥글게 말면서 넘는 기술은 어렵지만 연습을 통해 어느 정도는 따라 할 수 있을 것이다. 이 동작은 준비운동 및 수행의 숙련을 위해 중요하지만, 너무 무리하게 실시할 경우 '바에 몸을 던지는' 감각이 생길 수 있기 때문에 주의하도록 한다.

다) 장대높이뛰기

장대높이뛰기는 복잡한 기술을 요구하기 때문에 경험이 없는 교사나 학생의 경우에 기술을 습득하는 데 다소 어려움이 있을 수 있으므로 주의해야 한다. 그러나 장대를 잡는 법과 들고뛰기 그리고 스윙하기 등의 기본동작은 상대적으로 지도가 수월하다.

뛰기 프로그램에서는 8단계의 프로그램을 소개하여 교사들의 체육수업 프로그램 개발에 도움을 제공하고자 한다.

뛰기 1단계 다양한 뛰기 게임

장소	체육관 혹은 운동장	준비물	색종이(30), 초시계, 술래의상

1. 창의성과 인성 발달목표

가. 인지적 목표: 기본적인 뛰기의 종류를 익힐 수 있고, 자신에게 맞는 뛰기 방법을 깨닫는다.

나. 심동적 목표: 게임을 통해 민첩성과 순발력을 신장시킬 수 있다.

다. 정의적 목표: 팀 활동을 통해서 팀워크와 협동심을 기를 수 있고, 규칙의 중요성을 알 수 있다.

2. 활동 방법

가. 학생을 10명씩 2개의 모둠으로 나누고 각 모둠장이 가위 바위 보를 하여 A모둠, B모둠으로 나눈다.

나. A모둠이 원 안에서 게임을 시작하고, B모둠은 원 밖에 배치된다. 게임을 하지 않는 모둠은 상대편 발이 색종이로 들어가는지, 색 규칙에 따라 알맞게 뛰는지 지켜본다.

다. 각 모둠장은 상대편 팀이 게임을 할 때에 술래가 된다.

라. 게임을 하는 모둠의 학생은 색종이 안으로 무작위로 배치된 후, 색에 따른 규칙을 따른다.

1) 빨간색 색종이 위로 이동할 경우 왼발로 착지해야 한다.
2) 초록색 색종이 위로 이동할 경우 오른발로 착지해야 한다.
3) 파란색 색종이 위로 이동할 경우 두 발로 착지해야 한다.
4) 착지한 후에는 발의 모양을 그대로 유지한 상태로 다음 뛰기를 해야 한다.

마. 술래는 원안에서 같은 규칙으로 뛰기를 하면서 상대편 학생을 잡는다. 잡힌 학생은 밟고 있는 색종이를 갖고 원 밖으로 나간다.

바. 정해진 시간동안 많은 학생이 남아 있는 모둠이 승리한다.

3. 지도 시 유의사항

가. 색종이를 코팅하여 찢어지지 않도록 사전에 준비한다.

나. 학생이 각 색종이의 규칙을 충분히 인지할 수 있도록 사전에 교육한다.

4. 변화로 프로그램의 난이도를 높이자.

가. 각 구간의 거리를 조정한다.

- 색종이와 색종이 사이의 거리에 변화를 주어서 게임의 난이도를 낮추거나 높인다. 색종이의 개수를 늘리거나 줄이는 방법도 있다.

나. 각 구간에서 쓰이는 규칙을 바꾸어 변화를 준다.

- 저학년 학생에게는 색종이와 색종이 사이에 발을 한 번 더 디딜 수 있도록 규칙을 완화할 수 있다. 고학년의 학생에게는 뛰기를 할 때에 팔 동작을 추가하여 규칙을 강화할 수 있다.

5. 안전교육

가. 게임을 할 때에 승부에 연연하기보다 뛰기 동작에 집중할 것을 알려준다. 무리한 뛰기는 삼가도록 한다.

나. 색종이 사이를 이동할 때에 주변에 있는 친구와 부딪힐 수 있기 때문에 되도록 다른 색종이 위로 이동할 수 있도록 안내한다.

다. 술래가 주자를 잡을 때에는 다치지 않도록 가벼운 터치만 허용한다.

뛰기 2단계 다양한 뛰기를 통한 뛰기 능력 향상 게임

장소	체육관 혹은 운동장	준비물	평균대, 풍선 4개, 테이프(찍찍이)가 달린 끈 4개, 콘 2개

1. 창의성과 인성 발달목표

가. 인지적 목표: 다양한 뛰기에서 다리근력과 순간적으로 힘을 내는 능력의 중요성을 알 수 있다.

나. 심동적 목표: 평균대 넘기를 통해 유연성을 기르고, 주어진 장애물에 따라 즉각 반응하는 순발력을 기를 수 있다.

다. 정의적 목표: 게임에 적극적인 태도를 갖고 참여할 수 있다.

2. 활동 방법

가. 5명씩 모둠을 구성한다.

나. 게임은 릴레이 형식으로 진행되고 학생은 팀별로 출발선 옆에서 앉아서 대기한다.

다. 4팀의 주자는 동시에 출발하며 각 구간을 통과한다.

1) 평균대는 양 다리를 자유롭게 사용하여 뛰기를 하고 평균대와 접촉할 시 다시 뛰게 한다.
2) 두 다리를 고정하는 구간에서는 자신이 들고 뛰던 끈으로 무릎을 고정한 뒤 양발 모아 뛰기를 한다. 한 발로 뛸 경우 다시 돌아와 뛰게 한다.
3) 매달린 풍선은 낮은 것부터 높이 뛰어 머리에 닿도록 하고, 닿지 않는 경우 그 전 단계로 돌아가 더 낮은 풍선을 한 번 더 닿고 지나가도록 한다.

라. 다시 출발점으로 돌아와 끈을 넘겨주고 다음 주자가 시작하며 같은 규칙으로 릴레이를 한다.

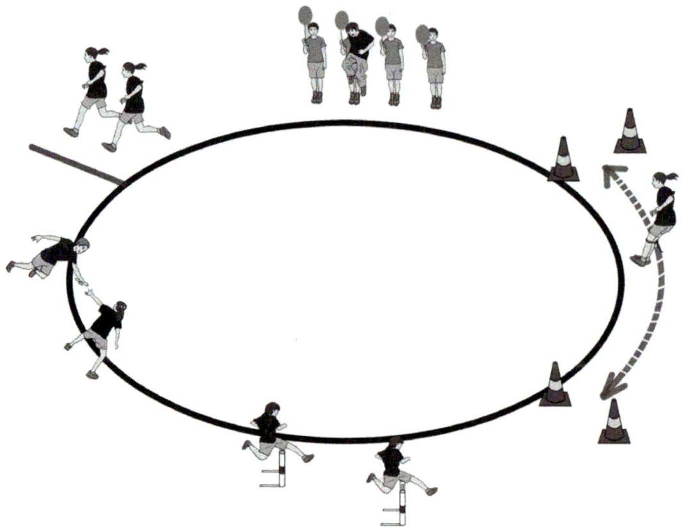

3. 지도 시 유의사항

가. 학생에게 게임을 설명하고 구간마다 어떻게 뛰는 것이 효율적인지 이야기를 나눈다. (예를 들어, 평균대는 허들을 넘는 것처럼 앞의 다리를 쭉 펴서 넘도록 한다. 뒤의 다리를 평균대에 닿지 않도록 높게 들어주기, 두발모아 뛰기는 무릎을 굽혔다 펴면서 뒤로 미는 힘을 최대한 많이 줘서 앞으로 가기, 높이 뛰어 풍선 닿기는 충분히 앉았다 반동을 주면서 일어나서 뛰기 등)

나. 게임을 마친 후 마무리 운동으로 근육을 풀어준다.

다. 학생에게 피드백을 제공한다. 어떤 코스를 더 만들 수 있을지, 어떤 능력을 더 키우면 더 빨리 코스를 완주할 수 있을지 등에 관해 이야기한다.

4. 변화로 프로그램의 난이도를 높이자.

가. 장애물의 수를 더 늘린다.

- 평균대의 수를 늘리거나 풍선의 수를 더 늘려서 뛰는 횟수를 증가시킨다.

나. 코스의 길이를 더 길게 한다.

- 긴 구간을 설정하여 달리기를 한다.

5. 안전교육

가. 게임 전 충분한 준비운동을 통해 몸의 긴장을 풀어주며 부상을 예방한다. 다리 근육을 많이 사용하는 게임이므로 다리의 긴장을 풀어주는 데 신경을 쓰도록 한다.

나. 풍선 구간에서는 서로 먼저 하려다 부딪히는 일이 없도록 한다. 게임이 끝난 뒤 마무리 운동으로 긴장되었던 다리 근육을 풀어준다.

뛰기 3단계 제자리멀리뛰기

장소	운동장	준비물	공중동작이 표시된 종이 (포즈종이), 라인선, 도착지점 표시물

1. 창의성과 인성 발달목표

가. 인지적 목표: 제자리멀리뛰기를 하는 방법과 효과적으로 발 구르기 하는 법을 익힐 수 있다.

나. 심동적 목표: 멀리 뛰기를 하면서 올바른 착지지점을 찾을 수 있고, 정확성과 근지구력을 키울 수 있다.

다. 정의적 목표: 공중동작의 모습을 알아맞히는 과정에서 친구와 협력할 수 있다.

2. 활동 방법

가. 학생을 5명씩 5모둠으로 나눈 뒤 모둠 안에서 뛰는 순서를 정하게 한다.

나. 각 팀에서는 처음 주자가 출발선에서 제자리 멀리 뛰기를 한다.

1) 학생이 제자리멀리뛰기에 알맞은 자세로 하는지 지켜본다.

2) 엉덩방아를 찧을 경우 다시 뛰도록 한다.

다. 두 번째 주자는 처음주자가 뛴 곳에서 다시 제자리멀리뛰기를 한다.

라. 같은 방식으로 나머지 모둠원들이 멀리 뛰기를 하여 단서카드가 있는 곳까지 가서 단서를 확인한다. 이때, 도우미는 마지막 5번째 주자가 멀리 뛰기로 도착한 지점에 표시를 해 둔다.

마. 마지막 주자는 단서카드에 적힌 공중동작을 하며 4번째 주자가 있는 곳으로 멀리 뛰기를 하여 돌아간다.

바. 같은 방식으로 나머지 모둠원이 멀리 뛰기를 하여 되돌아가면서 공중동작을 전달한다.

사. 첫 번째 주자는 그 동작을 하며 다시 출발선으로 되돌아와서 심판에게 공중동작을 전달한다.

아. 심판은 5팀의 동작이 올바로 전달되었는지 판단한다.

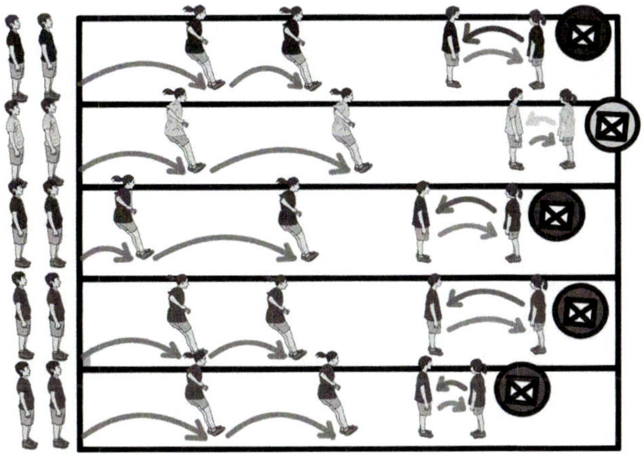

3. 지도 시 유의사항

포즈를 취하면서 하게 되므로 최대한 안전할 수 있도록 착지방법을 지도한다.

4. 변화로 프로그램의 난이도를 높이자.

가. 각 팀별로 미션을 할 때 포즈의 난이도를 높일 수 있다.

나. 팀별로 제자리멀리뛰기를 할 때 넘어질 경우, 넘어진 지점에서 출발하도록 한다.

5. 안전교육

가. 교사는 게임 후 학생을 원으로 모이도록 하고 게임에서 활용된 뛰기 기술을 되짚어준다.

나. 잘하는 학생과 못하는 학생의 균형을 맞추어 팀을 구성하도록 한다.

뛰기 4단계 도움닫기의 중요성 알기

장소	체육관	준비물	물 머리띠 , 줄긋기 기구 , 개인기록 활동지, 줄자 (거리측정)

1. 창의성과 인성 발달목표

가. 인지적 목표: 도움닫기를 할 때 빠르게 뛰는 것이 중요함을 알 수 있다.

나. 심동적 목표: 빠른 걸음을 하며 올바른 지점에서 뛰는 것을 연습할 수 있다.

다. 정의적 목표: 자신의 기록을 기록한 뒤 속도가 다른 팀으로 합류되어가는 과정을 통해서 침착함을 배울 수 있다.

2. 활동 방법

가. 학생을 3개 모둠으로 구성한 뒤 각 모둠에게 특성(달리기 속도)을 부여한다.

나. 느린 팀/ 중간 팀/ 빠른 팀이 한 줄에 6명이 서고, 느린 팀부터 2명씩 출발점과 10m 떨어진 지점에서 느린 팀(거북이)의 모든 인원이 뛰고, 다음으로 토끼 팀, 치타 팀이 뛴다.

다. 이때, 교사가 들려주는 음악의 박자에 따라 학생은 속도를 조절한다.

라. 각 팀들은 모든 속도를 경험해볼 수 있도록 한 번 멀리 뛰기 하고 난 뒤에는 서로 머리띠를 차례대로 바꾸어 3가지의 속도를 경험하도록 한다.

3. 지도 시 유의사항

가. 도움닫기를 할 때 최대한 넘어지지 않도록 한다.

나. 노래의 박자에 따라 발 속도를 맞추는 것을 학생에게 보여주고 그 속도로 달려오다가 도움닫기 해야 한다는 것을 알려준다.

다. 학생의 기록지를 보고 어떤 차이가 있는지 설명하고, 도움닫기의 속도에 따라 결과가 많이 달라질 수 있음을 알려준다.

4. 변화로 프로그램의 난이도를 높이자.

가. 다른 동물을 표현해 보도록 한다.

나. 리듬을 반대로 해 본다. 예를 들어, 느린 팀이 뛸 때는 빠른 음악을, 빠른 팀이 뛸 때는 느린 음악을 제시한다.

5. 안전교육

가. 교사는 게임이 끝나면 학생을 원으로 세워 게임에서 활용된 뛰기 기술을 다시 되짚어준다.

나. 돌이나 이물질이 있을 경우, 착지할 때 다칠 수 있으므로 사전에 정비를 한다.

뛰기 5단계 도움닫기 하여 멀리 뛰기

장소	체육관	준비물	5가지 색 마스킹테이프, 후프 8개, 일회용 접시

1. 창의성과 인성 발달목표

가. 인지적 목표: 도움닫기 하여 멀리뛰기를 할 때, 올바른 자세에 관한 방법과 지식을 알고, 이를 실제 자신의 자세와 비교하여 자신의 자세를 평가하며 보완해야 할 점이 무엇인지 파악할 수 있다.

나. 심동적 목표: 도움닫기 하여 멀리뛰기를 하면서 멀리뛰기 능력을 향상시킬 수 있다.

다. 정의적 목표: 팀 경쟁에서 협동하는 태도의 중요성을 알고, 친구의 말에 귀 기울이면서 활동에 참여할 수 있다.

2. 활동 방법

가. 6명씩 4모둠을 구성한다. 한 모둠은 3명씩 나뉘어 각각 전반과 후반에 게임에 직접적으로 참여하게 된다.

나. 전반과 후반은 각각 두 회기씩 이루어져 있다. 이 게임은 한 회기마다 세 명의 주자가 만든 세 개의 유효거리로 삼각형 면적의 땅을 표시하여 차지하는 게임으로 "땅따먹기" 게임과 같은 방식이다.

다. 게임에 참여하는 3명은 각 회기마다 1주자, 2주자, 3주자를 맡아 차례대로 '도움닫기 하여 멀리뛰기'를 한다. 교사가 '회기 종료'를 외치기 전까지 4개의 모둠에서 동시에 진행한다.

라. 게임에 참여하지 않는 3명은 각각 다른 세 모둠으로 파견을 나가서 게임진행을 돕는다.

1) 후프 도우미: 파견된 팀의 게임진행에 필요한 후프의 배치와 이동을 도와준다.

2) 테이프 도우미: 파견된 팀의 게임진행에 필요한 마스킹 테이프를 붙여준다.

3) 멀리뛰기 도우미: 주자들이 활동 직전에 배운 도움닫기를 하여 멀리 뛰기를 할 때, 바람직한 자세로 뛰는지를 보고 나서 칭찬이나 조언을 한다.

마. 네 개의 회기 중 두 번째 회기가 종료되면 전반전이 끝난 것이고 선수를 교체한다.

바. 첫 번째 회기에 각 모둠의 첫 번째 주자는 직사각형 활동 영역의 각 꼭짓점을 하나씩 잡고 그곳을 발 구르기 포인트로 삼는다. 이때, 포인트를 중심으로 후프를 놓는데 그 후프 안의 지역을 점핑 존이라 한다.

사. 주자가 점핑 존 밖에서부터 달려와 점핑 존을 밟고 도움닫기를 하여 직사각형 활동영역 안에 착지했을 때 유효한 뛰기가 된다. 주자가 유효한 뛰기를 할 때, 주자의 뛰기 거리를 마스킹테이프로 이어서 표시를 한다. 주자가 무효한 뛰기를 하면 해당 회기는 획득하는 땅 없이 넘어가게 된다.

아. 두 번째, 세 번째 주자도 같은 방식으로 뛰기를 하여 첫 출발 지점으로 뛰어 착지해야 한다.

자. 각 모둠 중 획득한 땅의 넓이가 넓은 모둠이 승리한다.

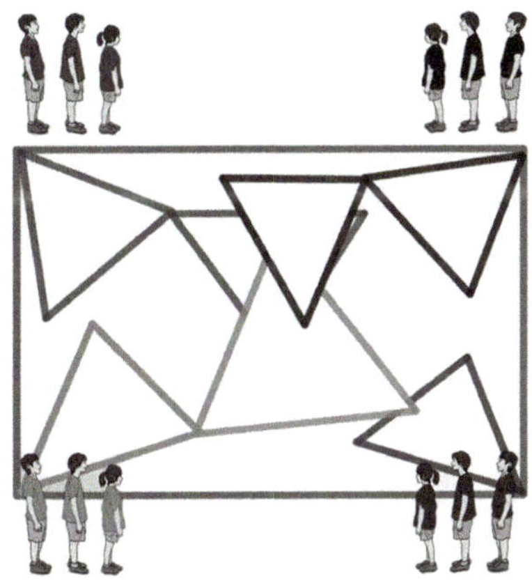

3. 지도 시 유의사항

가. 교사는 수업 시작 전에 체육관에 학생들의 평균 멀리뛰기 기록을 고려하여 직사각형 모양의 활동영역을 표시한다.

나. 학생이 체육관에 도착하면 팀별로 서도록 한 후, 학습 활동 안내 및 준비운동을 한다.

다. 게임이 끝나면 마무리 운동을 하고 게임을 하면서 느꼈던 점과 올바른 멀리뛰기 동작에 대해 이야기해 보는 시간을 갖는다.

4. 변화로 프로그램의 난이도를 높이자

가. 모둠원의 수에 따라 삼각형이 아니라 사각형, 오각형도 가능하다. 변의 개수가 증가할수록 시간상 회기의 횟수가 줄어들으므로 단순한 게임이 된다.

나. 도움닫기 하여 멀리뛰기뿐만 아니라 다양한 뛰기 방법을 혼용할 수도 있다. 예를 들어, 첫 번째 주자는 도움닫기 하여 멀리뛰기, 두 번째 주자는 멀리뛰기를 할 수 있다.

5. 안전교육

네 모둠이 한 필드를 공유하며 활동하기 때문에 도움닫기를 하거나 뛰기를 할 때, 상대팀의 동향을 의식하지 않으면 충돌 사고가 일어날 수 있다. 교사는 두 번째 회기부터 항상 뛰기 전에 주자가 어느 방향으로 갈 것인지 소리를 질러 알 수 있도록 한다. 교사는 학생이 소리를 듣는 것이 중요하므로 수시로 확인한다.

뛰기 6단계 무럭무럭 나무 기르기(높이뛰기)

장소	운동장	준비물	전지(5장), 천연전분물감, 고무장갑 여러 개

1. 창의성과 인성 발달목표

가. 인지적 목표: 높이뛰기 활동을 통해 흥미를 유도하고, 높이뛰기의 개념과 특성을 이해할 수 있다.

나. 심동적 목표: 높이 뛰어봄으로써 유연성과 조정력, 판단력을 기를 수 있다.

다. 정의적 목표: 팀 활동을 통해 팀워크 정신과 스포츠맨십을 발휘할 수 있다.

2. 활동 방법

가. 5명씩 모둠을 구성하고, 각자 고무장갑을 끼도록 한다.

나. 1모둠부터 3모둠까지 세 팀이 나무를 키우는 양분이 되고, 4모둠에서 6모둠까지는 각 양분들의 벌레가 된다. (1모둠 양분 - 4모둠 벌레, 2모둠 양분 - 5모둠 벌레, 3모둠 양분 - 6모둠 벌레)

다. 교사는 양분 모둠이 지켜야할 규칙을 설명해주고 벌레 모둠은 이 규칙을 잘 지키는지 관찰한다.

1) 손바닥을 찍기 위해 뛰어오를 때는 무릎을 굽혔다가 펴야 한다.
2) 팔과 다리를 쭉 편 상태로 뛰어야 한다.
3) 자세를 낮추었다가 뛰어올라야 한다.
4) 착지할 때 무릎을 굽혀야 한다.(몸의 충격을 줄이기 위해)

라. 양분 모둠을 각각의 나무 앞에 가로로 일렬로 세우고 벌레 모둠은 각각의 양분 모둠과 거리를 유지한 채로 앉힌다.

마. 교사가 시작 신호를 주면 각 양분 모둠은 정해진 시간 동안 자신이 따고 싶은 열매개수 라인에 맞추어 손바닥 잎사귀를 찍기 위해 물감을 손바닥에 바른 후 높이 뛴다.

바. 벌레 모둠은 각자의 양분 모둠이 규칙을 지키는지 관찰한다. 규칙을 지키지 않고

손바닥 잎사귀를 찍은 양분이 발견되면 벌레는 그 잎사귀를 규칙에 유의하여 검정물감 장갑으로 칠한다.

아. 정해진 시간이 끝나면 양분 모둠은 각 열매개수 라인의 잎사귀 개수를 세어본다.

자. 한 차례 게임이 끝난 후 휴식 시간을 갖고, 벌레 모둠과 양분 모둠이 규칙에 관한 피드백을 주고받는다.

차. 양분 모둠과 벌레 모둠이 역할을 바꾸어 게임을 진행하고 피드백을 주고받는다.

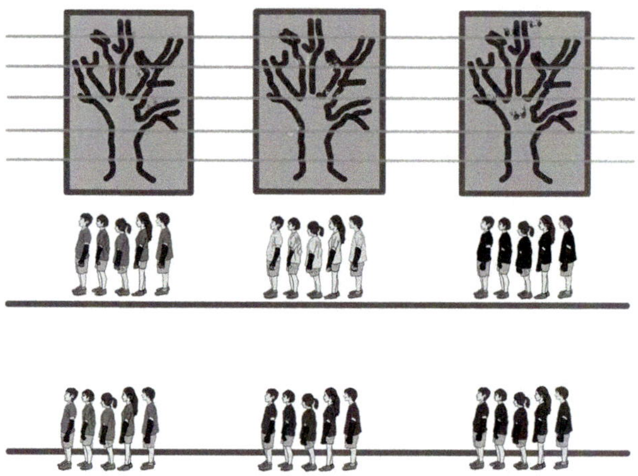

3. 지도 시 유의사항

가. 교사는 활동 시작 전에 나뭇가지가 그려진 전지를 체육관 한쪽 벽면에 붙여놓고, 고무장갑과 여러 색의 물감을 준비한다.

나. 교사는 수업 시작 전에 나무가 그려진 전지를 체육관 벽면에 붙여놓는다. 수업을 받는 대상을 고려하여 제한된 높이 안에서 유동적으로 전지의 위치를 정한다.

다. 높이뛰기 체조

- 가볍게 뛰기→땅 짚고 허리 펴고 손 올리기(4회)→제자리 뛰다가 땅 짚고 허리 펴고 손 올리면서 뛰기(2회)→오른쪽으로 돌기, 왼쪽으로 돌기→제자리 뛰기, 오른발 들어 2단 앞으로 차기(2회)→제자리 뛰기, 왼발 들어 2단 앞으로 차기(2회)→제자리 뛰기, 오른발 들어 2단 뒤로 차기(2회)→제자리 뛰기, 왼발 들어 2단 뒤로 차기(2회)

4. 변화로 프로그램의 난이도를 높이자.

가. 열매 개수 라인의 간격을 조정한다.

- 학생들의 수준에 맞추어 열매 개수 라인의 시작점이나 각 라인 사이의 간격에 변화를 주어서 게임의 난이도를 높인다.

나. 손바닥 잎사귀를 찍을 수 있는 공간을 제한한다.

- 전지에 잎사귀를 찍을 수 있던 범위를 나뭇가지만 찍을 수 있는 범위로 변화시킨다.

5. 안전교육

교사는 학생이 다치지 않도록 무리한 경쟁을 하기보다는 게임에서 요구하는 올바른 동작에 충실하도록 지도한다. 또한, 물감이 옷이나 몸에 흘러 피부에 이상이 생기지 않도록 주의한다.

뛰기 7단계 엎드려 높이뛰기

장소	체육관	준비물	매트, 뜀틀 도움닫기, 높이뛰기 대

1. 창의성과 인성 발달목표

가. 인지적 목표: 활동을 통해 올바른 엎드려 뛰기의 자세를 알 수 있다.

나. 심동적 목표: 높이뛰기의 발 구르기, 공중자세, 착지자세를 익힘으로써 높이뛰기에 도움이 되는 근력 순발력, 유연성, 조정력, 속도 등의 기초 체력을 향상시킬 수 있다.

다. 정의적 목표: 높은 기록에 도전하는 도전정신과 자신감을 기를 수 있다.

2. 활동 방법

가. 학생은 3단계 높이뛰기를 한다.

1단계- 뜀틀 발판을 활용한 엎드려 높이뛰기

2단계- 뜀틀 발판을 사용하지 않고 엎드려 높이뛰기

3단계- 5보 도움닫기 하여 엎드려 높이뛰기

나. 맨 처음 뜀틀 발판을 이용한 엎드려 멀리 뛰기 활동을 한다.

다. 엎드려 높이뛰기를 성공한 학생은 다음 단계로 넘어간다.

라. 모든 활동을 끝낸 학생은 처음으로 돌아가 올바른 자세를 위해 신경을 쓰며 다시 도전한다.

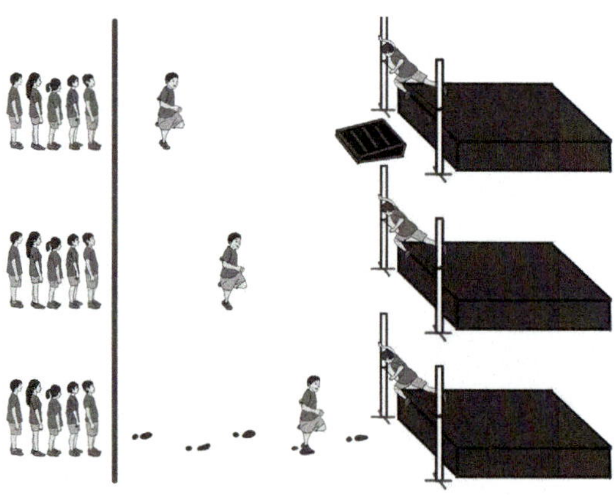

3. 지도 시 유의사항

가. 교사는 수업 전에 높이뛰기 가로대와 도움닫기 판을 설치하고 매트를 깔아 놓는다.

나. 뜀틀 발판을 이용한 뛰기를 실패한 학생은 맨 뒤에 줄을 서서 다시 도전한다. 다음번에는 뜀틀 발판을 없애고 엎드려 높이뛰기를 시도한다. 이때, 높이뛰기 가로대를 넘기보다는 상대적으로 높이가 낮은 장애물을 넘도록 한다. 이후 5보 도움닫기 하여 높이뛰기 활동을 하도록 한다.

다. 교사는 학생이 활동하는 중간 중간에 잘한 점과 보충해야 할 점을 이야기한다.

4. 변화로 프로그램의 난이도를 높이자.

가. 높이뛰기 가로대의 높이를 조정함으로써 난이도를 조절할 수 있다.

나. 도움닫기에 필요한 보폭 수를 정함으로써 난이도를 조절할 수 있다.

예) 1보 또는 3보 도움닫기 하여 높이 뛰어보기

5. 안전교육

가. 높이뛰기는 가로대를 넘어서 공중자세 후 착지하는 운동이므로 올바른 자세로 실행하지 않으면 안전사고가 발생할 수 있다. 학생이 높이뛰기 가로대를 놓고 바로 뛰기보다는 낮은 장애물과 매트에서 올바른 자세를 익힌 다음에 활동하는 것이 좋다.

나. 높이뛰기 가로대에 대한 두려움으로 주춤거리는 학생을 위해 높이뛰기 가로대에 고무줄을 설치하여 두려움을 줄인다.

다. 높이뛰기를 시도한 학생이 매트에서 완전히 벗어난 후에 다음 학생이 도전한다.

뛰기 8단계 우리는 가위뛰기 왕

장소	체육관	준비물	높이뛰기대, 고무줄, 높이뛰기 매트, 점수판, 줄긋기 기구, 콘

1. 창의성과 인성 발달목표

가. 인지적 목표: 도움닫기 하여 가위뛰기에서 발 구르기는 위치와 거리를 찾을 수 있다.

나. 심동적 목표: 높이뛰기를 체험함으로써 높이뛰기의 기본 운동 능력을 신장할 수 있다.

다. 정의적 목표: 기록을 정확하게 측정하고, 규칙을 준수하면서 높이뛰기를 할 수 있다.

2. 활동 방법

가. 5명씩 4모둠으로 구성한다.

나. 각 모둠에서 대표를 정하여 공중 가위바위보 게임으로 경기 순서를 정한다. 공중 가위바위보 게임은 공중으로 높이 뛰어올라야 하기 때문에 이후에 할 가위뛰기를 할 때 도움이 된다.

다. 정해진 기준 높이에서 5cm 간격으로 높이를 올린다. 성공할 때마다 5점을 부여한다.

라. 각 단계에서 총 3번의 기회가 주어진다. 2번 실패를 했을 때는 학생이 획득한 점수 3점을 반납하고, 높이를 변경할 수 있도록 한다.

마. 모든 모둠원들의 점수를 합산하여 점수가 가장 높은 모둠이 가위뛰기 왕이 된다.

바. 높이뛰기를 하지 않는 모둠에게는 판정 확인, 기록하는 역할, 높이를 조절하는 역할을 부여하여 모든 학생이 참여할 수 있도록 한다.

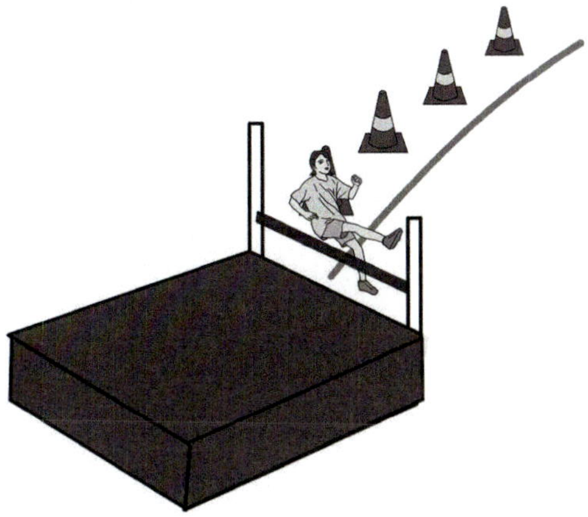

3. 지도 시 유의사항

가. 교사는 게임 시작 전에 줄긋기 기구와 콘으로 학생이 달릴 코스를 표시하고, 높이뛰기 매트, 장대, 점수판을 준비한다.

나. 학생의 운동 능력을 고려하여 학생 스스로 기준 높이를 정하도록 한다.

다. 게임이 끝난 후 마무리 운동을 하고, 수업 활동에 대한 느낌을 발표하도록 한다.

4. 변화로 프로그램의 난이도를 높이자.

가. 높이뛰기를 하지 못하는 학생은 높이뛰기대의 고무줄을 제거한 상태에서 뜀틀을 밟고 높이 뛰어 오를 수 있도록 한다.

나. 발 구르기 속도, 발 구르기 전 발걸음, 공중 동작에서의 다리 자세 등을 바르게 해야 다음 단계로 넘어가는 등 난이도를 조정할 수 있다.

5. 안전교육

가. 수업을 시작하기 전에 손목과 발목 돌리기, 무릎, 어깨, 허리, 목 스트레칭 등 준비운동을 하여 안전사고를 예방한다.

나. 학생이 자신의 수준 이상인 높이에 무리하게 도전하지 않도록 지도한다.

다. 무조건 높은 높이뛰기에 성공하는 것보다는 올바른 자세가 중요함을 지도한다.

라. 경기를 하는 팀과 대기하고 있는 팀 학생끼리 부딪히지 않도록 주의한다.

다. 던지기(Throwing)[18)]

던지기는 밀기, 당기기, 걸쳐 올리기, 던지기 등의 네 가지 유형으로 구분된다. 대부분 학생은 먼 거리를 던지는 비결이 팔과 손을 이용한다고 생각하기 때문에 교사는 학생에게 우리 몸의 특정 부위가 먼 거리를 던지는 데 중요한 역할을 한다는 점을 알려주어야 한다. 학생이 강한 근육을 활용하기 위해서는 다리와 엉덩이의 움직임이 중요하다. 팔다리의 빠른 움직임도 멀리 던지는 데 중요한 역할을 한다. 던지기는 안전사고에 유념해야 하므로 다음의 규칙을 명심해야 한다.

- 축구공, 메디신볼, 초보용 원반을 이용한 던지기 활동을 제외하고는 서로에게 던지지 않도록 한다.
- 다른 학생이 던지기를 수행하는 동안에 던지기 장소에 들어가지 않도록 한다.
- 던지기 교구를 가지러 갈 때에는 뛰지 말고 걷도록 한다.
- 가능하면 던지기 장소에서는 걷도록 하고, 던지기 장비를 들고 갈 때에는 장난치지 않도록 한다.
- 가까이에 있는 다른 학생이나 학생의 활동을 조심한다.
- 던지기를 하지 않을 때는 지정된 안전한 지역에 머무르도록 한다.

던지기 동작의 개념은 포환 동작의 기본이다. 원반, 창던지기에 있어서도 비슷한 원리가 적용된다. 따라서 이러한 원리를 토대로 동작 수행이 익숙하게 되면 던지기 기술을 향상시키는 데 많은 도움이 된다. 동작순서는 다음과 같다.

- 무게를 오른쪽에서 왼쪽으로 옮긴다.
- 다리 먼저, 팔은 나중에 그리고 빠르게 한다.
- 높은 위치에서 몸과 팔이 최대한 신전되도록 한다.
- 왼쪽은 지지대의 역할을 한다.

---

18) 이 내용은 고문수, 손천택(2009)의 『재미있는 도전 활동 수업』의 내용을 발췌하여 수정 · 보완한 것이다.

던지기 프로그램에서는 8단계의 프로그램을 소개하여 교사들의 체육수업 프로그램 개발에 도움을 제공하고자 한다.

던지기 1단계 기본능력 확인 및 교정

장소	체육관	준비물	각각 다른 물의 양이 담긴 페트병 6개씩 (물이 아예 들지 않은 페트병, 물이 1/3 차 있는 페트병, 물이 2/3 차 있는 페트병, 물이 가득한 페트병), 매트 4개

1. 창의성과 인성 발달목표

가. 인지적 목표: 여러 가지 물건을 던져봄으로써 던지기에 흥미를 느낄 수 있고, 물건의 무게에 따라 던지는 자세를 익힐 수 있다.

나. 심동적 목표: 실생활에서 바른 던지기를 할 수 있다.

다. 정의적 목표: 던질 때 다른 친구들에게 피해가 가지 않도록 유의하는 과정에서 배려심을 기를 수 있다.

2. 활동 방법

가. 학생을 6명씩 4모둠으로 나누어 각 구역의 빨간색 선 안에 옆 사람과 간격을 두고 선다.

나. 1구역은 물을 1/4을 채운 페트병, 2구역은 2/4, 3구역은 3/4, 4구역은 4/4를 채운 페트병을 준비한다.

다. 교사가 중앙에서 호루라기를 불면 학생이 자신의 앞에 놓인 페트병을 여러 가지 자세로 던진다.

라. 같은 페트병을 3번씩 던진 후 반시계 방향으로 돌아가면서 다른 물의 양이 담긴 페트병을 던진다.

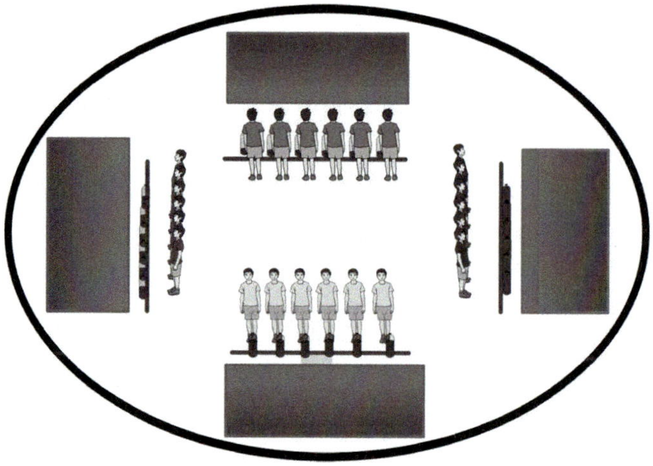

3. 지도 시 유의사항

가. 교사는 수업 시작 전에 매트와 페트병을 각 장소에 배치한다.

나. 수업을 받는 대상의 학년을 고려하여 제한된 범위 안에서 유동적으로 거리를 정한다.

다. 교사는 학생에게 물체의 무게에 따라 잘 던질 수 있는 자세가 달라질 수 있다는 것을 설명하고, 가벼운 것부터 무거운 순서대로 던지는 자세를 알려준다.

1) 1/4을 채운 페트병은 가벼우므로 오버핸드로 던지는 것이 적합하다.
2) 2/4 또는 3/4을 채운 페트병은 학생의 근력 수준에 따라 사이드암 또는 언더 핸드로 던지는 것이 적합하다.
3) 4/4를 채운 페트병은 무거우므로 멀리 던지기 위해서는 언더 핸드로 던지는 것이 적합하다.

4. 안전교육

가. 교사는 학생에게 질서를 지키면서 페트병을 던질 수 있도록 안내한다.

나. 학생이 줄을 설 때, 간격을 좁게 서지 않도록 한다.

던지기 2단계　표적 맞추기 I

장소	체육관	준비물	크기가 다른 후프(큰 것 4개, 작은 것 4개), 크기가 다른 상자(큰 것 4개, 작은 것 4개), 양말(학생이 하나씩 가져 옵니다)

1. 창의성과 인성 발달목표

가. 인지적 목표: 목표물을 인지하고, 그 안에 바르게 던질 수 있다.

나. 심동적 목표: 어깨의 근력을 기를 수 있다.

다. 정의적 목표: 양말을 후프와 상자에 넣으면서 집중력을 기를 수 있다.

2. 활동 방법

가. 6명씩 4개 모둠으로 구성하여 두 모둠은 공격, 두 모둠은 수비를 한다.

나. 게임을 할 공격 팀과 수비 팀이 중앙에 서고, 게임을 하지 않는 모둠은 심판의 역할을 한다.

1) 양말이 후프를 통과했는지 지켜본다. 양말이 통과했다면 그 개수를 큰 소리로 센다.
2) 수비 팀이 노래박자에 맞춰 후프를 흔드는지 지켜본다.
3) 공격 팀이 그어진 선을 넘어 양말을 던졌는지 지켜본다.
4) 주어진 시간을 잰다.

다. 교사가 음악을 틀고 시작 신호를 주면 수비 팀은 제자리에서 후프를 들고 노래 박자에 맞춰 후프를 흔든다.

라. 공격 팀은 선 안에서 후프를 향해 양말을 던진다. 이 때, 큰 후프에 양말을 넣으면 1점, 작은 후프에 양말을 넣으면 2점을 준다.

마. 주어진 시간이 끝나면 공격과 수비를 교체하여 게임을 한다. 가장 점수를 많이 획득한 팀이 승리한다.

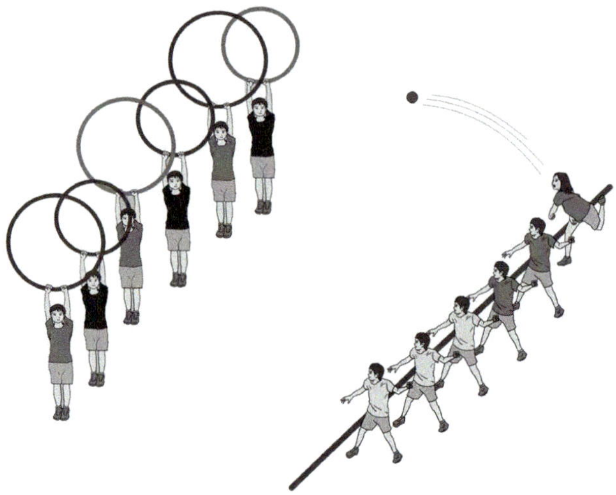

3. 장면묘사

가. 교사는 수업 시작 전에 기구를 각 장소에 배치한다. 학년을 고려해서 제한된 범위 안에서 유동적으로 거리를 정한다.

나. 준비 운동을 한 후 게임에서 활용되는 던지기 시범을 보인다.

다. 교사는 게임 후 학생을 원으로 세우고, 게임에서 활용된 던지기 기술을 확인한다.

4. 변화로 프로그램의 난이도를 높이자.

음악의 빠르기를 달리한다.

- 빠른 음악을 활용하여 후프를 빠르게 움직이도록 하면서 난이도를 조정한다.

5. 안전교육

가. 후프를 흔들 때 부딪히지 않도록 후프를 들고 있는 수비 팀의 간격을 넓힌다.

나. 공격 팀도 자리를 이동할 때, 자신의 모둠원들과 부딪히지 않도록 주의한다.

다. 친구를 맞추기 위해 양말을 던지지 않도록 주의한다.

던지기 3단계 표적 맞추기 II

장소	체육관	준비물	박 2개, 초시계, 콩 주머니 여러 개, 바구니 2개, 호루라기

1. 창의성과 인성 발달목표

가. 인지적 목표: 기본적인 던지기 능력을 알고, 자신의 던지기 수준을 이해할 수 있다.

나. 심동적 목표: 다양한 방향의 던지기 활동을 하면서 던지기 능력을 신장할 수 있다.

다. 정의적 목표: 팀 활동을 통해서 팀워크 정신을 기를 수 있다.

2. 활동 방법

가. 8명씩 4모둠으로 구성한 후, 각 모둠의 이름을 정한다.

나. 1모둠과 2모둠, 3모둠과 4모둠이 게임을 같이 진행한다.

다. 게임을 하지 않는 학생은 게임이 진행되는 동안 각자 자신의 역할을 맡는다.

1) 상대편끼리 불필요한 몸싸움을 하는지 지켜본다.

2) 플레이어가 지정된 선을 넘지는 않는지 지켜본다.

3) 첫 번째 게임에서 플레이어들이 상자에 넣은 공의 개수를 큰 소리로 센다.

4) 두 번째 게임에서 초시계를 이용하여 박을 터뜨린 순서대로 결과를 기록한다.

라. 교사가 출발 신호를 주면 각 모둠원들은 상자 안을 향해 콩 주머니를 던진다.

마. 2분이 지나면 상자 안에 있는 콩 주머니를 이용하여 두 번째 게임을 진행한다.

바. 두 번째 게임은 박이 터질 때까지 콩 주머니를 던진다.

사. 먼저 박을 터뜨리는 순서대로 초시계를 통해 시간을 기록한다.

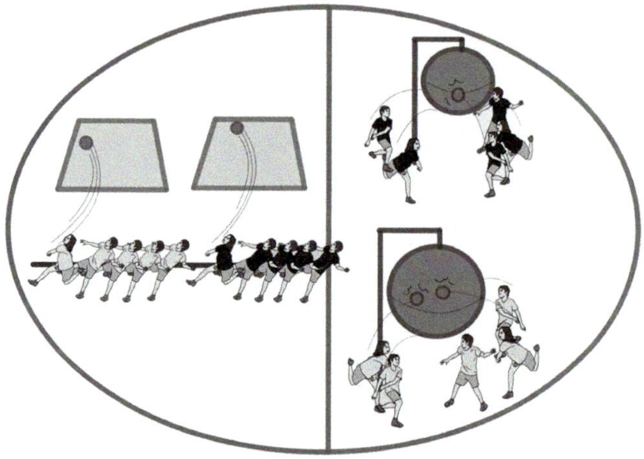

3. 지도 시 유의사항

가. 교사는 수업 시작 전에 기구를 설치한다. 학년을 고려해서 제한된 범위 안에서 유동적으로 거리를 정한다.

나. 주로 상체를 이용한 운동능력 관련 수업이기 때문에 상체 중심으로 준비운동을 한다.

다. 게임 후 원으로 둘러서서 게임에서 활용된 던지기 기술에 대해 의견을 교환한다.

4. 변화로 프로그램의 난이도를 높이자.

가. 목표물과의 거리를 조정한다.
- 출발지점과 상자, 매달린 박과의 거리에 변화를 주어 난이도를 조절한다.

나. 목표지점의 크기에 변화를 준다.
- 저학년의 학생에게는 콩 주머니가 쉽게 들어갈 수 있도록 넓고 큰 상자를 준비한다. 고학년의 학생에게는 상대적으로 크기가 작은 상자로 대체할 수 있다.

5. 안전교육

가. 교사는 학생이 무리하게 경쟁하여 다치는 일이 없도록 안전사고에 유의한다.

나. 박을 향해 콩 주머니를 던지거나 바닥에 떨어진 콩 주머니를 주울 때, 학생이 서로 부딪히지 않도록 주의한다.

던지기 4단계 표적 맞추기 III

장소	체육관	준비물	콩 주머니 여러 개, 후프, 보드판, 찰흙, 고리 여러 개, 고리거치대, 호루라기, 초시계

1. 창의성과 인성 발달목표

가. 인지적 목표: 이동 운동 능력을 토대로 자신의 던지기 능력 정도를 깨닫는다.

나. 심동적 목표: 던지기 기술을 체험하고 자신의 던지기 능력의 발달을 꾀할 수 있다.

다. 정의적 목표: 인내심을 갖고 참여하고, 상대방을 존중하는 마음을 기를 수 있다.

2. 활동 방법

가. 5명씩 4개 모둠으로 구성한 후, 앉은 팀과 선 팀으로 나눈다.

나. 앉은 팀이 먼저 게임을 시작하고, 선 팀은 각각의 구간에 무작위로 배치한다.

다. 게임을 하지 않는 학생은 배치된 구간에서 각자의 역할을 수행한다.

1) 상대편끼리 불필요한 몸싸움을 하는지 지켜본다.
2) 플레이어가 후프 안에 놓는 콩 주머니의 개수를 소리 내어 센다.
3) 플레이어가 정확하게 찰흙을 보드 판에 붙이는지 지켜본다.
4) 플레이어가 정확한 선을 지켜 고리를 던지는지 지켜본다.
5) 게임을 한 모둠의 첫 번째 플레이어와 마지막으로 들어오는 플레이어 간의 시간을 잰다.

라. 처음 주자들은 출발선에서 준비를 하고, 첫 번째 주자 뒤로 그 모둠의 나머지 학생이 일렬로 서도록 한다.

마. 교사가 출발 신호를 주면 각 모둠의 첫 번째 주자는 1번 구간을 향해 달리기를 한다.

바. 1번 구간에 도착한 주자들은 일정한 거리에 떨어져 있는 후프에 콩 주머니 5개를 던져 넣는다.

사. 5개의 콩 주머니를 모두 옮긴 뒤 다시 달리기로 2번 구간으로 향한다.

아. 2번 구간에서는 세워진 보드 판에 찰흙을 던져 붙여야 통과할 수 있다.

자. 마지막으로 3번 구간까지 달려가면 일정한 거리에서 떨어져 고리를 던져 거치대에 2개를 골인시켜야 한다.

차. 모든 단계의 목표를 통과하고 출발점에 돌아왔다면 다음 주자와 손을 터치한다.

카. 마지막 주자가 들어온 시간을 재어 모둠의 순위를 정한다.

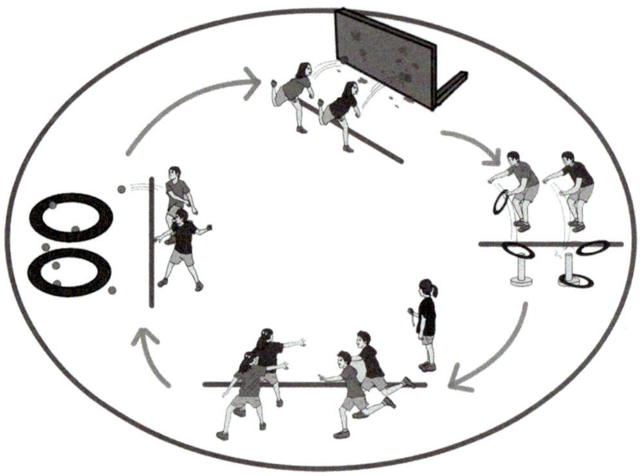

3. 지도 시 유의사항

가. 교사는 수업 시작 전에 기구를 배치한다. 학년을 고려하여 제한된 범위 안에서 유동적으로 거리를 정한다.

나. 스트레칭과 몸 전체를 풀어주는 준비 운동을 한다.

다. 게임이 끝나면 게임에서 활용된 던지기 운동 기술을 점검한다.

4. 변화로 프로그램의 난이도를 높이자.

가. 각 구간의 기준을 조정한다.

- 달리기 구간의 길이나 던져야 할 물체에 변화를 주어서 게임의 난이도를 낮추거나 높인다. 콩 주머니와 고리의 개수를 늘리거나 줄이는 방법도 있다.

나. 각 구간에서 쓰이는 기술을 바꾸어 변화를 준다.

- 저학년 학생에게는 던지기 대신 옮기기 활동으로 대체할 수 있다. 고학년 학생들에게는 찰흙을 붙이는 구간에서 높은 목표지점까지 공을 던져 맞추기 활동으로

대체한다.

5. 안전교육

가. 교사는 학생들이 무리한 경쟁을 하면서 다치는 일이 없도록 주의를 기울인다.

나. 찰흙을 보드판에 붙일 때는 너무 세게 던지지 않도록 주의를 기울인다.

다. 고리던지기 구간에서는 던진 고리가 친구들과 부딪히지 않도록 주의한다.

던지기 5단계 표적 맞추기 IV

장소	체육관	준비물	음식 팻말, 콩 주머니, 호루라기

1. 창의성과 인성 발달목표

가. 인지적 목표: 멀리 던지기 위한 힘의 세기와 팔의 높이를 인지할 수 있다.

나. 심동적 목표: 멀리 던지는 연습을 통해 멀리 던지기 능력을 함양할 수 있다.

다. 정의적 목표: 팀 활동을 통해서 팀워크 정신을 기를 수 있다.

2. 활동 방법

가. 학생을 5명씩 4모둠으로 나눈다.

나. 두 팀의 대표가 나와 가위 바위 보를 한 후 이긴 팀이 게임할 장소를 정한다.

다. 이긴 팀이 먼저 게임을 시작하고, 진 팀은 이긴 팀 첫 주자 순서 후에 던진다.

라. 이긴 팀의 첫 선수가 콩 주머니를 던지고, 교사의 호루라기 소리를 듣고 진 팀의 첫 순서 학생이 콩 주머니를 던진다.

마. 첫 순서 학생의 활동이 끝나면 다시 이긴 팀부터 던지기를 시작한다. 이렇게 두 번째 순서부터 다섯 번째 순서 학생까지 던지기를 마친다.

바. 교사는 학생이 던진 콩 주머니가 어느 구간에 있는지를 점검을 하고, 구간마다의 점수를 콩 주머니 개수만큼 매긴다. (먼 구간일수록 점수는 높아진다.)

사. 마지막 게임을 마친 후 승리한 팀을 정한다.

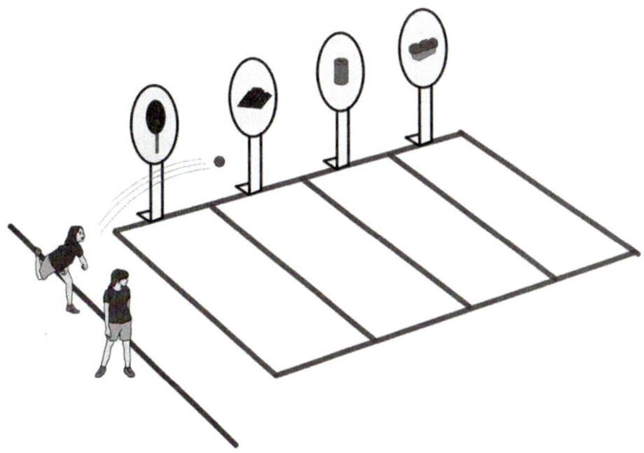

3. 지도 시 유의사항

가. 교사는 수업 시작 전에 교구를 준비한다.

나. 게임을 위해 음식 팻말을 세워놓고 팻말마다 구간을 그려놓으며 게임 시작 선도 그려놓는다.

다. 학생이 많이 사용한 근육을 중심으로 마무리 운동을 한 후 사용한 콩 주머니와 음식 팻말을 정리한다.

4. 변화로 프로그램의 난이도를 높이자.

가. 음식 팻말 구간의 넓이에 변화를 준다.

- 음식 팻말 구간이 넓으면 넓을수록 게임의 난이도는 높아진다.

나. 콩 주머니 대신 더 무거운 것을 던지는 활동을 통해 게임의 난이도를 조정할 수 있다.

5. 안전교육

가. 교사는 학생이 무리한 경쟁을 하기보다는 규칙에 맞게 정정당당하게 페어플레이를 하도록 도와준다.

나. 멀리 던지는 것이 목표인 게임이기 때문에 학생이 무리해서 던질 가능성이 높다. 근육이 놀라지 않도록 준비 운동을 한다.

던지기 6단계 가속도를 이용한 멀리던지기

장소	체육관	준비물	배구공, 각 팀 의상, 호루라기, 제자리 던지기의 기록

1. 창의성과 인성 발달목표

가. 인지적 목표: 효과적인 멀리던지기의 자세, 달리기 속도 등을 배울 수 있다.

나. 심동적 목표: 던지기 기술을 직접 체험하고 이에 관련된 게임을 하면서 던지기 능력을 신장할 수 있다.

다. 정의적 목표: 규칙을 스스로 지키고, 자율성과 사회성을 함양할 수 있다.

2. 활동 방법

가. 학생을 16명씩 두 개의 팀으로 나누고, 그 팀을 다시 8명씩 1, 2모둠으로 나눈다.

나. 각 팀원의 제자리 던지기 기록의 평균기록을 낸다.

다. 첫 번째 공격 팀의 첫 번째 모둠원 4명이 출발선에 서고, 공격 팀 4명의 제자리 던지기 기록의 평균 지점에 수비 팀 8명이 위치한다.

라. 수비 팀 8명보다 더 뒤쪽에 공격 팀 첫 번째 모둠의 나머지 4명이 위치한다.

마. 공격 팀 4명이 출발선 뒤부터 차례대로 뛰어오면서 출발선에서 공을 자신의 팀에게 패스를 성공하면 득점이다.

바. 수비 팀은 움직이지 않고 팔을 위로만 뻗어서 공격 팀의 공을 잡으면 득점이다.

사. 만약 던진 공이 수비 팀과 자신의 팀 사이에 떨어졌다면 공과 더 가까운 팀이 득점을 한다.

3. 지도 시 유의사항

가. 교사는 수업 시작 전에 미리 학생의 제자리 던지기 기록의 평균을 준비한다.

나. 던지기 운동이기 때문에 팔과 다리 근육을 중심으로 준비운동을 한다.

다. 교사는 학생의 질문사항을 확인한다. 게임의 목표와 활용된 던지기 기술도 점검한다.

4. 변화로 프로그램의 난이도를 높이자.

가. 공격 팀의 나머지 4명을 더 멀리 배치한다.

나. 수비 팀을 움직일 수 있게 한다.

- 수비 팀은 원래 움직일 수 없고 앞에 오는 공은 팔을 위로만 뻗어 잡을 수 있지만 이번에는 수비 팀이 팔을 앞뒤로 뻗으며 움직이면서 방해할 수 있다.

5. 안전교육

가. 게임을 하면서 수비 팀은 움직일 수 없는 것이 규칙이다. 다만, 미처 보지 못한 공이 날아올 수 있으니 학생에게 주의를 당부한다.

나. 공을 잡으려다가 서로 부딪히지 않도록 일정한 거리를 두고 선다.

던지기 7단계 던지기 응용

장소	체육관	준비물	난이도별 박스 5개, 난이도가 적힌 종이 5장, 야구공, 줄자, 콘 5개, 플라잉디스크, 골대

1. 창의성과 인성 발달목표

가. 인지적 목표: 지금까지 익힌 다양한 던지기 방법을 생각하고, 더 좋은 방법을 찾기 위해 노력할 수 있다.

나. 심동적 목표: 다양한 던지기 방법을 활용함으로써 던지기 능력을 기를 수 있다.

다. 정의적 목표: 팀 간의 협동심을 함양할 수 있다.

2. 활동 방법

가. 5명씩 4모둠으로 구성하고 한 모둠이 게임하는 동안 다른 모둠은 각 구간에 무작위로 배치한다.

1) 학생이 미션을 정확하게 수행하는지 지켜본다.
2) 게임 활동에서 한 모둠의 첫 번째 플레이어와 마지막으로 미션을 수행하는 플레이어 간의 시간을 잰다.
3) 첫 번째 던지기에서 한 명, 두 번째와 세 번째 던지기에서는 2명의 학생이 미션을 수행한다.

나. 처음 던지는 학생은 자신의 난이도를 뽑고 야구공을 난이도에 맞는 박스에 언더스로우로 던진다.

다. 박스에 공을 정확하게 집어넣으면 다음 주자에게 가서 터치한다. 다음 주자는 야구공을 오버스로우를 통해 던져서 2학생의 던진 거리의 합이 15미터를 넘겨야 한다.

라. 3번째 던지기 주자 2명은 플라잉디스크를 사용하여 1골을 성공시켜야 한다.

마. 첫 번째부터 세 번째까지 걸린 시간을 측정하고 시간이 적게 걸린 팀이 승리한다.

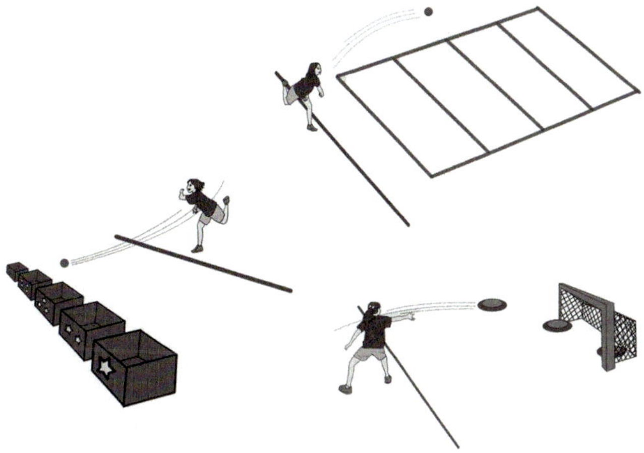

3. 장면묘사

가. 교사는 수업 시작 전에 기구를 배치한다. 학년을 고려하여 제한된 범위 안에서 유동적으로 거리를 정한다.

나. 던지기 수업을 시작하기 전에 자주 사용되는 손목과 어깨를 풀어준다. 게임을 시작하기 전에 지금까지 배워왔던 오버, 사이드, 언더 스로우에 대하여 설명한다.

다. 게임이 끝나면 지금까지 배운 다양한 던지기 자세에 대해 추가적으로 설명을 한다.

4. 변화로 프로그램의 난이도를 높이자.

가. 미션을 수행해야 할 거리를 조정한다.
- 던져야 하는 거리를 늘리거나 줄임으로써 난이도를 조절한다.

나. 각 구간에서 던지는 공의 종류에 변화를 준다.
- 2번째 던지기 단계에서 야구공이 아닌 축구공, 농구공, 배구공을 사용하여 난이도를 높일 수 있다.

5. 안전교육

가. 교사는 학생이 무리하게 공을 던지다가 부상을 입을 수 있다는 것을 알고, 사전에 예방한다.

나. 공을 던지다가 잘못 던진 공에 부상을 입을 수 있으므로 안전에 유의하도록 한다.

던지기 8단계 릴레이를 통한 협동심 기르기

장소	체육관	준비물	배턴, 고리, 콘, 세 가지 다른 무게의 공(캐치볼 공, 피구공, 농구공), 후프, 캐치볼

1. 창의성과 인성 발달목표

가. 인지적 목표: 1~7단계를 통해 기본적인 던지기의 종류를 익힌 후에 8단계 활동을 하는 것이므로 자신의 종합적인 멀리던지기 운동능력 정도를 측정해 보고 활용할 수 있다.

나. 심동적 목표: 멀리던지기와 정확히 던지기 기술을 체험하고, 이를 활용함으로써 던지기 능력과 순발력, 정확성을 높일 수 있다.

다. 정의적 목표: 지금까지 배운 창의성과 인성의 가치를 생각해 보고, 종합적으로 활용할 수 있다.

2. 활동 방법

가. 4명씩 5모둠으로 구성한 후 멀리던지기에 가장 자신 있는 모둠원 한 명을 뽑는다.

나. 각 모둠에서 뽑힌 멀리던지기 대표가 제자리에서 멀리던지기를 한다. 심판은 기록을 측정하여 1등 모둠부터 5등 모둠까지 기록한다.

다. 멀리던지기 기록 순서대로 이점을 주어 릴레이 계주의 출발선에 차등을 둔다.

라. [1구간] 각 모둠의 1주자는 각자의 출발선에서 20m를 달린 후 고리 던지기를 해서 3개의 고리를 모두 콘에 넣는다.

마. [2구간] 3개의 고리를 모두 콘에 넣은 1주자는 2주자에게 배턴을 넘긴다. 배턴을 받은 2주자는 10m 뒤에 대기하고 있던 3주자와 캐치볼을 한다. 주고받기를 2회 성공하고 나면 3주자에게 배턴을 넘긴다.

바. [3구간] 배턴을 받은 3주자는 대기하고 있던 심판에게 가서 3가지 제비 중 1가지 제비를 뽑는다. (3가지 제비는 가벼운 공, 중간 무게의 공, 무거운 공으로 구성되어 있다.)

사. [3구간] 3주자는 뽑은 내용에 맞게 적합한 자세로 공을 던져 후프에 골인시킨다.

(효과적으로 던지기)

아. [4구간] 4주자는 3주자와 결승선까지 공을 주고받으며 함께 달린다. 두 주자는 점점 멀어지는 부채꼴모양의 라인을 따라 달린다.

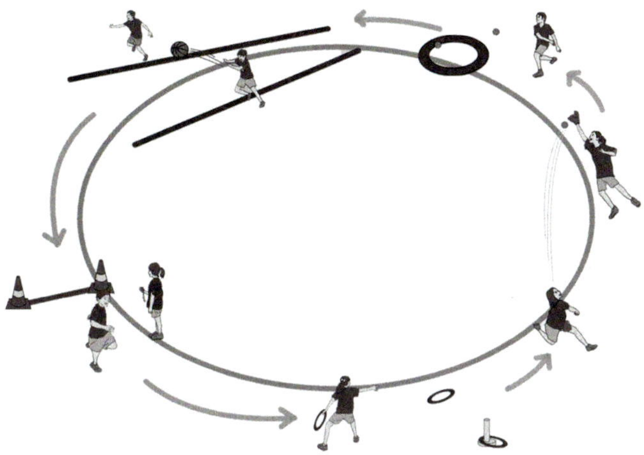

3. 장면묘사

가. 교사는 수업 시작 전에 기구를 배치한다. 학년의 수준을 고려하여 릴레이의 거리와 표적 그리고 모둠원 간의 거리를 조절한다.

나. 교사는 학생의 근육과 관절에 무리가 가지 않도록 준비운동을 한다.

다. 교사는 릴레이 경기의 핵심 요소인 협동심과 창의성과 인성의 요소를 설명한다. 그동안 학습한 효과적으로 던지기, 제자리에서 멀리던지기, 움직이면서 던지기, 표적 맞춰 던지기의 기술 등을 되돌아보면서 마무리한다.

4. 변화로 프로그램의 난이도를 높이자

가. 1구간의 고리던지기

- 고리의 개수를 늘린다. 고리의 개수를 늘림으로써 던지기의 정확성이 요구된다.

나. 2구간의 캐치볼

다. 4구간의 부채꼴

- 부채꼴의 각도를 크게 하여 3주자와 4주자 사이의 거리를 늘린다. 던지기의 정확성뿐만 아니라 멀리던지기의 능력이 요구된다.

5. 안전교육

가. 수업을 시작하기 전에 학생의 건강 유무를 확인한다.

나. 릴레이 경기에서 발목, 다리 관절, 근육에 무리가 가지 않도록 준비운동과 마무리 운동을 한다.

Q&A **묻고 답하기**

효율적인 체육수업 운영 방안을 말하다

1. 도전활동 체육수업 프로그램의 개념을 설명하시오.

2. 도전활동 프로그램의 구성 요소와 특징을 설명하시오.

3. 도전활동 프로그램의 종류별 활동 목표와 활동 방법을 설명하시오.

참고문헌

고문수·엄혁주·송지환(2015). **초등체육수업론**. 파주: 교육과학사.

고문수·송지환·백준형(2021). **초등체육교수학습론**. 파주: 교육과학사.

12

신체활동 프로그램 구안하기

11장에서는 도전활동 체육수업 프로그램을 검토하였다. 본 장에서는 이전 장에서 검토한 내용을 참고하여 '나'만의 신체활동 프로그램을 구안하도록 하였다. 수업을 구안하는 영역은 자유로우며 아래에 제시된 체육수업 구안의 '틀'도 변형이 가능하다. 초등학생에게 교육적 의미와 즐거움이 가능한 체육수업을 만들기 위해 창의적인 아이디어를 가미한 체육수업을 구안한다.

수업 주제:

1. 수업 배경

2. 수업 실천

가. 수업 실천의 특징

나. 수업 목표와 방법

다. 교육과정 탐색

라. 교육과정 재구성

마. 수업의 흐름 및 판서계획

바. 수업지도안의 특징

사. 교수·학습 과정안

아. 본시 배움 활동 과정 평가 계획

성취기준	평가관점	평가 방법
		예) 관찰평가, 자기평가

3. 수업 후기

참고문헌

제4부

체육수업 평가

13장 평가의 변화

14장 체육과 성취기준 평가

15장 체육과 수행평가의 개발과 실제

좋은 체육교육이 되기 위해서는 교수·학습 과정에 평가를 포함해야 한다. 교사는 수업에서 의도한 결과의 목표를 달성하기 위해 관련 자료를 수집하여 판단하는 평가를 수행해야 한다. 하지만 그동안 평가가 주목을 받지 못한 이유는 평가의 결과를 외부에 공개하는 부분에서 객관적인 증거를 산출하지 못하였기 때문이다. 교사들이 교수·학습의 과정과 결과를 평가하는데 주저하는 것은 평가에 근거가 되는 자료의 진실성(자료의 타당성과 신뢰성)을 확보하기 어렵다는 측면에 기인한다. 또한, 학생이 성취해야 하는 학습의 결과를 명확하게 제시하지 않고 수업이 이루어지는 점도 간과할 수 없는 중요한 원인이다. 평가는 학생의 학습 진보의 정도와 교수·학습을 개선하기 위한 방향에 이의가 없다면 지금부터라도 체육과 수업 평가에 관심을 기울여야 한다. 체육수업 평가는 학생에게 학습상태와 학습지도에 관한 정보를 제공하고, 운동수행의 향상 동기를 유발하며, 학습목표와 관련된 학습 진행 상태를 평가하여 교수학습의 효율성을 높이기 위한 방안으로 운영되어야 한다.

제4부 체육수업 평가에서는 평가 패러다임의 변화와 평가과정에서의 인식 전환을 탐색하였다. 그리고 체육과 성취기준 평가에서 성취기준, 평가기준 그리고 성취수준의 의미를 살펴보았다. 또한, 성취기준의 활용 방안과 평가 기준의 활용 방안 및 영역별 성취수준의 활용 방안을 구체화하였다. 체육과 수행평가의 개발과 실제에서는 수행평가 도구의 개발과 영역별 체육과 수행평가 문항을 제시하였다.

13
평가의 변화

생각해보기

- 그동안 자신이 경험한 평가는 무엇인가요?
- 여러분은 평가를 무엇이라고 생각하나요?
- 학생을 어떻게 평가하고 싶나요?

우리 사회는 그동안 평가에 대해 많은 오해를 갖고 있었다. 그것이 오해인지 사실인지도 모른 채 말이다. 다음은 평가에 대해 그동안 우리가 오해해왔던 몇 가지 사례이다.

첫째, 학업성취를 높이기 위해서는 경쟁해야 한다. 경쟁은 개인의 성과를 향상시킬 수 있다는 것이 그동안 이루어져온 평가의 가장 큰 오해이다. 그러나 소수의 학생들에게만 학업성취를 기쁨과 목적을 이룰 수 있었다. 다수의 학생은 소외와 자신감 상실 등의 부정적인 정서를 유발하였다. 이와 관련된 재미있는 실험을 소개하고자 한다. 항공사고가 발생하고 항공기에서 승객들이 탈출해야 하는데, 어떻게 하면 사람들이 빨리 탈출할 수 있을지에 대하여 연구하는 학자들이 있다. 그들은 실험참가자를 모집하고 일정의 연구 참가비용으로 20달러를 지급하였다. 연구자들은 참가자들에게 비상탈출 상황을 설정하고 빠르게 탈출할 것을 지시하였다. 그러나 실험상황인 것을 알고 있는 참가자들은 양보하기도 하고 여성이나 어린아이에게 배려의 모습을 보이기까지 했다. 그러자 연구자들은 다른 묘책을 생각하게 되었다. 그것은 가장 빨리 탈출하는 순서대로 참가비용을 많이 지급한다는 것이었다. 다시 탈출 실험 상황을 주었다. 어떻게 되었을까? 사람들은 서로 나가려고 아비규환(阿鼻叫喚)의 상황이 되었다. 위의 실험에서 알 수 있듯이 우리나라는 그동안 평가에 맞춘 공부를 하고 있었다.

둘째, 평가는 다수를 위해서 하는 것이다. 먼저 원숭이 오이 실험에 대해 소개하고자 한다. 원숭이는 오이를 굉장히 좋아한다. 2마리 원숭이에게 돌멩이(화폐)하나를 주면 오이를 주는 실험을 진행하였다. 돌멩이 하나를 주면 오이를 주었는데 어느 순간 B원숭이에게 돌멩이 하나에 포도를 주었다. 그러자 A원숭이는 오이를 집어던지며 포도를 달라고 하였다. 이렇듯 모두를 만족시킬 만한 평가는 존재하지 않는다는 것이다. 진정한 평가는 자신의 수준을 알도록 해주고, 그 수준에서 더 나은 수준으로 성장하기 위한 측정과 피드백의 정보를 제공해 주어야 한다. 그동안의 평가는 다수를 위한 객관적인 지표를 원했으므로 개인의 성장이 중요한 것이 아니라 다수를 위해 서열을 매길 수 있는 점수화된 지표가 필요했다.

셋째, 평가는 객관적이어야 한다. 객관적으로 평가할 수 있다는 것은 시험이 생겨난 이래로 계속 되어져온 희망일 것이다. 그러나 이 세상에 객관적인 평가는 존재할 수 없다.

넷째, 평가는 정성적이 아니라 정량적으로 평가할 수 있다. 축구경기에서 어느 축구선수가 잘 했는지 평가하기 위해서는 다양한 기준과 방법이 필요하다. 물론 이렇게 복잡한 기준과 방법이 없어도 어느 선수가 잘 했는지 어느 정도는 알 수 있다. 그러나 이 세상은 정확한 기준과 방법으로 평가해서 좋은 점수를 받은 선수를 훌륭한 선수라고 평가하고 싶어 한다. 학교도 마찬가지로 훌륭한 학생의 기준은 시험에서 좋은 점수를 받고 정량적인 평가에 맞춰 좋은 점수를 획득하는 학생이라고 생각해왔다. 이런 이유로 정량적 평가는 더 완벽한 평가를 만들고자 계속 발전하고 또 발전하고 있다.

다섯째, 철저히 평가해야 열심히 공부한다. 학생의 최대 스트레스는 시험이다. 그리고 이러한 시험이 학생을 평가하는 유일한 잣대인 것처럼 인식되어져 왔다. 이러한 인식은 학생에게 수단과 방법을 가리지 않고 좋은 점수를 받아야만 한다는 인식을 심어주었다. 얼마 전 우리나라에서 모두가 가고 싶어 한다는 명문 S대 그것도 가장 공정하고 도덕적이어야 한다는 로스쿨에서 엄청난 시험 부정행위가 발생했다. 부정행위자는 학창시절부터 줄곧 1등을 도맡아오고 로스쿨에서도 좋은 성적을 보인 학생이었다. 그 학생은 시험에서 좋은 점수를 받기위해 교수 연구실을 몰래 들어가 시험문제를 훔치는 행동을 하였다. 철저한 평가를 하면 할수록 그 평가에 맞추기 위해 새로운 방법을 고안해내고, 또다시 철저한 평가를 다시 만들어내는 악순환이 반복되면서 학생은 점점 지쳐갔다.

여섯째, 역량은 정규분포다. 잘하는 학생과 못하는 학생이 정규분포를 그린다는 행위는 잘못된 생각이다. 우리는 평가하면 항상 정규분포를 그려왔고, 상위 5%, 10%와 반대되는 개념으로 하위 5%, 10%의 학생을 생각했다. 그러나 이것은 수학의 수치에 의해서 인위적으로 만들어진 것이지 진정 학생의 역량을 측정하는 데에는 엄청난 오류를 범하고 있었다. 학생의 역량은 정규분포가 아닌 자신의 성장에 초점을 맞추어야 한다.

우리는 누군가와 비교하고, 다른 학생보다 더 잘해야 하며, 남이 잘하는 것을 나도 잘해내어야 한다는 강박관념에서 벗어날 필요가 있다. 새로운 평가는 이러한 관점의 전환에서 출발해야 한다. 평가가 서열을 메기고 누군가와 비교하는 것이 아니라 자신의 성장과 역량을 발휘하도록 도움을 주는 정보의 역할을 수행해야 한다. 이러한 기조에 따라 한국의 평가 패러다임은 변화하고 있다.

1. 평가 패러다임의 변화

서열을 위한 평가는 인간을 이해하고 다양성 존중의 관점에서 많이 부족했기에 학습자 중심이 되지 못하였다. 학생의 잠재 능력을 발견할 수 있도록 도와주는 것이 '교육'이고, 학생이 지니고 있는 장점을 펼치게 하는 것이 '학습'이라고 할 때, 지금까지의 결과중심의 '평가'는 일관적이지 않았음을 알 수 있다. 평가는 결과론적으로 일회성이 아닌 과정중심 평가가 설득력 있게 받아들여진다. 이 절에서는 최근 교육평가의 동향에 대해 살펴봄으로써 '과정 중심 평가'가 어떠한 배경 속에서 대두되었는지를 알아보았다.

가. 학습을 위한 평가

최근에 평가는 교수·학습과 분리된 것이 아니라 한 과정 혹은 그 자체로 보고 학습을 촉진시키기 위한 다양한 경험을 제공하는 것으로 인식되고 있다. 이러한 관점은 '학습 결과에 대한 평가(assessment of learning)'에서 '학습을 위한 평가(assessment for learning)' 또는 '학습 과정으로서의 평가(assessment as learning)'로의 전환과 관련지어 설명할 수 있다. 평가를 교수·학습과 연계된 과정으로 이해하려는 것이고, 이것은 '교수·학습의 극대화'라는 평가 본연의 기능에 그 핵심이 있는 것이다.

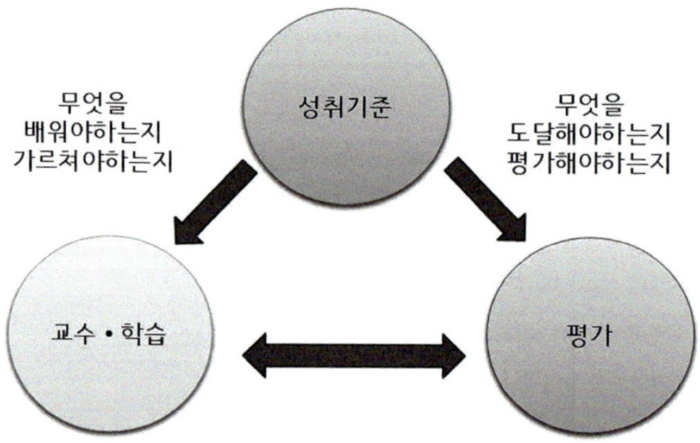

[그림 13-1] 교수·학습 평가 연계 순환적 구조에서의 평가

이러한 패러다임은 평가를 학습의 과정으로 보거나 학습 그 자체로 간주 할 때, 수업 내에서 다른 교수·학습 활동과 자연스럽게 연계되도록 한다(교육부·한국교육과정 평가원, 2014). 이렇게 함으로써 다양한 평가 방법에 의한 지속적인 과정 형태의 평가 방안이 마련될 수 있다.

나. 적절한 피드백 제공을 위한 평가

지능정보시대에 사회는 급속하게 변화하므로 학교는 이러한 변화에 자신이 스스로 적응할 수 있는 학생을 교육해야 할 의무가 있다. 획일화된 교육을 수동적으로 따르는 학생이 아닌 학생 스스로 무엇이 필요한지를 판단하고 계획할 수 있도록 도울 수 있어야 한다. 따라서 앞으로 평가 방향은 성적을 내기 위함이 아니라 학생의 학습과정을 모니터링하고, 올바른 학습방향을 제시하며, 성장에 대한 측정을 하고, 학습 목표와의 격차를 좁히는 방향으로 운영되어야 한다. 이러한 "학습을 위한 평가"(assessment for learning), "학습으로서의(assessment as learning) 평가"로 전환하여 학생 개개인의 잠재력과 적성을 계발하고, 자기주도적인 학습능력을 신장시켜 주어야한다.

다. 목표지향평가모형에서 인류학적 평가모형으로 전환

목표지향 평가의 초점은 설정된 교육목표가 어느 정도 실현되었느냐의 정도에 있다. 이 접근에서는 교육목표의 정의와 진술, 평가도구의 선택 및 제작 그리고 수집된 자료의 객관도, 신뢰도, 타당성 등이 강조된다. 평가의 효용성은 교육목표의 성취 정도로 교육과정의 강점과 약점을 확인하고, 특별한 목표의 성취에 대한 정보를 제공하는 데 있다. 그러나 이 모형은 목표가 지나치게 단순화되고, 편협하게 정의되어서 그 목표에 대한 의견이 불일치하고 있다. 또한, 상이한 집단이 갖는 다양한 관심사를 고려할 가능성이 희박하다. 따라서 새로운 평가모형의 도입이 필요하다는 공감대 속에서 나온 것이 인류학적 평가모형이다.

인류학적 평가모형은 사회학 혹은 인류학적 접근방법의 적용을 강조하고, 체계적인 변화, 인간관계 그리고 가능한 한 현실적인 조건들의 기술에 초점을 맞춘다. 인류학적 평가모형은 학습결과에 대한 판단보다는 정보를 제공하는데 그 목적이 있다. 이 모형은 평가에 관련된 질문의 다양성, 상이한 집단에는 상이한 성취수준의 도입, 평가모형의 역동성, 교수과정 중에 일어나는 변화를 인정한다.

라. 핵심역량에 대한 평가

변화하는 사회 모습에 따라 사회가 요구하는 인재상도 달라진다. 학교 교육에서 무엇을 강조하여 가르칠 것인가, 또한, 그에 기초하여 학생의 무엇을 평가할 것인가는 사회적 요구사항과 긴밀하게 관련된다고 볼 수 있다. 최근 미래사회에 적합한 인재를 기르기 위해 지식 중심이 아닌 핵심역량 중심의 교육이 강조되고 있다(Griffin & Care, 2014). 학생이 알고 있는 지식과 정보의 양과 종류를 평가하기보다는 필요한 정보들을 얼마나 신속하게 찾고 문제해결을 위해 얼마나 창의적으로 정보를 활용하며 새로운 의미를 부여해 나아가는지에 보다 관심을 둔다. 따라서 단순 지식 측정을 위한 지필평가 중심의 평가 방식을 지양하고 실제적, 다면적인 방법을 통해 문제해결력, 창의성, 비판적 사고,

협력, 의사소통능력 등을 종합적으로 평가할 수 있는 접근을 강조한다.

2. 평가과정에서의 인식 전환

교육평가의 기능은 보는 관점에 따라 학습자의 성취도를 측정하는 일, 교육프로그램의 효과를 판단하는 일, 교육정책에 도움을 주는 일 등이 공식적인 평가기능이라고 할 수 있다. 이에 비해 교실평가의 기능은 개별 학생의 진로지도를 위한 자료수집과 학습 상태의 문제에 대한 발견과 해결 등이 있다. 그런데 지금까지의 평가는 공식적인 평가에 초점이 맞추어져 있었고, 교실평가는 소홀히 취급되어 왔다. 그동안의 평가는 평가 결과를 갖고 학생의 우열을 가리거나 점수로 인간을 규정하여 이를 바탕으로 무언가 활용하고 기준을 세우는데 필요한 정보를 제공하는데 목적이 있었다. 이것은 인간을 이해하고 그 다양성을 존중하기에 부족함이 있었고, 학습자 중심에 대한 폭넓은 배려가 힘든 것이었다.

'교육'이 학생의 잠재 능력을 발견할 수 있도록 도와주는 것이고, 학생이 지닌 장점을 펼치는 것이 '배움'이라고 할 때, 평가는 학생의 숨은 보화를 캐내어 배움이 일어나도록 학생의 진로탐색과 재능탐색을 통해 전인발달이 이루어지도록 해야 한다. 교육의 본질이 '개인의 재주와 능력을 끌어내는 것'이라는 점에서 전통적 표준화 검사는 이를 만족시킬 수 없었다. 예를 들어, 지금까지의 지필검사나 실기검사는 고차원적인 사고기술을 평가하거나 과정을 평가하기가 어려웠기 때문에 교사와 학생은 지필검사에서 다루어지는 낮은 수준의 지식, 사실을 습득하는 것에 주력하거나 공통의 기준을 정해 그에 맞는 실기평가를 하였다. 그러나 이러한 평가는 학습과 수업의 수준을 낮추는 결과를 가져왔다.

전통적인 평가 방법으로는 학생의 창의성이나 인성발달을 위한 고차원적인 사고능력을 함양하는데 어려움이 있다. 학습심리학, 인지심리학, 뇌 연구를 통해 인간의 능력에 대한 개념이 새롭게 바뀌고 있다는 점에서 평가 과정에 대한 인식의 변화를 요구하는 것이다. 특히, 창의성과 인성을 함양하기 위해서는 학생의 성장을 지속적으로 확인하고 피드백을 통해 발달할 수 있는 평가가 필요하다. 학생의 지속적인 성장과 잠재력을 확인하고 인성발달과 전인발달로서의 평가가 이루어지기 위해서는 "수업=평가"라는 공식을 인식해야한다. 이러한 평가의 관점에서 '수업 속에서의 평가'가 이루어지도록 학습 평가를 구안하는 것이 중요하다.

3. 평가내용의 인식전환

평가 과정에서의 인식 전환은 그 내용에 대해서도 변화를 요구한다. 변화의 요구는 다음과 같다. 첫째, 김성숙 외 3인(2015)은 평가의 내용에 대해 하나의 답을 찾도록 하는 정답형 평가에서 여러 가지 답을 찾도록 하는 논술형, 수행형 그리고 참 평가로의 전환이 이루어져야 한다고 주장한다.

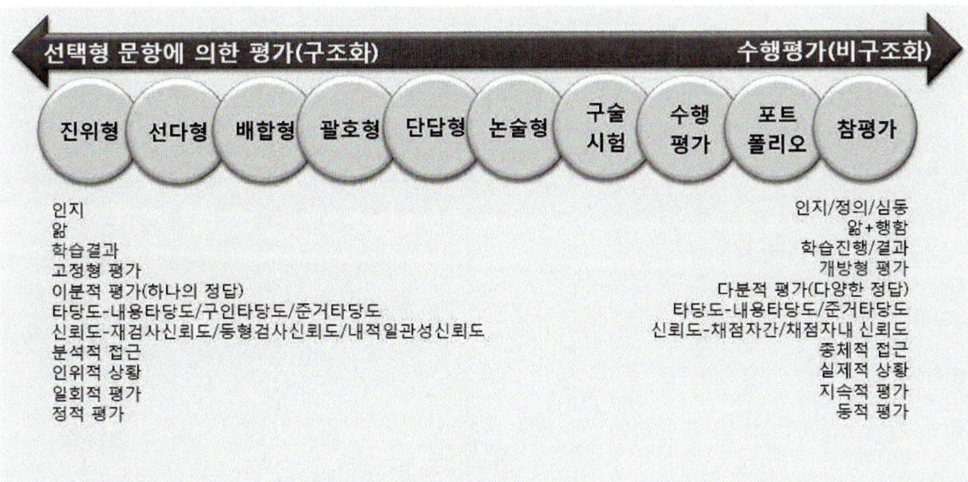

[그림 13-2] 구조화에 따른 평가의 분류

둘째, 학습자의 고등사고 능력을 필요로 하는 평가 내용으로의 구성이 필요하다. 학습자들이 단순 암기나 지식에 대한 단순한 이해 정도로 해결할 수 있는 평가 내용을 지양해야 한다. 학생이 습득한 지식과 기능을 활용하여 창의적으로 문제를 해결할 수 있는 다양한 고등사고 능력을 필요로 하는 평가 내용을 개발하여야 한다.

셋째, 다양한 평가방법을 통해 평가가 이루어져야 한다. 현재 학교현장, 특히 체육교과에서는 주로 수행평가(기능평가, 단답형 평가 방식이 활용됨)로 학생의 학업성취도를 평가하고 있으나 학생의 창의성 및 인성을 함양하기 위해서는 교과 특성을 반영한 적절한 평가 방법이 활용될 필요가 있다.

이상에서 살펴본 것처럼 학교교육에서 학습자의 배움을 일으키는 교육을 위해서는 교육과정의 재구성 및 보완, 교수·학습 방법의 구안, 평가의 개선 등 다양한 차원에서 변화가 이루어져야 한다. 이 중에서도 체육 평가의 방향은 과정 중심 평가로의 수행평가가 이루어져야 한다. 결국 창의성 및 인성교육을 위한 학생 평가 방법의 개선은 성장 참조형의 과정중심 평가의 확대와 수행평가의 내실화를 통해 가능해 질 수 있다. 체육과에서 인지적, 정의적, 심동적 특성을 반영한 다양한 평가방법을 활용하여 학생의 능력을 성장 가능하도록 평가가 이루어지는 것이 중요하다.

[그림 13-3] 체육과에서의 다양한 평가방법

4. 과정중심의 체육과 평가

초등학교 체육의 목표는 기본운동 기능, 신체적 표현기능, 운동의 기초기능, 건강관련 기초체력 등의 심동적 영역, 운동, 건강, 안전, 여가선용 등의 지식습득을 위한 인지적 영역, 적극적인 운동참여와 명랑한 생활태도를 기르기 위한 정의적 영역을 포함하고 있다. 이에 체육과에서의 평가는 체육의 개념이 "신체를 위한 교육(education for physical)"이 아닌 "신체를 통한 교육(education through physical)"이 되고 있다.

가. 과정 중심의 체육과 평가의 필요성

과정 중심의 평가란 교육과정을 통하여 얼마나 성장하였는가에 관심을 두고, 최종 성취수준 그 자체보다는 능력의 변화 과정과 성장 정도를 고려함으로써 학업 증진의 기회 부여와 개인화를 강조하는 평가를 말한다.

1) 과정 중심의 평가의 근거

① 학습 결과와 학습 과정의 연계된 평가가 이루어지도록 한다.

② 개인차를 고려한 평가 기준을 적용한다.
③ 목표 성취 행동에 대한 획일화된 평가 기준을 적용하기보다는 수준에 따라 서로 다르게 주어진 과제에 대한 수행 능력 및 변화 정도를 평가에 반영해야 한다.
④ 과정 중심의 평가는 성장가산점에 대한 점수 기준을 선정하고 반영해야 한다.

새로운 교육과정에서는 학생의 성장에 관심을 갖도록 강조하고, 새로운 교육과정에서는 평가 기준 선정을 다음과 같이 명시하고 있다.

① 평가 기준은 해당 경기와 관련된 수업내용 또는 주제를 대상으로 개발한다. 점수화 및 등급화를 위한 기능 수준의 구분이나 기록의 구체적인 명시보다는 도달 정도를 나타낼 수 있는 행동 수준으로 진술한다.
② 평가 등급 또는 단계는 양적 결과에 따른 구분보다 수행 능력 및 태도 변화 등에 대한 질적 내용 요소를 포함하여 구분된 등급 또는 단계로 설정한다.
③ 목표 성취 행동에 대한 획일화된 평가 기준을 적용하기보다는 수준에 따라 서로 다르게 주어진 과제에 대한 수행 능력 및 변화 정도를 평가에 반영해야 한다. 이를 통해 향후 교수·학습 내용에 대한 참여 동기를 높이고, 개개인의 신체활동 실천에 도움을 줄 수 있도록 해야 한다.

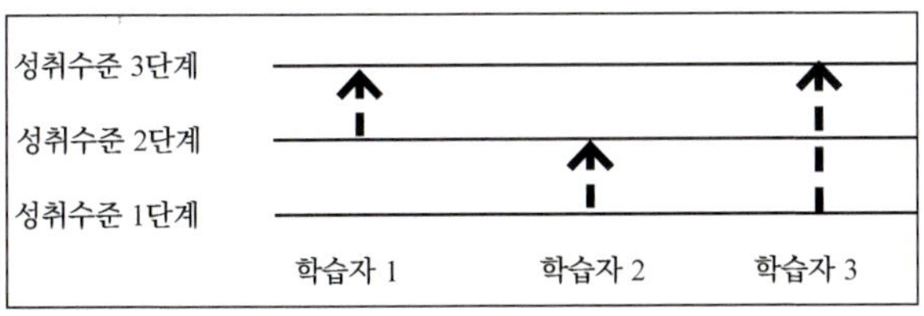

[그림 13-4] 개인차를 고려한 평가 기준 적용

한편, 학생의 성장을 위해 개개인의 평가기준을 마련하여 평가를 운영하는 나라 중 핀란드의 평가 방식은 우리에게 시사하는 바가 크다. 핀란드의 평가는 수업 시간에 이루어지는 평가(자기, 팀 평가, 수업 시간의 참여, 과제, 연구 등)와 테스트, 수업시간 이외에 이루어지는 독립적인 연구 작업 그리고 숙제 외의 과제를 통해 이루어지는 연습의 흔적을 찾는 평가로 이루어진다. 결국 어떤 학생은 빠르게 배우고 어떤 학생은 느리게 배우는데 학생 개개인의 성장 과정을 참조하여 평가가 이루어지도록 하는 것이다. 물론 경쟁은 일을 더 빨리 하는데 도움이 되지만 학교의 근본은 경쟁이 될 수 없다. 왜냐하면 다른 중요한 것들을 압박하고 발견하지 못하게 만들기 때문이다. 과정 중심의 평가는 이러한 경쟁을 통한 평가 결과가 아닌 평등에 의한 개개인의 성장에 초점을 맞춘 평가라 할 수 있다. 운동은 정서발달과 함께 사회성 발달, 지적 발달에도 도움이 됨에도 불구하고 현재 각 학교 체육교과 교육은 신체적 목표가 체육의 중요한 목표로만 여기고 있는 것이 사실이다. 그 이유는 다양하다.

첫째, 교사의 평가관이 변하지 않았기 때문이다. 실기평가와 이론 평가 위주의 평가로 인해 어느 시점에 모든 학생이 똑같은 수준을 맞춰야 했다.

둘째, 체육과는 다른 교과와 달리 복합적 성격을 포함하고 있음에도 다른 교과에 비해 단순한 것으로 인식하고 있다. 이런 이유로 체육과는 단순히 계량적 평가에 의한 방법을 고집하였고, 평가에서의 다양한 방법에서 변화가 필요하다.

과정중심의 수행평가는 체육에서 중요시하는 운동 상황과 학생의 개인적 특성을 파악함으로써 학생의 운동 세계를 이해하고, 그들이 의도하는 것을 찾아내어 잘한 점을 격려하며, 부족한 점을 극복할 수 있는 방안을 제시해야 한다.

2) 과정 중심의 체육과 평가의 특징

새로운 평가의 대안으로 제시된 것이 과정 중심의 평가이다. 과정 중심의 평가는 단편적인 지식만을 암기하도록 조장하는 기존의 교수·학습 평가 방식을 지양하고, 학생의 창의성이나 문제해결력 등 고등 사고기능을 파악하고 개별적인 학습을 신장하기 위해 사용된다. 체육과 과정 중심의 평가는 다음과 같은 일반적인 특징을 갖고 있다(백순근, 1998; 성태제, 2014).

첫째, 학습의 동기유발을 위한 평가이다. 학생이 문제의 정답을 선택하게 하는 것이 아니라, 자기 스스로 정답을 구성하거나 행동으로 나타내도록 하는 평가방식이다.

둘째, 교육목표를 구체적으로 확인하기 위한 평가이다. 추구하고자 하는 교육목표를 가능한 한 실제 상황에서 달성했는지 여부를 파악하고자 한다.

셋째, 창의성, 사고력 그리고 학습과정을 파악하는 평가이다. 교육의 결과(product)뿐만 아니라 교육의 과정(process)도 중시하는 평가방식이다. 급변하는 현대 사회 속에서 과거의 지식이나 가치관을 그대로 암기하거나 무조건 믿는 것보다는 학습하는 방법을 학습하는 것도 중요하다.

넷째, 지속적인 평가이다. 단편적인 영역에 대해 일회적으로 평가하기보다는 학생 개개인의 변화, 발달과정을 종합적으로 평가하기 위해 전체적이면서도 지속적으로 이루어지는 것을 강조하는 방식이다.

다섯째, 개개인을 단위로 하여 평가하기도 하지만 집단에 대한 평가도 중시한다. 예컨대, 하나의 연구 과제를 주고, 팀을 이루어서 공동으로 그 과제를 해결하도록 한 후 팀을 단위로 해서 평가하는 것이다.

여섯째, 개인적 특성을 고려한 평가이다. 학습자 개인에게 의미 있는 평가이다. 학생의 학습과정을 진단하고 개별 학습을 촉진하려는 데 그 목적이 있다.

일곱째, 인지적 능력과 실천적 능력을 동시에 파악하는 평가이다. 평가는 학생의 인지적인 영역(창의성이나 문제해결력 등 고등 사고기능을 포함)뿐만 아니라, 학생 개개인의 행동발달 상황이나 흥미·태도 등 정의적인 영역 그리고 체격이나 체력 등 신체적인 영역에 대한 종합적이고 전인적인 평가를 중시한다.

과정 중심 체육과 평가는 학습자들이 성취되기를 기대하는 교육목표와 밀접한 과제들을 학생 스스로 산출물이나 작품을 구성하여 만들어내거나 목표와 관련된 태도나 가치관을 드러내는 수행을 평가자가 직접 관찰하고 판단함으로써 이루어지는 평가방식이다. 여기서 수행은 구체적인 상황 하에서 실제로 행동을 하는 과정(process)이나 그 결과(product)를 의미하는 것으로 실제 수행을 통해 학생의 학습을 평가한다는 것은 교수·학습의 결과뿐만 아니라 교수·학습의 과정을 중시하는 평가라 할 수 있다. 박종임(2017)은 과정중심 수행평가의 개념을 다음과 같이 도식화하였다.

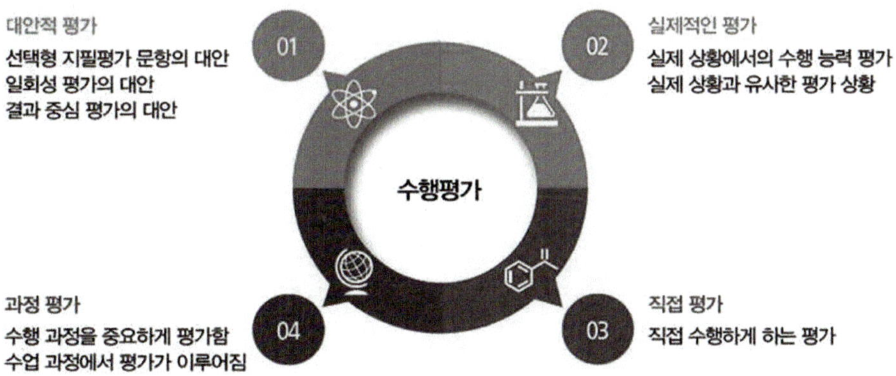

[그림 13-5] 과정중심 수행평가

이렇게 정의된 수행평가를 바르게 이해하고 본질을 살려 평가를 시행한다면 과정중심 평가의 방향을 잘 구현해낼 수 있다는 점에서 수행평가를 '과정중심 평가'에서 활용할 수 있는 대표적인 평가 방법으로 보고 있다.

5. 전통적인 평가와 과정 중심의 수행평가의 특징

학교 현장에서 이루어지는 평가의 목적은 교사가 자신의 수업활동과 지도방법, 프로그램 등을 수정하고 보완하여 개선하기 위한 평가를 실시하도록 하는 목적과 외부를 통해 교육의 최종 성취도를 평가하고 프로그램과 교수·학습 과정의 효율성을 확인하고 검증하기 위해 실시하는 것이다.

첫째 목적은 교사가 자신의 수업에 대해 피드백을 얻고 수정, 보완하려는 목적으로 수업 시간에 다룬 내용을 중점적으로 수업 전과 중간에 평가를 실시하고, 그 결과를 수업활동에서 보완과 개선에 활용하자는 것이다. 이러한 평가는 진단평가나 형성평가 또는 상시평가라고 부른다.

둘째 목적은 교사의 교수·학습의 보완이나 개선이 아닌 학생의 학교생활기록부 작성을 위해 한 학기 또는 한 학년 동안 학생의 학습 내용을 포괄하여 평가하는 것이다. 이러한 평가는 총괄평가의 전형적인 예이다.

이 절에서 다루는 과정 중심의 수행평가는 교사 자신의 교수·학습 활동을 보완하고 개선하려는 평가의 목적과 함께 학습자가 학습의 주체로서 학습내용을 스스로 선택하고 조직할 수 있는 자기 주도적 학습 능력을 개발하는 것이다. 그리고 기본 학력과 수준을 바탕으로 창의력과 인성을 기르도록 교수·학습 방법을 개선하고 평가 과정을 통해 교육 목표 달성과 교육과정의 성취 목표 달성도를 파악하며 환류체제로의 교육의 질을 향상시키는 것이다.

결국 과정 중심의 수행평가는 학생의 성적 결과물뿐만 아니라 학생이 교육과정에서 제시한 성취목표에 따른 교육목표를 도달하도록 도와주고, 평가를 위한 목적이 아닌 교수·학습 과정의 일부로 인식하고 있는 것이다. 기존의 전통적인 평가와 과정 중심의 수행평가의 주요 특징을 비교하면 다음과 같다.

〈표 13-1〉 전통적 평가와 과정 중심의 수행평가의 특징 비교

구분	전통적 평가	과정 중심의 수행평가
평가목적	• 학업성적 판정 • 선발·분류·배치를 위한 판정	• 학습과제 성취 여부의 결정 • 지도·조언·개선 • 교수-학습 전략 개선 및 보완 • 학습결손의 즉각적인 진단
평가유형	• 총괄평가 및 선발평가	• 형성평가 • 단원·진단평가 • 수행평가
평가주체	• 학교 및 교육청	• 교과교사 • 담임교사
평가대상 (지식의 종류)	• 결과로서의 지식	• 과정으로의 지식 + 결과로서의 지식
평가시기	• 정시	• 상시 또는 수시
시행방법	• 획일적으로 시행	• 자율적 시행
평가방법	• 선택형 평가 위주 • 표준화 검사 중시 • 대규모 평가 중시 • 일회적·부분적인 평가 • 객관성·일관성·공정성 강조	• 서술형·논술형 중심의 수행평가 • 성장 참조형 평가 • 지속적·종합적인 평가
교사의 역할	• 지식의 전달자	• 학습의 안내자·촉진자
학생의 역할	• 수동적인 학습자 • 지식의 재생산자	• 능동적인 학습자 • 지식의 창조자
장　점	• 교사의 평가부담 최소화 • 교사 간·평가 간 편차 완화 • 집단 간 성취도 비교	• 교사의 평가 자율성신장 • 즉각적인 피드백 제공 • 즉각적인 수업의 개선, 수정 및 보완
단　점	• 획일적이고 일회성 평가 시행 • 평가결과 피드백 지연 • 수업개선 정도 미흡	• 교사의 평가부담 가중 • 교사 간 격차 문제 발생 • 평가 간 비전문화 및 편차 발생

물론 과정 중심의 수행평가가 만병통치약이 될 수는 없지만 사회적 변화와 요구 그리고 학생의 질적 변화에 대응하고 미래를 살아갈 창의·인성적인 인간 육성을 위해 평가는 변화되어야 한다. 미래사회는 성장가능하고 성장 발전하는 사람이 필요한 사회이므로 이에 발맞추어 지속적이고 성장 가능한 방향을 이끌어갈 수 있는 과정 중심의 수행평가가 필요한 시점이다. '권장하는 수행평가 유형'과 '지양해야 할 수행평가 유형'을 아래와 같이 제시한 학자도 있다(전경희, 2016). '권장하는 수행평가 유형'은 과정을 중시하는 수행평가의 모습을, '지양해야 할 수행평가 유형'은 기존의 수행평가의 또 다른 문제를 진술하고 있다.

〈표 13-2〉 권장하는 수행 평가와 지양해야 할 수행 평가 유형

권장하는 수행평가 유형	지양해야 할 수행평가 유형
교수·학습의 과정 속에서 시행되고, 정규 수업 시간 내에 진행되는 수행평가	교수·학습의 과정과 무관한 별도의 과제를 부여하여 학생의 부담을 가중시키는 수행평가
프로젝트학습, 실험, 토론, 논술 등 다양한 학생 참여형 수업 방법과 연계한 수행평가	별도의 시기를 정하여 동일한 문항으로 모든 학생들에게 일률적으로 시행하는 평가
학생의 다양한 잠재력·소질·적성 등을 계발하고 학생의 참여도를 측정할 수 있는 수행평가	과다한 기본 점수·태도 점수를 부여하는 평가

교육과정평가원(2017)에서는 '과정중심 수행평가'에 대한 이해를 돕기 위해 다음과 같이 구조화하여 설명하고 있다.

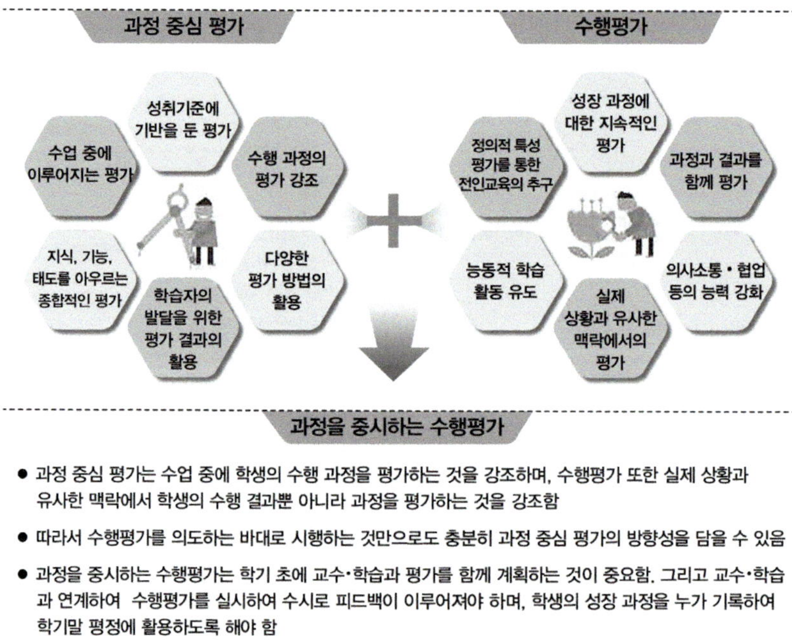

[그림 13-6] 과정중심 수행평가의 특징

한국교육과정평가원에서 수행평가 앞에 과정 중심이라는 수식어를 붙인 이유는 그동안의 잘못된 수행평가의 모습을 정상으로 되돌리고자 하는 정책적 의지가 반영된 표현이다. 어쩌면 과정중심 수행평가는 수행평가 이상도 이하도 아닌, 수행평가 그 자체를 의미한다고 볼 수 있다.

6. 과정중심 수행평가의 방향

과정중심 평가의 목적은 교수·학습을 촉진하고 학생의 성장 및 발달에 도움을 주는 데 있다. 전경희(2016)는 이러한 목적과 기능에 부합되도록 과정중심 수행평가를 개발하고 실행하기 위한 방향을 다음과 같이 제시하였다.

첫째, 수업과 연계된 과정으로서의 평가가 이루어져야 한다. 창의 융합형 인재 양성을 표방하는 새로운 교육과정에서는 평가를 교수·학습의 한 과정 혹은 그 자체로 보고 학습을 촉진시키기 위해 서술형, 논술형, 관찰, 자기평가, 수행평가, 과제중심 평가 등 다양한 방법에 의한 점검 형태로 평가를 실시하는 것이 바람직하다. 수업과 연계된 활동을 통해 학습을 위한 평가(assessment for learning)와 학습으로서의 평가(assessment as learning)가 실현되도록 수행과제가 구안되어야 한다.

둘째, 평가의 형성적 기능이 강조되어야 한다. 평가의 형성적 기능이란 어떠한 교육활동이 진행되고 있는 과정에서 수시로 점검하여 피드백을 제공함으로써 그 활동을 개선하고 수정 보완하거나 대안을 탐색하는 것을 의미한다. McMillan은 학생의 학습 증거를 수집하고, 그에 따른 정보를 학생에게 피드백하며 학생의 이해 수준과 능력을 높이기 위해 교수 전략을 개선하는 과정으로 평가가 수행되어야 한다고 하였다(전경희, 2016).

셋째, 실생활과 접목된 수행기반의 평가가 이루어져야 한다. 내용에 관한 지식뿐만 아니라 그러한 지식을 창의적으로 적용할 수 있는 실천적 수행 능력이 평가의 핵심이 되어야 한다.

넷째, 핵심역량 중심의 평가가 이루어져야 한다. 학생이 아는 것과 실제로 할 수 있는 것에는 차이가 있을 수 있으므로 이 두 가지를 균형적으로 습득했는지를 확인하기 위한 도구로서 수행평가를 활용할 필요가 있다.

다섯째, 자기 주도적 학습 능력을 형성하도록 지원하는 방향으로 수행평가 과제가 개발되고 활용되어야 한다. 교사는 평가활동에서 주도적인 역할을 하는 것이 아니라 학생 스스로 학습 상황을 점검하고 이를 토대로 자신의 학습 방향을 스스로 정하고 촉진할 수 있도록 지원하는 조력자로서의 역할이 요구된다.

여섯째, 교사와 학생 간 긴밀한 상호작용 과정 속에서 평가활동이 계획되고 실시되어야 한다. 이는 교사가 학생의 발달과 수준 및 학습 상황에 맞는 맞춤형 피드백을 제공한다는 의미이기도 하다. 평가 결과에 대한 피드백이 학생과 교사 모두에게 제공되어야 한다.

Q&A 묻고 답하기

체육과 수업 평가를 말하다

1. 체육과 평가 패러다임이 변화하였다. 평가 패러다임의 변화 중 의미 있다고 생각하는 하나의 방향을 기술하고, 그 구체적인 내용을 설명하시오.

2. 체육과 평가 내용 중 심동적 특성, 인지적 특성 그리고 정의적 특성을 평가할 수 있는 방법을 각각 하나씩 제시하시오.

3. 과정 중심의 체육과 평가의 필요성을 설명하시오.

4. 전통적 평가와 과정 중심의 수행평가의 특징을 세 가지씩 나열하시오.

참고문헌

교육부, 한국교육과정평가원(2014). **문답식으로 알아보는 성취평가제-고등학교 보통교과**. 한국교육과정평가원 홍보자료 PIM 2014-9.

김성숙, 김희경, 서민희, 성태제(2015). **교수 학습과 하나 되는 형성평가**. 서울: 학지사.

박종임(2017). **과정 중심 수행평가 운영 방안**. 교육과정평가원.

백순근(1998). **수행평가의 이론과 실제**. 서울: 원미사.

성태제(2014). **현대교육평가(4판)**. 서울: 학지사.

전경희(2016). **과정 중심 수행평가의 방향과 과제**. 한국교육개발원 이슈페이퍼.

한국교육과정 평가원(2015). **2015 개정 교육과정**.

한국교육과정 평가원(2017). **과정을 중시하는 수행평가 어떻게 할까요?**. ORM 2017-19-1.

Griffin, P, McGaw B. & Care, E. (Eds.) (2012). *Assessment and Teaching of 21st Century Skills*. Dordrecht, Germany: Springer.

14

체육과 성취기준 평가

- 평가는 어떠한 기준에 따라 수행해야 하는가?
- 체육과 성취기준, 평가기준, 성취수준의 의미는 무엇인가?
- 교사로서 체육수업에 적합한 평가는 무엇이라고 생각하는가?

정부는 향후 10년 후에 고교 졸업자 수는 10만 명 수준으로 줄어들 것으로 내다봤다. 졸업자 수의 급감은 입시에서 학생 경쟁이 아닌 대학의 학생 유치 경쟁으로 변화가 이루어질 것이라는 전망도 나왔다. 이러한 전환은 입시 제도를 근본적으로 변화하게 만들고, 창의·인성 위주의 학생 선발을 위한 입학사정관제를 중요시 할 것이라고 말한다. 초·중등 교육은 학생 한명 한명의 역량이 소중한 만큼 창의·인성교육과 맞춤형 교육이 진행될 것이다. 따라서 정부는 창의·인성교육을 활성화해야 할 필요성을 제기하였고, 교육과정 개편이라는 방법과 함께 핵심 성취기준을 강조하였다.

1. 성취기준, 평가기준, 성취수준의 의미

가. 교육과정 성취기준

교육과정 성취기준은 국가 교육과정에 진술된 성취기준이다. 이것은 교과를 통해 학생들이 배워야 할 지식과 기능, 수업 후 학생이 할 수 있어야 할 또는 할 수 있기를 기대하는 능력을 나타내는 결과 중심의 도달점, 교과의 내용(지식)을 적용하고 문제해결을 하는 수행 능력이다. 학생이 교과를 통해 배워야 할 내용과 이를 통해 수업 후 할 수 있거나 할 수 있기를 기대하는 능력을 결합하여 나타낸 수업 활동의 기준을 말한다.

나. 평가기준

평가기준은 교육과정 성취기준에 도달한 정도를 상/중/하로 나누어 진술한 것이다. 평가 활동에서 학생이 어느 정도의 수준에 도달했는지를 판단하기 위한 실질적인 기준 역할을 할 수 있도록 각 성취기준에 도달한 정도를 상/중/하로 구분하고, 각 도달 정도에 속한 학생이 무엇을 알고 있고, 할 수 있는지를 기술한 것이다.

다. 단원/영역별 성취수준

단원/영역별 성취기준은 각 단원 또는 영역에 해당하는 교수·학습이 끝났을 때, 학생이 성취하기를 기대하는 지식, 기능, 태도에 도달한 정도를 기술한 것이다(A/B/C/D/E 또는 A/B/C). 단원 또는 영역 내 성취기준들을 포괄하는 전반적인 특성에 도달한 정도를 성취수준별로 구분하여 진술한 것이다.

※ 평가준거 성취기준(필요한 경우에만 적용)

- 평가 활동에서 판단의 기준이 될 수 있도록 교육과정 성취기준을 재구성한 것이다.
- '학생들 학습을 통해 성취해야 할 지식, 기능, 태도의 능력과 특성을 진술한 것'으로서 평가활동의 근거로 활용될 수 있다.
- 학교에서의 구체적인 평가 상황을 고려하여 학생 입장에서는 무엇을 공부하고 성취해야 하는지, 교사 입장에서는 무엇을 가르치고 평가해야 하는지에 관한 보다 구체적인 안내를 제공하기 위해 필요한 경우에 한하여 교육과정 성취기준을 재구성하여 제시한다.

2. 성취기준의 활용 방안

우리나라 교과 교육과정 문서에 제시되어 있는 '성취기준'은 전국의 모든 학교에 적용하기 위한 일반적이고 공통적인 기준의 성격을 갖는다. 이 성취기준은 학교 현장에서 수업의 방향을 설정하고 교수·학습 내용 선정뿐만 아니라, 교과서 개발 및 검·인정을 위한 중요한 기준으로도 활용된다. 단위 학교에서 학생의 학업성취 정도를 확인하기 위한 기준으로도 활용할 수 있다. 즉 학생이 어느 정도 학습되었는지를 교육과정의 성취기준 달성 정도로 확인할 수 있는 것이다.

한편, 초등학교 체육과 교육과정에 제시된 성취기준은 단위 학교 현장의 구체적 수업 및 평가 상황을 모두 고려하여 개발되기 어려운 측면이 있기 때문에 어떤 성취기준의 경우에는 다소 포괄적이고 추상적인 부분이 있을 수 있다. 따라서 교육과정 성취기준을 수업 상황이나 평가 상황 등을 고려하여 보다 구체적이고 명료하게 재구성해야 하는 경우가 있는데, 이처럼 교육과정 성취기준을 교수·학습과 평가 활동을 고려하여 구체적으로 재구성할 필요가 있는 경우 별도의 성취기준을 개발하였는데, 이를 '평가준거 성취기준'이라 명하였다. 단위 학교에서는 수업 및 평가 상황에서 교과 교육과정 성취기준을 그대로 활용할 수도 있고, 경우에 따라서는 '평가준거 성취기준'을 같이 활용할 수도 있다.

가. 체육수업의 방향 설정, 수업 계획 및 전개에 활용

2015 개정 교육과정에서는 성취기준 자체에 교과 역량이 반영되었고, 학습을 통해 학생에게 기대하는 수행 능력을 제시하고 있기 때문에 교사는 수업을 계획하고 전개할 때 성취기준을 확인해 볼 필요가 있다. 2015 개정 교육과정에서는 학생의 역량을 육성하는 수업과 학습을 통해 기대하는 수행능력을 기르는 수업을 지향한다. 2015 개정 교육과정에서 지향하는 학습 경험을 학생에게 충분히 제공하기 위해서는 교과 교육과정 성취기준과 평가준거 성취기준을 참조하여 수업을 계획하고 전개하는 것이 필요하다.

나. 교과 내용 재구성, 교과 간 연계·융합 수업 계획 및 전개에 활용

2015 개정 교육과정에는 다양한 아이디어가 함의되어 있지만, 그 가운데 핵심역량 반영 교육과정과 창의·융합형 교육과정 설계가 핵심이다. 2015 개정 교육과정의 이러한 취지를 구현하기 위해서는 학교와 교실 상황을 고려하여 일정 정도 교과 내용의 재구성이 요구된다. 일부 학교 현장에서는 교과 역량을 반영한 수업과 교과 간의 연계·융합 수업이 이루어지고 있음을 볼 수 있다. 교과 역량 반영 수업 및 교과 간 연계·융합 수업은

경우에 따라서는 상당한 시간이 요구되기도 하고 교사들 간의 협력이 필요한 부분도 있기 때문에 교육과정 내용의 일부를 통합하거나 순서를 조정하는 등의 재구성이 필요하게 된다. 교과 내용 재구성이나 교과 간 연계·융합의 수업은 교사 개인의 임의대로 하는 것이 아니라 교육과정 성취기준을 중심으로 이루어져야 한다. 따라서 어떤 부분을 통합하고, 순서를 조정하며, 늘리고 하는 등의 재구성이나 어떤 내용을 관련 교과와 연계하여 융합 수업을 전개할 것인지 등에 대한 의사결정은 교육과정 성취기준에 근거해야 한다.

다. 구체적인 평가의 준거로 활용

평가준거로서의 성취기준은 교과 교육과정 성취기준을 보다 명료하게 이해하는 데 활용할 수 있다. 교과 교육과정 성취기준 중에는 매우 압축적으로 제시되어 있거나 하나의 성취기준 안에 복수의 학습 내용이나 기대 수행능력이 들어 있는 경우가 있다. 이러한 성취기준을 활용하여 수업의 전개 방향을 설정하거나 내용을 구성할 때 다소의 어려움이 있을 수 있다. 이 경우 교육과정 성취기준을 세분화하거나 명료화한 평가준거 성취기준을 함께 활용하는 것이 필요하다.

2015 개정 교육과정에서는 교사들이 교과서만 가지고 수행하는 강의·전달식 수업을 지양하고 학생에게 보다 유의미한 학습경험을 제공하기 위한 학생 참여형 수업을 지향한다. 그동안 교과서를 중심으로 전개되는 강의·전달식 수업에서 교육과정의 성취기준을 보지 않고 교과서만 가지고 가르쳐도 큰 문제가 되지 않았다면, 2015 개정 교육과정에서는 이러한 수업 형태를 개선하고 교육과정의 성취기준을 중심으로 한 다양한 수업 전개를 도모하고자 한다. 교사들은 해당 교과 교육과정 성취기준이 반영되는 수업을 계획하고 전개해야 한다. 이때, 평가준거 성취기준을 통해 교육과정의 성취기준을 보다 명료하게 이해하는 데 도움을 줄 수 있다. 평가준거인 성취기준은 학교 현장에서 학생들의 학업성취도를 확인하기 위해 다양한 평가를 실시할 때 구체적인 평가의 준거로 활용될 수 있다.

3. 평가기준의 활용 방안

평가기준이란 학습 정도를 판단하기 위해 성취기준에 도달한 정도를 상/중/하로 구분하여 학생이 무엇을 알고 있고 할 수 있는지를 기술한 것을 의미한다. 평가기준은 단위 학교에서 그대로 따라야 하는 것이 아니라 예시적 성격을 갖고 있다. 학교의 상황과 여건을 고려하여 평가기준을 수정 · 보완하여 사용할 수 있다.

가. 성취기준에 대한 학생의 도달 정도 판단에 활용

평가기준은 학생이 해당 성취기준에서 기대하는 지식, 기능, 태도 등을 어느 정도 성취하였는가를 판별하는 데 활용된다. 성취기준의 도달정도를 질적인 수준으로 구분하여 제시함으로써 학생들의 성취를 파악하고 부족한 부분을 확인하며, 향후 형성적 지도를 계획하는 과정의 토대가 된다. 평가기준은 단원이나 영역 단위 또는 교과 전체 차원에서 학생의 성취수준을 판단하기 위한 가늠자 역할을 할 수 있다.

나. 교수·학습 관련 정보 제공 및 학생 수준을 고려한 수업 설계에 활용

평가기준은 학생이 해당 성취기준에 도달한 정도에 대한 질적 판단을 위해 몇 개의 수준으로 구분하여 도달 정도를 기술한 것이다. 해당 단계의 학생이 성취한 지식, 기능, 태도의 능력과 특성을 예시하는 내용으로 기술된다. 평가기준 기술에는 학생들의 학습을 구성하는 내용과 성취기준에 도달하기 위한 교수·학습 상황이 포함된다. 이 경우 평가기준은 단순히 학생의 수준을 가늠할 뿐만 아니라 학습을 통해 성취하고자 하는 교수·학습 정보를 교사들과 소통함으로써 교사가 수업을 구상하고 실천하는 일을 돕는 데 기여한다.

또한, 평가기준의 수준 구분인 상, 중, 하 수준은 지식의 깊이나 수행의 복잡성 등에 차이를 두어 진술된다. 따라서 교사는 지식의 깊이나 수행의 복잡성에 따라 학생 활동을 수준별로 구성하여 교수·학습을 진행할 수 있다. 평가기준은 교사가 학생의 수준을 고려한 다양한 교수·학습 활동을 계획하고 실천하는 데 활용할 수 있다. 평가기준을 통해서 교수·학습의 방법, 구체적인 활동 계획을 수립하는 중요한 단서를 얻을 수 있다는 점이 중요하다. 이는 다시 교육과정 성취기준과 수업 그리고 평가의 일관성을 갖도록 하는 중요한 기제로 활용될 수 있다.

다. 평가 문항 제작 및 채점 기준 설정의 근거로 활용

평가기준의 용도는 학생의 성취 정도를 가늠하고 판단하는 데 있다. 평가 활동에서 중요한 것은 그러한 성취를 온전히 읽어낼 수 있는 평가도구를 마련하는 일이다. 평가기준은 성취기준을 바탕으로 평가할 내용과 학생의 지식, 기능, 태도 등의 구체적인 목표로 어떻게 드러나야 할지를 기술하여 교사들이 평가 문항을 만들고 그에 따른 채점기준을 수립하는 근거로 활용될 수 있다.

평가기준은 다양한 형식의 평가 문항 제작에 활용될 수 있지만 수행평가나 과정중심평가 등의 질적 평가 문항을 제작하는 데 활용된다. 평가기준의 기술은 학생이 도달한 정도에 대한 질적인 수준 구분이다. 따라서 학생 성취의 질적인 판단이 필요한 평가 문항의 제작 시 평가기준이 중요한 가늠자가 될 수 있다. 교사들은 평가기준에서 제시하는 상, 중, 하의 구분을 바탕으로 학생의 수행 정도를 질적으로 판단하게 된다.

4. 영역별 성취수준의 활용 방안

영역별 성취수준은 각 단원이나 영역에 해당하는 교수·학습이 끝났을 때, 학생이 성취하기를 기대하는 지식, 기능, 태도에 도달한 정도를 수준별로 '종합적'이고 '포괄적'으로 기술한 것이다. 이 성취수준은 단원/영역별 교수 · 학습의 계획 수립, 학생의 성취 정도 평가, 학생 및 학부모와의 의사소통 등에 도움이 될 수 있다. 구체적인 활용 방안은 다음과 같다.

가. 영역별 교수 · 학습 설계 및 개선에 활용

영역별 성취수준은 교수 · 학습을 설계하거나 개선하는 데 활용될 수 있다. 평가기준이 개별 성취기준에 따른 학생의 성취 정도를 수준별로 제시하고 있어 단위 수업의 교수 · 학습을 설계할 때 도움이 된다. 영역별 성취수준은 영역에 속한 평가기준을 종합적으로 포괄하는 내용으로 기술되기 때문에 교수 · 학습을 설계할 때 중요한 참고자료로 활용할 수 있다.

영역별 성취수준은 학생의 성취기준 도달 정도가 다양할 수 있음을 확인할 수 있는 좋은 참고자료이다. 장기적이고 종합적인 관점에서 학생의 능력 향상을 위한 교수 · 학습을 설계하는 데 도움을 받을 수 있다. 영역별 성취수준은 학생이 일정 기간 동안 해당 영역 및 단원에서 도달하기를 기대하는 수준을 특성별로 제시하기 때문에 수준별 수업에 용이하게 활용될 수 있다. 장기적인 관점에서 수준별 수업의 목표를 설정하거나 학생의 성취수준별 특성을 반영하여 차별화된 수업자료 및 학습활동을 개발할 때 활용이 가능하다.

영역별 성취수준은 교사가 자신의 수업을 평가하고 교수 · 학습을 개선하는 부분에 유용한 기준이 될 수 있다. 교수 · 학습을 개선하기 위해서는 각각의 수업별로 평가기준에 대한 학생의 성취정도를 고려하여 자신의 수업을 평가하고 교정하는 과정도 요구된다. 또한, 장기적이고 종합적인 관점에서 해당 영역과 단원에서 요구하는 학생의 성취특성을 이해하고 성취 정도가 다른 학생에게 유의미한 교수 · 학습 기회가 되었는지를 확인하는 참고자료가 될 수 있다.

나. 영역 단위에서의 평가준거로 활용

영역별 성취수준은 일정 단원 및 영역의 교수 · 학습이 완료되었을 때, 학생이 성취한 지식, 기능, 태도를 종합적으로 판단하고 평가하는 유용한 기준으로 활용될 수 있다. 학생의 성취 정도를 타당하면서도 정확하게 평가하기 위해서는 교육과정에 근거하여 평가 계획을 세운 후, 그에 따라 평가도구를 개발하여 평가를 실시하고, 일정한 기준에 의해 평가 결과를 판단하고 해석하는 과정이 필요하다. 이때, 개별 수업 단위별로 평가를 실시한다면 성취기준별로 개발된 평가기준을 참고하는 것이 유용하다.

일정 기간의 학습 내용을 종합적으로 평가하고자 할 때에는 영역별 성취수준을 참고하여 포괄적인 수준에서 평가 계획을 마련하고 학생의 성취 정도를 평가해야 한다. 영역별 성취수준은 특정 영역 또는 단원 내에서 고려해야 할 지식, 기능, 태도를 모두 포함하고 있는 만큼, 평가를 실시할 때 특정 능력에만 초점을 맞춘 나머지 다른 능력을 평가에서 간과하거나 누락되지 않았는지를 점검하고 보완하는 준거로 활용할 수도 있다.

다. 학생 및 학부모와의 의사소통에 활용

영역별 성취수준은 학생의 성취 정도를 판단하는 근거로 사용되지만, 학생 및 학부모와 의사소통을 할 때에도 활용할 수 있다. 학생의 성취 정도를 평가하여 학생 및 학부모에게 통지하는 일은 개별 평가기준별로 이루어지기보다는 상위 수준의 종합적인 관점에서 이루어지는 경우가 많다. 따라서 특정 영역 및 단원 내의 평가기준을 포괄하여 종합적으로 진술한 성취수준을 참고한다면 개별 학생 및 학부모에게 구체적이면서도 일관성 있게 평가 결과를 안내할 수 있다.

영역별 성취수준을 의사소통의 자료로 활용하는 것은 개별 학생 및 학부모에게 '일반적인' 기준을 '종합적인' 수준에서 안내할 수 있다는 점에서 장점을 가진다. 이러한 장점을 활용하여 학생 및 학부모와 의사소통할 때 일정한 준거에 의해 학생의 종합적인 성취수준을 논의할 수 있기 때문에 상호 명확한 이해와 지도방향을 설정하는 데 도움이 될 것이다.

5. 체육과 성취기준의 개발 절차

체육과 성취기준을 개발하기 위해서는 다음의 4단계 절차를 활용하는 것이 도움이 된다(한국교육과정 평가원, 2013).

(1)		(2)		(3)		(4)
교육과정 분석	⇨	성취기준 개발 범위 설정	⇨	성취기준 개발	⇨	성취기준에 대한 합의 도출

가. 교육과정 분석

첫째, 체육과 교육과정 내용은 신체활동에 내재된 보편적 개념, 원리, 수행 방법 등으로 신체활동의 명제적 지식과 실천적 지식을 포함한 '신체활동 지식(physical activity knowledge)'이라는 개념으로 제시하고 있다.

둘째, 이 교육과정 내용은 수업내용이나 수업 활동을 포괄하는 개념으로 '내용 기준'의 역할을 강화한 것이다. 따라서 학생이 체육 교과를 통해 배워야할 내용, 교사가 가르쳐야 할 지식에 초점을 두고 제시되어 있다.

셋째, 교육과정의 내용 진술이 '내용+행동'의 성취기준식으로 제시되어 있다 하더라도 평가에 초점을 둔 진술이나 주요 지침 역할을 할 수 있게 작성되지 못하거나 의미가 명료하지 않은 경우가 있기 때문에 이를 명료화, 구체화하여 성취기준으로 개발할 필요가 있다.

넷째, 성취기준 개발을 위해 체육과 교육과정 내용을 분석하여 교육내용의 성격과 진술되어 있는 내용을 확인함으로써 내용을 구체화할 것인지, 통합할 것인지를 결정해야 한다.

다섯째, 국가 수준의 교육과정에 이미 구체적으로 진술되어 있어 명료화가 필요 없는 성취기준은 그대로 사용한다. 성취기준으로 적합하지 않는 기준(활동 예를 제시하거나 지엽적이고 특수한 지식의 경우, 평가를 구체적으로 연상하기 어려운 경우 등)은 제외하거나 재구성하여 진술하도록 의사결정을 해야 한다.

나. 성취기준 개발 범위 설정

첫째, 체육교과의 내용은 2015개정 교육과정의 경우 대영역인 건강영역, 도전영역, 경쟁영역, 표현영역, 안전영역별로 하위에 2개의 중영역을 설정하고 있다.

둘째, 체육교과의 중영역과 소영역은 해당 학년의 내용 영역을 구체화하는 개념이고 하위에 제시된 교육과정의 내용 요소도 대체로 포괄적인 내용 범위와 수준을 담고 있다.

셋째, 학교 수업에서 교육과정 내용을 성취하는데 있어 학생이 무엇을 알고, 이해하고, 수행할 수 있어야 하는지를 구체화하고, 학생이 성취하거나 성취를 보여주어야 할 것들에 대한 세부적 내용이 되도록 성취기준을 제시해야 한다. 또한, 그것을 근거로 성취기준의 개발 범위를 설정한다.

다. 성취기준 개발

첫째, 체육과 성취기준을 개발할 때는 교육과정의 세부 내용 중 핵심적인 부분을 그대로 사용하거나 구체화, 세분화하고, 경우에 따라서는 내용을 재구성하여 핵심적인 내용을 추가, 보완해 성취기준에 포함시키도록 한다.

둘째, 성취기준을 어느 정도 구체화할 것인가에 대해서는 성취기준을 교수·학습의 기준으로 활용하기에 적합할 정도로 구체화해야 한다. 지나친 상세화로 현장의 탄력적 운영이나 교사의 창의력을 저해하지 않도록 유의한다.

셋째, 가능한 2007년 개정 체육과 교육과정의 방향과 철학에 맞도록 통합적이고 이해, 수행(실천), 감상의 활동 중심으로 성취기준을 개발한다.

넷째, 성취기준을 진술할 때에는 내용기준과 수행기준을 결합한 '내용(지식, 기능, 태도)+행동(학습자의 능력, 특성)' 형태로 진술한다. 또한, 학생의 입장에서 성취기준을 기술하도록 한다. 예를 들어, '~할 수 있다 / ~비교할 수 있다 / ~열거할 수 있다 / ~을 설명할 수 있다 / ~을 분석할 수 있다 / ~을 안다 등'과 같은 형태가 있다.

다섯째, 성취기준은 '도달점 행동'이 드러나도록 진술하되 교수·학습 활동의 현실적 실천가능성을 고려하여 모호하지 않고 구체적인 내용과 어법에 맞고 명확하게 진술한다.

여섯째, 내용 성취기준이 학년이 높아감에 따라 수준의 위계가 나타나도록 진술되었는지를 검토하여 교과 내 성취기준 간의 위계가 드러나도록 진술한다.

일곱째, 교육과정의 내용의 범위를 넘어서 학습량이 많아지거나 내용 수준이 높아지지 않도록 수준과 양을 적정화하여야 한다.

라. 성취기준에 대한 합의 도출

개발한 성취기준은 활용할 교사 또는 체육교육 전문가들의 검토 과정을 통해 타당성과 적합성 등을 검증하고, 합의를 거쳐 최종 성취기준을 설정한다.

6. 체육과 성취수준의 이해

교육부(2015)는 2009 개정 교육과정에 따른 교과별 성취기준 단위의 성취수준은 '성취수준'이라 칭해 왔다. 교육부에서 제시한 성취수준의 의미와 개발 방향은 다음과 같다.

가. 성취수준의 의미와 역할

성취수준은 학생이 교과목별 성취기준에 도달한 수준을 나타내는 것이다. 성취기준에 도달한 정도를 몇 개의 수준으로 구분해 각 수준별 학생의 지식, 기능, 태도의 특성을 설명하였다. 체육과 성취수준은 성취기준 단위의 성취수준(상, 중, 하)과 영역별 성취수준(상, 중, 하), 학기 단위의 성취수준(A-B-C)으로 구분된다.

1) 성취기준 단위의 성취수준(상, 중, 하)에 대한 일반적 특성

성취수준	설 명
상	성취기준에 제시된 지식이나 기능 및 태도에 대한 이해와 수행이 우수한 수준
중	성취기준에 제시된 지식이나 기능 및 태도에 대한 이해와 수행이 보통인 수준
하	성취기준에 제시된 지식이나 기능 및 태도에 대한 이해와 수행이 미흡한 수준

2) 영역별 성취수준(A, B, C) 및 학기별 성취수준에 대한 일반적 특성

성취수준	설 명
A	해당 영역(한 학기동안)의 학습한 내용에 대해 학생이 충실한 교수·학습 과정을 통해 성취하기를 기대하는 전체 성취기준에 대한 *이해와 수행이 우수한 수준* - 이해와 수행이 우수한 수준이고 새로운 상황에 대부분 일반화가 가능
B	해당 영역(한 학기동안)의 학습한 내용에 대해 학생이 충실한 교수·학습 과정을 통해 성취하기를 기대하는 전체 성취기준에 대한 *이해와 수행이 보통 수준임* - 이해와 수행이 만족할 수준이고 새로운 상황에 어느 정도 일반화가 가능
C	해당 영역(한 학기동안)의 학습한 내용에 대해 학생이 충실한 교수·학습 과정을 통해 성취하기를 기대하는 전체 성취기준에 대한 *이해와 수행이 미흡한 수준임* - 이해와 수행이 미흡한 수준이고 새로운 상황에 거의 일반화할 수 없음

설정된 성취수준은 교수·학습 및 평가의 참고자료로서 수준별 수업 운영이나 평가 문항 제작, 서술형 평가 문항 및 수행평가의 채점기준 개발 시 활용할 수 있다. 단위학교의 성취기준 단위 성취수준은 국가수준에서 제공하는 성취수준을 참고하여 마련한다. 단, 국가수준에서 제공하는 성취기준 단위의 성취수준을 활용하기 어려운 경우에는 단위학교의 성취기준을 토대로 성취수준을 개발하여 사용한다.

나. 성취수준의 개발 절차

(1)		(2)		(3)		(4)
성취기준 분석	⇨	교수·학습 및 평가 환경 분석	⇨	성취수준 개발	⇨	성취수준에 대한 합의 도출

1) 성취기준 분석

첫째, 체육과 성취수준을 개발하기 전에 개발된 성취기준을 분석한다.

둘째, 성취기준은 학생에게 기대하는 성취 능력 및 특성을 명료화한 것이다. 개별 성취기준의 성격과 성취기준 간의 관계(포함 관계 혹은 위계 관계)를 파악하고, 성취기준이 의미하는 학생의 변화가 드러날 수 있는 상황이 무엇인지를 분석한다.

셋째, 국가수준에서는 각 단위 성취기준별로 성취수준을 개발하여 제시하였다.

2) 교수·학습 및 평가 환경 분석

첫째, 학교 교육에서의 실제 평가 활동을 안내하는 지침이 되는 성취수준을 개발하기 위해서는 체육과의 교수·학습 및 평가 환경을 분석하여 반영해야 한다.

둘째, 체육과의 경우 내용 영역의 특성에 따라 강조되는 이해, 수행(실천), 감상 활동을 위한 교수·학습 및 평가 환경이 다르다. 또한, 교실이 아닌 곳에서의 수업도 있어 다양한 교수·학습 환경을 고려하여 성취수준을 설정할 필요가 있다.

3) 성취수준 개발

첫째, 성취수준은 교사의 평가 활동에 실질적인 지침의 역할을 할 수 있을 정도로 구체화하되, 교사의 평가 활동을 저해하거나 획일적인 평가 활동을 유도하지 않도록 해야 한다.

둘째, 성취기준에 도달한 학생이 드러낼 만한 대표적인 모습(내용과 행동)을 상/중/하 수준으로 구분하여 제시한다. 이때, 지나치게 성취수준을 세분화하여 미세한 내용까지 성취수준으로 제시하지 않도록 한다.

셋째, 예측 가능한 평가 상황의 모든 면을 포괄하기보다는 성취 정도의 판정을 위한 원칙적인 근거를 제시하는 방향으로 개발한다.

넷째, 성취수준에는 각 성취 정도를 구분하는 상/중/하의 의미가 어떻게 구별되는지 가 명확하게 드러나야 한다. 중 수준은 해당 성취기준을 61~80% 정도의 학생들이 달성할 수 있는 수준으로 설정하고, 이를 기준점으로 하여 '상 수준의 성취수준'은 해당 성취기준을 달성한 정도가 상대적으로 높은 학생(80% 이상)을 판별할 수 있는 성취수준으로 한다. '하 수준의 성취수준'은 달성 정도가 상대적으로 미흡한 학생(60% 이하)을 판별할 수 있는 성취수준으로 개발한다.

다섯째, 교육과정에 제시된 내용에 비하여 수준이 높아지거나 학습량이 많아지지 않도록 성취수준에 대한 특성을 제시한다.

여섯째, 각 성취기준별로 성취수준의 상/중/하 수준별 진술 어미를 어느 정도 일치시킴으로써 각 수준에 대한 일관된 해석이 가능하도록 한다. 국가수준의 성취수준 개발에서는 대체로 이해 영역의 상 수준에는 '구체적으로, 명확하게, 정확하게' 등으로 진술하고 하 수준에서는 '일부분만, 기본적인, 어려운, 서툰' 등으로 진술하였다.

일곱째, 성취수준은 평가도구 제작, 평가 결과에 대한 수준 판단, 각 수준에 대한 해석 등 일련의 평가 과정에서 기준 역할을 할 수 있도록 제시한다.

여덟째, 단위학교에서는 교육과정 내용 영역 각각에 대하여 해당 학년(학기)에 학습한 영역의 전체 성취기준에 대한 성취 결과를 포괄하는 성취수준(영역성취수준)을 설정하고, 이를 포함하여 몇 개의 영역에 해당하는 한 학기 전체 성취기준을 포괄하는 수준에서 전반적인 이해와 수행 특성을 진술한 성취수준(학기성취수준)을 기술하여 사용한다.

〈표 14-1〉 단위 성취기준별 성취수준의 예(4학년, 건강활동)

교육과정 성취기준	재구성된 성취수준
① 건강과 체력의 개념과 상호관계를 이해하고 간단한 방법으로 체격과 체력을 측정하여 자신의 신체발달 상태를 파악하며, 운동의 단계를 고려한 안전하고 효과적인 준비운동 및 정리 운동을 실천한다.	체4111-1 건강과 체력의 뜻을 이해하고, 상호관계를 제시 할 수 있다.
	체4111-2 간단한 방법으로 체격과 체력을 측정하고 이를 바탕으로 자신의 신체발달 상태를 제시할 수 있다.
	체4111-3 본 운동에 적합한 운동내용과 순서로 준비운동과 정리운동을 할 수 있다.

출처: 김기철, 신기철(2013).

〈표 14-2〉 영역성취수준의 예(4학년, 도전활동)

성취수준	설 명
A	• 동작 도전의 의미와 특성을 예를 들어 제시할 수 있으며, 더 나은 동작을 수행하기 위한 다양한 기본 기능을 익혀 동작을 정확하고 아름답게 표현할 수 있다. 또한, 동작 도전 활동을 구성하여 발표하고 평가하면서 수행과정의 잘된 점과 보완해야 할 점을 찾을 수 있고, 동작 도전활동에 참여하면서 어려움이나 두려움을 능동적으로 극복하여 수행할 수 있다.
B	• 동작 도전의 의미와 특성을 단순히 열거할 수 있으며, 더 나은 동작을 수행하기 위한 기본 기능을 익혀 일부 동작을 정확하고 아름답게 표현할 수 있다. 또한, 동작 도전 활동을 구성하여 발표하기는 하나, 자신과 다른 사람의 동작을 비교해 반성하는 데 어려움을 보이며, 동작 도전 활동에 참여하면서 어려움이나 두려움을 다소 수동적으로 극복하며 수행할 수 있다.
C	• 동작 도전의 의미와 특성을 제시하는 데 어려움을 보이며, 더 나은 동작을 수행하기 위한 기본 기능을 익혀 동작을 정확하고 아름답게 표현하는 데 서투르다. 한 동작 도전 활동을 구성하여 발표하는 데 어려움을 보이며, 동작 도전 활동에 참여하나, 어려움이나 두려움을 극복하여 수행하려는 태도가 미흡하다.

출처: 김기철, 신기철(2013).

다. 성취수준제 평가 문항 개발 사례

김기철과 신기철(2013)은 학년군의 영역별로 두 개의 평가 문항을 제시하였는데, 평가문항은 다양한 유형으로 제시되었고 관련된 성취기준과 평가시의 주요 내용에 대해 개괄적으로 제시하였다. 다음은 성취수준제 평가 문항의 예이다.

〈표 14-3〉 문항 개발 내역(예)

문항 번호	대영역	성취기준	문항유형	평가내용
초등학교 3・4-1	건강활동	체4111-2,3	지필/실기 평가	체력 측정과 준비·정리운동 수행
초등학교 3・4-2		체4122	서답형	비만 원인 이해
초등학교 3・4-3	도전활동	체4211	서답형	속도 기록 도전의 뜻과 특징 이해
초등학교 3・4-4		체4222	실기평가	구르기 동작의 미적 표현 능력
초등학교 3・4-7	표현활동	체4412	실기평가	다양한 움직임 표현 능력
초등학교 3・4-8		체4421-1	실기평가	다양한 리듬감 표현능력

〈예시 도구 / 답안〉

표적에 집중하자!

6학년 ( )반( )번 이름( )

◎ 다음 만화를 보고 표적 도전 활동에 참여하면서 주위 여건에 흔들림 없이 표적에 집중해야 하는 까닭을 말하여 봅시다

이번에는 꼭 넣고 말거야 그래 너만 넣으면 우리 모둠이 이길수 있어	내가 못 넣으면 어떻게 되지? 항상 너 때문에 졌어!
더욱 긴장 되는 데 희철이 잘해라! 희철이 잘해라!	앗 실패했어

- 희철이에게 들려주고 싶은 이야기를 자기조절을 해야 하는 까닭과 연관 지어 말해 봅시다.

자기조절 경험 표현하기

◎ 주위 여건에 흔들림 없이 표적에 집중했던 경험을 만화나 그림 혹은 글로 표현해 봅시다

※ 그림으로 표현하기 어려운 경우 실천을 했는지 자신을 평가해 봅시다.

자기 조절을 함	자기 조절을 하지 못함
위와 같이 평가한 까닭:	

〈관련된 수업 상황〉

- 자기 조절이 필요한 표적 도전 활동 상황을 만화로 제시하고 비슷한 경험을 이야기하게 한 후, 자기 조절이 필요한 까닭을 말 주머니에 넣어 이야기하게 한다.
- 표적 도전 활동 후 자기 조절을 했던 경험을 표현하게 한다.

〈평가 방법 및 고려사항〉

- 자기 조절이 필요한 까닭을 다양하게 수용한다.
- 자기 조절 경험에 대한 그림을 바탕으로 실천 유무를 평가한다. 단 표현력이 없어서 실천을 하고도 표현하지 못하는 경우가 있을 수 있으므로, 교사의 관찰 평가가 병행되어야 한다.

〈채점기준〉

배점	내 용
상	주위 여건에 흔들림 없이 표적에 집중해야 하는 까닭을 제시하고, 도전 활동 상황에서 자기 조절을 실천한 경험을 표현한다.
중	주위 여건에 흔들림 없이 표적에 집중해야 하는 까닭을 제시하지 못하나, 도전 활동 상황에서 자기 조절을 실천한 경험을 표현한다.
하	주위 여건에 흔들림 없이 표적에 집중해야 하는 까닭을 제시하지 못하며, 도전 활동 상황에서 자기 조절을 실천한 경험을 표현하지 못한다.

Q&A 묻고 답하기

체육과 성취기준 평가를 말하다

1. 체육과 성취기준, 평가기준 그리고 성취수준의 의미를 각각 설명하시오.

2. 체육과 성취기준과 평가기준의 활용 방안을 각각 두 가지씩 기술하시오.

3. 체육과 성취기준과 성취수준의 개발 절차를 각각 설명하시오.

참고문헌

김기철, 신기철(2013). 초등체육과 성취기준 및 성취수준의 개발과 현장 적용 방안. **한국초등체육학회지, 18**(4), 129-140.

한국교육과정 평가원(2009). **(초) 2009 개정 교육과정에 따른 평가기준 초등학교 학년별 묶음**. https://stassess.kice.re.kr/frt/boardView.do;jsessionid=CEEA0AC438B3DE9B52F34B06EBD66368.s2?nTbBoardSeq=&strCurMenuId=186&nTbCategorySeq=&pageIndex=1&nTbBoardArticleSeq=403590&searchKeyword_W_copy=&searchCondition_W=&searchKeyword_W=&searchKeyword_T=&searchKeyword_T2=331.

한국교육과정 평가원(2015). **(초) 2015 개정 교육과정에 따른 평가기준 초등학교 학년별 묶음**. http://ncic.kice.re.kr/nation.mest.br6.view.do;jsessionid=68728303AA7A322C309B83FBC38E4067.

한국교육과정 평가원(2015). **2015 개정 교육과정에 따른 초 · 중학교 교과 평가기준개발연구(총론)**. CRC 2016-2-1.

15 체육과 수행평가의 개발과 실제

생각해보기

- 체육수업에서 수행평가하면 무엇이 떠오르는가?
- 정의적 영역에 적합한 체육수업 평가 방법은 무엇인가?

1. 수행평가 도구의 개발

가. 수행평가 도구 개발 절차

Stiggins(1994)는 수행평가 도구 개발 절차를 수행의 명료화, 수행과제 개발, 수행의 기록 및 채점 방법 구안의 3단계로 제시하였다. Nitko와 Brookhart(2007)은 Stiggins(1994)가 제안한 세 단계의 과정을 수정 보완하여 수행평가 도구 개발 절차를 제시하였다.

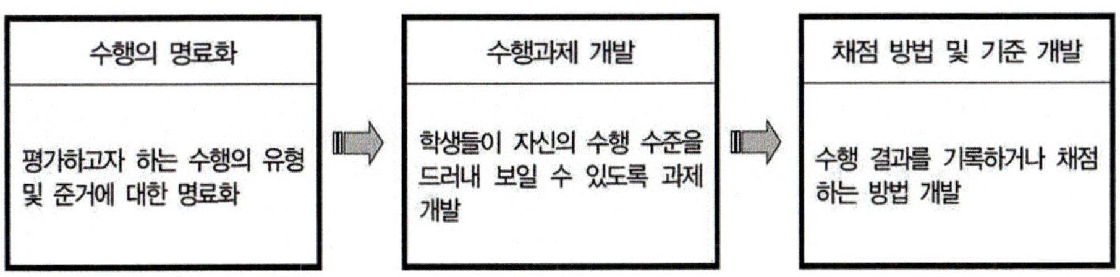

[그림 15-1] 수행평가 도구 개발 절차

1) 수행의 명료화

수행과제를 개발하기에 앞서 학생이 무엇을 알고, 할 수 있어야 하는가를 명료화하는 단계이다. 평가하고자 하는 학습목표가 무엇인지, 그것과 관련된 내용 요소는 무엇이며 어떠한 지식과 사고 기술을 필요로 하는지 등을 분명히 해야 한다.

2) 수행과제 개발

수행평가 도구는 수행과제와 채점기준을 포함하므로 이 두 부분에 대한 자료 개발을 필요로 한다. 학습자들의 어떤 능력과 기술을 평가하고, 어떤 과제 수행 활동을 유도할 것인지에 관한 계획에 따라 수행과제를 개발하는 단계이다.

3) 채점 방법 및 기준 개발

이 단계는 이전 단계에서 개발된 수행과제의 예시답안과 채점 방법 및 기준을 마련하는 단계이다. 수행평가의 출제 의도에 맞추어 채점기준에 대한 전체적인 틀을 작성하는 것이 중요하다. 수행평가를 위한 채점방법에는 총괄적 채점(holistic scoring)과 분석적 채점(analytic scoring) 방식이 있다. 평가 목적과 상황을 고려하여 적합한 채점방법을 선택한다.

나. 수행평가 과제 개발

1) 수행평가 과제가 갖추어야 할 특징

교육부 및 한국교육과정평가원(2017)에서는 수행평가 과제가 갖추어야 할 특징을 다음과 같이 제시하였다.

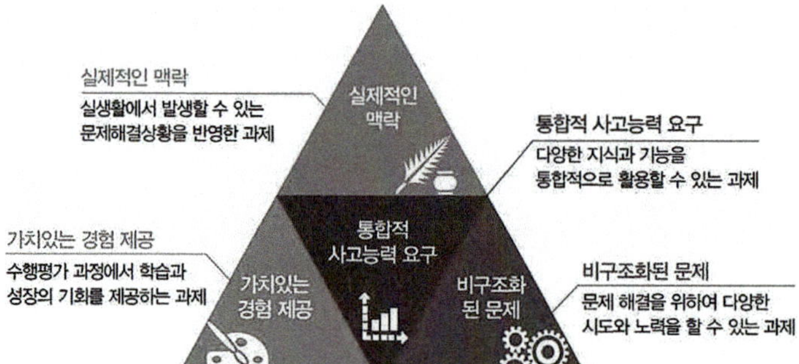

[그림 15-2] 수행평가 과제의 특징

첫째, 수행평가 과제는 '실제적인 맥락'을 반영해야한다. 해당 교과에서 다루는 지식이나 기능 등을 아무런 맥락이 없이 시험 상황만을 가정하여 평가하는 것이 아니라, 실제 상황에서 발생할 수 있는 문제해결의 상황과 유사한 형태로 과제를 설계해야 한다.

둘째, 수행평가 과제는 '통합적인 사고 능력'을 요구해야 한다. 단편적인 지식이나 분절적인 기능이 평가의 대상이 되는 것이 아니라, 학생이 수행평가 과제에 참여하는 동안 다양한 지식과 정보를 종합하고, 해석하며, 평가하여 재구성할 수 있도록 설계하여야 한다.

셋째, 수행평가 과제는 '비구조화된 문제'로 구성되어야 한다. 비구조화된 문제라는 것은 완벽한 정답이 있는 과제가 아니라, 학생이 문제를 해결하기 위하여 다양한 시도와 노력을 기울일 수 있는 형태의 과제를 의미한다.

넷째, 수행평가 과제는 '가치 있는 경험'을 제공할 수 있어야 한다. 수행평가가 단지 평가의 경험에 국한되는 것이 아니라, 학생이 수행평가에 참여하는 동안 인지적·정의적 측면에서 긍정적이고 가치 있는 경험을 할 수 있도록 설계되어야 한다.

2) 수행평가의 종류

① 서술형 검사

학생이 직접 서술하는 검사 형태로서 단순히 암기하고 있는 수준이 아니라, 문제 해결의 과정을 제대로 이해하고 있는지의 여부를 평가하는 방법이다.

② 논술형 검사

일종의 서술형 검사이기는 하지만 개인 나름의 생각이나 주장을 창의적이고 논리적이면서 설득력 있게 조직하여 작성해야 함을 강조한다는 점에서 논술형 검사는 내용의 깊이와 넓이뿐만 아니라 글을 조직하고 구성하는 능력을 동시에 평가하는 방법이다.

③ 구술시험

학생에게 특정 교육 내용이나 주제에 대하여 질문한 다음, 학생의 의견이나 생각을 발표하도록 하여 평가하는 방법이다.

④ 찬 · 반 토론법

토론 주제를 가지고 개인별로 찬 · 반 토론을 하거나 집단으로 나누어 집단별 찬 · 반 토론을 하게 한 다음, 준비한 자료의 다양성이나 충실성 그리고 토론 내용의 충실성과 논리성 반대 의견을 존중하는 태도나 토론 진행방법을 총체적으로 평가하는 방법이다.

⑤ 실기 시험

수행 평가에서 언급되는 실기 시험과 기존의 실기 시험의 가장 큰 차이점은 실기를 하는 상황의 성격이 다르다. 기존의 실기 시험에서는 평가가 이루어지는 상황이 통제되거나 강요되는 경우가 대부분이다.

⑥ 실험 실습법

학생에게 직접 실험 실습을 하게 한 후, 그 결과 보고서를 제출하도록 한다. 평가자는 실험 실습 과정을 직접 관찰하거나 제출된 결과 보고서를 고려하여 평가한다.

⑦ 면접법

평가자와 학생이 서로 대화를 통해서 얻고자 하는 자료나 정보를 수집하여 평가하는 방법이다. 평가자와 학생이 직접 대면하여 평가자가 질문하고, 학생이 대답하는 과정을 통해 지필 시험이나 서류만으로는 알 수 없는 사항들을 알아볼 수 있다.

⑧ 관찰법

관찰은 학생을 이해하고 평가하기 위한 가장 보편적인 방법 중의 하나로 학생 간의 사회적 관계구조를 파악하기 위한 평가 방법이다. 한 집단 내에서 개인 간 또는 소집단 간의 역동적 관계를 집중적으로 관찰할 수 있다. 객관적이고 정확한 관찰을 위해서는 관찰 대상을 그대로 기술하는 일화기록법이나 체크리스트 또는 평정척도를 이용하고, 경우에 따라서는 비디오 녹화를 한 후 분석한다.

⑨ 연구 보고서

각 교과별로 범교과적으로 여러 가지 연구 주제 중에서 학생의 능력이나 흥미에 적합한 주제를 선택하되, 그 주제에 대하여 자기 나름대로 자료를 수집하고, 분석 · 종합하여 연구보고서를 작성하도록 한다. 이때, 연구의 주제나 범위에 따라 개인적으로 할 수도 있고 관심 있는 학생이 함께 모여서 단체로 작성할 수도 있다.

⑩ 포트폴리오

학생 자신이 만든 작품을 지속해서 모아 둔 작품집을 이용한 평가방식이다. 아래의 내용은 자전거 여행에 관한 포트폴리오 자료이다.

포트폴리오 예시
〈예시 1〉 나는 이번에 찍은 우리 가족 자전거 여행 사진을 자료철에 모아 여행에 대한 추억을 정리하였다. 얼마 전부터 모으기 시작한 자전거 여행에 관한 신문 기사를 분류하여 추가하였다. 그리고 지난 주말에 엄마와 동생이란 함께 본 '자전거로 세계 여행'이라는 여행에 대한 소감문도 작성하였다. 〈2015학년도 초등 임용시험 출제 문항〉 〈예시 2〉 체육선생님은 체육시간에 배운 기초 체조동작을 이용하여 모둠별 체조 루틴을 만들라고 하였다. 체조 루틴을 만드는 동안 다양한 동작을 사진과 동영상을 촬영하였다. 체조루틴을 만드는 과정에서 배우고 느낀 점에 대해 소감문도 작성하였다.

⑪ 기타

다양한 교수·학습법(역할놀이, 현장조사, 작품 감상, 만들기, 전시회, 발표대회, 협력학습, 신문 활용 교육, 직소, 개념도 구성하기 등)이 수행평가를 위한 평가방법이 될 수 있다.

3) 과정중심 수행평가에서 활용할 수 있는 앱과 사이트

① 애플리케이션

휴대폰이나 태블릿의 애플리케이션 또는 앱은 누구나 쉽게 이용이 가능하다. 이러한 활용도에 걸맞게 체육수업 평가에서 활용할 수 있는 다양한 앱이 있다. 앱은 평가의 효율성을 개선하고 그 정보를 저장하고 피드백을 주기 위한 자료를 모으는데도 유용하다.

다음은 체육수업 평가를 하는데 활용할 수 있는 다양한 앱을 소개하고자 한다.

- Mirror Image: 학생이 수업을 하는 동안 스스로를 관찰하고 자기 평가를 하는데 활용하기 좋다.
- Teacher's Assistant: 학생의 행동, 잘못된 행동, 향상도 그리고 수행 과정을 추적하는 것은 어렵다. 그러나 이 앱은 이와 같은 행동을 쉽게 관찰하고 이해하기 쉽게 해 준다.
- Sportalyzer: 이 앱을 통해 영상을 단계별로 관찰할 수 있다.
- Easy Assessment: 루브릭에 따라 과정을 안전하게 저장할 수 있는 Dropbox 계정을 사용할 수 있다. 이를 통해 나운로드 한 비디오와 스프레드시트 같은 다양한 평가를 활용할 수 있다.
- Screen Chalk: 비디오를 편집하는데 다른 앱을 화면상으로 녹화하는데 용이하다.
- Quick Voice: 이 앱은 정의적 평가에 유용하며, 학생이 자신의 생각을 이야기하고 기록할 수 있게 해준다.
- Coach's Eye: 이 앱은 느린 동작과 몸짓, 프레임 및 음성 기능을 모두 사용할 수 있다.
- Timer Tools: 평가 추적 시간을 수행하는 경우에 종종 활용된다. 이 앱은 다양한 시간 도구들을 제공한다.
- Educareations: 이 앱은 운동장이나 체육관에서 학생에게 판서를 보여주는데 활용할 수 있다.
- Educareations – 이 앱은 운동장이나 체육관에서 학생에게 판서를 보여주는데 활용할 수 있다.

② 학생평가 지원 사이트

교육부는 학생평가 지원 포털 웹사이트(http://stassess.kice.re.kr/)를 개발 운영하여 학교 현장 교사들이 수행평가 과제와 채점기준을 개발하고 시행하는 과정을 돕고 있다.

[그림 15-3] 학생평가 지원 포털

2. 체육과 수행평가의 실제

가. 평가의 목적

평가는 학습지도의 과정과 결과를 판단하기 위해 필요한 정보를 수집하는 과정이다(손천택, 2015). 학생 측면에서는 학습 진보의 정도를 확인하도록 하고, 교사 측면에서는 교수·학습 개선의 자료를 찾는 데 의미가 있다.

나. 평가의 방향

체육수업 평가는 신체활동 역량 함양을 위한 종합적 평가, 학습자의 성장 과정을 반영한 다양한 평가, 학습자의 수준을 고려한 맞춤형 평가를 활용해야 한다(교육부, 2022). 이를 위한 구체적인 내용은 다음과 같다.

1) 신체활동 역량 함양을 위한 종합적 평가

신체활동 역량은 지식, 기능, 태도를 포괄하는 총체적 능력이고, 일상생활과 여가활동 등 삶의 다양한 맥락과 밀접하게 관련되어 있다. 학습의 결과로서 습득한 지식과 기능 그리고 내면화된 가치와 더불어 학습의 과정에서 나타나는 지식의 이해 양상과 수행 과정, 학습 태도에 관한 능력을 종합적으로 평가할 수 있도록 수행 중심의 평가를 활용한다.

2) 학습자의 성장 과정을 반영한 다양한 평가

학습자는 신체활동을 통해 체형, 체력, 운동 기능, 인성, 개념 등 다양한 측면으로 성장할 수 있다. 따라서 교사는 학습자의 성장을 다면적으로 평가해야 한다. 무엇보다 일회성 평가를 지양하고, 교육의 목표와 내용, 교수·학습 및 평가의 일관성을 고려하여 학습 과정을 지속해서 평가함으로써 학습 결과뿐만 아니라 학습 과정에서 나타나는 학습자의 변화를 학습 활동 및 개선 자료로 활용한다. 학습자의 성취수준은 교사뿐만 아니라 동료 학습자, 학습자 자신 등 다양한 주체가 평가하도록 한다. 체육수업은 인지적, 심동적, 정의적 학습 맥락에서 이루어지기 때문에 각 학습 맥락에서 나타나는 학습자 경험을 다양한 평가 방법 및 도구를 활용하여 평가하도록 한다. 이때, 다양한 디지털 매체를 활용하여 학습자가 자신의 학습 경험을 기록하고, 체계적으로 관리하도록 한다.

3) 학습자의 수준을 고려한 맞춤형 평가

학습자의 신체활동에 대한 흥미와 동기, 체력, 기능 등의 수준을 고려하여 교사는 단원이나 수업의 출발점 단계에서 학습자 수준을 파악하고, 이를 학습의 과정과 결과에 반영함으로써 학습자 수준을 고려한 맞춤형 평가를 시행한다.

다. 평가 방법 및 도구의 선정

평가 방법과 도구의 선정에서는 다음을 고려한다.

첫째, 교사는 학습 목표 및 평가 목적에 적합하게 평가 방법을 선정한다. 다양한 평가 방법의 특징과 장·단점을 파악한 후 학습자의 특성과 수준을 고려하고, 평가 목적(학습의 과정 또는 결과에 대한 평가, 학습자의 학습 성취도 파악, 교수· 학습 과정의 개선 등)을 고려하여 적합한 평가 방법을 선정한다.

둘째, 체육과 평가에서 활용되는 기존 평가 도구를 사용하거나 평가 내용에 적합한 도구를 개발하여 사용할 수 있다. 평가 도구의 선정 또는 개발 시 평가의 목적이나 내용에 대한 타당도 및 신뢰도를 면밀하게 검토하고, 디지털 도구를 활용할 경우 학습자의 도구 접근성이나 활용도 등을 고려한다. 또한, 평가의 효용성을 높이기 위해 평가 대상, 평가 시기, 평가 장소, 채점 방식, 시설 및 장비, 평가 인원 등을 고려한다.

셋째, 모둠별 학습 활동의 경우, 개별 학습자의 역할이나 노력, 기여 정도를 평가할 수 있는 방안을 마련한다. 과제 수행의 계획 단계부터 구성원이 맡은 역할을 책임 있게 수행하도록 역할 분담과 참여 방법, 시기와 절차를 명확히 제시한다. 또한, 개인별 과제 기여도를 타당하게 평가할 수 있도록 교사의 관찰 평가와 더불어 자기 평가와 동료 평가를 병행하여 실시한다.

라. 평가 결과의 활용

첫째, 평가 결과는 교수·학습을 수정하고 보완하는 데 활용한다. 개별 평가 자료는 학습 과제의 수준과 활동 방법을 수정하기 위한 기초 자료로 활용하며 전체 평가 결과의 특징을 분석하여 교수·학습 방법 전반을 개선하는 데 활용한다.

둘째, 평가 결과의 활용성을 높이기 위해 학습자와 학부모가 쉽게 이해하도록 평가 결과를 재구성하여 안내한다. 이를 통해 학습자는 생활 속에서 학습 주제와 관련된 신체활동 수행 계획을 스스로 수립하고 지속해서 실천할 수 있도록 한다.

셋째, 디지털 기술은 평가 결과의 누가 기록 및 체계적인 관리, 결과 분석에 활용될 수 있다. 학습자 스스로 디지털 도구를 활용하여 개인별 학습 과정과 평가 결과를 누가 기록하고 이를 활용함으로써 자신의 건강 관리, 진로 진학, 여가 활용 등과 연계하여 체계적인 신체활동 계획을 수립하고 실천하기 위한 기초 자료로 활용한다.

마. 평가문항의 실제

체육 교과의 평가는 대개 실기 평가로 지칭되는 '운동 기능 검사'가 주를 이룬 것이 사실이다. 그러나 이것은 체육 교과의 수업 목표가 단순히 기능에만 국한되지 않음에도 불구하고 평가의 중점을 기능적 측면에만 둔 나머지 발생되는 방법상의 오류라고 볼 수 있다. 따라서 체육 교과에서 얻을 수 있는 다양한 '신체활동 가치'를 평가하기 위해서는 이러한 신체활동 가치가 표출되어지는 다양한 경로, 즉 학생의 심동, 인지, 정의의 표출을 각각 효과적으로 담아낼 수 있는 다양한 평가 도구의 개발과 변형 그리고 적용이 필요하다.

체육교육과정에서 제시한 활동 영역별 내용 및 평가 방법의 예시 또한, 하나의 적용 가능한 사례일 뿐 가장 적합한 평가 방법의 구안과 적용의 문제는 학교 현장에서 해당 학급과 학생을 대상으로 얻을 수 있는 담당교사의 몫이라고 볼 수 있다. 다음은 초등학교 체육교육과정의 활동 영역별(건강, 도전, 경쟁, 표현) 평가 내용에 대한 설명과 구체적인 평가 도구의 예시 자료이다.

1) 건강 영역

<table>
<tr><th>성취기준</th><th colspan="2">성취수준</th><th>문항 형태</th></tr>
<tr><td rowspan="3">[6체01-02]
건강을 유지하기 위한 체력 운동을 선택하고 자신의 수준에 맞게 운동 계획을 세워 실천한다.</td><td>상</td><td>건강을 유지하기 위한 체력 운동을 스스로 선택하고 자신의 수준에 맞게 운동 계획을 세워 지속적으로 실천할 수 있다.</td><td rowspan="3">☑ 단답형
☑ 서술형
☑ 포트폴리오 평가</td></tr>
<tr><td>중</td><td>건강을 유지하기 위한 체력 운동을 타인의 도움을 받아 선택하고 자신의 수준에 맞게 운동 계획을 세워 지속적으로 실천할 수 있다.</td></tr>
<tr><td>하</td><td>건강을 유지하기 위한 체력 운동을 타인의 도움을 받아 선택하고 자신의 수준에 맞게 운동 계획을 세워 일정 기간 실천할 수 있다.</td></tr>
<tr><td rowspan="3">[6체01-05]
운동 능력을 향상시키기 위한 체력 운동을 선택하고 자신의 수준에 맞는 운동 계획을 세워 실천한다.</td><td>상</td><td>운동 능력 향상을 위한 체력 운동을 선택하고 자신의 수준에 맞게 운동 계획을 세워 지속적으로 실천할 수 있다.</td><td rowspan="3">☑ 서술형
☑ 관찰평가
☑ 포트폴리오 평가
☑ 보고서평가</td></tr>
<tr><td>중</td><td>운동 능력 향상을 위한 체력 운동을 선택하고 타인의 도움을 받아 운동 계획을 세워 지속적으로 실천할 수 있다.</td></tr>
<tr><td>하</td><td>운동 능력 향상을 위한 체력 운동을 타인의 도움을 받아 선택하고 계획하여 일정 기간 실천할 수 있다.</td></tr>
</table>

건강 영역은 체력 증진을 목적으로 하는 건강 관리와 공중 보건 및 여가와 관련된 내용을 주로 다룬다. 이는 모두가 건강한 생활을 영위하기 위한 제반 조건과 환경을 구성하는 요인들로, 이 영역을 평가하기 위해서는 건강하고 안전한 생활에 대한 이해를 바탕으로 자신의 생활 속에서 구체적으로 실천에 옮기는 행동 과정과 결과를 함께 확인해야 한다. 이는 다른 말로 '머릿속으로만 아는 것이 아니라 행동으로 실천하는가, 또는 실천하려는 의지를 보여 주는가'의 여부를 파악해 낼 수 있어야 한다는 의미이다. 구체적인 평가 도구로 인지적인 이해를 평가하는 지필 검사 및 행동의 실천 의지와 과정을 평가할 수 있는 운동 일지, 체크리스트, 체력 검사 등이 사용될 수 있다.

〈표 15-1〉 건강 영역 평가

<table>
<tr><th colspan="2">학년군</th><th colspan="2">초등 5~6학년</th><th>영역</th><th>건강 활동</th></tr>
<tr><td colspan="2">성취기준
(교과목표)</td><td colspan="4">[6체01-02]
건강을 유지하기 위한 체력 운동을 선택하고 자신의 수준에 맞게 운동 계획을 세워 실천한다.</td></tr>
<tr><td colspan="2">창의인성
요소</td><td colspan="4">자존감, 친절</td></tr>
<tr><td rowspan="3">성취
수준</td><td>상</td><td colspan="4">건강을 유지하기 위한 체력 운동을 선택하고 자신의 수준에 맞게 운동 계획을 세워 실천할 수 있다.</td></tr>
<tr><td>중</td><td colspan="4">건강을 유지하기 위한 체력 운동을 선택하고 운동 계획을 세워 실천할 수 있다.</td></tr>
<tr><td>하</td><td colspan="4">건강을 유지하기 위한 체력 운동을 선택하고 자신의 수준에 맞게 운동 계획을 세워 실천하는데 어려움을 겪는다.</td></tr>
<tr><td colspan="2" rowspan="2">문항 형태</td><td>지필 평가</td><td colspan="3">☐ 선다형 ☐ 진위형 ☐ 연결형 ☐ 조합형
☑ 단답형 ☐ 괄호형 ☑ 서술형 ☐ 기타)</td></tr>
<tr><td>수행 평가</td><td colspan="3">☐ 관찰평가 ☐ 면담평가 ☑ 포트폴리오평가
☐ 보고서평가 ☐ 과학글쓰기평가 ☐ 기타(   )</td></tr>
</table>

• 문항

1. 〈보기〉의 학생은 체력요소에 대해 이야기하고 있습니다. 보기를 읽고, 물음에 답하세요.

〈보기〉

영민: 순간적으로 큰 힘을 발휘할 수 있는 능력을 갖고 싶어. 짧은 시간에 큰 힘을 내서 팔씨름에서 이기고 싶은걸.

서희: 에이, 팔씨름은 시시해. 나는 그런 능력보다는 몸 전체를 빠르고 효율적으로 통제하고 조정할 수 있는 능력을 갖고 싶어. 그러면 체조선수 손연재처럼, 몸을 움직이면서도 공과 기구를 잘 다룰 수 있을 거야.

소정: 그것도 좋겠지만, 내 생각에는 몸을 재빠르게 움직이거나 방향을 바꾸는 능력이 좋겠어. 축구할 때 드리블하면서 방향을 빨리 바꾸면 정말 멋질 것 같아.

진영: 나는 몸의 균형을 정지 상태나 움직이는 상태에서 유지하고 싶어. 한 발을 들고도 계속 스케이트를 타면서 균형을 유지하는 김연아 누나는 대단하지 않니?

각각의 학생이 이야기하고 있는 체력 요소의 이름은 무엇인가요?

영민 : (   ) 서희 : (   )

소정 : (   ) 진영 : (   )

2. 건강을 유지하기 위한 체력 운동 중 자신 있는 운동과 자신 없는 운동은 무엇인가요? 그 이유와 이제까지 실천 했던 체력 운동을 바탕으로 발전, 보완할 수 있는 방법을 적어 보세요.

	자신 있는 체력 운동:	자신 없는 체력 운동:
이유		
증진방법		

3. 2번에서 생각한 내용을 모둠원에게 발표해 보고, 자신 없는 능력을 증진시킬 수 있는 방법을 서로 이야기 해 봅시다.

모둠원 이름	증진시킬 수 있는 방법

4. 자신의 체력에 맞는 운동 계획을 세우고 실천하여 봅시다.

<table>
<tr><th colspan="7">나의 운동 계획표</th></tr>
<tr><th>체력</th><th>실천할 운동</th><th>목표</th><th rowspan="2">날짜</th><th colspan="3">운동량</th></tr>
<tr><td rowspan="2">유연성</td><td rowspan="2"></td><td rowspan="2">cm</td><th>유연성</th><th>근력/
근지구력</th><th>심폐
지구력</th></tr>
<tr><td>월 일</td><td></td><td></td><td></td></tr>
<tr><td rowspan="4">근력/근지구력</td><td rowspan="4"></td><td rowspan="4">kg</td><td>월 일</td><td></td><td></td><td></td></tr>
<tr><td>월 일</td><td></td><td></td><td></td></tr>
<tr><td>월 일</td><td></td><td></td><td></td></tr>
<tr><td>월 일</td><td></td><td></td><td></td></tr>
<tr><td rowspan="5">심폐 지구력</td><td rowspan="5"></td><td rowspan="5">회</td><td>월 일</td><td></td><td></td><td></td></tr>
<tr><td>월 일</td><td></td><td></td><td></td></tr>
<tr><td>월 일</td><td></td><td></td><td></td></tr>
<tr><td>월 일</td><td></td><td></td><td></td></tr>
<tr><th>평가</th><td>cm</td><td>kg</td><td>회</td></tr>
<tr><th>느낀 점</th><td colspan="6"></td></tr>
</table>

5. 운동 계획을 실천한 날 스스로에게 칭찬 한 줄 일기를 써봅시다.

날짜	칭찬 일기
월 일	
월 일	
월 일	
월 일	

2) 도전 영역

성취기준	성취수준		문항 형태
[6체02-03] 거리 도전의 결과를 시기별로 측정하여 도전 과정의 장단점을 분석하고 기록을 향상할 수 있는 방법을 지속적으로 수행하고 평가한다.	상	거리 도전의 결과를 시기별로 측정하여 도전 과정의 장단점을 다양한 관점에서 분석하고 기록을 향상할 수 있는 방법을 찾아 지속적으로 수행하고 평가할 수 있다.	☑ 진위형 ☑ 단답형 ☑ 서술형 ☑ 관찰평가 ☑ 포트폴리오 평가
	중	거리 도전의 결과를 시기별로 측정하여 도전 과정의 장단점을 일부 관점에서 분석하고 기록을 향상할 수 있는 방법을 찾아 지속적으로 수행하고 평가할 수 있다.	
	하	거리 도전의 결과를 시기별로 측정하여 도전 과정의 장단점을 일부 관점에서 분석하고 기록을 향상할 수 있는 방법을 찾아 일정 기간 수행하고 평가할 수 있다.	
[6체02-04] 상황과 환경에 관계없이 해낼 수 있는 자신감을 갖고 적극적으로 거리 기록 향상에 도전한다.	상	상황과 환경에 관계없이 해낼 수 있다는 자신감을 갖고 적극적으로 거리 기록 향상에 도전할 수 있다.	☑ 단답형 ☑ 서술형 ☑ 관찰평가 ☑ 포트폴리오 평가
	중	상황과 환경에 관계없이 해낼 수 있다는 자신감을 갖고 거리 기록 향상에 도전할 수 있다.	
	하	일부 상황과 환경에 대해 자신감을 갖고 거리 기록 향상에 도전할 수 있다.	

도전 영역은 네 가지의 주제(기록, 표적, 투기, 동작)에 대한 개인 능력의 수월성 및 타인의 기량에 도전하는 과정과 자세를 다루는 영역이다. 따라서 이러한 활동을 평가하기 위해서는 운동 내용에 대한 인지적 이해 정도를 바탕으로 이것을 신체를 통해 실제로 수행해 내는 심동적 능력 및 동시에 모범적인 규칙의 틀 안에서 수행해 내는 정의적 영역을 고르게 다룰 수 있어야 한다.

〈표 15-2〉 도전 영역 평가

<table>
<tr><td colspan="2">학년군</td><td>초등 5~6학년</td><td>영역</td><td colspan="2">도전 활동</td></tr>
<tr><td colspan="2">성취기준
(교과목표)</td><td colspan="4">[6체02-03]
거리 도전의 결과를 시기별로 측정하여 도전 과정의 장단점을 분석하고 기록을 향상할 수 있는 방법을 지속적으로 수행하고 평가한다.</td></tr>
<tr><td colspan="2">창의인성
요소</td><td colspan="4">배려, 책임</td></tr>
<tr><td rowspan="3">성취
수준</td><td>상</td><td colspan="4">거리 도전의 결과를 측정할 수 있으며 기록을 비교하여 수행과정상의 잘된 점과 보완할 점을 찾아 기록을 향상할 수 있는 방법을 지속적으로 수행하고 평가 할 수 있다.</td></tr>
<tr><td>중</td><td colspan="4">거리 도전의 결과를 측정할 수 있으며 기록을 비교할 수 있으나 수행 과정상의 잘된 점과 보완할 점을 찾는 데 어려움을 보인다.</td></tr>
<tr><td>하</td><td colspan="4">거리 도전의 결과를 측정하고 기록을 비교하는 데 어려움을 보인다.</td></tr>
<tr><td colspan="2" rowspan="2">문항 형태</td><td>지필 평가</td><td colspan="3">☐ 선다형 ☑ 진위형 ☐ 연결형 ☐ 조합형
☑ 단답형 ☐ 괄호형 ☑ 서술형 ☐ 기타)</td></tr>
<tr><td>수행 평가</td><td colspan="3">☑ 관찰평가 ☐ 면담평가 ☑ 포트폴리오평가
☐ 보고서평가 ☐ 과학글쓰기평가 ☐ 기타( )</td></tr>
</table>

• 문항

1. 아래 표에 지금까지의 멀리뛰기 기록을 작성하시오.

날짜	기록(cm)
예) 3/24	102cm

2. 멀리뛰기 활동을 한 뒤에 느낀 점을 다음 표에 작성해 봅시다.

평가 문항	매우 잘함	잘함	보통
멀리뛰기의 기초 자세를 잘 따랐는가?			
멀리 뛰는 방법을 친구들과 토의를 할 때 적극적으로 참여하였는가?			
멀리뛰기를 잘 못하는 친구를 도와주었는가?			
멀리뛰기 활동에 열심히 참여하였는가?			

3. 멀리뛰기를 함께한 친구를 한 명 정하고, 칭찬할 점과 노력할 점을 적어 봅시다. 그런 뒤에는 친구와 비교해서 자신이 고쳐야 할 점에 대해 생각해 봅시다.

	멀리뛰는 동작	태도
칭찬할 점		
노력할 점		
자신이 고쳐야 할 점		

4. 다음 기록과 이야기를 읽고 '별'친구의 잘못된 점과 그 점을 해결하기 위해 어떤 방법과 마음가짐이 필요한지 자신의 경험을 토대로 써봅시다.

날짜	기록(cm)
3/10	102
3/14	100
3/20	99
3/24	94

〈'별'의 기록〉

'별'과 '달'은 6-2반 친구입니다. 6-2반 1학기 체육시간은 멀리뛰기 활동을 하였는데 '달'친구는 끊임없이 노력하여 처음보다 향상된 기록을 얻었습니다. 반면 '별'친구는 체육시간에 멀리뛰기 연습을 하지 않고, 몇몇 친구들과 함께 딴청을 피우곤 하였습니다. 그 결과 '별'친구의 기록은 계속 하락하였고 이 결과로 인해 '별'친구는 큰 상실감을 얻었습니다.

5. 멀리뛰기활동을 통한 자신의 모습을 평가해봅시다.

자기평가(매우 잘함◎, 잘함○, 보통□)	
평가기준	자기평가 내용
'기록 향상'이라는 목표를 스스로 세우고 목표 달성을 위해 스스로 계획을 짜며 노력하였는가?	
'기록 향상'이라는 자신과의 약속에 책임감을 느끼며 목표 달성을 위해 노력하였는가?	

3) 경쟁 활동

성취기준	성취수준		문항 형태
[6체03-04] 필드형 경쟁 활동에 참여하면서 책임의 중요성을 인식하고 이를 바탕으로 맡은 바 역할에 최선을 다하며 게임을 수행한다.	상	필드형 경쟁 활동에 참여하면서 책임의 중요성에 대해 구체적인 예를 들어 설명하고, 스스로 맡은 바 역할에 최선을 다하며 게임을 수행할 수 있다.	☑ 단답형 ☑ 서술형 ☑ 포트폴리오 평가
	중	필드형 경쟁 활동에 참여하면서 책임의 중요성에 대해 열거하고, 스스로 맡은 바 역할에 최선을 다하며 게임을 수행할 수 있다.	
	하	필드형 경쟁 활동에 참여하면서 책임의 중요성에 대해 열거하고, 타인의 도움을 받아 맡은 바 역할 일부를 게임 상황에서 수행할 수 있다.	

경쟁 활동은 구기게임 종목의 내용 및 방법적 특성에 따라 크게 영역형, 필드형, 네트형으로 구분된 활동을 수행하는 영역으로, 집단적이고 경쟁적인 운동수행을 위해 필요한 인지적 이해와 전략 활용 능력을 주로 다루게 된다. 이를 위한 평가 도구의 내용과 형태는 이해력과 이의 활용 능력을 평가할 수 있는 적절한 요소를 포함하고 있어야 한다. 또한, 운동 수행에 관련된 규칙 준수와 참여의 성실성 등을 담아낼 수 있는 정의적 측면도 다루어야 한다.

〈표 15-3〉 경쟁 영역 평가

<table>
<tr><td colspan="2">학년군</td><td>초등 5~6학년</td><td>영역</td><td>경쟁 활동</td></tr>
<tr><td colspan="2">성취기준
(교과목표)</td><td colspan="3">[6체03-04]
필드형 경쟁 활동에 참여하면서 책임의 중요성을 인식하고 이를 바탕으로 맡은 바 역할에 최선을 다하며 게임을 수행한다.</td></tr>
<tr><td colspan="2">창의인성
요소</td><td colspan="3">배려, 공감, 이해, 협동</td></tr>
<tr><td rowspan="3">성취
수준</td><td>상</td><td colspan="3">필드형 게임을 하며 자신에게 주어진 역할을 알고 자기 책임감을 적극적으로 실천할 수 있다.</td></tr>
<tr><td>중</td><td colspan="3">필드형 게임을 하며 자신에게 주어진 역할을 알고 있으나, 책임감 있게 활동하는 데에 다소 수동적이다.</td></tr>
<tr><td>하</td><td colspan="3">필드형 게임을 하며 자신에게 주어진 역할을 찾아내지 못하고, 책임감을 갖지 못하고 활동에 어려움을 보인다.</td></tr>
<tr><td colspan="2" rowspan="2">문항 형태</td><td>지필 평가</td><td colspan="2">☐ 선다형 ☐ 진위형 ☐ 연결형 ☐ 조합형
☑ 단답형 ☐ 괄호형 ☑ 서술형 ☐ 기타)</td></tr>
<tr><td>수행 평가</td><td colspan="2">☐ 관찰평가 ☐ 면담평가 ☑ 포트폴리오평가
☐ 보고서평가 ☐ 과학글쓰기평가 ☐ 기타( )</td></tr>
</table>

• 문항

1. 오늘 필드형 게임에서 자신의 역할이 무엇이었는지 쓰고, 내가 만약 우리 팀의 감독이라면 우리 팀에서 내가 수행했던 역할을 어떻게 평가했을지 써봅시다.

나의 역할	
내가 감독이라면 나의 역할 수행을 어떻게 평가하였을까?	

2. 다음 〈보기〉의 '나'가 내용 속 행동을 계속 반복한다면 어떤 일이 일어날 지 예상해 봅시다.

〈보기〉

오늘은 날씨가 화창해서 체육시간에 운동장에서 축구를 했다. 나는 축구를 잘 못하기 때문에 수비수를 했다. 상대팀 공격수를 막으러 뛰어다니는데 여간 힘든 게 아니었다. 그래서 내가 잠시 운동장 구석에서 쉬고 있는데 상대 공격수가 우리팀 골대 쪽으로 공을 몰고 왔다. 우리팀의 다른 친구들이 막아달라고 도움을 요청했지만 나는 괜히 몸싸움 하다가 다칠 수도 있고, 좀더 쉬고 싶어서 일부로 못 본 척 했다. 게임을 계속 하던 중 이런 상황이 또 벌어 졌지만, 이번에도 나는 친구들을 도와주지 않았다.

3. 필드형 게임을 하고 우리팀 동료들을 서로 평가해 봅시다.

<table>
<tr><th colspan="2">자기평가(매우 잘함◎, 잘함○, 보통□)</th><th colspan="4">상호평가
(팀원끼리 평가)</th></tr>
<tr><td rowspan="2">평가기준</td><td rowspan="2">자기평가
내용</td><td colspan="4">친구이름</td></tr>
<tr><td></td><td></td><td></td><td></td></tr>
<tr><td>운동능력이 부족한 친구를 배려하고, 역할을 적절히 배분하면서 필드형 팀 활동을 하였는가?</td><td></td><td></td><td></td><td></td><td></td></tr>
<tr><td>팀원들과 함께 협동하면서 적극적으로 역할을 수행하였는가?</td><td></td><td></td><td></td><td></td><td></td></tr>
<tr><td>필드형 게임에서 팀원들과 맡은 역할별로 전략을 상의한 후에 이를 실행하였는가?</td><td></td><td></td><td></td><td></td><td></td></tr>
</table>

4) 표현 활동

성취기준		성취수준	문항 형태
[6체04-07] 주제 표현 활동을 하는 데 필요한 다양한 표현 방법을 바탕으로 개인 또는 모둠별로 작품을 창의적으로 구성하여 발표하고 이를 감상한다.	상	주제 표현 활동을 하는 데 필요한 다양한 표현 방법을 바탕으로 개인 또는 모둠별로 작품을 창의적으로 구성하여 발표하고 이를 다양한 관점에서 감상할 수 있다.	☑ 단답형 ☑ 연결형 ☑ 서술형 ☑ 관찰평가 ☑ 포트폴리오 평가
	중	주제 표현 활동을 하는 데 필요한 다양한 표현 방법을 바탕으로 개인 또는 모둠별로 작품을 구성하여 발표하고 이를 일부 관점에서 감상할 수 있다.	
	하	주제 표현 활동을 하는 데 필요한 다양한 표현 방법을 바탕으로 타인의 도움을 받아 작품을 구성하여 발표하고 이를 일부 관점에서 감상할 수 있다.	

표현 활동은 신체활동에 존재하는 심미적 또는 예술적 표현 능력 및 감상 능력을 강조하는 활동이다. 이를 위한 평가는 주로 자기 신체의 움직임에 대한 기초적 이해를 바탕으로 이를 창의적으로 구성하여 표현하는 능력과 타인의 창의적 표현에 대한 비평과 분석을 시도하는 감상능력을 확인할 수 있어야 한다. 평가도구 또한, 주로 개인 또는 모둠별로 시도되는 표현능력에 대한 검사 및 표현 활동을 감상한 후 기록하는 감상문 등이 주요한 평가 도구로 활용될 수 있다. 또한, 움직임 동작의 인지적 이해를 묻는 지필검사와 부분 동작의 정확성 및 연결의 유연함을 점검하는 체크리스트 평가도 가능하다.

〈표 15-4〉 표현 영역 평가

<table>
<tr><td colspan="2">학년군</td><td colspan="2">초등 3~4학년</td><td>영역</td><td>표현 활동</td></tr>
<tr><td colspan="2">성취기준
(교과목표)</td><td colspan="4">[6체04-07]
주제 표현 활동을 하는 데 필요한 다양한 표현 방법을 바탕으로 개인 또는 모둠별로 작품을 창의적으로 구성하여 발표하고 이를 감상한다.</td></tr>
<tr><td colspan="2">창의인성
요소</td><td colspan="4">배려, 협동</td></tr>
<tr><td rowspan="3">성취
수준</td><td>상</td><td colspan="4">독창적인 신체 표현을 이해하고, 주제를 정하여 독특하고 창의적인 신체 표현을 하고 새로운 관점에서 감상할 수 있다.</td></tr>
<tr><td>중</td><td colspan="4">독창적인 신체 표현에 대해 부분적으로 이해하고, 주제를 정하여 독특하고 창의적인 신체 표현을 하고 감상할 수 있다.</td></tr>
<tr><td>하</td><td colspan="4">독창적인 신체 표현에 대해 이해하거나 주제를 정하여 신체표현을 하는데 어려움을 보인다.</td></tr>
<tr><td colspan="2" rowspan="2">문항 형태</td><td>지필 평가</td><td colspan="3">☐ 선다형 ☐ 진위형 ☑ 연결형 ☐ 조합형
☑ 단답형 ☐ 괄호형 ☑ 서술형 ☐ 기타)</td></tr>
<tr><td>수행 평가</td><td colspan="3">☑ 관찰평가 ☐ 면담평가 ☑ 포트폴리오평가
☐ 보고서평가 ☐ 과학글쓰기평가 ☐ 기타( )</td></tr>
</table>

• 문항

1. 내가 보여주고 싶은 신체 표현 활동을 구상하여 봅시다.

(1) 나만의 신체 표현 활동의 소재 혹은 주제를 구상하고, 선정 이유를 써봅시다.

소재 혹은 주제	선정 이유

(2) 내가 만든 신체 표현 활동에 필요한 준비물, 소도구 등을 적어봅시다.

____

____

1. 진영이는 모둠별로 신체 표현 활동을 구상하는 도중, 다음과 같은 갈등 상황을 겪고 있습니다. 진영이의 입장이 되어 문제를 어떻게 해결해야 할지 자신의 생각을 적어봅시다.

> 진영이는 체육시간에 모둠별로 독창적인 신체 표현을 구상하는 활동을 하고 있습니다. 이 때 모둠원인 이슬이가 표현 활동을 하는데 거의 모든 것들을 혼자서 다 해보겠다고 주장하고 있습니다. 모둠원들이 동일한 비중으로 표현 활동에 참여해야 하는데 이슬이에게 많은 역할이 주어지게 되었습니다. 다른 모둠원들은 표정이 좋지 않았지만 이슬이에게 어떤 말도 하지 않고 있습니다.
>
> 진영이는 이와 같은 상황에서 이슬이에게 어떤 말을 건네야 할까요?

이슬아, ______________________________

____

Q&A **묻고 답하기**

체육과 수행평가의 개발과 실제를 말하다

1. 수행평가의 의미를 무엇이라고 생각하는가? 수행평가의 종류를 기술하시오.

2. 초등 현장에서 가장 의미 있다고 생각되는 수행평가의 종류를 하나 제시하고, 그렇게 생각한 이유를 쓰시오.

3. 체육과 교육과정에서 제시한 체육과 평가의 방향을 세 가지 쓰고, 그 구체적인 내용을 각각 설명하시오.

4. 초등 현장에서 활용 가능한 수행평가 문항 하나를 작성하시오.

참고문헌

교육부·한국교육과정 평가원(2017). **과정을 중시하는 수행평가 어떻게 할까요?** ORM 2017-19-1.

학생평가 지원포털. http://stassess.kice.re.kr/

Nitko, A. J. & Brookhart, S. M. (2007). *Educational Assessment of Students (5th ed.)*. Pearson Merrill Prentice Hall.

Stiggins, R. (2005). From formative assessment to assessment for learning: A path to success in standards-based schools. *Phi Delta Kappan, 87*(4), 34-328.

제5부

체육교육의 새로운 이해

초등체육은 학생의 신체적·정신적 성장을 통해 건강한 사회의 구성원이 되도록 한다. 초등체육은 학교체육의 기본이 되는 동시에 움직임의 체계적 발달을 가져오도록 한다. 따라서 초등체육의 방향을 어떻게 설정하느냐에 따라 학생의 체육에 관한 이해는 달라질 수 있다. 초등 예비교사교육의 방향도 초등체육의 변화를 가져오는 데 중요한 역할을 한다. 이는 초등 예비교사가 향후 초등학생을 가르치는 교육의 주체가 되기 때문이다. 초등체육과 초등 예비교사교육의 방향을 의미 있게 설정하는 것은 체육의 교육적 가치를 공고히 할 수 있는 구체적인 방안이 될 수 있을 것이다.

초등체육은 가르치는 사람의 역량이 중요하다. 여기서 가르치는 사람은 초등교사를 말한다. 초등체육을 지도하는 교사가 어떠한 생각과 태도를 갖느냐에 따라 체육교육의 방향은 크게 달라질 수 있다. 초등체육에서 교수자의 역할은 학생의 변화와 성장의 기초가 된다. 본 저자는 초등체육에서 교수자의 역할을 '아비투스와 내적 힘'의 구성요소를 활용하여 제시하였다. 즉 운동하는 삶, 교육하는 삶 그리고 연구하는 삶의 과정에 잠재된 교수자의 역할을 기술하였다.

초등 예비교사교육자는 자신이 교육하는 강좌의 내용에 대해 한 학기에 한두 번은 꼭 평가를 한다. 우리가 잘 알고 있는 중간고사와 기말고사를 통해 체육에 관한 초등 예비교사의 심동적·인지적·정서적 측면의 성장 모습을 확인한다. 대부분 중간고사와 기말고사에 포함된 문항은 각각 초등 예비교사가 해당 강좌에서 학습한 내용 중 중요하거나 꼭 알고 있어야 할 내용으로 구성된다. 다만, 초등 예비교사교육자가 자신이 출제하는 문항이 어떤 특징을 갖고 있는지를 이해한다면 강좌를 운영하는 과정에서 초등 예비교사에게 수업내용을 자세히 설명하고, 초등체육과 관련하여 어떤 의미가 있는지를 이해하도록 할 것이다. 끝으로 미래의 체육에서는 체육의 역할, 미래 체육교육에서 주목해야 할 3가지 측면 그리고 미래 체육교사의 교사상을 제시하였다.

16 초등체육과 예비교사교육의 방향[19)]

생각해보기

- 초등체육이 지향하는 점은 무엇인가?
- 체육과 교수·학습의 방향을 설명할 수 있는가?
- 초등 예비교사교육에서 강조해야 할 교육의 내용은 무엇인가?

2025년부터 초등 3~4학년을 시작으로 2022 개정 체육과 교육과정이 초등 현장에 적용된다. 교육과정은 늘 그래왔듯이 국가·사회적 요구와 시대상을 반영하고, 학생의 성장을 지원하는 중요한 역할을 담당한다. 이번 개정 체육과 교육과정도 이전의 개정과 마찬가지로 학생 중심적이고, 학생의 성장을 지원하기 위한 기초교육을 충실히 담당할 계획이다. 개정 체육과 교육과정이 안정적으로 현장에 안착하기 위해서는 교육과정을 운영하는 교수자의 역할 수행이 중요하다. 학교 현장에서는 교사의 역할이 중요하고, 예비교사교육기관에서는 교사교육자와 예비교사의 역할 수행이 중요하기 때문에 개정된 교육과정의 취지를 바르게 이해하고, 현장 적용에 힘써 나가기 위한 준비를 해야 한다.

본 장은 2022 개정 교육과정의 적용에 앞서 초등체육과 예비교사 교육의 방향이 어떠해야 하는지와 관련한 고민에서 시작되었다. 교육과정의 개발은 교육과정의 주체가 이를 어떻게 인식하는지, 어떠한 관심이 기울어져야 하는지 등을 상기하는 일에서부터 시작된다. 교육하는 '나' 자신이 어떠한 생각과 태도를 갖느냐에 따라 교육의 방향은 크

19) 고문수(2023)가 '2022 개정 교육과정에 따른 초등체육과 예비교사 교육의 방향'으로 우리체육에 투고한 글을 수정·보완하였다.

게 달라질 수 있다. 체육과 교육과정에 관한 시대적 사명을 표출하기 위해서는 교수자의 역할과 실천이 중요하다. 이 글에서는 교육과정 개정 후 초등체육과 예비교사 교육의 방향에 관해 의견을 개진하고자 한다. 이글을 읽는 독자들도 '나' 자신만의 생각과 비교하고 분석해보면서 새로운 교육과정이 등장하는 시점에서 현장 체육과 이를 지원하는 예비교사교육이 어떠해야 하는지를 함께 고민하면 좋을 것이다.

1. 초등체육의 방향

초등체육은 제도화된 교육기관에서 진행되는 체육의 출발점이다. 이 시기의 체육교육이 어떻게 설정되느냐에 따라 학생의 체육에 관한 인식을 새롭게 설계할 수 있다. 아무런 내용이나 배우고, 아무나 가르칠 수 있는 교육이 초등체육이 되어서는 안 된다. 학생의 성장에 기여할 수 있는 교육 내용이 되고, 의미 있는 교육적 성과를 가져올 수 있는 방안에 초점을 모아야 한다. 초등체육의 성과는 교육과정에 관한 명확한 이해, 초등체육에 관한 분명한 역할 인식, 체육과 교육과정의 교수·학습 방향 탐색 그리고 학교 체육과 생활체육과의 연계성이 확보될 때 달성될 수 있다.

가. 교육과정의 취지와 의도 이해

2022 개정 체육과 교육과정은 신체활동 가치 중심에서 신체활동의 형식과 내용을 지향한다. 체육과의 학습 내용을 '신체활동을 위한 학습', '신체활동에 관한 학습' 그리고 '신체활동을 통한 학습'으로 설정하였다. 또한, 다양한 학습을 통해 신체활동 역량으로 건강 관리 역량, 움직임 수행 역량, 신체활동 문화 향유 역량을 증진해나갈 것을 제안하였다. 대영역도 운동, 스포츠, 표현으로 구성하였고, 각각의 영역에서 움직임의 체계적 발달을 위한 교수·학습을 강조한다(교육부, 2022). 무엇보다 눈에 띄는 부분은 '스포츠'라는 용어가 초등 단계에서부터 등장했다는 점이다. 초등에서 놀이와 게임이 아닌 정형화된 규칙의 체계를 갖춘 스포츠가 활용된다는 점이다. 다만, 초등 단계에서는 팀 또는 모둠의 구성원이 규칙의 엄격성과 가변성을 적절히 활용하는 가운데 신체활동의 문화 속으로 참여하는 과정이 필요하다. 디지털 사회의 테크놀로지를 결합하는 기술·융합형(VR 또는 AR의 활용) 신체활동이 소개된 점도 특징적이다. 이는 온라인과 오프라인의

상황에서 적절한 체육의 융합 수업이 활용될 수 있는 시작점이 될 수 있다.

나. 초등체육에 관한 분명한 역할 인식

초등학생은 체육 교과를 통해 공식적으로 신체활동에 참여한다. 이 과정에서 학생에게 제공된 신체활동이 유의미하다면 향후 신체활동을 수행하는 과정에서 적극성과 참여의 즐거움을 느끼게 될 것이다. 반대의 경우라면 신체활동을 싫어하도록 만들 수도 있다. 현장에서 교사는 초등체육의 역할과 체육의 가치를 명확히 인식해야 한다.

첫째, 초등체육은 학생에게 기본적인 교육을 실시하기 위한 학교 제도 속에서 움직임 관련 지식을 이해하고, 수행하면서 움직임 수행에 필요한 가치와 태도를 실천하도록 한다. 건강 관련 지식을 이해하고, 생애 전반에 걸쳐 건강을 증진 및 관리하며, 건강 증진에 필요한 가치와 태도를 실천하도록 한다. 그리고 신체활동에 관한 문화의 특성을 이해하고, 생활 속에서 실천하며 다양한 문화 속에 내재한 가치와 태도를 실천하는 힘을 갖도록 한다(교육부, 2022)는 점을 분명히 이해해야 한다.

둘째, 신체활동의 교육적 가치를 바르게 인지하고, 이를 교수·학습 과정에서 학생의 움직임을 통해 표출될 수 있도록 해야 한다. 신체활동은 심동적·인지적·정서적 측면에서 교육적 가치를 내포한다. 신체활동은 학생에게 건강 증진과 체력 증진의 최고의 가치를 선사한다. 영국의 사상가였던 존 로크는 후에 유베날리스의 말을 빌려 '건강한 신체에 건전한 정신이 깃든다.'라고 언급하면서 건강의 중요성을 피력하였다. 이는 학교 폭력과 학생의 인성과 관련하여 신체활동이 제공하는 교육적 가치를 인지하여 학생의 움직임 활동이 활성화될 수 있는 방안을 강구하는 기저로 활용되었다(고문수·송지환·백준형, 2021). 무엇보다 신체활동이 제공하는 인지적 측면의 교육적 가치로는 두뇌 혈류량의 증가, 심리적 안정감의 생성 그리고 주의력과 집중력 및 학업 성적의 향상 등을 가져왔다(이상헌 역, 2009)는 점은 주목할 만하다. 학교체육의 시작점인 초등체육이 학생의 건강과 체력 증진 및 인지적·정서적 측면에서 뚜렷할만한 가치가 있음을 인지하고, 체육이 활성화될 수 있는 방안에 관심을 기울여야 한다.

다. 체육과 교육과정의 교수·학습 방향 탐색

체육교육에서 교사의 역량을 어떻게 방향 지을 수 있을까? 교수자 자신만의 '내적 힘'도 필요하지만, 교육과정의 취지를 잘 반영하고 의도적이며 계획적인 활동 속에서 교육적 의미를 탐구할 수 있어야 한다. 이를 위해 2022 개정 체육과 교육과정에서 제안한 체육과 교수·학습의 방향[신체활동 역량 함양을 위한 교수·학습, 움직임의 체계적 발달을 위한 교수·학습, 자기 주도적 학습을 위한 맞춤형 교수·학습, 신체활동 체험의 시간적·공간적 확장을 위한 교수·학습, 디지털 기술을 활용한 효율적 교수·학습, 창의성과 인성 함양을 위한 통합적 교수·학습]은 중요한 단서로 작용한다. 체육 관련 역량의 실천은 교육의 방향 속에서 구체화할 수 있기 때문이다. 체육교육의 방향과 역량의 시점은 교수자의 역량에 달려있다.

체육교육에서 교수자가 학습자의 삶에 의미를 주기 위해서는 다양한 매개체의 적절한 활용이 필요하다. 체육활동에 참여하는 모든 대상자가 신체활동에 참여하면서 흥미와 동기유발, 만족감, 성취감, 자존감, 자기 존중, 타인 존중과 배려, 규칙과 질서 유지, 기본 운동 기능의 발현과 체육 문제에 대한 비판적 문제해결력, 공동체 문화의 형성 그리고 체육을 통한 직무수행 능력을 높일 수 있도록 체육과 교수·학습의 방향을 상황에 맞게 활용해야 한다.

라. 학교체육과 생활체육과의 연계성 확보

2015 개정 체육과 교육과정과 2022 개정 체육과 교육과정에서는 학교체육과 생활체육과의 간극을 좁히고, 서로 긴밀한 관계 속에서 학생의 신체활동이 활성화될 수 있는 문화 조성 방안을 교수·학습의 방향으로 제시하였다(교육부, 2015, 2022). 2015 개정 체육과 교육과정에서는 '정과 외 신체활동과 연계한 교수·학습'을 제안하였고, 2022 개정 체육과 교육과정에서 '신체활동의 시간적·공간적 확장을 위한 교수·학습'을 설정하였다.

위의 내용을 고려하여 학교체육이 학교에서 신체활동을 하는 수준을 넘어 방과 후 또는 생활 속에서도 신체활동을 할 수 있는 문화의 확산으로 이어져야 한다. 학교체육의 내용을 가정에서 부모 또는 또래와 함께 운동할 수 있는 신체활동 달력[20)]을 만들어 실천하는 것도 의미 있을 것이다. 또한, 학교체육과 생활체육의 연계를 통해 시간을 확보하고, 활동 시간을 계획적으로 운영하는 것도 필요하다. 교육부에서 제안한 신체활동 가이드라인 7560⁺를 실천하면서 학교체육과 생활체육을 연계할 수 있다. 다만, 7560⁺가 무엇을 의미하고, 어떻게 수행하는 것이 적절한지를 알고 실천하는 것이 중요하다. 7560⁺는 1주일(7)에 다섯 번(5) 한번 운동할 때마다 1시간(60)을 누적하여 신체활동을 하는 것을 말한다. 그렇다면 60분을 어떻게 누적하여 운동해야 할까? 그것은 바로 건강과 체력 증진을 위해서는 최대심박수의 50% 범위 내에서 운동하는 것이 효율적이다(고문수·송지환·백준형, 2021). 만약 12세의 초등학생이 최대심박수의 50% 범위 내에서 운동을 한다면 맥박수가 104번 뛰도록 하는 것이다(최대심박수=220-12×50/100). 이것은 우리가 말하는 땀이 날 정도의 중강도 이상의 운동을 60분 누적하여 움직임으로 표현하는 것과 비슷하다. 이 글을 읽는 독자들도 학교체육이 생활 속에서 신체활동으로 활성화될 수 있는 나만의 '내적 힘'으로 설계된 다양한 신체활동 조성 방안을 활용할 것을 제안한다.

2. 초등 예비교사교육의 방향

우리는 '예비교사 교육이 곧 초등교육의 변화다.'라는 측면을 인식하고, 의미 있는 예비교사 교육이 될 수 있도록 운영해야 한다. 예비교사 교육은 초등 현장의 교육과 분리되는 것이 아니라 일치되도록 해야 한다. 예비교사 교육기관에서 배운 내용이 현장 교육에 적합성을 높일 수 있는 방안을 검토해야 한다. 무엇보다 초등체육은 예비교사교육기관에서의 역할이 중요하다. 미래 교사로서 예비교사가 어떠한 노력과 관심을 기울이느냐에 따라 체육교육의 방향을 달라질 수 있기 때문이다. 이러한 점을 고려하여 예비교사교육기관에서는 예비교사가 교사로서의 다양한 역량을 확보할 수 있도록 해야 한다.

20) '신체활동 달력(physical activity calender)'은 학생이 매월 일별로 어떤 신체활동을 누구와 어떻게 할 것인지를 계획하여 실천하도록 하는 생활 속 신체활동 습관을 마련할 수 있는 구체적 계획과 내용이 담긴 계획표이다.

가. 예비교사 자신만의 교육 지도(MAP)의 설정

아담 브룩스는 "교육의 질은 교사의 질을 능가할 수 없다."는 표현을 통해 교사의 중요성을 언급하였다. 교육과 관련하여 교사의 중요성 중에서 우선시 되는 것은 교사의 전문성이다. 우리는 교사 전문성에 대한 전제요소로 마음의 지도(MAP)를 간직해야 한다. 그러고 나서 마음의 지도를 바탕으로 교사 자신의 전문성을 함양해 나가야 한다.

예비교사들도 체육교육에 관한 나만의 지도가 있어야 한다. 여기서 지도(MAP)는 교사에게 필요한 자질과 역할의 태도를 의미한다. MAP은 도덕성(Map), 책무성(Accountability), 열정(Passion)의 첫 글자의 조합이다. 교사는 M(도덕성)을 갖추어야 한다. M(도덕성)은 학생교육에서 교사의 자질을 표현하는 데 가장 우선시 되는 덕목이다. 도덕성 관련 교사의 자질은 교육의 시작이자 마지막이다. A(책무성)는 교사의 충실한 역할 수행을 의미한다. 교사 자신에게 주어진 역할인 교수·학습에 관한 보다 높은 안목을 갖추어야 한다. 이를 위한 방안으로는 전문적 학습공동체에 참여하거나 각종 교육 관련 학회 또는 세미나에 참여하면서 교육의 의미와 성과를 도출해야 한다. P(열정)는 교사의 자질로 최선을 다해 학생 교육에 매진하는 자질을 갖추기 위한 적극적인 태도이다. 열정 있는 교사와 그렇지 못한 교사 사이에서 학생의 성장과 변화는 크게 달라질 수 있다는 점을 주목해야 한다.

나. 체육교육의 통합성 구현

예비교사교육기관에서 체육교육의 통합성은 이론과 실기 강좌의 통합 그리고 예비교사교육과 현장 교육 간의 연계성이 확보될 수 있도록 해야 한다. 이를 위한 구체적인 내용은 다음과 같다.

첫째, 이론과 실기 강좌가 긴밀한 관계 속에서 운영되어야 한다. 교육과정의 충실한 구현은 이론과 실기가 독립적인 것이 아니라 통합될 수 있도록 해야 한다. 그동안 예비교사교육을 보면 실기강좌는 실기 중심으로, 이론 강좌는 이론만을 안내하는 경향이 있음을 확인할 수 있다. 실기는 움직임 중심의 신체활동이 주가 되고, 이론은 교수·학습 운영에 관한 안목을 증진하는 내용으로 전개되었다. 또한, 실기 운영과 긴밀한 관계를 형성하지 못하거나 실기와 이론의 연계성을 확보하지 못하는 모습을 보였다. 신체활동이 주가 되는 체육수업에서 단순히 움직임의 발달만을 가져오는 것이 아니라, 어떻게 하는 것이 학생의 움직임의 발달을 촉진할 수 있는지와 관련된 '아는 것' 측면의 내용[선행 단계의 활용, 교수적 언어 단서의 활용, 긍정적 구체적 피드백 제공, 학습자의 학습내용 발달 측면 고려 등]을 활용하여 이론과 실기 교육이 상호 유기적인 관계를 맺도록 해야 한다.

둘째, 예비교사교육과 현장교육 간의 괴리가 존재하지 않도록 해야 한다. 물론 괴리가 없을 수는 없지만 예비교사교육에서 학습한 내용이 현장 교육에 적용될 수 있도록 현장성이 가미된 교육을 포함해야 한다. 초등 예비교사교육자는 자신의 전공이 무엇이든지간에 예비교사교육과 현장교육 간의 괴리를 좁혀나갈 수 있는 교수·학습 방안을 설계하여 운영해야 한다. 현장 교사의 목소리 중 "대학에서 배운 내용이 현장이 하나도 도움이 안 된다."는 이야기에 주목해야 한다. 위 이야기의 실체가 어디에서 어떠한 이유로 나왔는지를 파악하고, 대학교육이 현장 교육과 긴밀히 연결될 수 있는 방안을 고려해야 한다.

다. 창의성과 인성 함양을 위한 체육교육

체육교육은 '하는 것'과 '아는 것'의 조화로운 통합으로 학생의 성장을 유인한다. 학생은 신체활동을 매개로 하는 체육수업에서 직접적인 체험활동과 간접적인 체험활동의 통합을 통해 전인적인 발달을 가져오게 된다. 직접적인 체험활동은 학생의 건강과 체력을 증진하는 1차적 역할을 수행한다. 간접적인 체험활동은 학생의 건강과 체력을 증진하고, 행복한 삶의 가치를 제공하는 2차적 역할을 담당한다. 물론 여기서 1차적 역할과 2차적 역할로 구분하는 것이 체육교육에 관한 중요도를 언급하는 것은 아니다. 학생은 직접적인 체험 활동과 간접적인 체험활동을 통해 체육교육의 교육적 가치를 습득할 수 있다.

체육교육에서 학생의 창의성과 인성을 함양하는 데 도움이 되는 교육 내용에는 다양한 전략이 활용될 수 있다. 문제해결학습, 협동학습의 구조(STAD, TGT, JigsawI·II)를 활용한 수업, 탐구수업, 하나로 수업 등이 있다. 특히, 창의성과 인성 함양 수업은 의도성과 계획성이 드러날 때, 학습자의 성장으로 연결될 수 있다. 체육교육에서 움직임 중심의 기본 운동 기능을 위해 활용하는 상호작용 교수와 직접교수이외에도 다양한 수업 모형과 수업전략을 활용하여 학생의 전인적인 측면을 신장해야 한다.

라. 목표 중심의 '이해, 체험, 소통'의 수업전개 구조의 활용

현장에서 교육과정의 내용을 학생에게 구현하기 위해서는 한 차시의 수업을 어떻게 운영하는 것이 적절한지에 관한 일련의 절차가 있어야 한다. 주어진 차시 활동을 소개하는 정도의 수준에서 벗어나 학생이 학습한 내용을 통해 자신의 성장을 가져올 수 있도록 하는 구조적인 절차가 요구된다. 그동안 체육수업이나 신체활동에서는 학생이 통합된 인간이 되는 데 기여했다기보다는 심동적 측면을 강조하는 경향이 있었다. 이는 현행 수업운영의 구조에서 문제점을 찾아볼 수 있다. '도입, 전개, 정리'의 수업 전개구조로 학생과 수업을 하다 보니 체육교육에서 학생에게 무엇을 어떻게 가르쳐야 할 것인가가 명확하지 못하였다. 도입에서 인지적 안목이나 정서적인 측면을 강조할 것인지, 심동적인 측면에 대한 안목을 형성하는 데 도움을 줄 것인지 등 교사의 역할이 불분명하였다. 전개와 정리 또한, 도입과 마찬가지의 모습이다. 위와 같은 문제점을 해소하기 위해서는 교사가 수업의 구조 속에서 무엇을 어떻게 해야 하는가를 명확하게 안내할 수 있는 새로운 구조의 틀이 요구된다.

이 글에서는 신체활동 프로그램 운영을 위한 도입, 전개, 정리 단계에서 학생에게 제공할 수 있는 목표의 불명확성을 줄이고, 가르칠 내용이 무엇인지를 명확하게 안내할 수 있는 수업 구조로 '이해, 체험, 소통'의 수업 전개구조[21)]를 상정하였다. 수업 전개구조에서 '이해'는 각 차시의 신체활동에 대한 인지적 이해와 정서적인 안목을 강화할 수 있는 다양한 발문과 신체활동 경험에 대한 학생의 반응을 점검하고, 자신의 수업에 대한 구체적인 목표가 분명하게 제시될 수 있도록 안내하는 단계를 거친다. '체험'은 신체활동에 관한 준비운동, 본 활동(움직임) 그리고 정리운동을 일관성 있게 진행할 수 있는 체계적인 절차로 구성된다. 준비운동이나 게임을 활용한 준비운동을 구안하여 학생이 신체활동에 흥미를 갖고 참여할 수 있는 동인을 제공하는 단계이다. 체험 활동에서는 개인 활동과 대인 활동이 적절히 구성될 수 있도록 한다. '소통'은 해당 주제에 대한 인

21) 체육과 수업 전개구조는 고문수·송지환·백준형(2021)이 '초등체육교수학습론'에서 목표 중심의 수업으로 제한한 내용을 수정하여 제시하였다.

지적 이해와 신체활동의 기본 운동기능 및 수업 활동에서 모둠원과의 상호작용 및 수업 경험에 관한 느낌, 정서 등을 이야기하고, 수업의 목표와 관련된 신체활동의 가치를 내면화하며, 일상생활에서 실천을 다짐하도록 한다.

신체활동 프로그램의 운영을 도입, 전개, 정리의 구조에서 이해, 체험, 소통의 구조로 전환하는 것은 수업의 시작부터 마무리까지 교사가 심동적, 인지적, 정서적 측면 중 어느 측면에 우선순위를 두고, 운영해 나갈 것인가에 관한 안목을 갖도록 한다. 초등 예비교사가 한 차시의 수업을 어떻게 이끌어가는 것이 좋은가에 관한 일련의 흐름을 아는 것은 수업 절차인 동시에 교수자의 수업 운영에 관한 전체적인 맥락을 이해하도록 할 것이다.

Q&A 묻고 답하기

초등체육과 예비교사 교육의 방향

1. 초등체육의 방향을 말하다.

1) 2022 개정 체육과 교육과정의 취지와 의도는 무엇인가?

2) 초등체육의 역할은 무엇인가?

3) 체육과 교육과정의 교수·학습 방향은 무엇인가?

2. 초등 예비교사교육의 방향을 말하다.

1) 교육을 바라보는 나만의 관점을 설명하시오.

2) 체육교육의 통합성 구현 방안을 설명하시오.

3) 창의성과 인성 함양을 위한 체육교육의 방향을 설명하시오.

4) 한 차시의 체육과 수업 진행 과정을 설명하시오.

참고문헌

고문수(2020). 미래 교육환경 변화에 대비한 스포츠교육 연구와 실천. **한국스포츠교육학회지, 27**(4), 1-18.

고문수(2021). **대학교수의 스포츠 교육 이야기**. 파주: 한국학술정보.

고문수(2023). 2022 개정 교육과정에 따른 초등체육과 예비교사 교육의 방향. **우리체육 29**, 13-19

고문수·송지환·백준형(2021). **초등체육교수학습론**. 파주: 교육과학사.

교육부(2015). **체육과 교육과정**. 세종: 교육부.

교육부(2022). **체육과 교육과정**. 세종: 교육부.

이상헌 역(2009). **운동화 신은 뇌**. 서울: 북섬.

17

초등체육에서 교수자의 역할[22)]

생각해보기

- 교육과 교육적 경험의 공통점과 차이점을 설명하시오.
- 아비투스의 개념과 내적 힘의 개념을 설명하시오.
- 연구적 관점에서 수업을 들여다 본 경험을 설명하시오.

초등체육은 학교 교육과정을 통해 경험할 수 있는 가장 기본이고, 기초가 되는 움직임의 시작 단계이다. 우리는 시작이 중요하다는 사실을 알고 있다. 시작이 어떠한 모습으로 준비성을 갖는지에 따라 운동의 지속성과 의미는 부각될 수도 있고, 퇴색될 수도 있다. 이때, 중요하게 등장하는 것이 교수자의 역할이다. 교수자[23)]의 역할은 학습자의 참여 동기와 태도를 결정하는 중요한 단서이다. 초등체육에서 학습자의 교육적 경험은 교수자의 역할에 따라 상이하다. 교수자의 전문성이 높을수록 학습자에게 풍성한 교육적 경험을 제공할 가능성이 높다. 초등체육에서 교수자가 어떠한 마인드를 갖고 수업을 운영하는지, 수업의 성과를 연구의 성과로 도출하여 일반화하는지 등의 유무는 교수·학습과 관련하여 중요한 부분이다. 교수·학습의 내용을 성과로 도출할 때에는 단순히 수

22) 고문수(2023)가 '초등체육에서 교육적 경험을 지원하는 교수자의 역할'로 교육논총에 게재한 글을 수정·보완하였다.

23) 교수자의 역할은 타인 주도적 측면에서 전문가, 기획자, 강의자이다. 자기 주도적 측면에서는 격려자, 자원인, 관리자이다. 상호주도적 측면에서는 멘토, 학습동반자, 개혁자, 반추적 실천가, 연구조사자, 모델을 의미한다(김영옥·최라영·조미경, 2019). 본 연구에서는 교수자의 역할을 관점에 따라 구분하지 않고, 가르치는 사람을 지칭하는 일반적인 용어로 사용하였다.

업 모습만을 드러내지 않는다. 여기에는 교수자의 교육에 대한 의도와 가치 그리고 수업 반성과 성찰이 포함된다.

교수자의 수업 반성과 성찰은 수업을 개선하는 시작점이다. 수업 반성과 성찰은 학습자의 초등체육에 관한 안목의 형성과 맞물려 돌아간다. 교수자가 제시하는 수업내용과 방법은 학습자의 성장을 지원하고, 학습자와의 긍정적 상호작용을 제공해야 한다. 이때, 교수자가 제시한 내용을 받아들이는 수준의 깊이와 정도는 학습자의 내적 충실성에 달려있다. 교수자는 자신의 교육적 신념을 토대로 학습자에게 운동의 내용을 학습자에게 진실성 있게 전달해야 한다.

2020년과 2021년의 초등체육에 대한 교육적 상황은 많이 달랐다. 그동안 진행되었던 오프라인 형태의 수업이 대부분 온라인 형태로 바뀌었다. 이런 상황에서 체육을 지도하는 교수자들은 여러 측면에서 당황하지 않을 수 없었다. 교수자는 움직임의 내용을 영상으로 제시하고, 이를 가정에서 학습자들이 실천의 책무성을 부여했기 때문이다. 체육교육(움직임 교육)은 학습자가 머리로도 하지만 움직임을 통해 실천할 때 올바르게 구현될 수 있음을 이해해야 한다. 따라서 앞으로의 체육교육은 온라인과 오프라인이 적절히 접목될 수 있는 창의적인 방안에 대해 고민해야 한다. 본 장은 뉴노멀 시대에 적합한 온라인과 오프라인 수업에 대한 여러 기법을 제시하기보다는 어떠한 상황(온라인 또는 오프라인)에 놓여 있든지 간에 교수자가 수행해야 하는 전문성 측면에서의 역할과 방향성을 제시하는 데 주목하였다.

초등체육에서 교수자는 수업전문성[24]과 교육적 혜안을 갖고 학습자를 만나야 한다. 또한, 학습자와 함께 살아가기 위해 어떤 노력을 해야 하는지, 학습자의 고민과 갈등을

24) Hargreaves와 Fullan(2012)은 'Professional Capital-Transforming Teaching in Every School'에서 교사의 수업 전문성, 즉 전문적 자본이라는 용어를 사용하여 인적 자본, 사회적 자본, 의사 결정적 자본으로 구성하였다. 인적 자본은 교사의 지식과 기술을 말하고, 사회적 자본은 인간관계·신뢰감·소속감·단결심 등과 같은 정의적 특성을 말한다. 의사 결정적 자본은 현명한 판단과 결정을 할 수 있는 능력이다. 하그리브스와 풀란은 세 가지 유형의 전문적 자본의 시너지 효과를 강조한다. 교사 개개인의 전문적 자본이 아니라 교사들의 집단적 전문적 자본의 중요성을 강조한다. 교사들의 전문적 문화와 공동체 형성을 위해서는, 우선적으로 교사 자신들의 전문적 자본 개발, 순환, 공유, 축적을 위한 노력이 중요하다.

줄여주기 위해 어떤 노력을 기울이면 좋은지, 교수·학습의 결과를 반성적 측면에서 어떻게 해석해야 하는지를 진실성 있게 드러내야 한다. 초등체육에서 교수자의 역할은 색다른 것이 아니라, 한 개인의 교수자가 살아가고 있는 교육적 삶에 관한 비전과 좋은 수업을 만들기 위해 끊임없이 도전하는 데 있다.

이 장에서는 본 저자가 그동안 체육하는 삶을 살아오면서 체육교육에서 어떤 생각과 교육적 혜안이 필요한지를 보여주는 것으로 초등체육에서 교육적 경험을 지원하는 교수자의 역할을 제시하였다. 첫째, 교육과 교육적 경험의 이해 측면을 기술하였다. 둘째, 초등체육에서 교수자의 역할을 아비투스와 내적 힘이라는 용어를 활용하여 기술하였다.

1. 교육과 교육적 경험의 이해

초등체육에서 '교육'과 '교육적 경험'에 관한 이해기 필요하다. 우리가 제대로 체육교육을 하고 있는지, 체육의 내용을 바르게 구현하는지, 체육교육에서 교수자와 학습자의 역할을 명확히 인식하고 있는지를 탐색해야 한다. 만약, 교육에 대한 이해를 바르게 한다면 교육적 경험에 관한 안목을 증진할 수 있을 것이다. 먼저 교육을 분석하면 다음과 같다. 첫째, 교육은 가르침과 배움의 상호작용으로 이루어진다. 여기서 '가르침'은 갈다, 가르다, 치다 등을 포함한다. ① '갈다'는 수업환경을 조성하는 일이다. 학생에게 좋은 수업 환경을 조성하는 것이다. ② '가르다'는 학생에게 해당 차시에서 어떤 내용을 의미 있게 가르칠지를 우선순위에 따라 구별하여 제공하는 것이다. ③ '치다'는 교사가 학생의 수업 참여 과정에서 긍정적 피드백을 제공하여 의지와 욕구를 북돋워 주는 것이다.

다음은 배움을 분석하였다. '배움'은 익히다와 몸에 체득하게 만들다로 구성된다. ① '익히다'는 학생이 해당 내용을 경험하는 것이다. ② '몸에 체득하게 만들다'는 몸에 익혀 자동화 단계로 전이되는 것이다. 결국 교육은 가르치는 것과 배우는 것이 잘 어우러질 때, 그 성과를 드러낸다. 체육교육도 교육과 마찬가지의 성격과 특징을 지닌다. 다만, 체육교육은 신체활동을 매개로 교육을 한다. 따라서 신체활동을 매개로 의미 있게 가르치고 배우게 된다면 학습자의 전인적 성장, 즉 체육교육이 추구하는 학습자의 심동적 · 인지적 · 정의적 측면의 통합적 접근을 가져올 수 있다.

교육의 개념을 바르게 탐색하였다면 다음으로 교육적 경험에 관한 이해가 필요하다.

교육적 경험은 교수자 중심의 교육적 지도가 전부가 아니라는 점이다. 교수자가 제공하는 신체활동의 동작과 내용이 학습자에게 그대로 전수되기보다는 학습자의 특성과 수준에 맞게 학습자가 동작과 내용을 재구성하는 것이다. 교수자가 학습자에게 전달하는 각각의 동작이 불변의 가치를 지니고 있다고 생각해서는 안 된다. 중요한 점은 학습자의 특성에게 맞게 동작이 체득되어 갈 수 있는 여지를 남겨야 한다. 교육적 경험은 교수자의 교육에 관한 충실한 역할 수행이 전제가 되고, 학습자가 스스로 성장하는 긍정적 경험이 수반될 때 가능하다. 교육적 경험은 교수자와 학습자와의 긍정적·적극적 상호작용의 결과로 구성된다. 교육적 경험은 의미 있는 교육의 성과를 교수자와 학습자가 긍정적으로 상호작용을 할 때, 구축될 수 있는 힘이다.

2. 초등체육에서 교수자의 역할: '아비투스와 내적 힘' 발현하기

아비투스(HABITUS)[25]는 세상을 사는 방식과 태도로 프랑스 철학자 부르디외가 처음 제시한 개념이다. 사회·문화적 환경에 의해 결정되는 제2의 본성, 즉 타인과 나를 구별 짓는 취향, 습관, 아우라를 말한다. 계층 및 사회적 지위의 결과이자 표현이기도 하지만 저자인 도리스 메르틴은 "아비투스는 결코 돌에 새겨지지 않았다."며 노력에 따라 얼마든지 새로운 아비투스를 지닐 수 있다고 주장한다. 아비투스는 인간의 품격을 결정하는 7가지 자본으로 심리자본(어떻게 생각하고, 어디까지 상상하는가), 문화자본(인생에서 무엇을 즐기는가), 지식자본(무엇을 할 수 있는가), 경제자본(얼마나 가졌는가), 신체자본(어떻게 입고, 걷고, 관리하는가), 언어자본(어떻게 말하는가), 사회자본(누구와 어울리는가) 등으로 구성된다.

> **'아비투스'의 구축은 첫 단계로 교육을 통해 지식을 쌓아야 한다. 그리고 지식이 능력이 될 때까지 부단히 연습해야 한다. 능력을 계속 확장하는 사람만이 학습한 내용을 내면화하고 전문가 아비투스에 익숙해진다.**

---

25) 아비투스(프랑스어: habitus 아비투스)는 인간 행위를 상징하는 무의식적 성향을 뜻하는 단어로 아비투스에서 가장 중요한 요소는 교육이다. 아비투스는 복잡한 교육체계를 통해 이루어지는 무의식적 사회화의 산물이며 교육을 통해 상속된다.

아비투스는 체육교육에서도 적용이 가능하다. 아비투스는 체육교육을 하는 교사의 수업 방식과 적극적 태도라고 할 수 있다. 나와 다른 교수자를 구별하는 교육에 관한 체육적 취향과 습관을 말한다. '나'는 체육교육에 아비투스를 활용한다면 도리스 메르틴이 제시하는 7가지 자본 중 문화자본(예, 다양한 여가활동), 지식자본(예, 수업지식과 기술), 신체자본(예, 신체 움직임), 언어자본(예, 교수 설명), 사회자본(예, 학습자와의 상호작용) 등이 적용될 수 있다고 본다. 또한, Hargreaves와 Fullan(2012)이 '교직과 교사의 전문적 자본'에서 제시한 인적 자본(예, 수업지식과 기술), 사회적 자본(예, 학습자와의 상호작용), 의사 결정적 자본(예, 판단력과 결정력) 등이 교수자의 아비투스로 활용될 수 있다.

한편, 체육교육은 '내적 힘'과 '외적 힘'의 긍정적 상호작용의 정도에 따라 변화의 폭이 달라진다. '내적 힘'은 초등체육 교육을 바람직한 방향으로 바꾸려는 초등체육 관련 연구자의 적극적인 의지와 노력이다. '내적인 힘'은 교육의 비전 수립과 달성을 위한 끊임없는 노력과 변화 의지를 말한다. 그리고 '외적 힘'은 체육교육에서 기술과 사회 변화가 미치는 영향에 의해 변화를 제공하는 것이다. 이 연구에서는 교수자의 역할에 주안점을 두었기 때문에 '외적 힘'보다는 '내적 힘'에 초점을 두었다. '내적 힘'의 구성요소는 교수자가 어떤 측면에 관심을 갖고 교육의 변화를 지향하는지를 확인하도록 할 것이다.

<table>
<tr><th></th><th>'아비투스(HABITUS)'</th><th>'내적 힘'</th></tr>
<tr><td>일반적 개념</td><td>• 세상을 사는 방식과 태도
• 타인과 나를 구별 짓는 취향, 습관
• 인간의 품격을 결정하는 자본</td><td rowspan="2">• 초등체육을 바람직한 방향으로 바꾸려는 초등체육 관련 연구자들의 적극적인 의지와 노력(고문수, 2020)
• 교육자의 비전 수립과 달성을 위한 끊임 없는 노력과 변화 의지
• 나의 '내적 힘'의 요소는?
• '외적 힘'과 대응되는 개념</td></tr>
<tr><td>자본의 요소
(Martin, 2019)</td><td>▪ 심리자본(어떻게 생각하고, 어디까지 상상하는가)
▪ 문화자본(인생에서 무엇을 즐기는가)
▪ 지식자본(무엇을 할 수 있는가)
▪ 경제자본(얼마나 가졌는가)
▪ 신체자본(어떻게 입고, 걷고, 관리하는가)
▪ 언어자본(어떻게 말하는가)
▪ 사회자본(누구와 어울리는가)</td></tr>
<tr><td rowspan="2">체육교육 적용</td><td colspan="2">• 체육교육을 하는 교수자의 수업 방식과 태도(전문가 아비투스)
• 나와 다른 교수자를 구별하는 교육에 관한 체육적 취향과 습관
• 아비투스는 교육을 통해서 구축</td></tr>
<tr><td>• 문화자본(예, 다양한 여가활동)
• 지식자본(예, 수업지식과 기술)
• 신체자본(예, 신체 움직임)
• 언어자본(예, 교수 설명)
• 사회자본(예, 학습자와의 상호작용)</td><td>Hargreaves와 Fullan(2012)
● 인적 자본(예, 수업지식과 교수기술)
● 사회적 자본(예, 학습자와의 상호작용)
● 의사 결정적 자본(예, 판단력과 결정력)</td></tr>
</table>

[그림 17-1] 아비투스와 내적 힘의 개념과 체육교육 적용

'나'는 '내적 힘'의 여러 측면 중 운동하는 삶, 교육하는 삶 그리고 연구하는 삶을 중심으로 '내적 힘'의 구성 요소를 탐색하였다. 운동하는 삶은 교육하는 삶의 기저가 되고, 교육하는 삶은 연구하는 삶의 토대가 됨을 이해할 수 있다. 각각의 구성요소는 각기 고유한 특징이 존재하지만 서로의 역할을 지원하는 긍정적 가치를 내포하고 있다. 세 가지 '내적 힘'의 구성요소는 각기 존재방식과 상호유기적인 방식을 통해 교수자의 성장과 학습자의 성장을 지원하고, 서로와의 긍정적 유대관계를 지속하도록 한다.

가. '아비투스와 내적 힘' 하나: 운동하는 삶을 말하다

나에게 아비투스와 내적 힘의 하나인 운동하는 삶은 테니스와 골프 운동을 통해 만들어졌다. 나의 운동하는 삶은 교수자 자신의 성장에 도움이 되었고, 학습자들의 성장을 지원할 수 있는 교육적 경험의 원천으로 작용한다. '나'는 운동하는 삶의 운동 가이드라인으로 7560⁺를 실천하고 있다. 그리고 운동 가이드라인의 실천 성과로 운동 기량과 안목의 변화, 긍정적 셀프 이미지의 형성, 삶의 활력과 그릿의 형성, 역경을 넘어선 새로운 도전 등을 경험하였다.

1) 운동 가이드라인 실천하기

'나'는 운동 가이드라인으로 7560⁺를 실천한다. 국민생활체육협의회[26]에서는 국민들의 운동 가이드라인으로 7330을 제안하였다. 이는 1주일(7)에 세 번(3), 한번 운동할 때마다 30분 이상 운동할 것을 제안하는 캠페인이다. 학교체육은 학생에게 7560⁺의 실천을 권장한다. 1주일(7)에 다섯 번(5), 한번 운동할 때마다 60분 운동하는 캠페인이다. 여기서 60분은 한 번에 운동하거나 나누어서 운동하는 누적의 개념이다. 오전에 30분 운동, 오후에 30분 운동해도 되고, 하루에 15분씩 네 번 나누어서 운동하는 것을 말한다. '나'는 1992년부터 테니스 운동에서 7560⁺를 실천하고 있다. 최근에는 허리 디스크로

---

26) 생활체육을 활성화하기 위해 1991년 1월 8일에 설립된 단체이다. 비영리 민간단체로 체육 동호인 클럽을 육성하고 지원하며 지도자 양성을 주요 사업으로 진행하였다. 산하 회원 단체로는 16개의 시 · 도 생활 체육회와 62개의 전국 종목별 연합회가 있다. 2016년 3월 21일 대한 체육회와 통합되면서 폐지되었다

예전처럼 운동 가이드라인을 실천하지 못하지만 저녁에 아파트 단지의 산책로를 걸을 때, 테니스 라켓을 들고 발리 동작을 연습한다. 걷기가 끝나면 놀이터의 공간에서 그림자를 벗 삼아 10여 분간 포핸드와 백핸드 드라이브 및 스매싱 동작을 수행하는 루틴을 갖고 있다.

'나'는 골프 운동도 7560+를 실천한다. 2020년부터는 한 달에 1회 정도 필드라운딩을 통해 실전경기력을 키우고 있다. 라운딩은 골프 동호회 회원과 함께하면서 친목과 화합을 다진다. 골프 연습장에서의 연습 루틴으로는 5분 스트레칭, 30분 어프로치 샷, 25분 미들아이언 및 롱 아이언 샷, 10분 우드와 드라이버 샷, 15분 퍼팅 연습 그리고 5분 정리운동을 한다. 테니스와 골프를 통해 형성된 긍정적 정서는 생활 속의 스트레스를 줄였고, 삶의 활력소가 되었다.

2) 테니스와 골프 운동의 실천과 의미[27)]

'나'는 테니스와 골프 운동에서 일관성 있는 루틴과 신체활동에 대한 긍정적 셀프 이미지의 형성이라는 스포츠 동기를 갖게 되었다. 스포츠를 통한 삶의 활력과 그릿은 본 필자가 가르치는 초등 예비교사에게도 스포츠의 중요성을 강조하도록 하였다. 테니스와 골프는 '나' 자신의 성장과 나와 함께 하는 초등 예비교사에게도 긍정적 시너지를 제공하는 원천이다.

가) 운동 기량과 안목 증진

'나'는 테니스와 골프를 하면서 운동 기량과 게임을 운영하는 안목이 형성되었다는 점이다. 연습을 하면서 세부적인 동작을 습득하였고, 운동 기량이 발전하고 있음을 확인하였다. '나'는 한 가지 신체활동을 시작하면 목표에 도달할 때까지 끝까지 노력하는 습성이 있다. 무엇인가가 안 된다고 쉽게 포기하지는 않는다. '나'는 잘 안 되는 운동 기능의 동작을 반복을 통해 잘 할 수 있는 동작으로 바꾸어나간다. 테니스 운동에서는 건강과 체력적인 부분이외에도 게임을 운영하는 눈과 기본 운동기능을 향상시켰다. 기본

27) 고문수(2016c). 셀프스터디를 통한 테니스 동호인의 여가활동에 관한 경험과 의미. 여가학연구, 14(4), 23-44.
고문수(2017b). 골프 동호인의 여가활동 참여에 관한 자문화기술지. 여가학연구, 15(3), 21-42.

운동기능과 관련해서는 역동적인 움직임 속에서 타인의 움직임에 따른 빈 공간 확보 방안을 찾았다. 게임을 운영하는 눈은 상대방의 움직임에 따라 나 자신이 적절히 반응하는 움직임으로 표출되었다.

'나'는 테니스 운동에서 개인 연습과 복식 게임을 하면서 게임 운영 능력을 신장하였다. 복식 게임을 할 때에는 타인의 의견을 잘 수용하면서 게임에 참여하였다. 박스 볼을 준비하여 목표한 지점에 공을 쳐서 보내는 연습도 하고, 날아오는 공을 목표한 지점으로 보내는 연습을 하였다. '나'는 연습을 통해 운동 기량의 변화를 경험하였다. 동호인들이 운동을 수행할 때에는 그들의 특성에 맞는 적합한 움직임으로 기본 운동 기능을 향상하도록 피드백을 제공하였다.

'나'는 골프에서도 운동기량과 안목의 변화를 경험하였다. 골프 동작은 연습장과 필드 경험이 통합될 때, 최대의 효과가 나타난다. 골프연습장에서는 실수에 대해 심각성을 느끼지 못하는 경우가 많다. 스코어로 연결이 되지 않고 실수를 하더라도 계속 반복할 수 있기 때문이다. 하지만 필드에서 잘못된 상황판단과 실수는 스코어뿐만 아니라 전체 라운딩을 위태롭게 할 수 있다. '나'는 골프와 관련하여 낯선 경험과의 만남, 도전을 통한 새로운 목표 달성, 골프를 연습하는 과정에서 등장한 갈등과 마주하기 그리고 마주한 갈등 극복을 위해 새로운 도전 목표를 세우는 경험을 하면서 운동기량과 골프에 관한 안목을 높였다. '나'는 라운딩 중 그린 사이드 쪽에 위치한 핀을 공략하는 것이 좋은 것만은 아니라는 것도 알았다. 오히려 그린 중앙으로 공을 보내는 것이 더 안전하다는 사실도 깨달았다. 목표물을 겨냥하다가 힘이 들어가서 목표한 곳으로 공을 보내지 못하기도 하였고, 벙커에 빠지거나 아웃오브바운드로 점수를 크게 잃은 적도 있다.

'나'는 위의 상황의 극복은 연습 상황을 실제와 얼마나 유사하게 하느냐에 달려 있다고 본다. '나'는 골프 연습장에서 운동할 때, 필드의 경험을 생각하면서 연습하고, 필드에서 연습장의 스윙과 통합할 때 상황판단 능력이 좋아지고, 타수를 줄일 수 있는 계기가 됨을 깨달았다. 과거에는 강하게, 멀리, 핀 방향, 업다운이 있어도 평지처럼 샷을 구사하였다면 이제는 연습장에서 연습한 것을 그대로 필드에 적용하면서 필드의 환경을 보고, 연습장에서도 환경을 고려한 연습법을 적용하면서 라운딩 시 필요한 역량을 간직하였다.

테니스와 골프 운동으로 형성된 운동 기량과 안목의 변화는 나 자신이 담당하는 체육교육 강좌를 운영하는 과정에서 학습자와 소통하는 이야기의 주제가 되었다. 학습자가 운동을 어떻게 생각해야 하는지, 운동 기능을 향상하기 위해 어떠한 노력을 해야 하는지, 학습자에게 짧은 시간에 운동기능을 향상하는 것이 얼마나 힘든 것인지 등을 통해 운동 기량의 향상을 위해 무엇을 어떻게 해야 하는지, 게임의 안목을 증진시키기 위해 '하는 것'과 '아는 것'이 통합되어야 한다는 점을 확인하였다. 운동 기량과 안목의 변화는 '나' 자신의 성장이외에도 학습자의 운동에 대한 이해와 연습 수행 측면을 탐색하는 데 도움이 되었다.

나) 긍정적 셀프 이미지의 형성

학습 동기는 학습자가 운동에 어느 정도 관심을 갖고 참여하는지, 그러한 참여 속에서 얼마나 많은 시간을 쏟아 붓는지와 관련된다. 자기 가치이론에서는 학생이 높은 성적을 받고자 하는 동기를 긍정적인 셀프 이미지로 표현한다. '나'는 테니스와 골프를 하면서 긍정적인 셀프 이미지가 형성된 것은 주변인들의 칭찬이 한 몫 하였다. 운동 수행 과정에서 "나도 할 수 있다."는 유능감이 내적 욕구를 자극하였고, 긍정적인 셀프 이미지를 심어주었다.

모든 사람이 그러하듯이 나도 주변의 칭찬과 긍정적 반응에 고무되어 테니스와 골프를 지속할 수 있었다. 스포츠는 활동 그 자체로도 매력적이지만 타인과의 관계 속에서 드러나는 반응, 즉 외부에서 바라보는 시선도 중요하다. "칭찬은 고래도 춤추게 한다."는 말이 있다. 나에게도 주변의 반응과 칭찬은 운동을 지속하도록 하는 힘이 되었다. 이러한 측면을 고려해볼 때, 운동뿐만 아니라 학습에서도 긍정적 셀프 이미지의 형성을 위해 주변의 관심이 꼭 필요하다. 앞으로 누군가가 공부하거나 운동을 하고 있다면 관심 있게 지켜보는 것도 그들의 삶에 변화를 줄 수 있는 좋은 방안이 될 것이다. 가르치는 일을 하는 사람이면 배우는 학습자의 성장을 위해 그들의 행위에 대해 언어적·비언어적으로 반응해야 한다.

유능감(competence)도 긍정적 셀프 이미지의 형성에 크게 기여하였다. 유능감은 환경에 효과적으로 대응할 수 있는 숙달된 경험으로써 내적 동기를 구성하는 인간의 심리적 욕구 중 하나이다. 나에게 유능감은 운동수행에서 주관적 평가나 타인에 의한 긍정적 피드백을 통해서 발현되었다. 긍정적 피드백도 운동에서 자신감과 자아존중감의 긍정적 정서를 촉진하였다. 긍정적 정서의 촉진은 나 자신의 운동에 대한 유능감으로 다가왔다. '나'는 운동 수행에서 유능감이 자신의 운동에 대한 성취와 타인의 긍정적 반응으로 만들어진다고 생각한다. 무엇보다 자신의 노력과 타인의 관심 있는 반응을 통합하는 것이 중요하다는 사실을 알게 되었다. 학습자가 공부나 스포츠에서 긍정적 셀프 이미지를 통해 무엇인가를 성취하고자 한다면 자신의 노력은 필수(주연)이고, 타인의 반응이 조연된다는 점을 기억해야 한다. '나'는 테니스와 골프를 하면서 칭찬과 다양한 언어적·비언어적 피드백이 움직임을 긍정적으로 지원한다는 점을 확인하였다.

다) 삶의 활력과 그릿(GRIT)의 형성

끈기 있는 도전은 삶의 활력을 제공하는 원천이다. '나'는 테니스와 골프 운동을 할 때, 끊임없이 연습하고 도전하는 끈기를 통해 신체적 활력과 심리적 활력을 갖게 되었다. 연습 후 몸에 느껴지는 상쾌함은 신체적 활력의 경험 요소가 되었다. 운동을 통한 감정 표현과 자기표현도 심리적 활력을 가져왔다. 감정 표현과 자기표현은 활동의 참여로 나타나는 충만감과 살아있다는 감정 그리고 이것이 바로 자신이 하고 싶었던 것임을 느낄 때 유발되는 심리체험이다. '나'는 자기실현적 행복 측면에서 테니스와 골프를 통해 개인이 지닌 대표 강점과 미덕을 발휘하면서 즐거움과 활력을 얻었다.

'나'는 테니스와 골프 운동을 통해 열정적인 끈기의 힘인 그릿(GRIT)을 형성하였다. 그릿(GRIT)은 어떤 어려움에도 굴복하지 않고 그것을 이겨내는 불굴의 의지와 힘이다. 그릿(GRIT)에서 G는 Growth Mindset으로 능력성장의 믿음을 갖는 것이다. 이것은 일을 충분히 잘 수행해낼 수 있는 재능을 가졌다는 확실한 믿음이다. 자기 자신을 긍정하고 인정하는 것이 능력성장의 믿음을 촉진하는 길이다. R은 Resilience로 회복탄력성을 의미한다. 회복탄력성은 다양한 역경, 시련, 어려움 그리고 실패에 대한 인식을 도약의 발판으로 삼아 더 높이 튀어 오르는 마음의 근력(근육)이다. I는 Intrinsic Motivation으로 내적 동기유발이다. 열정적인 끈기는 동기가 잘 형성되면 갖출 수 있다. 내적 동기는 학습자 스스로 어떤 과제를 성취하고자 하는 동기로 학습과제의 성취도를 극대화하도록 한다. T는 Tenasity로 불굴의 의지와 끈기를 의미한다.

'나'는 테니스와 골프를 하면서 삶의 활력과 그릿(GRIT)의 요소를 갖추었다. 만약 그릿을 기르고자 한다면 다음의 내용을 참고하여 자신이 좋아하는 스포츠에 지속적으로 참여해야 한다. ① 자신의 관심사를 분명하게 정해야 한다. 어느 스포츠에서 관심이 있는지를 정해야 한다. ② 질적으로 다른 연습을 한다. 타인과 차별화되는 사람이 되고 싶다면 의식적인 연습이 필요하다. 그렇게 꾸준히 연습하다 보면 큰 기쁨을 만끽할 수 있다. ③ 높은 목적의식을 가져야 한다. 높은 목적의식은 자신이 좋아하는 스포츠에 참여할 때 가능한 일이다. ④ 다시 일어서는 자세와 희망을 품어야 한다. 스포츠에서 칠전팔기의 정신으로 자신이 목적한 바를 꼭 성취해야 한다. 성취의 기쁨을 맛볼 때, 자그마한 그릿부터 큰 그릿까지를 만들 것이다.

삶의 활력과 그릿은 나 자신의 삶과 교육과정을 운영하는 과정에서 학습자에게도 표출되었다. 향후 초등교사로 성장하게 될 예비교사에게 신체활동의 중요성과 가치를 설명하는 요소로 작용하였다. 삶의 활력은 학습자가 자신의 일을 끈기를 갖고 수행하는 원천으로 작용하였고, 그릿은 도전 정신과 끈기의 가치를 체득하도록 하였다.

라) 역경을 넘어선 새로운 도전

'나'는 과거에 육체적이든 심리적이든 어려움이 있을 때마다 쉽게 포기하였다. 하지만 테니스를 하면서 큰 변화가 생겼다. 테니스 단식 게임을 하다 보면 숨이 턱까지 차오르면서 심장이 터질 것 같은 경험을 한다. 힘들어서 한 포인트를 따고 나서 허리를 굽히고 손으로 무릎을 잡으면 땀이 비 오듯 쏟아진다. 지금 되돌아봐도 많이 힘든 기억으로 남아있다. '나'는 테니스 여가활동을 하면서 육체적 고통을 참으면서까지 게임을 하였다. 이는 '나'의 육체적 한계를 극복하도록 하였고, 포기보다는 새로운 도전을 향한 열정 씨앗이 되었다.

'나'는 골프에서도 극복하기를 통해 새로운 도전을 보인 사례가 있다. '나'는 골프 스윙에서 백스윙의 탑이 플랫한 문제가 있었다. 아이언 샷은 그런대로 괜찮았지만 우드나 드라이버로 샷을 구사하면 백스윙 탑이 플랫한 모습이 눈에 띌 정도였다. 백스윙 시 클럽의 그립이 오른쪽 허벅지 앞쪽으로 지나가면서 몸 회전이 되는 것이 아니라, 그립이 몸 뒤쪽으로 빠지곤 하였다. '나'는 짧은 클럽은 연습하면서 동작을 수정하였지만 긴 클럽의 경우에는 어깨 위쪽으로 정확한 궤도를 갖는 동작이 안 되었다. 빈 스윙을 할 때는 문제가 없는데 실제 동작의 영상을 보면 플랫한 스윙 모습이 나타나는 것이 확인되었다. '나'는 오랜 시간 동안 백스윙 시 클럽을 위쪽으로 들면서 고치려고 하였다. 하지만 클럽을 위쪽으로 들면 들수록 머리가 위쪽으로 들썩이는 또 다른 문제가 생겨났다. 모든 스윙이 백스윙에 집중되다 보니 임팩트나 폴로우스로우는 관심사가 아니었다. '나'는 스윙에 총체적인 문제를 경험하였다.

'나'는 그렇다고 포기할 수 없었다. 초심자로 돌아가 연습장에서 2개월 동안 레슨을 받으면서 연습한 끝에 정상적인 백스윙 탑을 만들 수 있었다. 볼도 잘 맞고 스윙 자세도 예전보다는 안정적인 모습을 갖추었다. 오랜 시간 골프 스윙연습을 하면서 잘못 형성된 동작이 이렇게까지 한 개인의 마음과 머리를 아프게 할 줄 몰랐다. 하나의 동작이 바뀌면서 골프 동호인의 여가활동 경험이 또 다른 희망으로 떠올랐고, 그 밖의 삶도 긍정적으로 바라보게 되었다. 지금 와서 생각해보니 하나의 역경이 역경으로 남기보다는 새로운 도전을 이끄는 중요한 원천이 됨을 알았다.

테니스와 골프 운동은 신체적 동작 수행의 어려움을 어려움으로 인식하여 포기하는 것이 아니라, 끝까지 노력하는 것이 새로운 모습을 만들 수 있는 계기가 된다는 확신을 갖도록 하였다. '나'는 운동하는 삶을 살면서 체육교육이 단순히 운동을 잘하고 못하는 문제가 아니라 어떤 측면이 잘 되는지, 안 되는지를 알고, 변화를 위해 어떻게 노력해야 하는지를 찾을 수 있었다. 운동은 어려움이 나타났을 때, 포기보다는 새로운 도전과 의지가 생기도록 한다.

나. '아비투스와 내적 힘' 둘: 교육하는 삶을 말하다

최근 다니엘 시겔(Daniel Siegel)은 기존의 3R'S는 학생에게 편향교육을 만들었음을 반성하고, 그 대안으로 NEW 3R'S를 제안하였다. 3R'S는 반성(reflection), 회복력(resilience), 관계성(relationship)이다. 반성은 수업 속에 담겨있는 반성이다. 이 반성은 앞으로의 체육수업이 과학적 접근으로서의 수업에 치중하기보다는 인문학적 측면의 활동이 함께 내재하는 수업이 되어야 함을 시사한다. 여기서 반성은 체육 실기수업이 실기로만 일관되고 있음을 반성하고, 실기와 이론이 병행하는 가운데 학생을 통합적으로 성장시킬 수 있는 길을 의미한다. 교수자의 반성[28]도 실기 위주의 수업반성뿐만이 아니

28) 고문수(2013). 한 초등교사의 체육수업에 대한 반성과 신념의 형성. 한국스포츠교육학회지, 20(3), 53-74.

라, 실기수업에서 다양한 방법을 찾는 반성으로 자리매김을 한다면 체육교육에 대한 길을 찾을 수 있을 것이다.

회복력(resilience)은 어떤 어려움에도 견딜 수 있는 마음의 근육이다. 교수자는 학습자가 운동에 도전하여 성취감을 경험할 수 있는 수업과 경험을 제공하였는지를 되돌아보아야 한다. 만약 그렇지 못하였다면 학습자가 수업에 참여할 때, 자기조절 능력과 친구들과 함께하여 행복한 삶의 요소인 대인관계 능력(소통능력+공감능력+자아확장력)을 높이는 수업을 해야 한다. 회복탄력성이 높은 사람은 대체로 뛰어난 사회성을 지닌 경우가 많다는 김주환[29]의 이야기에 귀 기울여야 한다. 학습자가 체육교육을 통해 회복탄력성을 함양할 수 있는 기틀은 교수자의 수업에 대한 관심사이다.

관계성(relationship)은 사람이 자아를 확장할 수 있는 인간관계이다. 체육교육에서는 관계성 확보를 위해 팀 활동과 소통하는 수업을 해야 한다. 동료교수, 협동학습의 구조 등은 학습자의 관계성 형성에 도움이 되는 수업 방안이 된다. '나'는 교육하는 삶 속에서 학생의 아비투스와 내적 힘의 강화 방안으로 소극적 참여자를 배려하기, 뉴스포츠에 관심 기울이기, 목표중심의 체육과 수업 전개구조의 활용, 수업 주목하기 그리고 체육수업일지 쓰기를 하였다.

1) 소극적 참여자를 배려하기

운동에 참여하는 학생의 특성은 다양하다. 하지만 우리의 수업 운영은 학습자의 특성을 고려한 수준별 교수가 잘 이루어지고 있지 못하다. 이러한 이유를 어디에서 찾아볼 수 있을까? 그것은 다름 아닌 교수자의 역량에 달려있다고 본다. 체육교육이 의미 있게 진행되기 위해서는 교수자의 역량을 함양하는 것부터 시작해야 한다. 교수자의 역량을 함양하는 방법은 다양하다. 대학원에서 공부하기, 각종 연수에 참여하기, 스포츠 관련 학술대회 및 세미나에 참석하기, 인터넷 검색하기, 잡지 구독하기, 스포츠과학에 관련된 비디오 시청하기 등 형식적·무형식적·비형식적 성장 등이 있다. 특히, 체육수업에서 다양한 학습자를 한 공간에 머물도록 하는 것이 아니라, 그들의 특성을 몇 개의 그룹으로 나누어 각각의 공간에서 참여할 수 있도록 축소형 신체활동(small sided physical

29) 김주환(2019). 회복탄력성(15만부 기념 리커버). 위즈덤하우스.

activity)을 적용하면 좋을 것이다. 넓은 공간에서 신체활동에 참여할 경우, 기능이 우수하거나 적극적인 학습자의 특성을 지닌 학생에게는 유익하지만 기능이 낮거나 소극적인 학습자는 기회를 제한받게 된다. 교수자는 역량을 학습자의 움직임 또는 수업참여와 관련하여 발휘될 수 있도록 해야 한다.

소극적인 참여자는 태어나는 것이 아니라 만들어진다는 점을 이해해야 한다. 소극적인 참여자는 학생의 개인적 측면도 있지만 교수자가 수업 환경 조성과 운영을 어떻게 하느냐에 달려있다는 점도 인지해야 한다. 우리는 수업현장에서 다수의 학생이 소극적인 참여자가 되는 모습을 자주 목격한다. 이제 더 이상 소극적인 참여자를 만들어서는 안 된다. 교수자의 삶이 중요하다면 학습자의 삶 또한, 중요하다는 인식을 갖고 소극적인 참여자가 적극적인 참여자로 전환될 수 있는 수업의 전개구조와 다양한 교수·학습 방법을 활용해야 한다. 학습자의 적극적인 참여 방안으로는 협동학습의 구조인 학생팀 성취배분과 팀게임토너먼트 및 직소(JigsawI·II)수업을 활용하는 방안 그리고 개인차를 고려한 수준별 수업 및 개별화 수업 모형을 도입해야 한다. 학생이 참여할 수 없는 수업의 구조를 만들어 놓고 방관하는 것이 아니라, 학생의 참여를 조장할 수 있는 다양한 활용 방안 측면에 관심을 기울여야 한다.

2) 뉴스포츠에 관심 기울이기

'나'는 뉴스포츠 종목의 학교체육 도입에 적극적이다. 이유인즉, 체육수업이 기능위주의 수업으로 진행되다 보니 다수의 학생이 체육을 좋아하면서도 소극적인 참여 태도를 보였고, 소수의 학생이 수업을 주도하였기 때문이다. 수업은 학생에게 기회는 공정하고 평등해야 한다. 기본 운동 기능이 좋다고 하여 수업에서 주도권을 행사하고, 기본 운동 기능이 좋지 않다고 하여 주변인으로 머물도록 하는 것은 좋지 못하다. 과거부터 진행되어온 체육수업을 보면 운동을 잘하는 소수의 학생이 수업의 주도권을 행사하였다. 반면, 다수의 학생은 수업에 소극적으로 참여하거나 주변인으로 머물렀다. '나'는 이러한 부분이 싫다. 그래서 선택한 것이 모든 학생이 수업에서 참여 기회를 얻도록 하는 방안을 만드는 일이었다. 모두가 함께 하는 체육수업을 원했다. 운동기능이 좋거나 부족하더라도 부담 없이 체육수업에 참여하여 성공 체험을 하기를 바랐다. '나'는 학생이 체육수업에서 신체활동의 접근성을 높이기 위해 다양한 교구를 활용한 수업을 하였다. 플라잉디스크, 디스크골프, 사커골프, 킨볼, 컬링, 플로어볼, 패드민턴, 컬러스쿠프, 츄크볼, 넷볼, 스포츠피구 게임을 하였다.

학생은 뉴스포츠 활용 수업에 참여하면서 흥미와 만족감, 참신성, 동기유발을 통한 과제 참여의 지속성, 파급성 등을 경험하였다. 또한, 새로운 활동 경험의 장, 새로운 용·기구의 활용을 통해 스포츠의 정신문화, 축제문화, 경기문화, 예술문화를 경험하였다. 이러한 측면을 고려해볼 때, 뉴스포츠는 학교체육에서 활용할 수 있는 충분한 근기가 되었다. 다만, 뉴스포츠 활용 수업 시 고려해야 할 점은 흥미와 만족 본위로 체육의 목적을 달성할 수 있는지, 학생의 주관적 체험이 수업내용의 객관성을 보장하는지 그리고 학습자 중심의 활동에서 교사의 역할이 무엇인지를 생각하는 것이다.

'나'는 2015년 교원양성대학의 교육과정 개정에서 창의체험 활동으로 '뉴스포츠를 활용한 체육수업'을 개설하여 매년 20~25명 내외의 학생과 뉴스포츠 수업을 한다. 이 강좌는 교육대학 1학년 학생이 선택한다. 학기별로 창의선택 과목은 신체활동을 포함하여 10개 정도 개설된다. 다른 교과와 달리 체육실기와 관련된 수업에서는 대부분 교재를 활용하지 않는다. '나'는 교재가 없을 경우, 신체활동을 배워서 활용하는 측면에서 제한적일 수 있다는 것을 잘 알고 있다. 배울 때는 이해가 되지만, 시간이 지나면 기억 속에서 잊히기 때문이다. '나'는 이러한 부분을 해결하고자 뉴스포츠 관련 교재를 집필하였다[30][31] '플라잉디스크를 활용한 체육수업'과 '뉴스포츠를 활용한 체육수업'을 통해 학생이 뉴스포츠의 개념은 무엇인지, 뉴스포츠 종목의 역사와 종류, 활동 방법 및 규칙, 변형 게임 등을 삽화와 사진으로 제시하여 친근감을 느끼도록 하였다.

3) 체육과 수업 전개구조의 활용: 이해, 체험, 소통의 수업 구조

체육수업은 학생과의 만남으로부터 시작된다. 학생이 운동장에서 수업하는 경우라면 교사는 운동장에 나와서 학생을 맞이할 준비를 해야 한다. 교사는 수업 시작을 알리는 수업 종이 울리면 학생이 운동장에 둥글게 그려져 있는 원 주위에 모일 수 있도록 안내를 한다(둥글게 원을 그릴 여건이 허락되지 않으면 학생의 실내화주머니를 원형으로 놓

---

30) 고문수 외 5인(2010). 플라잉디스크를 활용한 체육수업. 파주: 이담북스.

31) 고문수(2018b). 뉴스포츠를 활용한 체육수업. 파주: 한국학술정보.

고 모이도록 하면 된다. 이때, 교과서도 실내화주머니 옆에 함께 내려놓도록 한다). 이후 교사는 학생을 원 안으로 한두 걸음 들어오도록 하여 학생이 학습과제에 집중할 수 있도록 한 후 학습목표, 학습활동 그리고 학생에게 지켜야할 약속을 안내한다. 그러고 나서 학생이 준비운동을 시작할 수 있도록 한다. 준비운동은 본 활동(운동)과 관련된 활동으로 학생이 수업에 참여할 수 있는 활동으로 동기를 제공해야 한다. 단순히 운동장(체육관) 돌기나 매시간 같은 활동으로 준비운동을 하면 학생은 수업이 재미없고 지루함을 느낄 수 있다. 따라서 학생이 해당 영역의 다양한 준비운동을 활용하여 본 활동을 위한 사전 운동을 하는 것이 좋다. 대부분 교사들은 수업 시작 단계에서 준비운동을 하는 경향이 있다. 준비운동은 학생이 수업에 참여할 수 있는 몸을 만들기 위한 준비인 만큼 본 활동 바로 전에 하는 것이 바람직하다.

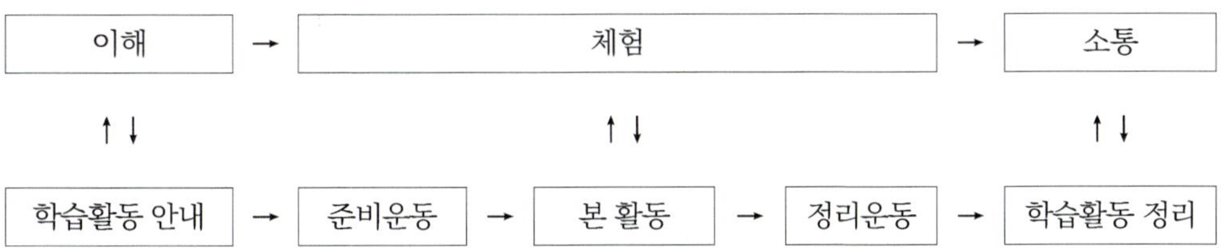

[그림 17-2] 체육과 수업 전개구조

체육과 수업 전개구조와 관련하여 지금까지의 체육수업을 보면 학생에게 통합된 인간을 만드는 데 기여했다기보다는 심동적 측면을 강조하거나 신체활동만을 경험하도록 하였다. 이는 현행 체육수업의 진행 구조에서 문제점을 찾을 수 있다. 오랜 시간 동안 도입, 전개, 정리의 시간 단계 흐름에 의한 수업구조로 학생들과 체육수업을 하다 보니 체육교육에서 학생에게 무엇을 어떻게 가르칠 것인가를 분명히 제시하지 못하는 결과가 나타났다.

도입에서 인지적 안목이나 정의적인 측면을 강조할 것인지, 심동적인 측면에 대한 안목을 형성하는 데 도움을 줄 것인지 등 교사의 역할이 불분명하게 드러났다. 전개와 정리 또한, 도입과 마찬가지이다. 위와 같은 문제점을 해소하기 위해서는 교사가 체육수업의 전개구조에서 무엇을 어떻게 해야 하는가를 명확하게 안내할 수 있는 새로운 구조의 틀이 필요하다. 즉 심동적 · 인지적 · 정의적 측면의 내용을 포함할 수 있는 잔상이 머릿속에 떠오를 수 있는 그 무엇인가가 있어야 한다. 이 글에서는 도입, 전개, 정리의 구조에서 학생에게 제공할 수 있는 목표의 불명확성을 줄이고, 가르칠 내용이 무엇인지를 명확하게 안내할 수 있는 수업의 구조로 '이해, 체험, 소통'의 수업 전개구조를 상정하였다.

여기서 '이해'는 각 차시의 신체활동에 대한 인지적 이해와 정의적인 안목을 강화할 수 있는 다양한 발문과 신체활동 경험에 대한 학생의 반응을 점검하고, 자신의 수업에 대한 구체적인 목표가 분명하게 제시될 수 있도록 내용을 안내하는 단계이다. '체험'은 신체활동에 관한 준비운동, 본 활동 그리고 정리운동을 일관성 있게 진행할 수 있는 체계적인 절차로 구성된다. 준비운동이나 게임을 활용한 준비운동을 구안하여 학생이 신체활동에 흥미를 갖고 참여할 수 있는 동인을 제공하는 단계이다. 체험활동에서는 개인활동과 대인활동이 적절히 구성될 수 있도록 한다. '소통'은 해당 주제에 대한 인지적 이해와 신체활동의 기본 운동기능, 수업에서 모둠원과의 상호작용 및 수업의 느낌, 정서 등을 이야기하고, 수업목표와 관련된 신체활동의 가치를 내면화하고 일상생활에서 실천을 다짐하도록 하는 단계이다.

체육수업을 「도입, 전개, 정리」의 구조에서 「이해, 체험, 소통」의 수업 전개구조로 재정립하는 것은 수업의 시작부터 마무리까지 심동적, 인지적, 정의적 측면 중 어느 부분에 우선순위를 두고, 운영할 것인가에 대한 안목을 높이도록 할 것이다. 수업 전개 구조는 한 차시의 수업을 이끄는 흐름 속에서 교사와 학생이 무엇을, 어떻게 수행하는지를 포함한다. 좋은 수업은 교육내용을 의미 있게 구성하여 운영하는 것으로부터 출발한다. 교사는 학생이 학습목표를 달성할 수 있도록 수업을 운영해야 한다. 한 차시의 수업을 이끄는 수업 전개구조에 대한 뚜렷한 인식을 갖고 있어야 한다. 준비운동은 언제 어떻게 해야 하는지, 수업을 운영하는 과정에서 교수전략과 수업 모형은 어떠해야 하는지 그리고 수업의 마무리 단계에서 교사와 학생이 어떻게 소통하면서 수업을 마쳐야 하는지 등 할 일이 많다. 교사는 할 일을 최대한 조직화하여 한 차시의 수업을 운영해야 한다.

4) 수업 주목하기(noticing)

수업은 학생에게 다양한 학습 내용과 경험을 제공하여 전인적 성장을 이끌도록 한다. 교사는 전문적 학습공동체의 운영, 학회 세미나 참석 그리고 각종 체육 관련 연수를 통해 전문성을 함양한다. 교사의 전문성 향상은 좋은 수업을 위한 구체적인 방안이다. 하지만 교사의 전문성 향상이 좋은 수업을 만들 수 있는 충분조건은 되지 못한다. 이유인즉 교사의 전문성과 학생의 반응이 밀접한 관련성을 맺을 때, 교수자의 수업 전문성이 발휘되기 때문이다. 수업 상황은 다변적인 특성 속에 존재한다. 그렇기 때문에 수업을 의미 있게 운영한다는 것은 어려움이 수반될 수밖에 없다. 수업 운영에서 수업 주목하기를 활용하면 교수자가 무엇에 집중하는지, 학습자에게 어떠한 성장을 지원하는 방안인지를 확인할 수 있다.

수업 주목하기는 수업의 상호작용 과정에서 고안된 개념으로 교수자 측면에서 수업 과정에 선택적으로 관심을 둔다. 교사는 수업지식을 토대로 수업 상황을 해석하고 적절한 반응과 피드백을 제공한다. 교수자들은 수업하는 과정에서 학생과 수업내용을 공유하면서 학습 분위기의 조성과 학생의 참여를 유도하기 위해 노력한다. 수업 주목하기는 현직 또는 예비교사들이 학생의 사고에 적합하면서도 반응하는 효과적인 수업을 할 수 있도록 학생의 사고과정에 대한 교사의 수업 주목하기 능력을 향상하도록 한다.

그동안 수업 주목하기는 수업 촬영 영상을 보고, 교사가 자신의 수업에서 주목하는 측면의 범주 비율과 교수법 및 학생의 지식과 사고에 주목하였다. 수업 영상을 갖고 수업에서 주목한 부분을 탐색하였기 때문에 교사가 수업을 운영하는 실제적인 맥락과 의도를 파악하기 어려웠다. 하지만 수업 주목하기에서 교수자가 자신의 교육적 실행을 성찰하면서 수업을 반성한다면 수업 운영 방안에 관한 다양한 단서를 제공할 것이다. 교수자는 자신의 전문성을 함양할 수 있고, 학생은 지식과 사고의 확장을 통한 성장과 진보를 경험할 것이다.

5) 체육 수업일지 쓰기

'나'는 수업이 끝나면 수업일지를 쓴다. 수업일지는 체육노트에 메모하고, 저녁에 컴퓨터를 활용하여 내용을 보충하였다. 이것은 2009년 수석교사 시절, 좋은 수업을 위한 방안으로 글쓰기를 했던 것이 습관이 되었다. 수업일지에는 그날 학습한 내용의 기록이자 교수자와 학습자간의 상호작용 및 긍정적인 측면과 부정적인 측면의 요소가 담긴다. 수업일지의 내용은 수업에서 잘한 것은 잘한 대로, 잘 못한 것은 잘하기 위한 노력의 일환으로 활용되었다. 수업일지는 수업의 기록인 동시에 반성적 성찰 자료이다. 수업일지를 쓰는 습관은 교수자는 물론 초등학생에게도 예외는 아니었다. 초등체육수업은 주당

3차시로 진행된다. 초등학생은 1주일에 한 번 수업일지를 썼다. 학생은 수업일지를 쓰면서 잘한 점, 반성해야 할 점 등을 기술하였고, 좋은 체육수업을 만드는 데 함께 동참하였다.

대학 강의에서도 예비교사의 수업일지가 진행되었다. 초등학생과 마찬가지로 초등 예비교사들도 수업일지 쓰기를 통해 수업내용은 물론 자신의 수업에 대한 반성과 성찰의 기회가 주어졌다. 교육하는 삶 속에서 수업일지 쓰기는 교수자인 나에게 많은 변화를 주었다. 학생들과의 만남을 어떻게 시작해야 하는지, 수업내용을 어떻게 지도해야 하는지, 수업에서 예비교사의 성장을 어떻게 지원해야 하는지 등 교육적 속성과 차원의 시야를 넓혀주었다. 초등 예비교사도 다양한 체험의 내용을 기록하면서 해당 강좌를 더 잘 이해할 수 있었다.

수업일지는 교수자인 나에게 다음의 교육적 성과를 가져왔다. 첫째, 수업의 목적에 대한 흔적: 체육수업의 의미를 어떻게 설정할 것인가? 둘째, 수업의 내용에 대한 흔적: 교육적 의미를 제공하기 위한 내용 구성은 어떠해야 하는가? 셋째, 수업의 전략에 대한 흔적: 구성된 내용을 어떻게 가르칠 것인가? 넷째, 수업의 성과에 대한 흔적: 학습자에게 어떠한 변화가 일어나기를 바라는가? 등을 탐색할 수 있었다. '나'는 수업일지를 쓰면서 수업의 목적, 내용, 전략 그리고 성과에 대한 반성과 성찰을 통해 체육수업에 관한 안목 갖기, 연구와 교육하는 삶을 실천하기 그리고 고민과 반성을 통해 성공의 기억과 마주할 수 있었다.

초등 예비교사들은 수업일지[32]를 통해 다음의 성장을 가져왔다. 첫째, 교사의 역할에 대한 인식의 변화이다. 학생이 어떻게 하면 운동을 잘할 수 있는지, 기능은 어떻게 익힐 수 있는지, 교사 측면에서 앞으로 학생에게 무엇을 어떻게 가르쳐야 하는지 등에 대한 깨달음을 얻게 되었다. 둘째, 체육교과의 명확한 의미와 가치가 어떠해야 하는지를 생각할 수 있었다. 셋째, 체육수업에서 멋진 교사로 거듭날 수 있다는 생각을 하면서 자신감을 형성하였다. 넷째, 교수 방법에 대한 이해의 확산을 가져왔다. 수업이 기능적 측면만이 아니라 통합적 목표 구현을 위한 노력이 필요함을 인식하였다. 다섯째, 신체활동을 통해 학생이 교육적 의미와 즐거움을 경험할 수 있도록 체계적인 수업 계획과 설계

32) 고문수·엄혁주(2015). 체육수업 반성일로 들여다 본 교육대학 예비교사의 성찰 이야기. 한국초등체육학회지, 20(4), 211-221

가 필요함을 인식하였다. 여섯째, 반성적 체육수업 성찰은 학생의 수업에 관한 인식과 사고를 전환하도록 하였다. 운동장 사용과 수업 대형의 변화 그리고 준비운동의 내용과 시점에 대한 이해를 확장할 수 있었다. 일곱째, 체육교육 목표는 소수가 아니라 모두가 성취감을 느껴야 한다는 인식을 갖도록 하였다. 여덟째, 교사로서의 정체성과 철학을 확립하도록 하였다.

다. '아비투스와 내적 힘' 셋: 연구하는 삶을 말하다

'나'는 글쓰기가 단순한 이야기기로만 구성되는 것이 아니라, 다양한 주제 중심의 글로 제시하는 것이 가치 있다는 것을 알게 되었다. 그러한 생각으로 시작된 것이 연구하는 삶으로 전이된 글쓰기이다. '나'는 한 개인의 내면적인 삶 속에 드러난 속 깊은 심리와 사고를 알아가는 데 흥미를 갖고 있다. 여러 사람들과 소통(인터뷰)하는 것을 좋아한다. 그래서 타인과 소통한 내용을 연구의 성과로 일반화하였다. 글이 넘쳐나는 시대에 한 개인의 글쓰기 내용이 읽혀지는 것은 쉽지 않다. '나'는 일련의 체계적인 구조와 틀로 구성된 글쓰기의 성과를 도서로 집필[33)]하여 공유하였다. 많은 사람들이 글을 읽어주었다. 긍정적 피드백도 주었다. '나'는 지금도 체육교육의 모습을 일반화하기 위해 연구 작업을 수행하고 있다. 연구하는 글쓰기는 사고의 폭을 확장하고, 글쓰기에서 문맥 간의 구성 관계를 잘 연결시켜주었다. 단순한 글쓰기가 아니라, 고민과 사고의 폭을 담아내는 확장적 글쓰기를 유도하였다.

1) 연구적 관점에서 수업을 들여다보기

'나'는 대학에서 연구적 관점에서 수업을 들여다보면서 '경험의 관계 맺기'가 중요하다는 것을 알고 있다. 경험은 자신이 실제로 해 보거나 겪어 본 것이다. 또는 거기서 얻은 지식이나 기능을 말한다. 가르치는 사람은 학생이 실천의 과정을 통해 성장하고 변화하는 것을 지향한다. 단순히 경험하는 것만이 아니라, 경험을 통해 사회의 구성원으로서 올바른 임무를 수행하도록 도움을 준다. 중요한 것은 교수자와 학습자들이 공통된 의도가 있을 때 경험을 구체화한다는 것이다.

---

33) 2019년에 '대학교수의 체육 이야기'를 집필하였고, 2021년에는 '대학교수의 스포츠 교육 이야기'를 집필하여 일반화하였다.

'나'는 교수자 측면에서 학생이 바르게 성장하도록 안내한다. 주어진 교과 내용의 이해를 높이도록 다양한 교수전략과 수업 방법을 활용한다. '나'는 학생의 건강과 체력 증진 그리고 사회성을 함양할 수 있다는 확신을 갖고 수업을 한다. 초등 예비교사교육자가 관심을 기울여야 할 부분은 많다. 그중 학습자의 성장을 지원하기 위해 수업을 설계하고 운영하는 것은 의미 있는 일이다. 하지만 그동안의 체육수업을 보면 교수자는 내용을 가르치고 학습자는 내용을 배우는 형태로 운영되었다. 교수자는 자신이 이미 알고 있는 내용을 잘 모르는 학생에게 기능적인 측면에서 피드백을 제공하면서 가르치려고 노력한다. 하지만 신체활동은 짧은 시간에 숙달되기 힘들다. 그래서 경험의 내용을 갖고 앞으로 신체활동에 적극적으로 참여할 수 있는 자극내지는 동기를 부여하는 취지에서 운영하면 좋을 것이다.

학습자는 자신에게 주어진 교육활동에서 적극성보다는 소극적인 태도를 보이는 경향이 있다. 이는 교육의 수혜자이기 때문에 그렇다. 학습자들은 교수자들과 관계 맺기를 부담스러워한다. 따라서 교수자는 학습자들의 특성을 고려하여 수업을 진행해야 한다. 교수자가 알고 있는 것을 학습자에게 채워주려고 하면 할수록 학습자는 거부감을 느낄 수 있다. 학습자가 부담을 느끼지 않고 체육수업에 참여할 수 있도록 적절한 관계 맺기를 해야 한다. 교수자는 줄탁동시(啐啄同時)의 관점에서 학습자를 만나야 한다. 학습자가 원할 때, 교수자는 그 부분에 적절히 반응해야 한다. 교수자가 강요하기보다는 학습자가 요구할 수 있는 환경을 조성하고, 그러한 상황 속에서 학습자의 부름을 받고 지원해야 한다. 학습자와 교수자가 공통된 경험의 이야기를 공유한다면 학습자는 교수자와의 '경험의 관계 맺기'에 적극성을 보일 것이다. 수업은 일방향이 아니라 양방향이다.

2) 체육교육 하는 삶과 연구하는 삶을 통합하기

나에게 교육하는 삶은 연구하는 삶으로 연결되었다. '나'는 그동안 강좌를 운영한 모든 내용을 연구의 성과로 일반화하였다. '나' 자신의 교육이 일회성으로 그치는 것이 아니라 교육에 대한 피드백과 과거의 교육 모습과 현재의 교육 모습을 비교·분석하여 수업을 반성적으로 성찰하였다. '나'는 글쓰기를 통해 발자취를 남김으로써 과거를 기반으로 현재의 수업을 운영하고, 미래의 수업을 새롭게 설계하는 기저로 삼았다. '나'는 교육하는 내용을 연구의 내용으로 산출하기 위해 교육하는 삶 속에서 드러난 '소극적 참여자 배려하기(고문수, 2021a)', '뉴스포츠에 관심 기울이기(고문수, 2016a, 2011, 2012, 2021c; 고문수·이양구, 2011)', '체육과 수업 전개구조의 활용(고문수, 2016b, 2016c, 2017a; 고문수 외 2인, 2021)', '수업 주목하기(고문수, 2017c, 2018a, 2020b, 2021b; 고문수·이대형, 2017)', '체육 수업일지 쓰기(고문수·엄혁주, 2015)'의 내용을 연구 성과로 도출하여 교육운영에 반영하였다.

대부분 체육수업과 수업의 결과적인 측면이 어떻게 구성되는지를 확인한다는 것은 많은 시간과 고민이 따른다. 그렇기 때문에 수업과 연구를 동일한 선상에 놓기보다는 수업은 수업대로, 연구는 연구대로 진행하게 된다. 연구자들은 수업내용을 연구의 결과로 도출한다기보다는 수업내용과 별개로 자신이 아닌 타인의 수업내용 또는 새로운 계획을 설계하여 연구하고, 그 결과를 도출하게 된다. 그렇다고 하여 그 부분이 잘못되었다는 것을 의미하는 것은 아니다. 다만, 자신의 수업내용이 수업으로 끝나는 것이 아니라, 수업 성과를 도출하여 일반화하고, 타인으로부터 피드백을 받아서 교육에 활용하기를 바랄뿐이다. 교육 연구자들은 자신의 수업내용을 반드시 연구하여 어떠한 성과가 나타났는지, 그 속에서 드러난 갈등은 무엇이고, 갈등이 어떻게 해결되었는지 그리고 교수자의 수업의도와 학습자의 수업에 대한 반응이 어떠한지를 탐색하여 좋은 수업을 만들어나가야 한다. 교육하는 삶은 연구하는 삶의 기반이 되고, 연구하는 삶은 교육하는 삶을 반성하고 확장하도록 한다.

'나'는 오랜 기간 동안 체육교육을 강의하였다. 초등 현장에서도 그랬고, 대학에서도 체육수업을 어떻게 가르칠 것인가? 또 다른 방법은 없을까? 등을 고민한다. 하지만 명확하게 해답을 찾지 못했다. 다만, 체육 관련 글을 쓰고 연구하면서 초등 예비교사교육자가 어떠한 고민과 노력의 흔적이 있어야 하는가에 대해서는 답을 찾았다. 그것은 "체육수업에 대해 끊임없이 고민하고, 체육수업 개선을 위해 노력하는 교수자가 되어야 한다."는 것이다. 교육은 혼자서만 수행할 수 없다. 여러 명의 교수자가 공통된 생각을 갖고, 창의적인 아이디어를 적용해 나가는 공통된 패러다임을 구축할 때, 교육환경이 개선된다. 이를 위해서는 교수자 개인의 노력만으로는 한계점이 있다. 교수자들의 학습공동체가 필요하고, 체육을 바라보는 사회적 시각의 개선도 요구된다. 교수자의 노력 못지않게, 교육의 수혜자인 학생이 신체활동의 가치를 알고, 즐겨 참여할 수 있는 신체문화를 조성해야 한다. 체육은 건강과 체력을 향상하고, 부정적 정서를 긍정적 정서로 바꾸어주며, 상황 판단능력과 전략을 형성하는 데 도움이 되는 긍정적 가치가 있다는 점을 기억해야 한다.

Q&A 묻고 답하기

초등체육에서 교수자의 역할

1. 교육과 교육적 경험을 말하다.

   1) 교육의 개념은 무엇인가?

   2) 교육과 교육적 경험의 공통점과 차이점은 무엇인가?

2. '아비투스'의 개념과 자본의 요소를 설명하시오.

3. 운동하는 삶과 관련하여 신체활동 가이드라인을 설명하시오.

4. 교육하는 삶과 관련하여 나만의 '아비투스'와 '내적 힘'은 무엇인가?

5. 연구적 관점에서 자신의 수업 경험을 설명하시오.

참고문헌

고문수(2011). 봄, 여름, 가늘, 겨울이의 뉴스포츠 경험의 의미와 교육적 가치. **이화여자대학교 교과교육연구소, 15**(3), 689-710.

고문수(2012). 초등교사의 눈으로 바라본 뉴스포츠 수업의 교육적 가능성과 한계. **이화여자대학교 교과교육연구소, 16**(4), 1123-1141.

고문수(2013). 한 초등교사의 체육수업에 대한 반성과 신념의 형성. **한국스포츠교육학회지, 20**(3), 53-74.

고문수(2016a). 긍정심리학 관점으로 바라본 뉴스포츠 수업의 경험과 문화적 의미. **학습자중심교과교육연구, 16**(10), 451-471.

고문수(2016b). 긍정심리학 관점으로 바라본 인성중심 수업 강화를 위한 체육과 수업전개 구조. **교육논총, 36**(3), 77-93.

고문수(2016c). 셀프스터디를 통한 테니스 동호인의 여가활동에 관한 경험과 의미. **여가학연구, 14**(4), 23-44.

고문수(2017a). 인성교육을 위한 태권도 수련 전개구조의 방향. **교육논총, 37**(1), 45-62.

고문수(2017b). 골프 동호인의 여가활동 참여에 관한 자문화기술지. **여가학연구, 15**(3), 21-42.

고문수(2017c). 초등 예비교사교육자가 '체육실기' 수업을 하는 과정에서 주목하는 수업측면. **한국초등체육학회지, 23**(2), 145-161.

고문수(2018a). 초등 예비교사교육자가 '뉴스포츠 수업'에서 주목하는 내용과 의미에 관한 셀프연구. **학습자중심교과교육연구, 18**(23), 133-155.

고문수(2018b). **뉴스포츠를 활용한 체육수업**. 파주: 한국학술정보.

고문수(2020a). 미래 교육환경 변화에 대비한 스포츠교육 연구와 실천. **한국스포츠교육학회지, 27**(4), 1-18.

고문수(2020b). 초등 예비교사교육자가 골프수업을 하는 과정에서 주목하는 교수 측면. **학습자중심교과교육연구, 20**(2), 661-685.

고문수(2021a). **대학교수의 스포츠교육 이야기**. 파주: 한국학술정보.

고문수(2021b). 뉴스포츠를 활용한 체육수업에서 수업일지의 활용 경험과 의미. **교육문화연구, 27**(6), 543-563.

고문수(2023). 초등체육에서 교육적 경험을 지원하는 교수자의 역할. **교육논총, 42**(3), 1-13.

고문수·강요한·김영근·박창건·조기희·조성익(2010). **플라잉디스크를 활용한 체육수업**. 파주: 이담북스.

고문수·송지환·백준형(2021). **초등체육교수학습론**. 파주: 교육과학사.

고문수·엄혁주(2015). 체육수업 반성일지로 들여다 본 교육대학 예비교사의 성찰 이야기. **한국초등체육학회지, 20**(4), 211-221.

고문수·이대형(2017). 초등 예비교사교육자가 '체육과교육론' 수업에서 주목하는 수업측면에 관한 셀프연구. **한국초등체육학회지, 23**(3), 51-67.

고문수·이양구(2011). 초등 예비교사의 뉴스포츠 체험에 대한 경험과 인식. **한국체육교육학회지, 16**(3), 11-25.

김주환(2019). **회복탄력성(15만부 기념 리커버)**. 서울: 위즈덤하우스.

Hargreaves, A & Fullan, M. (2012). *Professional Capital-Transforming Teaching in Every School.* Routledge.

18

체육교육과정에서 주목한 평가 내용[34)]

- 평가를 계획하거나 수행한 경험을 설명하시오.
- 평가에서 가장 주안점을 두는 부분은 무엇인가?
- 평가의 구성요소를 한 가지 제시하고 설명하시오.

'나'는 체육교육에서 가르치는 교수자의 역할이 중요하다고 생각한다. 교수자가 관심을 기울이는 부분은 무엇이고, 학습내용을 어떻게 구성하여 학습자들과 소통하느냐에 따라서 학습의 결과가 달라질 수 있다. 수업에서 교수자의 역할은 수업환경을 조성하는 수업 운영 측면과 학습자의 운동 수행 능력을 발달시키는 학습내용 발달 측면으로 구분된다. 교수자는 효율적인 교수·학습 환경을 조성하기 위해 다양한 방안을 강구해야 한다. 창의적인 학습 환경 조성, 학습자의 참여를 조장하기 위한 공간의 확보, 다양한 교구와 시설의 사용 등이 필요하다. 그리고 학습자의 학습내용 발달은 학생에게 주어진 과제를 잘 수행할 수 있도록 쉬운 기능에서 어려운 기능으로, 간단한 내용에서 복잡한 내용으로 발달시켜나가야 한다(손천택, 2015). 체육수업은 학생이 수업에 참여할 수 있는 수업환경 조성과 참여의 과정에서 운동 기능을 발달시킬 수 있는 측면에 관심을 집중해야 한다. 이때, 교수자는 자신의 역할을 충실히 수행하기 위해 해당 교과의 '교육과정'에 관심을 기울여야 한다.

34) 고문수(2022)가 '초등 교사교육자가 주목한 체육교육과정 강좌 평가 내용에 관한 셀프연구'로 한국초등체육학회지에 게재한 글을 수정·보완하였다.

대학에서 체육교육과정을 강의하는 경우라면 초등 예비교사가 체육교육과정과 해당 내용을 잘 이해할 수 있도록 해야 한다. '나'는 초등 예비교사들이 체육교육과정 강좌의 내용을 오랫동안 기억하고, 향후 초등교사가 되었을 때, 체육수업을 잘 운영할 수 있도록 체육교육과정 강좌의 중요 내용을 기말평가 문항으로 구성하였다. 특히, 초등 예비교사의 인상이나 기억에 남을 만한 상황이 되었을 때는 강좌 내용의 중요성을 오랜 시간 동안 간직하거나 기억한다는 측면을 고려하여 교수·학습에서 배운 내용을 평가와 연계하였다. 이때, 초등 예비교사가 기말고사 문항이 어떤 의도를 갖고 기획되었는지, 어떤 의미가 있는지를 명확히 이해하게 된다면 해당 내용의 의미와 가치를 잘 이해할 것이다.

이 장은 수도권 소재의 교육대학 체육교육과 4학년 학생의 전공과목인 체육교육과정 강좌의 기말평가 문항에 대해 초등 교사교육자가가 주목한 내용이 무엇인지, 주목한 내용을 통해 무엇을 전달하려고 하는지를 탐색한 내용이다. '나'는 체육교육과정이 학교 현장에서 매우 중요함을 인지하고 있다. '나'는 초등학생이 의미 있는 내용을 학습할 수 있도록 체육교육과정을 가르치게 될 초등 예비교사들의 교수·학습 내용의 실천에 집중하였다. '나'는 초등 예비교사들에게 체육교육과정 강좌와 관련하여 어떤 내용들이 중요하니 이 부분을 잘 이해해야 한다고 말하는 것에서 그치지 않고, 그 부분의 내용을 기말평가 문항으로 출제하였고, 그 문항이 갖는 의미를 주목하기 측면에서 살펴보았다.

1. 평가 계획과 실천

'나'는 체육교육과정 강좌를 초등 예비교사가 초등체육수업의 이해와 체육과 교육과정 및 수업 모형 그리고 수업평가를 종합적으로 탐색하고, 이를 활용하여 학교 현장의 체육수업을 바르게 운영할 수 있는 교수 능력을 함양하는 데 목표를 두었다. 그리고 그 부분의 학습 내용을 기말 평가 문항으로 구성하였다. '나'는 기말평가를 학생이 배운 내용을 어느 정도 이해하였는지의 여부를 확인하는 차원 그 이상이라고 생각한다. 수업은 평가이고, 평가는 곧 수업이라는 생각을 갖고 있다. 그렇기 때문에 강좌가 끝나면 늘 그래왔듯이 평가를 하는 것이 아니라 수업의 내용이 학습자들에게 어느 정도 스며들었는지, 어떤 부분을 잘 알고 있으며, 어떤 부분을 잘 이해하지 못했는지의 여부를 확인한 후 학습자에게 적절한 피드백을 제공하는 용도로 활용하였다.

'나'는 수업은 곧 평가라는 측면에서 기말고사 문항을 출제하였다. 체육교육과정 강좌 내용에서 초등 예비교사들이 초등체육수업을 운영하는 데 필요한 이론적 지식인 동시에 실천적 지식의 기초라고 판단된 체육과 교수·학습의 방향, 수업 환경 조성, 수업 전개구조, 다양한 수업모형, 학습 동기유발, 설명하기, 교수·학습 활동 계획, 체육과 평가의 목적, 체육과 평가의 방향, 학습자의 내용발달, 체력의 개념과 구성 요소 등에 관심을 기울였다.

'나'는 초등 예비교사가 학습한 내용 중 향후 초등 현장에서 꼭 실천되었으면 하는 내용으로 1시간 안에 풀 수 있는 문항을 구성하였다. 평가내용과 시간의 적절성을 고려하여 15문항으로 작성하였다. 단답형과 서술형은 12문항이고, 객관식 형태는 3문항이다. 1주부터 9주까지 각각 3시간씩 진행된 체육교육과정 강좌에서 중요도 높은 15문항을 선정하였다. 그리고 다섯 차례의 수정·보완의 과정을 통해 최종 문항을 확정하였다.

'나'는 오전 9시, 체육교육과정의 전반적인 내용과 평가를 통해 학생에게 어떤 측면을 제공할 수 있는지를 머릿속으로 생각하면서 체육관에 위치한 202호 강의실로 발걸음을 옮겼다. 1시간이 지난 10시에 기말평가가 끝났고, 이후 해당 자료를 묶어서 채점하였고, 그 결과의 내용을 주목하는 측면으로 분석하였다.

2. 체육교육과정에서 주목하기

평가는 학습자 측면에서 교수·학습에 관한 진보의 정도를 확인하는 동시에 학습 동기를 유발하는 교육적 효과가 있다. 교수자 측면에서는 가르침을 제공하는 교수자의 교수·학습을 개선하고, 향후 수업을 계획하는 데 도움이 된다. 초등 예비교사들이 '체육교육과정' 강좌를 마치고 나서 알아야할 내용과 향후 초등교사가 되었을 때, 체육수업을 효율적으로 운영할 수 있는 방안의 문항을 범주화하여 주목한 측면을 기술하였다.

〈표 18-1〉 '체육교육과정' 기말고사 문항의 범주 구성

문항 번호	평가 내용	문항별 평가 범주	평가 문항 범주 기호	평가 대범주 구성
1	학습자의 특성을 고려한 수업	1. 체육과 교수·학습의 방향 가. 학습자의 특성을 고려한 수준별 수업(1번, 13번) 나. 전인적 발달을 위한 통합적 교수·학습(6번)	1-가	1. 체육과 교수·학습의 방향을 평가하다
2	수업 환경의 조성	2. 수업 환경을 조성하는 운영 측면 가. 과제제시(2번) 나. 수업 전개구조(3번) 다. 교수적 언어 단서 제공(14번 문항)	2-가	2. 수업환경을 조성하는 운영 측면을 평가하다
3	수업 전개구조		2-나	
4	이해중심 게임수업 모형		3-가	
5	학습자의 동기유발 전략	3. 수업모형과 교수·학습 전략 및 지도법 가. 체육과 수업모형(4번, 7번) 나. 교수전략과 효율적인 수업운영(5번, 8번, 11번, 15번)	3-나	3. 수업모형과 교수·학습 전략을 평가하다
6	전인적 발달을 위한 통합적 교수·학습		1-나	
7	협동학습의 구조		3-가	
8	설명하기와 교수·학습 활동 계획		3-나	
9	교육과정 사조와 모형	4. 체육과 교육과정의 개발 근거(9번 문항)		4. 체육과 교육과정의 개발 근거를 평가하다
10	체육 평가의 목적과 평가의 방향	5. 체육평가의 목적과 평가 방향(10번)		5. 체육 평가의 목적과 평가 방향을 평가하다
11	학습자의 내용 발달		3-나	
12	운동체력의 개념과 구성 요소	6. 체력의 개념(12번 문항)		6. 체력의 개념을 평가하다
13	체육과 교수·학습의 방향		1-나	
14	교수적 언어 단서		2-다	
15	교육과정의 영역별 지도방법		3-나	

가. 체육과 교수·학습의 방향을 평가하는 것에 주목하다

1) 학습자의 특성을 고려한 수준별 수업

'나'는 수업에 참여하는 학생이 수업에서 성공을 체험하기를 바란다. 학생이 수업에 참여하면서 성취감을 느끼기 위해서는 참여의 기회가 보장되어야 한다. 수업에 적극적으로 참여하는 학생은 어느 환경에서나 잘 적응한다. 반면, 소극적 참여자들은 학습자의 특성을 고려한 그들만의 학습 환경이 마련될 때, 성공적인 수업의 기회를 갖는 특징이 있다. '나'는 〈문항 1〉에서 초등 예비교사가 체육과 교수·학습 방향 중 신체적·인지적 발달과 관련하여 소극적 참여자를 지원하는 방안을 찾는 부분에 주목하였다.

〈문항 1〉

초등학생의 발달은 신체적 측면, 인지적 측면, 정서·사회적 측면의 발달로 구분된다. 이 중 신체적·인지적 발달과 관련하여 체육수업에 소극적으로 참여하는 학생들을 수업에서 적극적인 참여자로 이끌 수 있는 교수·학습 방법을 움직임의 공간적 측면과 관련하여 쓰시오. (2점)

〈문항 13〉

체육과 교수·학습은 교사중심의 일 방향적 교육 내용 전달을 지양하고, 학습자와의 적극적인 상호 작용을 통한 학습 내용의 탐색과 적용을 지향한다. 이를 위해 학습자의 흥미, 운동기능, 체력, 성차 등을 고려하여 교수·학습 방법을 운영해야 한다. 위에서 제시한 체육과 교수·학습의 방향에 대한 설명으로 옳은 것은?…………………(③)

① 통합적인 교수·학습 활동을 운영한다.
② 자기 주도적 교수·학습 환경 조성한다.
③ 개인차를 고려하는 수준별 수업을 운영한다.
④ 효율적인 교수·학습 방법을 선정하여 활용한다.
⑤ 정과 외 체육활동과 연계한 교수·학습을 운영한다.

체육수업에서 소극적 참여자가 수업에 적극적으로 참여할 수 있는 방안 중 하나는 좁은 활동 공간에서 움직임을 수행하는 일이다. 넓은 공간은 학생이 어떻게 움직여야 하는지에 대해 이해를 낮게 하는 반면, 좁은 공간에서의 활동은 자신의 맡은 역할을 수행하는 데 큰 어려움 없이 움직임의 공간적 측면에서 움직임을 활발히 할 수 있다. 좁은 공간은 넓은 공간과 달리 조금만 움직여도 공을 빼앗거나 공을 받을 수 있는 다양한 기회를 얻을 수 있다.

〈문항 1〉의 정답은 축소형 신체활동이다. 또는 공간의 크기를 작거나 좁게 만들기 등의 내용이면 정답으로 인정된다. 물론 소극적 참여자들이 수업에서 적극성을 보일 수 있는 방안은 다양하다. 과제 구조의 다양성이 있다. 여기서 과제 구조는 연습조직 방법을 의미한다. 개인활동, 짝 활동, 소집단, 대집단 활동 등으로 확장하면서 경험의 기회를 제공하여 움직임을 활발히 하도록 한다. 하지만 〈문항 1〉은 소극적인 학생이 움직임의 공간적 측면에서 신체적 발달과 인지적 발달을 가져오기 위한 방향이기 때문에 공간의 크기를 작게 하면 적극적인 참여를 가져올 수 있다는 부분에 주목한 문항이다.

〈문항 13〉은 〈문항 1〉과 달리 소극적 참여자들이 적극성을 보일 수 있는 방안으로부터 확장하여 초등 예비교사가 체육과 교수·학습의 방향 중 학습자의 특성을 고려한 수준별 수업에서 학습자의 특성에는 어떤 것들이 있는지를 이해하고, 학습자의 다양한 특성을 반영하여 체육수업을 운영하는 부분을 이해시키기 위해 주목한 문항이다.

2) 전인적 발달을 위한 통합적 교수·학습

체육교육의 목표는 학습자의 전인적 발달을 가져오는 데 있다. 학생은 신체활동에 참여하여 심동적·인지적·정의적 측면의 통합을 이루어질 때, 전인이 될 수 있다. '나'는 초등 예비교사들이 체육이 추구하는 목표인 전인적 발달을 강화할 수 있는 체육과 교수·학습의 방향으로 전인적 발달을 위한 통합적 교수·학습의 중요성을 명확히 이해시키고자 다음의 문항에 주목하였다.

〈문항 6〉

A교사는 "매트 운동의 내용 중 운동 기능 중심의 체육수업에 소극적으로 참여하는 학생이 체육수업에 흥미를 느낄 수 있도록 직접 체험 활동 이외에도 학생의 수업참여를 유도하기 위해 간접 체험 활동으로 읽기, 보기, 쓰기, 감상하기 등을 활용하여 체육수업에 흥미를 제공할 필요가 있다는 생각을 하였다."와 관련된 2015 개정 체육과 교육과정의 교수·학습의 방향을 쓰시오. (2점)

체육수업에서 학생의 신체활동은 직접적인 체험활동과 간접적인 체험활동으로 구성된다. 어떤 학생은 직접적인 신체활동을 좋아하고, 또 어떤 학생은 간접적인 신체활동을 좋아한다. 이중 운동기능이 좋거나 신체활동에 적극적 학생은 어떤 활동에 참여하든지 간에 수업에 흥미를 갖는 특성이 있다. 반면, 소극적인 학생은 적극적인 학생과 상이한 반응을 보인다. 자신에게 흥미 있는 활동이 제공되는 경우에만 참여하는 특징이 있다. 예컨대, 체육수업에서 직접적인 신체활동에는 흥미가 없지만 글을 쓰거나 감상하는 간접적인 활동에는 흥미를 보일 수 있다. 물론 체육의 본질이 신체활동을 하는 것이지만 간접적인 체험활동 또한, 직접적인 체험활동 못지않게 신체활동에 관심을 기울일 수 있는 방안이기 때문에 적절히 활용할 필요가 있다.

〈문항 6〉은 소극적인 학생이 체육수업에 흥미를 갖고, 수업의 주인공이 될 수 있어야 한다는 취지의 문항으로 초등 예비교사가 체육수업을 운영할 때, 소극적인 학생이 수업에서 소외되지 않도록 하기 위해 주목한 문항이다. 체육수업은 학생에게 통합적인 안목과 전인의 발달을 꾀하기 때문에 심동적·인지적·정의적 측면의 안목을 높일 수 있는 교수·학습의 방향이 요구된다. 초등 예비교사가 체육수업에서 학생이 전인적 발달을 꾀할 수 있는 방안을 이해한다면 좋을 수업을 계획해 나갈 수 있을 것이다. 〈문항 6〉은 소극적 참여자를 지원하는 동시에 체육교육이 추구하는 목표를 도달하는 데 도움이 되는 교수·학습의 방향이다.

나. 수업 환경을 조성하는 운영 측면을 평가하는 것에 주목하다

1) 과제제시

과제제시는 학생에게 학습활동을 안내하는 것이다. 학생에게 과제를 안내할 때에는 학습자의 특성과 다양한 활용 방안을 강구해야 한다. 학습자의 수준과 특성에 맞도록 제공된 과제제시는 학습에 흥미를 갖고 수업에 참여하도록 한다. 과제제시가 잘 되면 학생은 수업에 긍정적으로 참여하면서 모둠원과의 상호작용은 물론 교수자와의 상호작용도 적극적일 가능성이 높다. '나'는 〈문항 2〉에서 다음을 주목하였다.

〈문항 2〉

(ⓐ)는 체육수업에서 학생에게 신체활동을 어떻게 하는지를 안내하는 것으로 학습자와 학습 내용의 특성을 고려하여 결정할 때, 학습자들에게 적합한 학습단서의 선택과 조직을 가능하도록 한다. (ⓐ)를 할 때, 활용할 수 있는 구체적인 방법(ⓑ)을 세 가지 쓰시오. (2점)

(1) 과제제시의 개념을 정확히 알고 있는지 확인하기

(2) 학생에게 과제를 제시하는 구체적인 방법을 확인하기 ① 언어로 과제를 제시하기, ② 시범을 통해 과제를 제시하기, ③ 매체를 활용하여 과제를 제시하기

(1)은 교사가 학생에게 해당 차시의 과제를 안내할 때, 학습자는 자신에게 적합한 학습단서를 선택하고 조직하여 해당 활동에 참여하게 된다. 교사가 어떤 방법으로 과제를 제시하느냐에 따라 학생의 관심은 높을 수도 있고 낮을 수도 있다. (1)은 초등 예비교사가 과제제시의 개념을 정확히 알고 있는지의 여부를 확인하기 위해 주목하였다. 대부분 수업을 하다보면 과제제시 없이 교사 중심으로 수업을 진행하는 경우가 있다. 이 과정에서 일부의 교사는 명확히 과제의 특징이나 내용을 밝히지 않고, 교수자의 머릿속에 잠재한 내용을 가르치다보니 학습자가 준비되지 않은 상황에서 활동을 따라 하기 급급하다. 학습자가 무엇을 할지를 알고, 교수자와 상호작용을 한다면 수업의 내용을 정확히 이해하고 참여를 지속할 수 있을 것이다.

(2)는 학습자의 특성에 따라 다양하게 제시할 수 있는 과제제시 방법에 주목한 문항이다. 초등 예비교사가 체육수업에서 학생에게 과제를 제시할 때, 활용할 수 있는 방안으로 어떤 것들이 있는지를 정확히 파악하는 데 주목하였다. (1)의 ①은 교사들이 과제를 제시할 때 가장 많이 활용하는 방안이다. “오늘 공주고 받기를 할 것이다.”, “티니클링을 할 것이다.”, “건강 달리기를 할 것이다.” 등 학생에게 학습할 내용을 언어로 설명하는 것이 이에 해당한다. (1)의 ②는 체육수업에서 공부할 내용을 동작 시범을 통해 안내하는 것이다. 이는 학생이 시각을 사용하기 때문에 무엇을 어떻게 하는지를 분명하게 전달할 수 있는 좋은 방법이다. (1)의 ③은 언어로 설명하는 데 어려움이 있거나 동작 시범을 잘 보여줄 수 없을 때, 활용할 수 있는 방법으로 교과서 삽화나 사진 및 영상 자료를 통해 과제를 제공하는 것이다. 과제를 제시하는 방법에는 여러 종류가 있다. 다만, 학

생이 보다 잘 이해할 수 있는 과제제시 방법을 활용하면 된다. 동작의 수행에 있어서 시각과 청각은 학습자에게 인지 효과를 높이기 때문에 복합적으로 활용할 것을 제안한다.

2) 수업 전개구조

학교 현장에서 체육수업 전개구조는 도입, 전개, 정리의 단계를 거친다. 하지만 대부분의 교사가 신체활동과 관련된 수업에서는 일련의 절차를 따르기보다는 주어진 신체활동과 관련하여 준비운동, 본 운동, 정리운동의 순으로 진행하고 마무리하는 경우도 있다. 이는 체육과 수업을 이끄는 전체적인 구조와 상이한 특징을 보인다. 〈문항 3〉은 교사가 한 차시의 수업을 전개하기 위해 어떠한 내용을 바르게 알고 실천해야 하는지를 명확하게 안내하기 위해 주목한 문항이다.

〈문항 3〉

다음 내용은 한 차시의 체육수업이 이루어지는 수업 전개구조이다. ⓐ와 ⓑ에 들어갈 적절한 용어를 쓰고, ⓐ와 ⓑ에서 활용할 수 있는 구체적인 사례를 각각 기술하시오. (2점)

디스크골프 설명하기 → ⓐ → 디스크골프 게임하기 → ⓑ → 디스크골프 정리하기

(1) ⓐ, ⓑ에 들어갈 적합한 용어를 알고 있는지 확인하기

(2) ⓐ, ⓑ에 들어갈 용어에 해당하는 구체적인 사례를 제시할 수 있는지의 유무를 확인하기

(1)은 체육과 수업 전개구조가 학습활동 안내, 준비운동, 본 운동, 정리운동 그리고 학습활동 정리 등의 순서로 진행됨을 정확히 알고 있는지의 여부를 평가하는 데 주목하였다. (1)의 ⓐ에 해당하는 내용은 준비운동이고, ⓑ에 들어갈 내용은 정리운동이다. 일부의 교사는 신체활동을 매개로 하는 체육수업에서 학습활동 안내(디스크골프 설명하기)와 학습활동 정리(디스크골프 정리하기)의 내용을 생략하는 경향이 있다. 하지만 학습활동 안내에서는 해당 차시에서 공부할 내용은 무엇인지, 어떠한 목표가 설정되었는지 그리고 교수자의 의도를 포함해야 한다. 이는 한 차시의 수업에 대한 방향이 될 수 있다. 이와 마찬가지로 학습활동 정리는 학습활동 안내에서 제공된 내용이 준비운동,

본 운동, 정리운동에서 어떠한 움직임으로 구현되었는지를 탐색하여 진행된 수업내용을 정리하는 과정이다. 따라서 학습활동 안내와 학습활동 정리는 준비운동, 본 운동, 정리운동 못지않게 중요한 절차적 특징이 있다. 초등 예비교사는 수업 전개구조가 한 차시의 수업을 어떻게 이끌어가야 하는가와 관련되어 있기 때문에 반드시 고려해야 한다.

(1)의 ⓐ, ⓑ의 용어 못지않게 각각(ⓐ, ⓑ)의 구체적 사례가 무엇인지를 정확히 알고 실천하는 것은 수업 전개구조의 틀을 이해하고 실천력으로 강화할 수 있는 중요한 지점이다. (1)의 ⓐ, ⓑ의 구체적인 사례 제시는 각각에 대한 개념을 정확히 알고 있으면 쉬워질 수 있다. (1)의 ⓐ인 준비운동의 개념은 본 활동을 원활하게 수행하기 위한 사전운동의 의미와 신체 상해를 예방하는 것을 의미한다. (1)의 ⓑ에 해당하는 정리운동의 개념은 수업에서 주로 사용한 근육을 이완하여 몸의 피로를 회복하는 것이다. 따라서 준비운동과 정리운동의 개념을 포괄할 수 있는 활동이면 구체적인 사례로 적합하다. 준비운동에서는 본 활동을 원활하게 수행하기 위해 디스크 주고받기 또는 디스크를 사용하는 신체 부위에 관한 준비운동이면 적절하다. 정리운동에서는 디스크를 사용한 부위에 관한 스트레칭 관련 내용이면 답이 될 수 있다. 〈문항 3〉은 준비운동과 정리운동의 시점은 어디인지, 각각(ⓐ, ⓑ)의 의미가 적절하게 적용된 구체적인 사례가 중요함을 확인하는 데 주목하였다.

3) 교수적 언어 단서 제공

교수적 언어 단서는 과제제시 후 학생이 신체활동 과정에서 운동기능이나 과제의 중요한 특징을 언어나 구로 표현하는 것을 말한다. 이를 활용하면 교사는 학생에게 길게 설명하지 않고도 해당 동작의 핵심 기능과 전략 및 전술을 습득하는 데 도움이 된다. 초등 예비교사는 학생의 동작을 수정하거나 지속하도록 할 때, 길게 설명하는 특징이 있는데, 교수적 언어 단서를 사용하면 간단하게 설명하고, 학생의 동작에서 수월성을 높이는 데 도움을 줄 수 있다. '나'는 운동기능과 관련하여 학생의 동작 수행을 원활하게 지원하기 위해 교수적 언어 단서 제공의 중요성을 알고 있다.

〈문항 14〉

교사가 운동 기능이나 과제의 중요한 특징을 단어나 구로 간략하게 전달하는 것을 교수적 언어 단서라고 한다. 교수적 언어 단서의 특징과 내용으로 적합하지 않은 것은?··················( )

① 학생이 기본 운동기능을 빠르게 배우도록 한다.
② 학생이 기본 운동기능을 정확히 익히도록 한다.
③ 학생이 그릇된 습관의 형성을 막을 수 있도록 한다.
④ 학생이 연습하는 동안 기능이나 전술의 핵심 요소를 습득할 수 있다.
⑤ 교수적 언어 단서는 한 번에 여러 개의 단서를 주는 것이 이해에 도움이 된다.

〈문항 14〉는 초등 예비교사들이 교수적 언어단서의 의미와 특징을 이해한다면 수업을 효과적으로 운영할 수 있는 교수기술을 갖는다는 점에 주목하였다. 이는 교사가 수업에서 간단하게 언급해야 할 부분도 길게 설명하여 학생의 수업 흐름을 깨뜨리거나 동작 수행을 방해하지 않도록 하기 위한 방안이다. 〈문항 14〉에서 확인할 수 있듯이 교수적 언어 단서를 적절히 활용하면 학생에게 운동기능을 빠르게 배워서 익히도록 하고, 그릇된 습관을 줄여주며, 연습하는 동안 전술의 핵심 요소들도 습득하도록 한다. 다만, 여기서 고려해야할 부분은 교수적 언어 단서의 수는 한 번에 한두 가지로 제한해야 한다는 점이다. 여러 가지 단서를 동시에 투입하면 학습자는 혼란을 겪을 수 있다. 학생이 이해할 수 있는 범위 내에서 단서의 수를 최소화하는 것이 좋다. 예를 들어, 앞구르기에서 활용 가능한 교수적 언어 단서로는 머리, 무릎, 허리, 발 등이 있다. 교수적 언어 단서에서 간결한 언어나 구로 이야기를 하면 동작을 수행할 때, 제시된 단서에 집중하기 때문에 운동기능을 향상하는데 도움이 된다. 초등 예비교사가 〈문항 14〉를 바르게 이해한다면 향후 체육수업을 지도하는 과정에서 학생이 기본 운동 기능을 향상하는 데 도움이 될 수 있다. 즉 학생이 기본 운동 기능을 향상하기 위해 수업에 지속적으로 참여하면서 오랜 시간동안 기능 연습을 할 수 있다.

다. 수업 모형과 교수·학습 전략의 평가에 주목하다

1) 체육과 수업모형

교사는 다양한 목적을 갖고 수업을 운영한다. 학습자의 개인차를 고려한 수준별 수업을 고려하기도 하고, 학생에게 게임에 대한 안목과 전략 및 전술을 습득하는 데 관심을 기울이기도 한다. 학생이 책임감을 갖고 수업에 참여하면서 긍정적 상호 의존을 지향하는 수업을 구상하기도 한다. '나'는 체육수업 중 게임수업에서 학생의 특성을 살펴보고, 그들에게 적합한 수업을 만들 수 있는지의 여부를 확인하기 위해 〈문항 4〉에 주목하였다.

〈문항 4〉

다음의 교수-학습 과정안에서 김 교사가 학생에게 게임에 대한 안목을 높이기 위해 적용한 수업 모형(ⓐ)을 쓰고, 교수·학습 활동의 전개 과정을 참고하여 이 모형의 특징(ⓑ)을 세 단계로 구분할 수 있는 가장 적절한 수업의 흐름을 기술하시오. (2점)

영역	축구형 경쟁	
학습 목표	▸ 축구형 게임의 특성을 이해한다. ▸ 패스, 슛, 드리블 등의 기본 기능을 익힌다. ▸ 축구형 게임을 잘 할 수 있는 게임 전략을 습득하여 게임 활동에 창의적으로 적용한다. ▸ 공동의 목표를 성취하는 데 필요한 '협동'의 필요성을 알고, 팀원과 협력하며 게임을 수행한다.	
	교수 • 학습 활동	유의점
전개	활동 1: 안전지대 축구 게임하기 - 축구형 게임의 특성을 이해하도록 한다. - 모둠별로 전략을 수립하게 한다. - 빈 공간 만들기 전략 등을 실천하게 한다. 활동 2: 드리블, 슛, 패스 연습 - 교사의 시범을 보고 반복적으로 연습하여 정확한 동작을 익히도록 한다. 활동 3: 미니 축구 게임하기 - 3명씩 한 모둠을 이루고 전략을 세워 미니 축구 게임을 하게 한다. - 지금까지 익힌 운동 기술과 전략을 사용하여 게임을 하게 한다.	·질의응답을 통해 전술 문제 해결에 대한 단서를 제공한다. ·전술적 지식과 기능 수행을 결합한다.

(1) 교수·학습 과정안의 특징과 흐름을 살펴보고, 학생에게 게임에 대한 이해와 안목을 높이기 위해 적용된 수업모형의 이름이 무엇인지를 찾아보기

(2) 교수·학습 과정안의 전개 과정을 보고 나서, 게임수업을 어떻게 진행하는 것이 좋은지의 여부를 확인하기

(1)은 〈문항 4〉에서 제시한 학습목표와 전개 과정을 보고 가장 적합한 수업 모형이 무엇인지를 주목한 내용이다. 체육수업에서 다양한 수업모형이 활용될 수 있지만 게임 수업에서는 학생의 공간 움직임과 기본 기능을 탐색을 위해 이해중심 게임수업을 활용하는 것이 적절하다고 판단된다. 초등 예비교사가 이 모형의 특징과 의미를 이해한다면 향후 초등 현장에서 〈문항 4〉의 취지를 살린 수업을 운영하게 될 것이다.

(2)는 이해중심 게임수업 모형의 취지를 살린 수업을 어떻게 진행해야 하는지를 생각하도록 이끄는 측면에 주목하였다. 〈문항 4〉의 전개과정을 살펴보면 〈활동 1〉은 변형게임, 〈활동 2〉는 기본 기능 익히기 〈활동 3〉은 원형게임의 특징을 내포한다. 기존의 게임수업이 기능중심의 게임수업으로 기본 기능을 연습하고 나서, 게임을 진행하는 구조를 갖고 있다. 이는 모든 학생이 동일하게 기능 연습을 하고, 게임에 참여하는 구조를 갖고 있다. 여기에서 문제가 되는 것은 학습자의 특성이 각기 다르다는 점을 고려하지 않고, 수업을 획일적으로 진행하게 된다는 점이다.

반면, 이해중심 게임수업은 변형 게임으로 진행하고, 그 과정에서 학생이 어떠한 문제점을 갖고 있는지를 기능과 전략 측면에서 탐색하여 해당 부분(기능, 전략 등)에 대해 학생이 각각 연습하고 나서 원형 게임을 진행하게 된다. 이렇게 진행하면 학습자의 특성을 고려한 수준별 수업으로 게임수업의 획일성을 탈피할 수 있다. (1)과 (2)는 초등 예비교사가 게임수업을 운영할 때, 적절한 수업모형은 무엇이고, 어떻게 진행해야 학습자의 특성을 고려할 수 있는지를 이해시키기 위해 주목한 문항이다.

〈문항 7〉

체육전담교사는 6학년 1반 학생이 개인적이면서 이기적인 행동을 하는 것을 보고, 이들에게 협동을 통해 공동체 의식과 서로를 배려하는 마음을 키우기 위한 수업을 계획하였다. 위의 체육전담교사가 생각하여 취할 수 있는 적합한 수업모형의 구조에는 직소III, (ⓐ), (ⓑ) 등이 있다. (2점)

① ⓐ와 ⓑ에 들어갈 수업구조를 각각 쓰기: (,   )

② 직소 II를 활용하여 배드민턴형 게임을 구안하기

〈문항 7〉은 초등 예비교사들이 향후 초등 현장에서 체육수업을 할 때, 협동학습모형의 취지를 알고, 활용할 것을 제안하기 위해 주목한 문항이다. 협동학습의 구조는 학생

팀성취배분, 팀게임토너먼트 그리고 직소(I·II) 등이 있다. 학생팀성취배분은 팀 점수의 향상도를 목적으로 하기 때문에 모둠원들 간의 협력을 강화할 수 있다. 팀게임토너먼트는 모둠간의 등수끼리의 비교로 진행되기 때문에 낮은 점수를 얻은 학생도 팀 성취에 공헌할 수 있다는 장점이 있다. 직소 또한, 모둠원들이 각기 주어진 역할을 맡아서 책임을 다해야하기 때문에 모둠원들끼리 또는 모둠원들 간의 상호작용을 높이도록 한다. 평가문항으로 이해중심 게임수업 모형과 협동학습 모형의 구조에 주목한 것은 초등 예비교사들이 체육수업에서 수업의 목적[기본 운동 기능, 전략 및 전술, 협동학습 등]에 맞는 적절할 수업 모형의 선정과 활용을 제안하기 위함이다.

2) 교수전략과 효율적인 수업운영

'나'는 체육수업에서 학생이 성공을 경험할 수 있도록 다양한 동기유발 전략을 활용할 것을 제안한다. 동기유발은 신체활동에 참여하는 적극적인 태도가 되기 때문에 의미있는 교수 전략의 확보 방안을 위해 고민해야 한다. '나'는 초등 예비교사들이 다양한 동기유발 전략을 활용할 것을 제안하기 위해 동료교수와 협동학습 교수전략의 평가에 주목하였다.

〈문항 5〉
교사는 학생이 체육수업에서 높은 성공률을 보일 수 있도록 다양한 동기유발 전략을 활용한다. 즉 학생이 그들의 능력에 따라 가장 적합한 과제를 결정하도록 선택권을 주며 가르치기(teaching by invitation), 교사가 학생의 능력과 흥미에 맞추어 과제를 변형하는 과제 내 변형(intratask variation) 그리고 ⓐ와 ⓑ 등의 방법을 활용할 수 있다. 여기서 (ⓐ)은(는) 또래교수와 유사하고, (ⓑ) 방법의 예로는 팀협력보조수업(TAI)이 있다. (2점)

여기서 〈문항 5〉를 평가한 것은 단순히 평가만을 위한 것이라기보다는 초등 예비교사가 체육수업에서 교수전략으로 꼭 활용하였으면 하는 바람을 갖고 있다. 이중 (ⓐ)에 해당하는 동료교수는 학생이 서로 가르치고 배우는 과정으로 흥미와 참여를 높이는데 도움이 된다. (ⓑ)는 협동학습으로 공동의 목표 달성을 위해 학생이 서로 상호 협력할 수 있는 방법을 탐색하기 위해 주목하였다. 동기유발 관련 교수전략 중 동료교수와 협동학습을 활용한다면 체육수업에서 학습자의 참여를 높일 수 있을 것이다.

〈문항 8〉

A교사는 하키형 수업에서 모둠원들에게 학습동기를 유발하여 참여를 지속화하는 방안으로 모둠별로 무엇을, 누구와, 어디에서, 무슨 장비를 갖고 해야 할지를 설명하였다. 위 설명에서는 상대방에게 스틱을 활용하여 공(퍽)을 어떻게 보내거나 빈 공간을 확보하는 방법에 대해서는 언급하지 않는다. 위의 설명에 해당하는 용어(ⓐ)를 쓰고, A교사가 하키형 게임수업의 성취기준에 보다 쉽게 도달할 수 있도록 경기장의 형태와 사용하는 도구, 신체활동에 참여하는 인원수와 조직의 형태 그리고 실행 규칙을 변형하여 수업을 계획하고자 할 때, 적용할 수 있는 교수·학습 활동 계획을 (ⓑ)에 쓰시오. (2점)

〈문항 8〉은 체육수업을 효율적으로 운영하기 위해 필요한 내용으로 조직적 측면의 설명하기(ⓐ)와 학습활동의 재구성(ⓑ)에 주목한 내용이다. 교사는 효율적인 수업을 운영하기 위해 학습활동 안내 후 학생이 과제를 수행하는 과정에서 필요한 정보를 제공해야 한다. 이 때, 활용할 수 있는 방안이 조직적 측면의 설명하기(ⓐ)이다. 조직적 측면의 설명하기가 잘 이루어지면 모둠의 학생은 자신이 위치한 공간에서 다양한 활동을 펼칠 수 있는 기회를 갖게 된다. 특히, 교사는 학생의 참여모습을 관찰하고 나서 기본 운동기능이나 전략 및 수업 태도적인 측면에서 어려움을 보이는 모둠을 확인하고, 해당 모둠에 필요한 정보를 제공하면서 학습 참여를 돕는 정보제공적 측면의 설명하기를 추가하여 학습 참여를 도울 수 있다.

학습활동의 재구성(ⓑ)은 효율적인 체육수업을 진행하기 위한 수업 활동 계획이다. 교사는 신체활동에 참여하는 학생수를 조정할 수 있고, 게임 방법과 규칙을 변형하여 학습자의 참여를 극대화하기 위해 노력해야 한다. 초등 예비교사가 〈문항 8〉에 주목한다면 체육수업에서 학습자의 참여를 강화하는 다양한 방법을 찾을 수 있고, 수업을 효율적으로 운영하는 방안을 설계하여 실천할 것이다.

〈문항 11〉

교사의 교수활동은 수업 환경을 조성하는 운영측면과 학습자의 운동 수행 능력을 발달시키는 내용발달 측면으로 구분된다. 이중 학습자의 운동 수행 능력을 발달시키는 내용발달 측면에서 과제 내 발달과 과제 간 발달을 포함하는 용어를 (ⓐ)에 쓰고, 운동 수행의 질 제고를 위해 활용하는 학습 내용 발달의 용어를 (ⓑ)에 쓰시오. (2점)

〈문항 11〉은 학습자의 운동 수행 능력을 발달시키기 위해 학습자의 학습내용을 발달시키기 위해 주목한 문항이다. 교사는 체육수업에서 학습 내용을 학생의 능력에 적합하도록 재구성해야 한다. 교사는 학생이 수업내용을 잘 받아들이고 이해를 통해 기본 운동기능을 습득할 수 있도록 학습 내용을 발달적으로 적합하게 안내해야 한다. 만약 이것이 이루어진다면 학생은 주어진 신체활동에 흥미를 갖고 참여하게 될 것이다.

반대의 경우에는 신체활동에 흥미는커녕 소극적 참여자가 되든가 아니면 비과제 활동을 하면서 체육수업에서 흥미를 잃게 될 것이다. 교사가 학생에게 쉬운 과제에서 어려운 과제로, 간단한 과제에서 복잡한 과제로 난이도를 조절하는 과제는 학습자의 참여를 활발하게 만들 수 있다. 교사는 학생이 체육수업에서 성공할 수 있도록 연습조건을 제공하는 확대 과제와 움직임의 질을 제공하는 세련 과제를 활용해야 한다. 초등 예비교사가 〈문항 11〉에 주목한다면 학생이 학습과제의 난이도를 조절할 수 있고, 기본 운동 기능에서 운동 수행의 질을 높일 것이다.

〈문항 15〉

체육과 교육과정의 영역별 지도 방법으로 적절하지 못한 것은?……………………(　　)

① 건강 영역: 다양한 홍보 영상물과 실습 활동을 활용하여 지도한다.

② 도전 영역: 학생의 흥미와 발달 단계를 고려하여 놀이 또는 게임 중심으로 기본 움직임 능력을 지도한다.

③ 경쟁 영역: 부분적인 기능습득에 주안점을 두기보다는 다양한 간이 게임을 통해 문제 해결 및 상황 판단 능력을 기를 수 있도록 지도한다.

④ 표현 영역: 생활 주변의 소재나 주제를 탐색할 수 있는 기회를 제공하고, 다양한 표현 방법의 체험보다는 동작 순서를 습득하는 부분에 초점을 두어 지도한다.

⑤ 안전 영역: 안전사고의 사례로 지나친 공포를 불러일으킬 수 있거나 선정적인 내용들을 제시하지 않도록 주의하여 지도한다.

〈문항 15〉는 초등 예비교사가 체육과 교육과정의 영역별 지도 방법을 바르게 이해하고 있는지의 여부를 확인하기 위해 주목하였다. 건강부터 안전 영역에 이르기까지 영역별 지도방법을 바르게 이해하고, 수업에서 어떤 측면에 주의하면서 운영할 것인지를 탐색할 수 있도록 한다. 이중 표현 영역의 내용(④)이 잘못된 답변인데, 생활 주변의 소재나 주제를 탐색할 수 있도록 기회를 제공한다는 것은 옳은 이야기이지만, 다양한 표현 방법의 체험보다 동작의 순서를 습득하는 부분에 초점을 두어 지도한다는 부분이 잘못된 표현이다. 표현 영역을 지도할 때에는 동작의 순서를 습득하기보다는 학생이 다양한 표현 방법을 체험할 수 있는 기회를 제공해야 한다. 다른 영역에서 이야기하는 내용은 수업 지도 방법으로 적절한 표현이다.

라. 체육과 교육과정의 개발 근거를 평가하는 데 주목하다

체육과 교육과정을 개발하기 위해서는 체육과 교육과정의 사조와 교육과정 모형에 어떤 것이 있는지를 탐색해야 한다. 왜냐하면 체육과 교육과정의 사조는 체육과 교육과정의 내용을 개발하거나 운영의 근간이 되는 철학적 입장으로 가치정향이나 신념체계를 의미하기 때문이다. 또한, 체육과 교육과정 모형은 체육과 교육과정의 사조를 실천적 교육과정으로 구성하는 개념 틀이기 때문에 체육과 교육과정 모형에 대한 이해는 교육과정을 설계하기 위한 구조를 제공하고, 체육과 교육과정을 개발하기 위한 합리적인 근거로 작용한다. 체육과 교육과정의 사조와 체육과 교육과정 모형을 바르게 이해한다면 향후 교육과정의 내용을 개발하거나 운영하는 이론적 틀을 확보하게 될 것이다.

〈문항 9〉

체육과 교육과정은 교육과정 사조와 모형을 근간으로 하여 개발된다. 여기서 활용되는 체육과 교육과정 사조의 개념(ⓐ)과 체육과 교육과정 모형의 개념(ⓑ)을 각각 기술하시오. 또한, 내용숙달 사조를 바탕으로 운동과 움직임에 관한 체육학적 지식체계를 기초로 하는 모형(ⓒ)을 쓰고, 이 모형에 해당하는 라반의 움직임의 요소(ⓓ)를 세 가지 쓰고, 설명하시오. (3점)

〈문항 9〉에서 ⓐ와 ⓑ는 초등 예비교사가 교육과정 개발의 근거가 되는 교육과정의 사조와 모형의 개념을 정확하게 인지하는지 그리고 교육과정의 사조는 교육과정 모형과 어떻게 연결되는지의 여부를 이해시키기 위한 의도에 주목하였다. 교육과정의 사조와 모형은 교과의 내용(성격), 학습자의 특성, 사회의 요구 등에 영향을 받으며, 이 세 가지의 요인에 부여하는 가치의 차이에 따라서 서로 구분되는 특징이 있다.

ⓒ는 체육과 교육과정의 사조와 모형과의 관계를 묻는 문항으로 교육 내용의 숙달, 핵심 지식의 습득, 학문적 지식의 통합을 중시하는 내용숙달 사조가 교육과정 모형 중

어떤 내용과 밀접한 관련성을 맺는지의 여부를 확인하기 위해 주목한 문항이다. 체육과 교육과정 모형 중 움직임 분석 모형은 내용 숙달 사조를 바탕으로 운동과 움직임에 관한 체육학적 지식체계를 기초로 하고 있다는 측면을 초등 예비교사가 이해할 수 있도록 구성된 문항이다.

ⓓ는 움직임 분석 모형에서 움직임의 개념과 움직임의 주제를 개발하기 위해 사용되는 라반(Laban)의 움직임의 개념 틀인 신체, 노력, 공간, 관계를 알고 있는지와 각각의 개념이 무엇인지를 알아보는 데 주목하였다. 초등 예비교사가 움직임 분석 모형에서 활용되는 움직임의 개념 틀을 이해한다면 움직임의 기능과 함께 움직임 관련 과제들을 개발하고 적용하는 능력을 함양할 수 있을 것이다.

마. 체육 평가의 목적과 평가 방향에 주목하다

체육과 평가는 수업과 관련하여 학생의 변화 정도를 확인하고, 운동 수행의 향상을 위한 동기 유발 그리고 교수·학습 개선 및 학습목표와 관련된 학습 진행 상태를 확인하는 데 목적이 있다. 초등 예비교사가 위에서 제시한 체육 평가의 목적을 명확하게 인지한다면 초등학생에게도 평가의 목적과 의도를 분명하게 전달하여 학생이 평가에 적극적으로 참여할 수 있도록 할 것이다. 체육과 평가는 교육과정과의 연계성, 평가 내용의 균형성, 평가 방법과 도구의 다양성 그리고 실기 평가의 타당성을 높여야 한다. 이중 ⓐ와 ⓑ는 체육과 평가의 방향과 관련된 용어를 묻는 문항이다. 정답은 각각 평가 방법과 평가 도구이다. 평가 방법에는 어떤 것이 있는지, 어떠한 평가 도구를 활용하여 학생을 평가하는 것이 적절한지를 찾는 데 주목하였다. 평가를 할 때, 위에서 제시한 네 가지의 평가의 방향이 고려된다면 2015 개정 체육과 교육과정에서 제안하는 평가의 방향을 정확히 이해할 수 있을 것이다.

〈문항 10〉

체육과 수업 평가의 목적을 교사 측면에서 한 가지, 학생 측면에서 두 가지 기술하고, 아래에 제시된 A교사와 B교사의 대화문을 읽고, (ⓐ)와 (ⓑ)에 들어갈 평가의 방향을 2015 개정 체육과 교육과정에 근거하여 쓰시오. (3점)

① 교사 측면에서의 평가 목적: (   )

② 학생 측면에서의 평가 목적: (㉠   , ㉡   )

③ (ⓐ)와 (ⓑ)에 들어갈 가장 적절한 용어를 각각 쓰시오. (,   )

A교사: 선생님, 평가를 할 때에는 어떤 방법을 활용하면 좋을까요?

B교사: 우선, 교육과정에서 제안하는 평가의 방향에 관심을 기울여야 합니다. 즉 교육과정과의 연계성과 평가 내용의 균형성을 확보하는 것이 중요합니다. 그리고 실기 평가의 타당성을 높이는 부분에도 관심을 기울여야 할 것입니다.

A교사: 그 밖에 또 다른 방법도 있나요?

B교사: 물론 있습니다. 좋은 평가를 위해서는 (a)와(과) (b)의 다양성을 반드시 확보해야 합니다. 이를 위해서는 평가를 할 때, 학습의 결과뿐만 아니라, 학습의 과정을 포함하여 실시해야 합니다. 평가는 교사 평가뿐만 아니라, 상호 평가, 자기 평가 등 학생 평가를 병행하여 실시하고, 다양한 유형의 방법으로 지필 검사, 체크리스트, 학습 일지, 연구 보고서 등을 활용하면 좋습니다.

A교사: 선생님, 많은 도움이 되었습니다. 말씀해 주신 다양한 평가의 방향을 고려하여 수업하도록 하겠습니다. 감사합니다.

바. 체력 개념의 이해여부에 주목하다

교사가 체력의 개념을 이해한다면 건강 영역에서 건강 체력과 운동 체력의 요소가 각각 어떤 것인지를 알고, 수업에서 학생의 참여를 높이기 위한 방안을 마련할 것이다. 물론 개념을 아는 것으로 학생의 수업 참여를 높이는 것과 연결하는 것이 과장이라고 볼 수 있지만 체육수업에서 학생이 가장 하기 싫어하는 활동이 체력을 신장하기 것이라는 점을 생각해본다면 그냥 지나쳐서는 안 될 것이다.

〈문항 12〉

아래에서 학생이 이야기하는 체력의 요소를 각각 쓰시오. (2점)

- 영민: 순간적으로 큰 힘을 발휘할 수 있는 능력을 갖고 싶어. 짧은 시간에 큰 힘을 내서 팔씨름에서 이기고 싶은걸.
- 서희: 에이, 팔씨름은 시시해. 나는 그런 능력보다는 몸 전체를 빠르고 효율적으로 통제하고 조정할 수 있는 능력을 갖고 싶어. 그러면 체조선수 손연재처럼, 몸을 움직이면서도 공과 기구를 잘 다룰 수 있을 거야.
- 소정: 그것도 좋겠지만, 내 생각에는 몸을 재빠르게 움직이거나 방향을 바꾸는 능력이 좋겠어. 축구할 때 드리블 하면서 방향을 빨리 바꾸면 정말 멋질 것 같아.
- 진영: 나는 몸의 균형을 정지 상태나 움직이는 상태에서 유지하고 싶어. 한 발을 들고도 계속 스케이트를 타면서 균형을 유지하는 김연아 누나는 대단하지 않니

① 영민: (   ), ② 서희: (   ), ③ 소정: (   ), ④ 진영: (   )

〈문항 12〉에서는 건강 체력의 요소와 운동 체력의 요소에 어떤 것이 있는지, 각각의 체력 요소에 해당하는 개념을 정확히 인지하는지의 여부를 확인하는 데 주목하였다. 그 결과 초등 예비교사는 서희가 이야기 하는 운동 체력의 요소인 협응성을 기술하는 데 어려움을 느끼는 것으로 나타났다. 협응성 이외의 다른 체력의 요소는 전반적으로 이해하고 있는 것으로 확인되었다. 〈문항 12〉에서 영민이는 순발력, 소정이는 민첩성 그리고 진영이는 평형성(균형성)을 설명하고 있다.

3 '체육교육과정'의 평가 문항의 구성 의도

'나'는 2022학년도 1학기(2022.3.3.~6.9, 4월은 실습기간으로 제외) 매주 목요일에 4학년 전공과목으로 체육교육과정을 10주(주당 3시간) 동안 운영하였다. 10주 동안 진행된 강의 주제는 초등체육수업의 이해(1주), 학습자 이해 및 교사의 역할, 효율적인 수업 운영(2주), 체육의 중요성 이해, 체육교육과정(3~4주), 체육교육과정과 수업모형의 이해(5~6주), 새로운 체육수업의 전개구조, 체육수업 평가(7주), 체육과 수행평가의 개발과 실제(8주), 수업의 효율성과 교수·학습 및 평가(9주), 강좌의 주요 이슈 탐색 및 기말 평가(10주) 등으로 구성하여 운영하였다. 이중 수업 관련 평가는 다섯 가지 종류〔수업에 대한 자유로운 글쓰기 5회(15점), 체육수업 구안하기(15점), 중간 평가(20점), 수업 참여

및 태도(10점), 기말평가(30점), 출석(10점)]로 구성하였다. 기말평가는 30점 만점이고, 10주 동안 학습했던 모든 내용이 평가문항의 구성 요소에 해당된다. 평가문항은 단답형 및 서술형이 12문항, 객관식이 3문항으로 총 15문항이다. 문항을 15개로 제한한 것은 초등 예비교사가 60분 안에 해결할 수 있는 문항으로 구성하려는 의도였다.

기말평가 문항은 1주부터 9주까지 학습한 내용으로 초등 예비교사가 현장에서 꼭 알고 실천해야 할 내용을 선정하였다. 평가문항의 범주 구성은 '2015 개정 체육과 교육과정에서 제안한 교수·학습의 방향과 평가의 방향', '효율적인 수업 환경 조성 방안', '수업 모형과 교수·학습 전략', '체육과 교육과정의 사조와 교육과정 모형', '체육평가의 목적', '체력의 개념' 등으로 하였다. 문항별 평가 내용은 초등 예비교사가 향후 초등교사로서 체육수업을 운영할 때, 활용할 수 있는 교육과정 관련 내용과 초등 임용시험에서 자주 출제되는 내용에 주목하였다. 평가문항의 구성 의도에서는 여러 내용 중 수업환경을 조성하는 운영 측면으로 과제제시와 체육수업 전개구조, 체육과 교수 학습의 방향을 중심으로 분석하고 해석하였다.

첫째, 수업환경을 조성하는 내용 측면으로 과제제시는 학생에게 신체활동을 어떻게 하는지를 안내하는 것으로 학습자와 학습내용의 특성을 고려하여 적합한 학습단서의 선택과 조직을 해야 한다. 이를 위해서는 교사의 언어적 설명과 시범 및 매체가 활용될 수 있다. 학습자의 발달 수준을 고려하여 필요한 과제제시 기법을 활용하면 된다. 초등학교 중학년(초 3-4학년)의 경우에는 시범이나 매체가 적합하다. 고학년(초 5-6)의 경우는 언어적 설명이 적합하다 다만, 학년의 수준이 동일하더라도 학습자의 특성과 학습내용을 고려하는 방안[언어적 설명만 제시, 언어와 시범의 통합, 언어와 매체의 통합, 시범과 매체의 통합 등]이 활용 가능하다. 학습자의 이해의 폭을 확장하기 위해서는 시각과 청각이 통합된 과제제시가 효율적이다.

둘째, 수업환경을 조성하는 내용 측면 중 체육수업 전개구조의 이해는 수업을 이끄는 방향이자 목표로 가는 지름길이다(고문수, 2017, 2020; 고문수·이대형, 2017; 교육부, 2015). 현장 교사가 한 차시의 수업을 이끄는 틀인 수업 전개구조를 바르게 이해한다면 교수자가 의도한 수업의 '시작-활동-마무리'를 일관성 있는 흐름 속에서 학습자와 상호작용하는 가운데 목표 중심의 체육수업을 운영할 수 있을 것이다. 그동안 한 차시의 수업은 시간 단계의 흐름에 의한 활동 중심으로 진행되었다. 그러다 보니 하나의 활동을 마치고 나서 다음 활동을 하고, 다음 활동을 마치면 또 다음 활동의 형태로 진행되면서 '수업목표-활동-마무리'가 긴밀한 관계를 맺지 못하고 단절되는 수업의 형태였다. 이는 교수자의 수업 의도가 시작부터 수업이 마무리되는 시점까지 반영되기 힘들다. 이유인즉, 주어진 활동에 집중하기 때문이다. 한 차시의 체육수업이 '준비운동-본 운동-정리운동'의 절차로 진행되었기 때문에 해당 차시의 수업을 통해 학생이 알고 참여하며, 다시 마무리 단계에서 알고 참여한 것에 대한 이해 측면이 검토되지 못하였다. 이것이 바로 '도입, 전개, 정리'의 시간 단계 흐름의 학습으로 수업을 이끈 결과이다. 물론 '도입, 전개, 정리'의 구조가 수업을 획일화하고 수업의 흐름과 관련하여 부정적인 측면만을 내포한다는 의미는 아니다. 다만, 교사가 해당 차시에서 무엇을 가르치고, 그 가르친 내용이 학습자의 이해와 관련하여 어떻게 재확인되는지, 배움이 있는 체육수업에서 무엇을 지향할 것인지를 탐색하지 못할 가능성이 있다는 점을 인지해야 한다.

셋째, 체육과 교수·학습의 방향은 교육과정의 내용 체계를 학생에게 의미 있게 전달할 수 있는 방향이기 때문에 현장 교육에 의미하는 바가 크다. 이 글의 평가에서는 학습자의 특성을 고려한 수준별 수업과 전인적 발달을 위한 통합적 교수·학습이 제안되었다. 학습자의 특성을 고려한 수준별 수업은 학생의 발달 단계를 고려한 수업으로 다양한 특성을 지닌 학생이 체육수업에 참여할 수 있도록 지원하는 구체적인 방안이다. 이 방향과 관련한 교수전략으로 포괄형 교수(수준별 교수)도 적절히 활용해야 한다. 포괄형 교수는 모든 학생이 신체활동에서 배제되지 않고, 지속적으로 참여할 수 있는 의미 전략이기 때문이다. 위의 교수전략은 체육수업에서 소극적인 학생과 운동 기능이 부족한 학생에게 참여의 기회를 보장하는 유의미한 방안으로 활용할 수 있다. 특히, 전인적 발달을 위한 통합적 교수·학습은 기능을 익히는 것 이외에도 기능을 잘 발휘하기 위해 무엇이 필요한지, 신체활동에서 기법적인 측면과 심법적 측면을 통합하여 제시하도록 한다(최의창, 2010).

Q&A 묻고 답하기

체육교육과정의 평가에 주목하기

1. 평가 계획과 실천을 말하다.

1) 평가의 계획과 실천 경험을 설명하시오.

2) 평가를 계획할 때, 주의해야 할 점은 무엇인가?

2. 체육교육과정에서 주목한 내용을 말하다.

1) 학습자의 특성을 고려한 수준별 수업 운영 방안을 설명하시오.

2) 학습자의 동기유발 전략을 설명하시오.

3) 전인적 발달을 위한 통합적 교수·학습 방법을 설명하시오.

4) 과제제시의 개념과 과제제시 방법을 설명하시오.

5) 설명하기의 종류를 두 가지 제시하고, 각각의 내용을 설명하시오.

참고문헌

고문수(2017). 초등 예비교사교육자가 체육 실기수업을 하는 과정에서 주목하는 수업측면. **한국초등체육학회지, 23**(2), 145-161.

고문수(2020). 초등 1정 연구에서 주목한 교수 경험에 관한 셀프연구. **한국초등체육학회지, 26**(3), 59-74.

고문수(2022). 초등 교사교육자가 주목한 체육교육과정 강좌 평가 내용에 관한 셀프연구. **한국초등체육학회지, 28**(2), 21-39.

고문수·이대형(2017). 초등 예비교사교육자가 체육과교육론 수업에서 주목하는 수업측면에 관한 셀프 연구. **한국초등체육학회지, 23**(3), 51-67.

교육부(2015). **인성교육중심수업강화를 위한 체육 교수·학습 자료**. 세종: 교육부.

손천택(2015). **체육교수학습론**. 파주: 교육과학사.

최의창(2010). **인문적 체육과 하나로 수업**. 서울: 레인보우북스.

19 뇌 과학적 측면에서 바라본 운동

- 운동을 하면 기분이 좋아지는 이유는 무엇인가?
- 운동과 체력 및 학업성취와의 관계를 말할 수 있는가?
- 학교에서 운영되는 0교시 체육수업의 가치를 설명하시오.

체육교육학자들은 체육을 "왜 가르치고 배울까?", "무엇을 가르쳐야 할까?", "어떻게 가르쳐야 될까?", "어떻게 평가할까?"라는 근본적인 질문을 자주 던지곤 한다. 이는 우리의 영원한 숙제이고 논의해야 할 문제이다. 그리고 위의 물음에 대한 명확한 답을 구하기란 쉽지 않은 것이 현실이다. 이는 시대의 변화, 지식의 변화, 각자가 가지고 있는 패러다임의 차이에 기인한다. 그동안 체육교육학의 정체성에 관한 탐구는 여러 각도로 전개되어 왔다. 최근 우리 사회 전반에 학문과 학문 간, 학문과 현실 간 경계를 허무는 통섭의 분위기가 무르익고 있다(손천택, 2010). 통섭이란 에드워드의 저서 "Consilience: The Unit of Knowledge"에서 밝히고 있는데, 한두 분과학문의 개념구조만으로 설명할 수 없는 문제와 영역을 설명하기 위해 대두된 학문이다.

현재 우리나라에서는 체육의 인문적 측면을 강조한 하나로 수업 모형이 체육교육의 외연을 넓히고 지도내용을 확장하는 노력이 이루어지고 있다. 하지만 이것이 체험 교과인 체육에 있어 학문적 통섭이나 교육적 융합을 이끌어내는가에 대해서는 회의적이다. 진정한 통합적 관점을 가지고 통섭을 이끌어내기 위해서는 자연과학적 입증이 요구된다. 신경과학적 접근이 바로 그것이다.

신경세포(뉴런)의 세세한 구조를 현미경으로 들여다보기 시작한지 1세기 남짓, 신경과학은 급속히 발전하여 이제 정신과 마음 현상, 운동을 어떤 뇌 부위의 기능으로 얘기하는 것이 과학적 설명의 방식이 되었다. 분자생물학과 생리실험, 뇌영상(fMRI) 그리고 뇌 이론모형의 연구가 모여 신경과학은 자연과학을 넘어 인문학 · 사회과학에도 새로운 화두를 던지고 있는 중이다. 이런 신경과학은 인간에 대한 모든 궁금증을 풀어줄 수 있는 묘약으로 인식되고 있다. 뇌 과학 연구와 인지과학 연구의 활발한 협력은 교육 분야에 있어 '뇌 기반 학습과학', '교육신경과학' 혹은 신경교육학이라 불리는 새로운 연구 분야를 탄생시켰다. 뇌 기반 학습과학은 기존의 '학습과학'을 넘어서 실제 학습과 교육환경에 적지 않은 변화를 줄 것으로 예상된다. 하버드대학교 의과대학 교수인 Ratey(2010)는 운동의 효과를 다음과 같이 피력하였다.

> 누구나 운동을 하면 기분이 좋아진다는 사실을 알지만 도대체 왜 그런지를 아는 사람은 별로 없다. 그저 스트레스가 사라져서 혹은 뭉친 근육이 풀어지거나 엔도르핀 수치가 높아져서 그럴 것이라고 짐작할 뿐이다. 하지만 유쾌한 기분이 드는 진정한 이유는 운동을 해서 혈액을 뇌에 공급해주면 뇌가 최적의 상태가 되기 때문이다. 이러한 점은 단순히 운동이 신체에 이롭다는 사실보다 훨씬 중요하고 흥미진진하다. 근육이 발달하고 심장과 폐의 기능이 개선되는 것은 부산물에 불과하다. '나'는 종종 환자들에게 "운동을 하는 진정한 목적은 뇌의 구조를 개선하는 데 있다."라고 말한다. 〈이상헌 옮김(2009), 『운동화 신은 뇌』의 내용 중에서〉

신경과학은 최근 30년 사이에 과학기술이 발달하면서 급격히 발전하였다. 외부환경의 자극에 따라 뇌세포 간에 의사소통이 어떻게 이루어지고, 수행하는 과제에 따라 뇌의 어떤 부위가 활성화되며, 인간의 마음과 수행을 어떻게 만들어내는지를 양전자 방사 단층 촬영법(position emission tomography: PET), 기능적 자기 공명 영상법(functional magnetic resonance imaging: fMRI) 등과 같은 뇌를 촬영하는 장비를 사용하여 뇌의 내부를 직접적으로 들여다 볼 수 있게 되었다. 신경과학자들은 생물학, 생화학, 유전학과 같은 학문을 기초로 분자수준, 세포수준, 시스템 수준에서 신경계의 기능에 대해 과학적으로 탐구할 수 있게 된 것이다(이병준, 2011). 이러한 변화는 우리 체육교육계에서도 일어나기 시작했다. 이런 움직임은 일부 대학의 박사과정을 중심으로 신체적 능력과 인지적 능력간의 관계를 신경과학적으로 규명하려는 것으로 나타나고 있다. 운동과 뇌의 관계를 규명함으로써 체육교육의 새로운 지평을 열려는 것이다. 이는 1960~70년대의 체육학문화운동에 비견되는 큰 변화이다. 뇌 과학의 성과를 통해 체육학이 새롭게 도약하고, 체육교육의 교과로서 정당화될 수 있는 새로운 논거를 갖게 된다는 의미이다(손천택, 2010).

이 장에서는 체육활동의 중요성을 알아보고자 체육교육과 관련된 신경과학적 접근으로 운동과 뇌의 관계, 신경과학의 적용사례와 체육교육의 실천을 통한 신경과학적 접근의 현실적 실행 방안을 알아보고, 미래 체육교육이 나가야 할 방향을 모색하고자 한다.

1. 운동과 뇌와의 관계[35)]

가. 뇌의 존재 이유

뇌는 운동을 위해 태어났고, 운동을 위해 발달해왔다. 더 정확한 몸놀림을 위해 뇌가 진화했고, 똑똑해진 뇌가 몸에 더욱 복잡하고 효율적인 움직임을 명령했다. 이것이 우리의 뇌가 운동을 통해 최적화될 수 있는 근본적인 이유이다. 동물과 식물의 가장 큰 차이는 '움직임'이다. 식물은 땅에 뿌리내려 움직이지 않는 생물이고, 동물은 움직이는 생물이다. 그리고 이 둘 사이에 또 다른 차이가 바로 '뇌'의 유무이다. 움직이지 않는 식물에게는 뇌가 없지만 움직이는 동물에게는 '뇌'가 있다. 너무나 당연한 이야기라고 생각할 수도 있다. 하지만 이것은 아주 중요한 사실이다. 이는 '운동'과 '뇌'의 밀접한 상관관계를 보여주기 때문이다.

30년 가까이 운동이 뇌에 미치는 영향에 대해 연구한 하버드 대학교 존 레이티 교수는 우리의 뇌가 운동 뇌에서 진화했다는 주장을 내놓았다. 인간의 몸은 살아남기 위해 환경의 변화에 알맞게 반응해서 운동을 해 왔다. 뇌의 앞부분인 전두피질은 우리가 진화를 통해 더 효율적으로 움직일 수 있도록 도와주었다. 생존을 위해서는 먹잇감을 사냥하는 동안 움직임을 계획하는 것은 물론, 이전 경험을 바탕으로 상황을 분석하여 효율적인 사냥 계획을 세울 필요가 있다. 효율적인 움직임을 위해서는 '기억'과 '예측'이

35) 박수현(2010). 『웰니스: 뇌를 바꾸는 운동 혁명』의 내용 중 일부를 발췌하여 수정하였다.

필요하기 때문에 운동 뇌는 여러 가지 사건을 기억하고 행동에 따른 경로를 예측하도록 하여 우리를 보다 잘 움직이도록 만들었다. 이 과정을 통해 인간은 오늘날처럼 사고할 수 있는 고등동물로 진화하였다.

하지만 최첨단 문명 속에서 살아가는 인간에게 더 이상 초원의 사냥은 필요가 없어졌다. 인간이 농사를 짓기 시작하면서 사냥할 때만큼 뛰어다닐 필요가 없게 되었고, 산업혁명 이후에는 몸을 이용하는 대부분의 일을 기계에 맡기게 되면서 우리는 자리에 앉아 있기만 해도 생존할 수 있게 되었다.

오늘날 인간의 움직임은 리모트컨트롤과 음성인식 시스템의 편리 속에 최소화되어가고 있다. 하지만 이러한 문명 생활은 정작 인간의 본능, 더 잘 움직이도록 진화해온 순리를 거스르는 것이다. 우리는 유전자에 새겨진 운동 본능과 뇌의 타고난 명령을 따라야 한다. 이를 통해서만 인간은 인간으로서 존속할 수 있게 된다.

나. 운동을 하면 기분이 좋아지는 이유

존 레이티 교수는 운동에 대한 근본적인 개념을 다시 세울 것을 다음과 같이 주장하였다.

> 사람은 운동이 몸에 좋다는 것을 알고 있습니다. 운동을 하면 살이 빠져 비키니를 좀 더 멋지게 입을 수 있다는 사실을 굳이 말해 줄 필요도 없죠. 운동이 뇌 건강에 얼마나 중요한지 알아야 합니다. 운동을 하면 심장이 좋아지고 장수할 뿐만 아니라, 뇌 기능이 좋아져서 사고력과 판단력이 향상되고 스트레스 대응력도 높아집니다.

레이티 교수가 강조하는 운동의 핵심적인 효과는 '운동이 뇌를 조절하고 새롭게 형성한다는 것'이다. 운동하는 동안 기분이 나아진다고 느끼는 이유는 운동이 뇌 기능을 향상시키기 때문이다. 운동이 어떻게 뇌 기능을 향상시키는 것일까? 이와 관련해 존 레이티 교수가 설명하는 첫 번째 메커니즘은 운동이 사고와 감정을 조절하는 신경전달물질의 분비를 촉진하고, 그들의 화학적 균형을 맞춘다는 것이다. 우리는 좀비 영화를 보면 오싹한 공포를 느끼고 멋진 이성을 보면 호감을 느끼는 것이 생물학적인 것 너머의 어떤 작용일 것이라고 생각한다. 하지만 매 순간 인간 안에서 일어나는 감정이나 마음은 모두 신경세포(뉴런) 사이의 미세한 틈에서 분비되는 '신경전달물질'의 작용이다. 결국 감정과 마음은 우리 몸 안에서 분비되는 화학물질의 지배를 받는 셈이다.

운동은 그 양과 강도에 상관없이 신경전달물질의 분비를 촉진한다. 운동을 시작하면 뇌는 곧바로 신경전달물질을 쏟아낸다. 굳이 러너스하이(runner's high)[36]를 경험할 정도로 오래 달리지 않아도 누구나 운동 후에 상쾌한 기분을 느낀 경험이 있을 것이다. 이는 몸을 활발히 움직이는 동안 뇌 속에서 신경전달물질이 분비되기 때문이다. 신경전달물질을 분비시켜 기분을 전환하는 것은 그리 어려운 일이 아니다. 최대 심박수의 55~65% 정도의 강도로 하루에 1시간씩만 걸어도 평소보다 연료가 많이 필요하다는 것을 감지한 우리 몸은 쌓아두었던 지방을 연소시키기 시작한다. 지방이 연소되면 혈류 속에 트립토판이라는 아미노산이 분출된다. 트립토판은 세로토닌의 생성을 위한 필수 재료이다. 운동이 세로토닌의 분비를 늘려 감정을 조절하고, 우울증을 치료하는 메커니즘이다. 운동의 놀라운 점은 신경전달물질의 생성을 촉진할 뿐 아니라, 이들의 전체적인 균형을 맞춘다는 데 있다.

다. 운동과 뇌세포

최근 뇌 과학계는 운동이 뇌에 미치는 강력하고 결정적인 메커니즘, 즉 운동이 직접 새로운 뇌세포를 만들어내어 뇌 기능을 높인다는 사실이 입증되어 기대에 차 있다. 얼마 전까지도 우리 뇌의 신경세포는 한 번 손상되면 재생이나 회복이 불가능한 것으로 알려져 있었다. 인간은 평생 사용할 신경세포를 가지고 태어나는데 나이를 먹으면서 신

36) '러닝 하이(Running high)' 또는 '러너스 하이(Runner's high)'란 격렬한 운동을 하면서 느껴지는 쾌감과 행복감을 의미한다. 미국의 심리학자인 A. J. 맨델이 1979년에 처음 사용한 용어다. 운동했을 때 나타나는 신체적인 스트레스로 인해 발생하는 행복감으로도 불린다. 오래 달려도 지치지 않을 것 같고, 계속 달리고 싶은 마음이 든다고 한다. 이때의 의식 상태는 헤로인이나 모르핀 혹은 마리화나를 투약했을 때 나타나는 것과 유사하다. 때로는 오르가즘에 비교된다. 보통 1분에 120회 이상의 심장박동수로 30분 정도 달리다 보면 러너스하이를 느낄 수 있다. 러너스하이를 이야기할 때, 주로 달리기를 예로 들지만 수영, 사이클, 야구, 럭비, 축구, 스키 등 장시간 지속되는 운동이면 어떤 운동이든지간에 러너스하이를 경험할 수 있다고 한다. 특히, 마라톤 선수들이 훈련을 할 때 극한의 고통을 넘어 35km 지점쯤 되면 러너스하이를 경험할 수 있는 것으로 알려져 있다.

경세포는 줄어들 뿐 늘어나지 않는다는 것이 정설이었다. 그런데 10년 전 쥐의 뇌에서 새로 생성된 신경세포가 확인되었다. 그로부터 지난 10년 동안 인간의 신경세포 생성 가능성에 관한 다양한 가설과 실험이 진행되었다. 그 결과 인간의 뇌에서도 새로운 신경세포가 생성된다는 사실이 입증되었다. 특히, 해마 영역에서 뇌세포로 성장할 수 있는 줄기세포가 매일 4백 개에서 1천 개까지 생성된다는 실험 결과도 발표되었다.

새로 만들어진 신경세포가 제 기능을 다하기 위해서는 소멸하지 않고 계속 성장해 기존의 네트워크에 융합해야 한다. 신경세포들은 아직 어떻게 자라날지 모르는 줄기세포의 형태로 태어나는데, 살아남기 위해서는 약 28일 내에 각자의 역할을 찾아야 한다. 하지만 안타깝게도 대부분의 신경세포는 할 일을 찾기 전에 소멸한다. 신경세포가 새로 만들어져도 쉽게 죽어버린다면 아무 소용이 없다. 따라서 생성된 신경세포가 살아남게 하려면 풍요로운 환경을 만들어 자극을 주어야 한다. 운동이 신경세포의 생성을 촉진할 뿐 아니라, 새로 태어난 신경세포가 소멸하지 않고 성장하도록 돕는 것으로 밝혀지고 있다.

라. 기적의 신경 성장 물질: BDNF

운동은 어떻게 새로운 뇌세포를 만들고 그 성장을 도울까? 해답은 신경세포 성장인자라 불리는 물질 속에 있다. 이 성장인자는 세포의 다양한 활동을 관리하는 소형 단백질로 세포가 성장하고 결합하는 것을 도와주고, 새로운 줄기세포가 신경세포로 바뀌는 데 영양소 역할을 한다. 또한, 세포를 젊고 활기차며 풍성하게 만들어 외부 환경의 어떠한 요구에도 잘 대응할 수 있도록 한다. 운동은 이런 성장인자의 분비를 촉진해 새로운 신경세포를 만들어 낸다. 대표적인 성장인자는 BDNF(brain-derived neurotrophic factor)라 불리는 '뇌 유래 신경 성장인자'이다. BDNF는 뇌세포의 성장과 건강 유지를 돕고, 스트레스로부터 뇌세포를 지켜주며, 자체적으로 항우울제, 항불안제의 역할까지를 한다. 이 성장인자를 기적의 성장제라고 부르는데, BDNF를 증가시키는 가장 강력한 방법은 바로 운동이다.

우리는 '움직임'을 기본으로 살아가는 생물임을 잊기 쉽다. 거의 모든 것이 기계화, 자동화되어 살아가는 생물임을 잊기 쉽다. 거의 모든 것이 기계화, 자동화되어 우리의 동물 본성을 잃어가게 한다. 움직일 필요가 없다면 뇌도 필요 없다. 이와 관련된 단적인 예로 멍게를 들 수 있다. 멍게의 뇌는 유충시절에는 있지만 성체가 되면 사라진다. 유충 때는 바닷속을 헤엄쳐 다니기 때문에 뇌가 필요하지만, 성체가 되면 바위에 붙어서 움직일 필요가 없어져 스스로 척삭(척수의 아래로 뻗어 있는 연골로 된 줄 모양의 물질)과 척수를 삼켜 소화해버려 뇌 없이 살아나간다. 움직임을 위해 태어난 뇌는 움직임이 없다면 점점 퇴화할 수밖에 없다. 최근 들어 알츠하이머병이 증가하는 것은 인간이 점점 덜 움직이면서 스스로 동물 본성을 역행한 부분에 대한 경고의 의미일 수 있다. 동물인 우리의 뇌는 운동을 위해 생겨났고, 운동을 더 잘하기 위해 진화해 왔으며, 유전자에 각인된 운동 본능을 따라야 우리의 정신활동이 온전해진다는 것을 명심해야 한다.

2. 뇌 신경과학의 적용 사례

가. 남자의 뇌, 여자의 뇌[37)]

뇌 연구는 남녀 간 차이의 이해 측면에 새로운 지평을 열었다. 해부학적으로 보면 남녀 간의 뚜렷한 뇌구조 차이가 하나 보이는데, 이것이 뇌량이다. 뇌량은 좌뇌와 우뇌를 연결하는 케이블 같은 것인데, 이것의 굵기가 남녀 간에 크게 차이가 난다. 여자의 뇌량이 훨씬 더 굵다. 이 같은 뇌량의 굵기 차이가 어떤 남녀 간의 차이를 만들어낼까? 뇌량의 굵기는 곧 좌뇌와 우뇌의 협력관계를 강화하고, 좌·우뇌 각자의 역량을 시너지화 하는 능력을 강화시킨다. 그래서 첫째로 남녀 간에 청력의 차이가 생겨난다. 여자가 남자에 비하여 청각자극에 훨씬 더 예민하다. 여자는 소리를 들을 때, 좌·우뇌 모두를 활용한다. 반면, 남자의 경우에는 한쪽 뇌만을 활용한다. 그래서 청력의 차이가 생겨난다.

두 번째로 뇌량의 차이가 만드는 남녀 차이는 동시 수행 능력의 차이이다. 여자는 여러 가지 일을 동시에 잘할 수 있지만, 남자의 경우는 그렇지 못하다. 예컨대, 여자는 남과 대화를 하면서도 뜨개질이나 요리를 함께 할 수 있다. 하지만, 남자는 대화면 대화, 요리면 요리지 이를 동시에 수행하기 어렵다. 여자는 음식을 하면서 다른 일을 해도 음식을 태우는 일이 드물지만, 남자가 그렇게 시도하다가는 십중팔구 음식을 태울 것이다.

37) 곽윤정 역(2009). 『브레인 섹스: 일하는 뇌와 사랑하는 뇌의 남녀 차이』의 내용에서 일부를 발췌하여 수정하였다.

부주의의 탓도 있겠지만, 남자의 뇌구조가 병렬수행이 어려운 직렬수행의 구조로 되어 있기 때문이다.

세 번째로 뇌량의 차이가 만드는 남녀 간의 차이는 감정표현의 능력 차이다. 여자는 남자에 비하여 훨씬 다양하고, 섬세하며, 유능하게 감정을 표현한다. 동서고금을 막론하고 이런 차이는 언제나 주목받아왔다. 모두가 이미 알고 있듯이 우뇌는 감정과 정서를 관장한다. 좌뇌는 언어를 관장한다. 좌뇌와 우뇌의 역량 자체에는 남녀 차이가 보이지 않지만, 여성 두뇌의 뇌량이 크기 때문에 둘이 합쳐서 이루는 협동의 시너지 효과는 여성이 강하다. 그래서 여성은 감정표현에서 남자를 훨씬 앞설 수 있는 것이다.

나. 학생의 능력에 대한 이해[38)]

우리는 신경과학의 발달로 인해 학생에 대한 신경과학적 이해가 가능하게 되었다. 용인정신병원 이윤상 박사팀은 2008년 8월부터 9월까지 대학생 140명 대상으로 검지와 약지의 길이비율(손가락 비율)을 조사하였다. 남성은 평균 0.94, 여성은 0.96으로 나타나 남성은 검지에 비해 약지가 긴 편이고, 여성은 검지에 비해 약지가 짧은 편이었다. 연구팀은 이들의 공감 성향과 우울 성향을 측정할 수 있는 설문조사를 하였다. 공감 성향이란 다정다감하고 남을 잘 이해하는 성향이다. 측정 결과를 보면 손가락 비율이 높은, 즉 검지가 긴 편인 여성은 검지가 짧은 여성보다 공감 성향이 높았다. 남성은 공감 성향에 뚜렷한 차이가 없었지만, 손가락 비율에 따란 우울성향이 다른 결과가 나왔다. 약지에 비해 검지가 긴 남성은 검지가 짧은 남성보다 우울함을 느끼는 정도가 심했다. 연구팀은 이러한 연구 결과를 2008년 8월 한국심리학회지에 발표하였다.

손가락 비율은 공감 성향뿐만 아니라 공격 성향과도 밀접한 관련이 있다. 2005년 3월 캐나다 에버타대학의 피터허드 박사팀은 손가락 비율과 공격 성향에 대한 연구결과를 국제저널 '생물심리학'에 발표했다. 연구팀이 남녀 대학생 300명의 손가락 길이를 측정하고, 인성과 행동특성을 검사한 결과에서 검지에 비해 약지가 긴 남성일수록 성격이 공격적인 것으로 드러났다. 허드 박사는 "이는 단순히 성격에만 관련이 있을 뿐 폭언과 적대적인 행동과는 무관하다."고 설명하였다. 흥미롭게도 손가락 비율이 성 정체성을

38) 이영해(2009). 『나를 말해주는 손가락』의 내용 일부를 발췌하여 수정하였다.

결정한다는 연구 결과도 있다. 미국 버클리 캘리포니아대학의 마크 브리드러브 교수팀은 샌프란시스코 게이 축제에 참여한 720명을 대상으로 손가락 길이를 조사한 결과, 레즈비언의 손가락은 검지에 비해 약지가 길다는 사실을 알아냈다. 단, 게이의 손가락 비율은 일반 이성애자와 특별한 차이가 없었다. 이 연구결과는 2000년 네이처에 실렸다.

손가락은 그 사람의 수학적, 음악적 능력을 나타내기도 하고, 운동 신경이 얼마나 좋은지 보여주기도 한다. 손가락 질병의 관계를 조사했던 매닝 교수는 2000년 국제저널 '진화와 인간행동'에 검지에 비해 약지가 긴 사람일수록 음악적 능력이 뛰어나다는 연구 결과도 발표했다. 그는 영국 심포니 오케스트라의 남성 단원 54명을 대상으로 손가락 비율을 조사하였다. 그 결과 남성의 왼손 평균은 0.96, 오른손 평균은 0.92라는 사실을 알아냈다. 이는 영국 리버풀에 사는 일반 남성의 오른손과 왼손 평균이 모두 0.98인 것과 비교하면 상당히 낮은 수치다.

2007년 '영국심리학저널'에는 손가락 비율이 어떤 과목에 소질이 있는지를 알려준다는 연구 결과도 실렸다. 영국 바스대학의 마크 브로스넌 교수는 7세 어린이 75명을 대상으로 손가락 길이를 재고, 수학 능력과 언어 능력을 측정했다. 그 결과 검지에 비해 약지가 긴 어린이는 수학 능력이 뛰어나고, 상대적으로 약지가 짧은 어린이는 언어 능력이 뛰어나다는 사실을 발견했다. 손가락 비율이 여성의 운동 능력을 좌우한다는 연구 결과도 있다. 영국 런던 세이트토머스 병원 유전역학과 팀 스펙터 교수가 2006년 '스포츠의학저널'에 발표한 보고서에 따르면 검지에 비해 약지가 긴 여성이 약지가 짧은 여성보다 축구, 수영, 테니스 등에서 운동 능력이 뛰어난 것으로 밝혀졌다. 스펙터 교수는 25~79세 쌍둥이 여성 607명의 손을 X선으로 촬영하여 이 같은 사실을 알아냈다.

다. 학업성취와 체력과의 관계[39)]

일리노이주립대학은 네이퍼빌에서 남쪽으로 217킬로미터 떨어진 곳에 있다. 거기서 근무하는 신경생리학자 찰스 힐먼은 초등학교 3학년과 5학년 학생 216명을 대상으로 캘리포니아 교육부가 한 것과 똑같이 건강과 성적 간의 상관관계를 분석하였다. 연구 결과, 캘리포니아 교육부의 조사와 마찬가지였는데 힐먼과 공동참여자인 다나 카스

39) 이상헌 역(2010). 『운동화 신은 뇌』의 내용 중에서 일부를 발췌하여 수정하였다.

텔리는 한 가지 흥미로운 사실을 발견하였다. 피트니스그램이 측정한 여섯 종목 중에서도 특히, 두 종목이 성적과 아주 밀접한 관련이 있다는 사실을 밝혀낸 것이다. 카스텔리는 "체질량과 폐활량이 성적과 가장 밀접한 상관관계를 보였는데, 그 관계가 너무 뚜렷해서 오히려 믿기 어려울 정도였다."라고 말했다.

힐먼은 여기에 만족하지 않고 신경학적인 측면에서 심도 있게 조사하고자 했다. 그래서 건강한 학생과 그렇지 않은 학생을 반씩 섞어놓은 40명의 학생을 대상으로 집중력, 암기력, 계산 처리 속도를 측정했다. 이 인지능력 실험에 참여한 학생은 뇌의 전기적 활동을 측정하기 위해 전극 봉이 부착된 수영 모자 같은 것을 쓰고 실험에 참여했다. 뇌파 측정기에 나타난 결과를 보니 건강한 학생의 뇌에서 일어나는 활동이 훨씬 활발했다. 그것은 주어진 과제를 해결하기 위해 주의를 집중하는 데 훨씬 많은 뉴런이 동원된다는 사실을 의미한다. 힐먼은 이런 실험 결과로 증거가 더욱 명확해졌다고 말한다. 즉 신체가 건강하면 집중력도 높아져서 성적 또한, 좋아진다는 것이다.

또한, 힐먼은 실수를 한 뒤에 그것에 대응하는 태도에서도 중요한 사실을 발견했다. 힐먼은 학생의 뇌파를 측정하면서 이른바 플랭커 테스트(flanker test)를 이용했다. 이 실험은 H와 S로 이루어진 연속된 다섯 개의 글자를 잠시 화면에 보여주는 것인데, 가운데 글자만 중요하고 나머지의 혼동을 일으키기 위한 글자들이다. 예를 들면 HHSHH와 같은 모양이 1초에 한 개씩 화면에 나타나는데, 그러면 피실험자의 가운데에 있는 글자, 즉 S에 해당하는 단추를 누르면 된다. 막상 해보면 알겠지만 실수하기 십상이다. 힐먼은 이 실험에서 건강한 학생은 실수한 다음에도 서두르지 않고, 다음 문제를 확실하게 맞추려고 마음을 가다듬는다는 사실을 알게 되었다.

라. 0 교시 체육수업의 효과

1) 두뇌 혈류량의 증가

운동을 하면 뇌의 혈류량이 증가한다. 뇌의 혈류량이 증가한다는 것은 뇌에 공급되는 영양과 산소량이 늘어난다는 것을 말한다. 뇌의 혈류량이 증가하면 학습능력 향상에 도움을 줄 수 있다. 미국 하버드대 존 레이티 교수는 "운동을 하는 진정한 목적은 뇌의 구조를 개선하는 것이고, 운동은 집중력과 침착성을 높이며, 충동성을 낮춰준다."라고 역설하였다. 또한, 분자생물학자 존 메디나와 미국 듀크대학의 연구팀은 구체적 실험 연구를 통해 운동을 하면 뇌에 BDNF(신경성장 유발물질)가 생성되어 지적능력이 향상된다는 사실을 밝혔다. '0교시 체육수업'에서도 놀라운 연구결과가 나타났다. 평소와 같이 아침에 자율학습을 계속한 반은 뇌혈류량에 변화가 없었으나 영상 체조반은 약간의 변화를 보였고, '0교시 체육수업'을 실시한 반에서는 아래 사진과 같이 두드러진 뇌혈류량 증가가 나타났다(김선일, 2010).

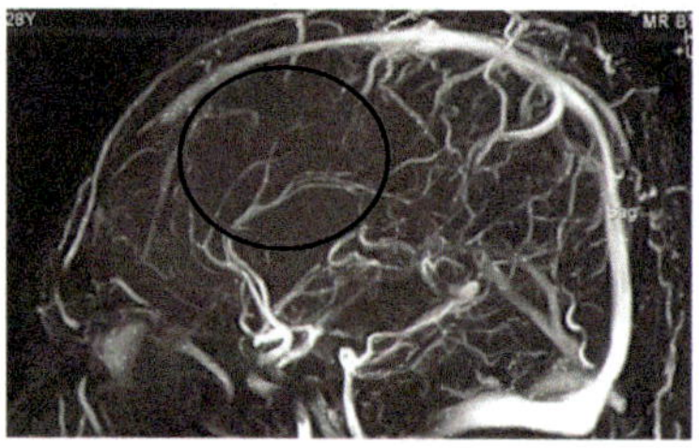

[그림 19-1] 운동 전

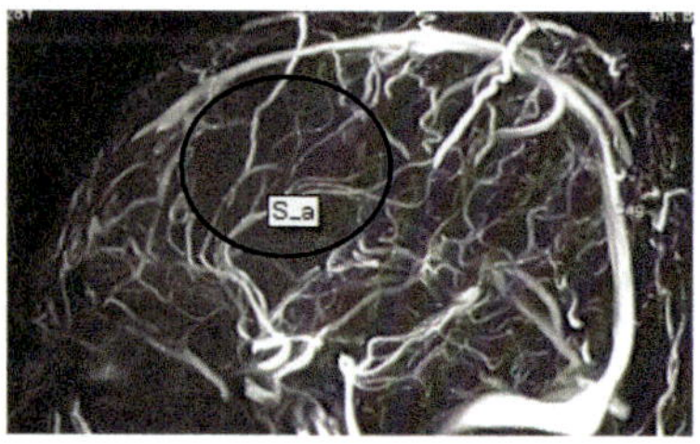

[그림 19-2] 운동 후

2) 심리적 안정감의 생성

'0교시 체육수업' 프로젝트에 참여한 신인섭 교수(서울대 신경정신과: 학생들의 운동 전 · 후 지적 능력 및 인성테스트 담당)에 따르면 "학습이 잘 이루어지기 위해서는 스트레스를 덜 받고 즐겁게 공부할 수 있는 환경을 만들어 주어야 하는데, 실험을 통해 운동반의 정서적 안정성이 현저히 높아진 것을 확인할 수 있었다."라고 말했다. 공격성과 적대적 사고가 실험을 시작하기 전에는 운동반이 가장 높았다. 그 이유는 실험 전 생활태도에 문제를 가진 학생들(폭력성이 많은 학생, 산만한 학생 등) 6명을 선정하여 운동 반에 편성하였기 때문이다. 하지만 실험 후에는 오히려 다른 반보다 공격성과 적대적 사고가 현저히 낮아진 것을 볼 수 있다.

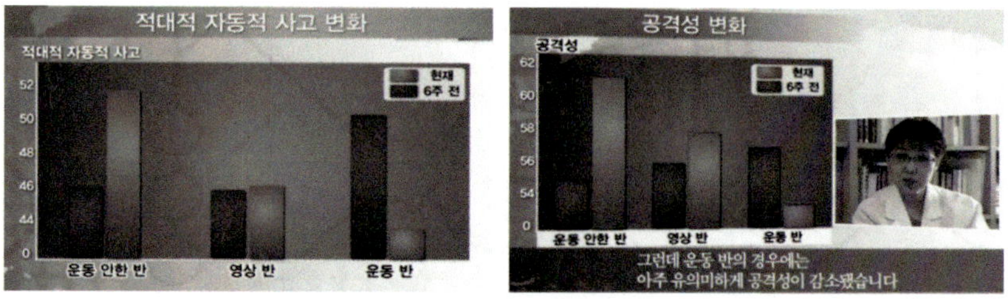

[그림 19-3] 운동 후의 교육적 가치

3) 주의력과 집중력 및 학업 성적의 향상

'0교시 체육' 프로그램을 진행하면서 학습, 심리 전문가와 함께 학생의 운동 프로그램 시작 전과 후의 지적 능력을 검사하고 그 변화를 비교·분석하였다. 그 결과, 세 그룹 중 운동반이 인지적 능력에서 가장 유의한 효과가 있었고, 주의력과 기억력이 동시에 상승한 학생이 가장 많은 것으로 나타났다. 또한, 국 · 영 · 수 등 주요 과목의 성적을 비교한 결과, 운동 반 학생의 77%가 전년도에 비해 성적이 향상된 것으로 나타났다. 특히, 비운동반에 비해 수학 점수의 향상이 두드러진 것으로 나타났다.

하지만, 실험기간이 짧아 성적향상이 운동으로 인한 것인지, 외부 환경적 영향 인지를 정확히 가리기는 어렵다. 학습심리 전문가 노규식 박사는 "단기간에 성적을 올리는 데는 그 시간에 운동을 하는 것보다 문제 하나를 더 푸는 것이 유리할 수도 있다. 하지만 대학 입시 등 장기적인 입시 준비를 위해서는 운동을 통해 학생의 뇌를 적절히 깨워주고 학습준비를 시킨 다음 공부를 하게 하는 것이 더 유리하다."고 말한다. 물론 운동을 한다고 해서 저절로 성적이 올라가는 것은 아니다. 운동은 학습능력에 도움을 주고, 공부의 효율성을 높일 수 있지만, 이는 성적을 올리기 위한 보조수단일 뿐 공부하는 직접적인 노력이 반드시 필요하다. 만약 '0교시 체육 프로그램'의 운영 효과를 학업성적 향상과 관련지으려면 이러한 내용을 명확히 인지해야 할 것이다.

마. 몸과 마음의 연결

신경과학자들은 새로운 세포를 생성하려면 양분이 필요할 것이라고 생각하여 연구 초창기부터 신경세포 성장인자에 관심을 집중하였다. 성장촉진제 없이는 뇌가 새로운 정보를 습득하지 못한다는 사실에 대해서는 이미 알고 있었다. 그러다가 최근 들어 새로운 세포를 만드는 데, 신경세포 성장인자가 필요하다는 사실을 알게 되었다.

신경세포 성장인자는 시냅스 근처에 있는 저장소에 모여 있다가 혈액순환이 빨라지면 방출된다. 그 과정에서 다양한 종류의 호르몬이 도움을 주기 위해 신체 곳곳에서 분비된다. 분비되는 호르몬은 인슐린 유사 성장인자, 혈관 내피세포 성장인자, 섬유아세포 성장인자 등이다. 운동을 하면 이 인자들이 혈액 뇌장벽을 뚫고 뇌로 들어간다. 혈액 뇌장벽은 세포가 빽빽하게 들어 있는 촘촘한 모세혈관 망으로 박테리아처럼 크기가 큰 침입자를 막아주는 역할을 한다.

최근에 밝혀진 바에 따르면, 이 인자들은 뇌에 들어간 신경세포 성장인자와 함께 학습을 위한 분자 기전을 가동시킨다. 또한, 뇌에서 생성되어 세포분열을 촉진하기도 하는데, 특히 운동을 할 때 그렇다. 이와 같은 인자들의 역할은 신체와 뇌가 서로 연계되어 있다는 사실을 보여준다. 인슐린 유사 성장인자를 예로 들어보자. 인슐린 유사 성장인자는 근육이 활동을 하다가 더 많은 연료가 필요하다는 것을 감지하면 분비된다. 포도당은 근육의 주요 에너지원이고, 뇌의 유일한 에너지원이다. 포도당을 세포로 운반하는 일은 인슐린 유사 성장인자와 인슐린이 함께한다. 흥미로운 점은 인슐린 유사 성장인자의 역할이 뇌에서는 연료공급이 아닌 학습과 관련이 있다는 사실이다. 어쩌면 주변에 음식이 있는 위치를 기억하기 위해서 그렇게 진화했는지도 모른다.

운동을 할 때에는 신경세포 성장인자가 뇌로 하여금 인슐린 유사 성장인자를 빨리 받아들이도록 도와주는데, 그러면 뉴런이 활성화되어서 신호 신경전달물질인 세로토닌과 글루탐산염이 생성된다. 그 결과로 더 많은 신경세포 성장인자 수용체가 생성되어 기억을 저장하기 위한 연결을 두껍게 강화해 준다. 신경세포 성장인자는 특히, 장기기억에 중요한 역할을 하는 듯이 보인다. 이러한 기능은 진화의 측면에서 볼 때, 너무나도 당연하다. 가장 원초적인 면만 살펴본다면 학습을 하는 능력은 식량을 발견하고, 획득하며, 저장하기 위해 필요한 것이다. 다시 말해 학습을 위해서는 연료가 필요한데, 그 연료의 원천이 되는 음식을 찾으려면 학습 능력이 필요하다는 것이다. 신체에서 생성되는 모든 전달물질은 이런 과정을 계속 유지시키고, 인간이 환경에 적응해서 생존할 수 있게 해준다.

새로운 세포에 연료를 공급하기 위해서는 새로운 혈관이 필요하다. 운동을 해서 근육이 수축할 때, 주로 그러하듯이 세포 내에 산소가 부족할 때에는 혈관 내피세포 성장인자가 신체와 뇌에 새로운 모세혈관을 만들어낸다. 또한, 혈관 내피세포 성장인자가 신체와 뇌에 새로운 모세혈관을 만들어낸다. 혈관 내피세포 성장인자는 운동을 할 때, 다른 인자들이 혈액뇌장벽을 투과할 수 있도록 투과성을 변화시키는 중요한 역할을 하는 것으로 추측된다.

신체에서 생성되어 뇌로 들어가는 또 하나의 중요한 물질로는 섬유아세포 성장인자가 있다. 이 인자 또한, 인슐린 유사 성장인자나 혈관 내피세포 성장인자가 있다. 이 인자는 인슐린 유사 성장인자나 혈관 내피세포 성장인자와 마찬가지로 운동을 하면 분비가 촉진되며, 신경 재생에 필요한 물질이다. 섬유아세포 성장인자는 신체에서는 세포조직의 성장을 돕는다. 나이가 들면 이 세 가지 인자와 신경세포 성장인자의 생성이 자연스럽게 줄어들면서 신경 재생도 함께 줄어든다. 하지만 젊어서도 스트레스를 받거나 우울증에 빠지면 마찬가지의 경우가 생길 수 있다. 우리에게는 이 사실이 오히려 희망을 준다. 왜냐하면 운동을 함으로써 인자들의 생성을 늘릴 수 있다면 우리가 신체에 대한 주도권을 어느 정도 잡을 수도 있다는 뜻이기 때문이다. 성장하느냐, 소멸하느냐는 활동을 하느냐, 하지 않느냐에 달려있다. 신체는 운동을 하도록 설계되었고, 신체가 운동을 하면 결과적으로 뇌도 운동을 하게 된다. 학습과 기억은 우리 선조가 음식을 찾아다니는 데 사용하던 운동 기능과 함께 진화하였다. 뇌의 입장에서는 우리가 움직이지 않으면 무엇인가를 배울 필요성을 전혀 느끼지 못할 수 있다.

3. 체육활동의 중요성을 말하다

지금까지 운동과 뇌의 관계, 뇌 신경과학의 적용 사례를 살펴보았다. 이를 통한 체육활동의 중요성과 시사점을 언급하면 다음과 같다.

첫째, 우리는 진정한 몸과 마음의 통합은 운동과 뇌의 관계를 규명하는 과정에서 가능성을 찾을 수 있었다. 이 글은 몸과 마음을 분리하지 않고, 하나의 통합된 것으로 인식하며, 주지교과와 비주지교과를 분리해 주지교과 중심으로 이루어지고 있는 현행 교육제도에 대한 개선의 필요성을 제시한다.

둘째, 체육을 가르치는 목적은 생존과 적응의 관점에서 뇌의 구조를 개선하는 것이다. 우리 인류는 진화를 거듭하면서 지금까지 생존하고 적응해왔다. 미래 사회는 신체활동이 점점 사라지는 환경에 처해질 수도 있다. 이는 생존과 적응을 역행하는 것이다. 따라서 체육활동, 즉 인간의 활발한 신체 움직임은 과거와 현재뿐만 아니라 미래에도 여전히 중시되어야 할 것이다.

셋째, 무엇을 가르칠까 하는 물음에는 근육과 심장, 뇌의 구조를 개선하는 데 도움이 되는 내용을 제시할 수 있다. 체육의 가치는 여러 방면으로 접근을 할 수 있다. 하지만 그중에서 가장 중요한 것이 바로 건강한 삶을 유지하고 증진하는 것이다. 또한, 발생할 수 있는 운동 상해 예방을 위해 운동재활학적 접근으로 대응할 수 있는 기초 내용을 가르치는 것이다.

넷째, 체육교육의 위기는 본질적으로 인지적 능력과 같은 마음에 관한 능력은 가치 있고, 몸과 관련된 신체적 능력은 가치가 없다고 생각하는 부분에 기인한다. 이러한 인식은 우리나라의 교육제도와 정책의 실행과정에 중요한 영향을 미쳤고, 주지교과의 중심화와 체육 · 예술 교과의 주변화로 요약되는 현실을 설명할 수 있는 중요한 틀이다. 과연 이것이 올바른 이해인가? 신경과학의 연구결과는 몸과 마음이 분리될 수 없는 하나의 실체임을 보여준다. 체육학에서는 이러한 논의를 철학적 수준에서 주로 해 왔다. 그 논의는 심신 일원론이냐, 이원론이냐로 요약되고, 결론은 체육의 가치를 높이고 올바른 신체활동의 실행을 위해서는 일원론적 관점을 지향해야 한다는 것이다. 하지만 철학적 논의는 실제적인 실천과 연계된 체육학적 지식으로 연결되지 못하면서 한계를 드러냈다. 이런 상황에서 위에서 언급한 신경과학의 연구 성과는 몸과 마음이 어떻게 연결되어 있는지에 관한 과학적 설명의 가능성을 열어준다.

다섯째, 신경과학의 연구 성과는 운동이 공부를 토대로 마련하는 필수적인 활동임을 과학적으로 증명하고 있다. 운동 생리학자인 힐먼은 일리노이주의 초등학교 3학년과 5학년생 259명을 대상으로 체질량을 측정하고 그들에게 체육시간에 하는 기초운동을 시켰다. 그 다음 학생의 운동 능력과 일리노이주 표준시험에서 그들이 보여준 수학 · 읽기 능력을 서로 비교했다. 그 결과는 운동 능력이 뛰어난 학생들이 지능 수준도 높다는 것이다. 힐먼의 연구 이외에도 위에서 소개한 운동화 신은 뇌에서도 네이퍼빌 고등학교의 0교시 체육수업은 학생의 성적 향상에 토대가 되었다. 신경생리학에서 주장하는 “운동이 뇌의 구조를 개선하여 성적을 좋게 한다.”는 이론은 체육수업에서도 적용가능하다는 것을 네이퍼빌 학교의 체육수업에서 보여주고 있다.

학문이 발전하기 위한 전략으로 간학문적, 통섭, 통합과 같은 관점이 제안된다. 이런 관점에서 체육교육학은 다양한 학문분야와 통섭을 위한 시도를 통해 더욱 발전할 수 있다. 신경과학계에서 밝혀낸 연구의 결과는 몸과 마음의 관계, 운동과 공부와의 관계에 대한 과학적 메커니즘 뿐만이 아니라, 학생의 학습과정, 뇌의 발달과정, 남녀의 사고와 행동차이를 이해하고 설명할 수 있는 새로운 이론이다. 이러한 내용은 체육교육학이 교육과정, 교수·학습 과정, 교사교육에 대한 연구와 실천전략을 수립하는 데 있어서 중요한 시사점을 제공할 것이다. 또한, 체육교육학이 신경과학과의 만남을 통해 체육이 갖고 있는 본질적인 문제에 대한 새로운 접근의 길을 열 수 있을 것이다.

Q&A

뇌 과학적 측면에서 바라본 운동을 말하다

1. 생활 속에서 즐겨 참여하는 운동은 무엇인가? 그 이유는?

2. '운동과 뇌' 관련 연구 사례를 찾아보고, 친구들과 이야기해 봅시다.

3. 운동은 학업 성취와 체력에 도움이 된다는 이야기에 대해 '나' 자신의 생각을 이야기해 봅시다.

4. 체육활동 중 인지적 측면의 변화에 긍정적 가치를 제공한 사례를 찾아 친구들과 이야기해 봅시다.

참고문헌

곽윤정 역(2009). **브레인 섹스: 일하는 뇌와 사랑하는 뇌의 남녀 차이**. 서울: 북스넛.

김선일(2010). '0교시 체육수업'을 통해 체육의 효과를 과학적으로 검증하다. **우리체육, 6**, 35-42.

박수현(2010). **웰니스: 뇌를 바꾸는 운동 혁명**. 서울: 랜덤하우스.

손천택(2010). 정보화시대의 체육교육의 역할. 2010 **체육교육 한마당 자료집**, 15-24.

이병준(2011). 운동의 효과에 대한 신경과학적 접근. **한국초등체육학회 초등체육의 새 터 자료집**, 13-33.

이영해(2009). **나를 말해주는 손가락**. 서울: 과학 동아.

이상헌 역(2009). **운동화 신은 뇌**. 서울: 북섬.

Ratey, J.(2008). SPARK: The revolutionary new science of exercise and the brain. 이상헌 역(2009). **운동화 신은 뇌**. 서울: 북섬.

20

미래의 체육교육

- 현행 체육과 미래 체육의 공통점과 차이점을 설명하시오.
- 미래 체육교육에서 주목해야 할 3가지 요소를 설명하시오.
- 미래 체육교육의 교사상을 설명하시오.

체육교육은 학생의 성장을 지원한다. 특히, 전인적 인간 형성으로 참 좋은 학생을 만들도록 한다. 참 좋은 학생은 자신의 역할을 충실히 하면서 타인과 협력하고 배려하면서 가치 있는 삶을 살아간다. 자신의 역할과 관련해서는 신체활동에서 기본 기능을 발휘하는 과정에서 내용을 바르게 알고 있으며, 타인과 긍정적인 상호작용을 하면서 그들에게 불편함을 주지 않는다. 미래 체육교육은 그렇게 거창하지 않다. 현행 체육교육에 한두 가지의 관점을 바꾸거나 교사가 학생의 성장을 위해 정성스럽게 노력해야 할 점을 탐색하는 것으로 해결될 수 있다. 그리고 교육과 학습에 자그마한 변화가 필요하다는 인식을 간직하면 된다. 이 장에서는 체육의 역할, 미래 체육교육에서 주목해야 할 3가지 측면 그리고 미래 체육교육의 교사상을 제시하였다.

1. 체육의 역할

체육교육은 학생이 신체활동에 참여하면서 기본 운동기능을 익히고, 당면한 문제를 해결할 수 있는 이해력을 증진하며, 타인과 함께 하는 신체활동에서 불협화음이 일어나지 않으면 의미 있게 진행될 수 있다. 미래의 체육교육도 위에서 제시한 체육교육의 기본 틀을 견지(堅持)하면서 체육의 국내외 사회·문화적 현상을 반영하면 완성될 수 있다.

가. 기본 운동기능 향상

학생은 신체활동에 즐겁게 참여하면서 기본 동작을 익히고, 그 기본 동작을 다른 신체활동에 적용하면 흥미와 참여도를 높일 수 있다. 하지만 그 반대의 상황이 일어나면 체육교육은 그 가치를 떨어뜨리게 된다. 체육교육에는 두 가지의 가치가 있다. 하나는 목적적 가치이고, 다른 하나는 내용적 가치이다. 목적적 가치는 신체활동에 참여하는 그 자체의 동기를 말한다. 그리고 내용적 가치는 학생이 신체활동에 참여하면서 얻게 되는 모든 교육 내용으로 개념, 원리, 운동기능, 전략, 경기 운영, 문제해결, 태도 등을 의미한다. 이 내용 중 기본 운동기능은 체육교육의 출발점이다. 우리는 체육교육의 내용적 가치가 기본 운동기능을 향상하는 것으로부터 시작됨을 이해해야 한다. 체육수업에서 학생의 기본 운동기능은 다음의 내용을 통해 향상될 수 있다.

첫째, 교육과정을 재구성하거나 통합하여 학습자의 수업 참여를 높이도록 한다.

둘째, 신체활동에서 기본 운동기능의 향상을 위해 긍정적·구체적 피드백을 제공한다.

셋째, 신체활동에서 기본 운동기능의 향상을 위해 학습자의 내용 발달을 적용한다. 확대과제, 세련과제 그리고 응용과제를 활용하여 기본 움직임 기능을 익히고, 동작을 원활히 수행할 수 있도록 한다.

넷째, 학생의 기본 운동기능의 향상을 위해 생활 속에서 신체활동 가이드라인으로 7560^{+}를 실천하도록 한다.

다섯째, 학교 체육에서 학생의 기본 운동기능의 향상을 위해 가상현실과 증강현실을 활용한 수업 운영으로 학습동기를 강화하도록 한다.

나. 신체활동에 관한 이해력 증진

학생이 신체활동의 동작을 잘 알고 있으면 신체활동의 참여 과정에서 학습 내용을 보다 쉽게 활용할 수 있다. 반면, 신체활동에 대한 이해가 부족하면 신체활동을 하더라도 그 동작의 수행에 관한 안목이 부족하고 단순히 따라하는 형태의 기능 익히기에 급급할 수 있다. 미래 체육교육에서는 주어진 신체활동의 내용을 바르게 알고 실천할 수 있도록 해야 한다.

첫째, 긍정적·구체적 피드백, 적절한 시범의 활용 등으로 학생이 신체활동의 동작을 바르게 알고 실천하도록 한다.

둘째, 운동기능이나 과제의 중요한 특징을 단어나 구로 간략하게 전달하는 교수적 언어 단서를 활용하여 움직임을 바르게 이해하도록 한다.

셋째, 게임에 관한 이해력과 안목을 증진하기 위해 이해중심 게임수업 모형을 활용한다. 이해중심 게임수업 모형은 변형 게임에 참여한 학생의 움직임을 보고 나서, 적절한 운동기능과 전략 측면의 피드백을 제공한 다음, 원형 게임을 통해 게임에 관한 이해와 안목을 높이도록 한다.

넷째, 학생의 인지적 영역과 심동적 영역의 참여를 이끌어내는 질문식 수업인 탐구수업모형을 활용한다. 탐구수업모형은 학생의 사고력, 문제해결력, 탐구력 등을 증진시키는 데 도움이 된다.

다. 규범 실천 능력 향상

체육교육이 추구하는 최고의 가치는 참 좋은 학생을 만드는 것이다. 참 좋은 학생은 마음씨만 좋은 것이 아니라, 신체활동의 과정에서 약속을 잘 지키고, 친구들과 협력하면서 운동을 실천한다. 친구와의 갈등이 생기더라도 이를 해결하기 위해 노력하는 모습과 태도를 보인다. 미래의 체육교육은 학생이 신체활동에서 규범 실천 능력을 향상하고, 이를 통해 참 좋은 인성과 품성을 지닌 학생이 되도록 해야 한다. 이를 위한 구체적 방안은 다음과 같다.

첫째, 개인 활동과 팀 활동 수업에서 학생에게 역할을 부여한다.

둘째, 다양한 도전과 경쟁 상황에서 질서와 규칙을 지킬 수 있도록 한다.

셋째, 학생의 개인적 책무성을 높이기 위해 신체활동의 성과를 스스로 평가하는 자기평가 방법을 활용한다.

2. 미래 체육교육에서 주목해야 할 3가지 측면

학생은 신체활동을 통해 건강한 삶을 가져온다. 학생의 건강한 삶은 교사의 역할이 어떠하냐에 따라 그 영향이 다르게 나타난다. 교사는 미래 체육교육에서 학생의 성장과 변화를 위해 교육 부문, 연수 부문 그리고 연구 부문 측면의 노력이 필요하다. 다만, 미래 체육교육이라고 하여 특별한 노력이 요구되는 것은 아니다. 현행 체육교육의 변화를 지향할 수 있는 구체적인 방안이 실현될 때, 미래 체육교육은 의미 있게 진행될 것이다.

가. 교육 부문에 주목하기

학교에서 체육교육의 목적 중 하나는 학생의 건강과 체력을 증진하는 데 있다. 학생이 건강하면 주변 사람도 건강할 수 있다. 반면, 학생이 건강하지 않으면 자신은 물론 주변 사람들에게 건강에 관한 선한 영향력을 미치지 못할 수도 있다. 교사는 체육교육이 학생에게 의미 있게 다가갈 수 있는 다양한 방안을 마련하여 학생이 건강한 삶을 통해 주변 사람에게도 긍정적인 영향을 미칠 수 있도록 해야 한다. 이를 위한 구체적인 방안은 다음과 같다.

첫째, 학생이 신체활동에서 흥미와 재미를 느끼도록 한다. 체육활동에서 학생이 건강을 확보하기 위해서는 수업 참여가 중요하다. 학생의 수업 참여는 흥미와 재미가 증폭될 때, 더 강화되는 특성이 있다. 교사는 체육수업에서 다양한 수업 참여 방안 중 다음을 주목해야 한다. 축소형 신체활동(Small Sided Physical Activity, SSPA)을 마련해야 한다. 축소형 신체활동은 학생의 수업 참여를 극대화하는 방안이다. 이 신체활동은 학생이 적게 움직이면서도 스스로가 무엇을 어떻게 해야 하는지를 쉽게 발견할 수 있다. 소수의 인원이 좁은 공간에서 활동하기 때문에 학생이 스스로 자신의 움직임과 타인의 움직임을 관찰하면서 움직이는 방법을 찾을 수 있다. 또한, 교사는 포괄형 교수를 활용해야 한다. 포괄형 교수는 수준별 수업과 동일한 교수 스타일이다. 이 교수 스타일은 다양한 기술 수준이 있는 학습자가 자신이 수행할 수 있는 난이도를 선택하여 동일한 과제에 참여할 필요가 있을 때, 활용하면 효과적이다. 예를 들어, 10m 왕복 달리기의 횟수를 다르게 하거나 멀리 던지는 물체의 크기나 무게를 다양화하여 도전할 수 있다. 학생의 수업 참여는 학생의 신체활동을 활성화하여 건강과 체력을 증진하는 원천으로 작용하게 된다.

둘째, 스포츠 속에 존재하는 페어플레이 정신을 기른다. 미래 체육교육은 학생이 온라인이든, 오프라인이든지 간에 스포츠 속에 존재하는 공정의 정신을 습득하도록 해야 한다. 학생에게 스포츠에서 말로만 페어플레이 정신이 중요하다고 말하는 것은 전부가 아닐 수 있다. 중요한 것은 교사의 말이 학생의 실천으로 옮겨질 때, 그 효과가 돋보인다는 점이다. 따라서 학생이 공정한 정신으로 페어플레이를 바르게 알고 실천하기 위해서는 학생의 움직임 속에 페어플레이 정신이 담기도록 해야 한다. 놀이나 게임의 규칙을 마련하고, 그 규칙을 지켰을 때, 나타나는 좋은 점을 이야기하도록 함으로써 학생이 실천의지를 다지도록 해야 한다.

셋째, 체육수업에서 학생이 당면한 문제를 창의적으로 해결하도록 한다. 학생이 신체활동에서 유창성, 융통성, 독특성을 발휘할 수 있는 기회를 주어야 한다. 학생이 당면한 문제를 혼자서 해결할 수도 있고, 모둠원들과 함께 해결할 수도 있다. 또한, 교사는 유도발견학습을 통해 학생이 단계적으로 당면한 문제를 해결할 수 있는 기회를 주어야 한다. 이때, 문제해결의 수준보다는 학생이 할 수 있다는 의지를 갖고 해결하는 자세와 태도가 중요하다.

넷째, 학생의 총체적이고 종합적인 발달을 강조한다. 무엇보다 학생이 움직임 수행의 기본이 되는 운동 체력을 신장하여 총체적인 발달의 기초를 다질 수 있도록 한다. 이를 위해 ABC 신체활동을 활용한다. ABC 신체활동은 민첩성(Agility), 균형능력(Balance), 협응성(Coordination) 등을 의미한다. 학생이 운동 수행 체력을 갖게 되면 신체활동에 자신감과 자기동기력을 지닐 수 있다. 교사는 학생이 수업에 참여할 수 있는 운동 체력을 토대로 신체 움직임을 활성화할 수 있도록 자극해야 한다.

나. 연수 부문에 주목하기

미래 체육교육에서 가장 중요한 것은 교사의 역할이다. 교사의 역할은 다양한 노력과 전문성이 확보될 때, 그 수준을 높일 수 있다. 연수 부문은 교사의 체육교육에 관한 안목을 증진하는 데 주목해야 한다. 교사가 알고 실천해야 할 내용은 다음과 같다.

첫째, 다양한 연수를 통해 신체활동에 관한 움직임의 기술과 움직임의 요소를 통합할 수 있도록 해야 한다. 교사는 미래 체육교육을 실기 중심으로 운영해야 한다. 다만, 한 가지 주의해야 할 사항은 실기 중심이라 하더라도 일련의 절차와 수업 운영구조를 갖고 진행해야 한다. 또한, 실기 속에 이론이 담길 수 있도록 해야 한다. 단순히 학생이 움직임 활동에 참여하도록 하는 것이 아니라 학생이 어느 공간에서 어떻게 움직여야 하는지, 움직임 활동 속에 존재하는 기본 움직임 기술(이동 움직임, 비이동 움직임, 조작 움직임 등)과 움직임의 요소(신체, 노력, 공간, 관계 등)가 적절히 탐색될 수 있도록 다양한 정보를 제공해야 한다. 그리고 조직적 측면의 설명하기와 정보제공적 측면의 설명하기를 활용하여 학습자의 수업 에 관한 이해와 참여를 높여야 한다. 체육교육은 이론과 실제가 통합될 때, 학생의 움직임에 활력을 불어넣을 수 있다. 실기 활동 속에 존재하는 이론적인 부분이 스며들 수 있도록 하는 다양한 연수 프로그램이 요구된다.

둘째, 가상현실(Virtual Reality, VR)[40]과 증강현실(Augmented Reality, AR)[41]프로그램에 관한 이해도를 높여야 한다. 미래 체육은 학습자의 특성을 고려한 수준별 수업이 가능하도록 해야 한다. 디지털 기기의 세대에게 단순히 교사의 동작이나 안내만으로 흥미를 이끄는 것은 힘이 든다. AR과 VR을 체육활동에 접목시킬

40) 가상현실은 VR 하드웨어 장치의 개발 양상에 맞춰 콘텐츠를 생산하는 특징이 있다. 그렇게 때문에 하드웨어 기술 발전에 의존하는 경향이 크다. 가상현실은 두 눈동자의 시차를 이용하여 HMD 기기의 두 쪽 렌즈에 사람의 눈동자 시차만큼 다른 각도로 촬영된 영상을 재생하기 때문에 입체감을 느끼게 된다. 기술적으로 모션 트래킹 센서를 구성하고 있는 자이로센서는 센서 값을 읽어서 영상의 방향을 전환하고, 사속도 센서 값을 읽어서 영상의 변화 속도를 조절하게 함으로써 바라보는 방향에 따른 영상의 변화를 감지하도록 되어 있다(최라지, 2023에서 재인용).

41) 증강현실은 하드웨어보다는 주로 통신 인프라를 통해 위치 인식 기반의 정보를 주고받으며 현실 공간에 가상 이미지와 정보를 추가하여 보여준다. 증강현실은 물리적 실제 환경과 가상 이미지로 구성된 가상환경이 상호작용이 가능하도록 하기 위해 배경이나 패턴을 인식하는 카메라와 위치 정보를 제공하는 GPS 방향의 정보를 제공하는 지자기 센서를 통해서 얻은 정보를 읽는다. 그리고 이미 저장되어 있는 코드 인식을 통해 3D 콘텐츠를 구동하도록 하는 서비스가 이들의 네트워크 환경을 구성한다(최라지, 2023에서 재인용).

경우, 학습자의 흥미와 참여를 높일 수 있다. 교사는 AR과 VR을 활용한 연수 프로그램을 통해 전문성을 높여야 한다.

셋째, 체육교육에 관한 전문성 향상을 위해 형식적 교육, 무형식적 교육 그리고 비형식적 교육 방법을 활용한다. 교사의 전문성은 체육수업의 질을 높이는 가장 빠른 지름길이다.

다. 연구 부문에 주목하기

연구 부문에서 중요하게 바라보아야 할 점은 연구를 위한 연구가 되어서는 안 된다는 점이다. 교사의 교육 부문이 연구되어야 하고, 그 성과를 일반화하여 동료 교사가 함께 공유할 수 있는 기초를 제공해야 한다. 이를 위해서는 다음을 주목해야 한다.

첫째, 교사의 교육 내용이 연구의 소재로 활용되어야 한다. 교사는 연구와 관련하여 타인의 수업을 보고 개선 방안을 탐색할 수도 있지만 자신의 수업 결과를 연구 성과로 도출하여 수업 개선 방안을 찾는 노력을 해야 한다. 이를 위해 자신의 수업 결과를 연구 내용으로 정리하여 일반화할 필요가 있다. 교육의 결과를 연구의 성과로 일반화하면 자신의 교육활동에서 잘된 점은 무엇인지, 아쉬운 점은 무엇인지 등을 자세히 확인할 수 있다. 즉 수업 반성을 위한 연구로 활용되어 자신의 수업 개선을 위한 피드백을 받게 된다.

둘째, 교육적 경험의 성과를 수업에서 재생산해야 한다. 교육적 경험을 연구의 성과로 도출하였다고 하여 끝난 것이 아니다. 연구의 성과를 교육적 경험의 과정에서 재생산하는 방안이 요구된다. 연속성 측면에서 교육 내용이 연구의 성과가 되어야 하는 동시에 연구의 성과가 다시 교육 내용에 적용되어 교사와 학생이 성장할 수 있도록 해야 한다. 연구 부문에 주목하는 것은 이론과 실제를 통합하고, 수업의 결과를 일반화하고, 그것을 다시 활용하면서 수업 개선의 단초를 찾아내는 일이다.

3. 미래 체육교육의 교사상

교사는 교육의 의미를 바르게 알고 실천해야 한다. 이 과정에서 교수자의 입장보다는 학습자의 입장을 바르게 인지해야 한다. 교수자의 입장만을 생각한다면 체육을 지도하기는 하지만 학습자를 생각하지 못하는 수업이 될 수 있다. 교수자는 학습자의 성장을 지원할 수 있는 적극적 지원자가 되어야 한다. 학생의 변화와 성장을 위한 미래 체육교육의 교사상은 다음과 같다.

가. 수업 안내자(촉진자)

미래 체육을 지도하는 교사는 수업의 안내자이자 촉진자[43]가 되어야 한다. 학습자의 다양한 특성을 반영한 수업을 운영해야 한다. 학생의 자기 주도적 교수학습 환경을 조성해야 한다. 학생이 신체활동에서 어려워하는 점이 있으면 그 원인이 무엇인지를 찾아보고, 문제의 소지를 줄일 수 있는 다양한 방안을 제시하는 교사가 되어야 한다.

첫째, 다양한 교수전략과 효율적인 수업운영 기법을 알고 실천해야 한다.

둘째, 미래 체육교육을 위한 교수·학습의 방향과 평가의 방향을 제시해야 한다.

셋째, 체육에서 창직(創職, job creation)의 개념을 알고, 체육하는 학생의 삶의 지향점을 안내할 수 있는 역량을 구비해야 한다.

나. 학생의 역할 모델

교사는 미래 체육교육에서 학생의 역할 모델이 되어야 한다. 교사는 심동적 측면, 인지적 측면, 정서적 측면의 본보기가 되어야 한다. 학생의 미래를 생각하는 데 도움이 되는 교수자가 되어야 한다. 학생이 "어떤 사람이 되고 싶어요?"라는 질문을 받았을 때, 머릿속에 떠오를 수 있는 그런 교육자가 되기 위해 노력해야 한다.

첫째, 신체활동에서 움직임의 기술과 움직임의 요소를 연결하여 수업을 운영하고, 학

---

42) 촉진자(促進者, Facilitator)는 개인이나 집단의 문제해결능력을 키워주고 조절함으로써 조직체의 문제와 비전에 대한 자신의 해결책을 개인이나 집단으로 하여금 개발하도록 자극하고 돕거나 교육훈련프로그램의 실행과정에서 중재 및 조정역할을 담당하는 사람을 의미한다.

생이 신체활동의 기능을 효율적으로 습득할 수 있도록 안내하는 교사가 되어야 한다.

둘째, 학생에게 움직임의 기본 동작을 바르게 습득하는 방법을 전달하고, 학생의 잠재력을 일깨워주기 위해 협동학습과 친구들과의 상호작용을 활성화하는 교사가 되어야 한다.

셋째, 생활 속에서 타인을 배려하고, 교육적 품성을 갖춘 리더가 되어야 한다.

다. 수업 전문성

미래 체육을 지도하는 교사는 전문성 함양을 위해 노력해야 한다. 효율적인 체육수업 운영 방안을 탐색하고, 포괄적인 수업 운영 방법을 습득하며, 학습자 맞춤형 수업 프로그램의 개발에 힘써야 한다. 다음의 내용에도 주목해야 한다.

첫째, 체육교육에서 메이커(MAKER)있는 교사가 되어야 한다. 여기서 M(Methods)은 교사가 수업운영에 관한 다양한 수업방법을 갖추는 것이다. A(Awareness)는 수업에 참여하는 학생의 특성을 바르게 이해하는 것이다. 즉 학생을 잘 아는 것이다. K(Knowledge)는 수업 운영에 관한 수업지식을 갖추는 것이다. E(Ends)는 수업의 최종 목적을 알고 수업을 운영하는 것이다. R(Relationships)은 교사와 학생의 신뢰 관계를 구축하는 것이다. 나 자신이 메이커(MAKER)있는 교사가 되기 위해 스스로 자기계발을 해야 한다. 이 작업은 힘들고도 고된 일이다. 교사이기 때문에 해야 하는 일이다. 교사의 전문성은 다른 직업과 구별되는 가장 큰 특징이다.

둘째, 교사는 수업을 운영할 때, 스텝(STEP) 모델을 활용해야 한다. 여기서 S(Space)는 공간을 의미한다. 학생들이 즐겁게 신체활동에 참여할 수 있는 일정한 공간을 확보해야 한다. T(Task)는 학생에게 적합한 과제를 제시해야 한다. 학생의 특성을 고려하여 개인 과제와 팀 과제를 안내하도록 한다. E(Equipment)는 수업운영에 도움이 되는 다양한 장비와 교구를 말한다. 소극적 참여자, 적극적 참여자 그리고 여학생에게 적합한 학습자 친화형 교구를 선정하여 활용해야 한다. P(People)는 수업활동에서 인원을 어떻게 구성할 것인가? 남녀 학생의 어떻게 구성할 것인가? 등 인원을 조직하는 방법이다. 미래 체육을 지도하는 교사는 자신만의 수업 전문성을 구축하여 운영해야 한다.

라. 인성 함양 수업

학생의 인성은 자연스럽게 갖춰지지 않는다. 학생이 의도적이고 계획적인 신체활동 속에서 인성의 요소를 경험할 때, 그 성과가 조금씩 나타날 수 있다. 따라서 교사는 인성의 요소가 수업 속에 지속해서 드러날 수 있도록 수업을 운영해야 한다.

첫째, 체육수업에서 약속을 정하고, 이를 실천할 수 있도록 한다.

둘째, 신체활동이나 게임의 과정에서 규칙을 잘 지키는 것이 중요함을 이해하도록 한다.

셋째, 학생에게 자신이 맡은 역할을 끝까지 마무리할 수 있는 시간과 기회를 제공한다.

넷째, 학생이 스포츠(기술형 스포츠, 전략형 스포츠, 생태형 스포츠 등)에서 개인활동보다는 팀 활동에 참여하도록 한다. 다만, 일정한 시간이 지나면 모둠을 바꿔주어야 한다. 오랫동안 동일한 모둠에 참여하는 것은 자칫 잘못하면 갈등의 원천이 될 수 있다. 협동을 강화하고, 갈등을 최소화하는 방안이 요구된다.

마. 학습자 이해

미래 체육을 지도하는 교사는 학습자를 바르게 이해해야 한다. 학생이 무엇을 좋아하는지, 무엇을 싫어하는지, 어떤 교수전략을 희망하는지 등 학습자의 특성을 고려한 수준별 수업 운영에 관심을 기울여야 한다.

첫째, 남학생과 여학생, 고학년과 저학년 학생 등의 학습자 특성을 바르게 이해해야 한다.

둘째, 여학생이 좋아하는 학습자 친화형 교구가 무엇인지를 알아야한다.

셋째, 학생이 선호하는 수업과 교사가 운영하는 수업 사이에 간극이 생겼을 때, 학습자의 성향을 알고, 이들을 설득하는 방법을 찾아야 한다.

넷째, 학생이 좋아하는 체육관 활용 수업과 교사가 운영해야 하는 운동장 수업 사이의 갈등을 적절히 조율할 수 있어야 한다.

바. 미래 교육환경 변화에 대비한 체육교육 연구와 실천

미래 체육을 지도하는 교사는 교육환경 변화를 대비한 체육교육 연구와 실천을 위해 노력해야 한다. 이를 위해서는 스포츠 교육환경의 변화를 인지하는 것이 중요하다.

첫째, 물리적 환경에서 온라인 학습 환경으로 확장되고 있음을 인지해야 한다.

둘째, 절차적 지식과 통합교과로의 학습 내용 전환을 이해해야 한다. 여기서 절차적 지식은 난순히 지식의 내용을 서술하는 수준에 머무르지 않고, 지식의 발생과 과정 및 결과를 통합적으로 이해하는 것을 말한다(고문수, 2020).

셋째, 과학 기술과 인문적 접근의 통합적 방법의 활용을 이해해야 한다.

넷째, 미래 체육을 지도하는 교사는 체육교육 연구와 실천의 두 축을 구비해야 한다(고문수, 2020). 하나는 기술과 사회 변화가 미치는 영향을 바르게 알고 수업을 실천하는 것이다. 다른 하나는 체육교육을 바람직한 방향으로 이끌기 위한 체육교육 관련 연구자의 적극적인 의지와 노력이다. 전자는 '외적 힘'이고, 후자는 '내적 힘'이다. '외적 힘'에는 기술의 변화, 직업 세계의 변화, 다양성 증가, 뉴미디어 세대의 뇌의 변화 등이 있다. 미래 교육환경의 변화 속에서 체육교육을 변화시키는 '내적 힘'은 교수자의 스포츠 역량과 스포츠 교육의 방향에 적합한 교육 비전의 수립과 이를 달성하기 위한 적극적인 노력과 자세를 의미한다.

Q&A **묻고 답하기**

미래의 체육교육을 말하다

1. 체육의 역할을 말하다.

1) 학생의 기본 운동기능 향상을 위한 방안을 설명하시오.

2) 학생의 이해력을 증진하기 위한 방법을 설명하시오.

3) 규범실천 능력이 의미하는 내용은 무엇인가?

2. 미래 체육교육에서 주목해야 할 요소를 말하다.

1) 교육 부문에서 학생의 흥미를 높이기 위한 방안을 설명하시오.

2) 페어플레이 향상을 위한 방안은 무엇인가?

3) 교사는 미래 체육교육의 전문성 향상을 위해 어떤 노력을 해야 하는가?

3. 미래 체육교육의 교사상을 말하다.

1) 수업 안내자가 되기 위한 방안을 설명하시오.

2) 교사는 미래 교육환경 변화에 대비하여 어떤 노력을 기울여야 하는가?

참고문헌

고문수(2020). 미래 교육환경 변화에 대비한 스포츠교육 연구와 실천. **한국스포츠교육학회지, 27**(4), 1-18.

박영숙·제롬 글렌(2016). **유엔미래보고서 2050**. 서울: 교보문고.

최라지(2023). 4차 산업시대, 미래 초등체육수업 탐구. **2023년도 한국초등체육학회 초등체육한마당 자료집**, 129-137.

찾아보기

ㅇ

454 | 찾아보기

ㅈ

456

번호

B

H

P

저자소개

고문수高文洙

경인교육대학교를 졸업하고, 인천대학교에서 스포츠교육학 전공으로 체육학 박사학위를 취득하였다. 인천광역시 관내 초등교사(13년)와 수석교사(2009)로 있었다. 경희대학교 학술연구교수(2012)로 근무하다가 2013년 2월 1일부터 경인교육대학교 체육교육과 교수로 재직하고 있다. 체육계에서 2014인천아시아경기대회 입찰문서 공동 작성, 2014인천아시아경기대회 및 1988서울올림픽대회기념 국제학술대회(2014.8.20~8.22) 사무총장, 한국스포츠교육학회 부회장, 한국체육교육학회 부회장, 한국초등체육학회 부회장 역할을 수행하고 있다. 저서로는 초등체육수업론(2015), 초등체육교육론(2018), 뉴스포츠를 활용한 체육수업(2018), 대학교수의 체육 이야기(2019), 대학교수의 스포츠교육 이야기(2021), 초등체육교수학습론(2021), 체육교수학습론(2021), 초등교사를 위한 체육교수법(2024) 등이 있다.

초등교사를 위한 체육과교육론

2024년 3월 4일 1판 1쇄 인쇄
2024년 3월 4일 1판 1쇄 발행

저 자 : 고 문 수 [저자와의 협의하에 인지생략]
발행자 : 김 재 호
발행처 : 휴먼북스

주 소 : 서울시 중랑구 숙선옹주로 91, 411-1201
전 화 : 070-8614-6569
팩 스 : 070-8614-6569
E-mail : tytyp1@naver.com
등 록 : 2018년 9월 13일 제 2018-25 호

정 가 : 22,000원
ISBN 9791190177603(93370)